Repercussão Geral no Direito Tributário

Repercussão Geral no Direito Tributário

ESTUDO DE CASOS RELACIONADOS ÀS CONTRIBUIÇÕES

2020

Coordenadores:
Marcos Aurélio Pereira Valadão
Ricardo Victor Ferreira Bastos

ALMEDINA

REPERCUSSÃO GERAL NO DIREITO TRIBUTÁRIO
ESTUDOS DE CASOS RELACIONADOS ÀS CONTRIBUIÇÕES

COORDENADORES: Marcos Aurélio Pereira Valadão e Ricardo Victor Pereira Bastos
DIAGRAMAÇÃO: Almedina
DESIGN DE CAPA: Roberta Bassanetto
ISBN: 9788584935833

Dados Internacionais de Catalogação na Publicação (CIP)
(Câmara Brasileira do Livro, SP, Brasil)

Repercussão geral no direito tributário : estudos
de casos relacionados às contribuições /
coordenadores Marcos Aurélio Pereira Valadão,
Ricardo Victor Pereira Bastos. -- São Paulo :
Almedina, 2020.

Vários autores.
Bibliografia

ISBN 978-85-8493-583-3
1. Direito tributário 2. Direito tributário -
Brasil 3. Contribuições (Direito tributário)
4. Contribuições (Direito tributário) - Brasil
I. Valadão, Marcos Aurélio Pereira. II. Bastos,
Ricardo Victor Pereira.

20-32684 CDU-34:336.2

Índices para catálogo sistemático:

1. Contribuições : Direito tributário 34:336.2

Maria Alice Ferreira - Bibliotecária - CRB-8/7964

Este livro segue as regras do novo Acordo Ortográfico da Língua Portuguesa (1990).

Março, 2020

EDITORA: Almedina Brasil
Rua José Maria Lisboa, 860, Conj.131 e 132, Jardim Paulista | 01423-001 São Paulo | Brasil
editora@almedina.com.br
www.almedina.com.br

SOBRE OS COORDENADORES

Marcos Aurélio Pereira Valadão
Pós-Doutor em Direito (UnB). Doutor em Direito (SMU – EUA). Mestre em Direito Público (UnB). Especialista em Administração Tributária (PUC-GO). MBA em Administração Financeira (IBMEC). Ex-Presidente da 1ª Seção do CARF. Professor e Pesquisador do Curso de Direito da Universidade Católica de Brasília (UCB).

Ricardo Victor Ferreira Bastos
Doutorando em Direito pelo Instituto Brasiliense de Direito Público. Mestre em Direito pela UCB. MBA em Direito Tributário pela FGV – RJ. Especialista em Direito Empresarial e Contratos – UNICEUB/DF. Professor da graduação do Centro Universitário de Brasília – UNICEUB, de pós graduação, instrutor e desenvolvedor de cursos internos no BRB. Membro do Centro Brasileiro de estudos constitucionais – CEBEC. Advogado do BRB – Banco de Brasília.

SOBRE OS AUTORES

Beijanicy Ferreira da Cunha Abadia Valim
Mestre em Direito pela UCB (2018). Especialista em Direito e Processo do Trabalho e Direito Público. Professora da Faculdade Anhanguera de Anápolis. Analista Administrativo em Ciências Jurídicas na Câmara Municipal de Anápolis. Advogada.

Carlos Eduardo de Sousa Martins
Pós-graduando em Direito Tributário pelo IBET-SP e em Direito Processual Civil pela UCAM. Graduado em Direito pelo UNICEUB.

Daniel Vicente Evaldt da Silva
Mestrando em Direito Tributário pela UCB. Especialista em Direito Financeiro pela Universidade de Salamanca. Especialista em Finanças pela FGV. Bacharel em Administração de Empresas pela UnB. Bacharel em Direito pela UCB. Professor do curso de Direito da UCB.

Denise Magalhães da Silva Quirino
Doutoranda em Educação e Mestre em Direito pela UCB. Pós-graduada em Direito Público (2006).
Graduação em Direito pela UCB (2005). Professora de Direito Empresarial e Metodologia de Pesquisa na Pós-graduação em instituições de Direito Público e Privado da União Jurídica (UNIJUR). Professora de curso de extensão na UnB. Advogada e orientadora do Núcleo de Prática Jurídica da UCB – unidade do Juizado Especial Federal.

Gabriel Pestana de Castro
Especialista em Direito Tributário pelo IBET. Bacharel em Direito pelo UniCeub. Professor e coordenador do Curso de Especialização em Direito Tributário pela FACMED/Brasília. Advogado.

Graziele Rodrigues
Bacharel em Direito pela UCB e Graduanda em Ciências Contábeis pela UnB. Advogada.

Gustavo Salústio da Costa Vargas
Mestrando em Direito Tributário pela UCB/DF. LLM em Direito Empresarial pela FGV/DF. Advogado.

Leidson Rangel Oliveira Silva
Mestre em Direito Tributário. Pós-graduado em Direito Tributário e Gerência de Projetos. Bacharel em Direito e em Administração de Empresas. Auditor-Fiscal da Receita Federal do Brasil, com passagens pelo INSS, Sociedade de Educação Tiradentes, Petrobras, CEF, Banco do Estado de Sergipe e Banco do Nordeste.

Maria das Graças Patrocínio Oliveira
Mestre em Direito pela UCB. Pós-graduada em Direito Tributário pela UCB. Graduada em Direito pela Associação de Ensino Unificado do Distrito Federal. Auditora Fiscal da RFB aposentada.

Renata Andréa Joner Parry
Mestranda do curso de Pós-graduação *stricto sensu* da UCB. Pós-graduada em Direito Tributário e Finanças Públicas pelo IDP. Pós-graduada em Direito Processual Civil pelo IDP. Bacharel em Direito pelo Uniceub. Advogada.

Renato Porto da Silva
Especialista pela Estácio de Sá. Advogado.

Ricardo Lima de Oliveira
Mestre em Direito Tributário pela UCB, Pós-Graduado em Direito e Jurisdição pela Escola da Magistratura-DF. Graduado em Ciências Jurídicas pelo Instituto de Educação Superior de Brasília. Professor da graduação, de diversas pós-graduações e cursos preparatórios para concursos e OAB. Advogado.

Rodrigo Senne Capone
Doutorando em Direito na UERJ. Mestre em Direito Tributário pela UCB. Professor Assistente do Centro Universitário do Distrito Federal – UDF. Advogado.

Thaís Soares de Oliveira Almeida
Mestre em Direito na UCB. Especialista em Direito Tributário pelo IBET-GO.

SUMÁRIO

Introdução

É de fundamental importância que o estudo jurídico no Brasil dedique mais atenção a análise de casos que tenham sido submetidos ao Poder Judiciário de maneira que se possa compreender como nossos tribunais abordam e tratam de temas tributários das mais diversas naturezas. Com o advento da Lei nº 13.105/15, o novo Código de Processo Civil (CPC/2015), o recurso extraordinário, assim como o seu requisito da repercussão geral, ganhou força, tendo em vista as discussões que envolvem a adoção ou não de um sistema de precedentes pelo código, bem como pela importância que as decisões proferidas nessa espécie recursal representam dentro do ordenamento jurídico. Assim, o foco da presente obra são os Recursos Extraordinários e sua sistemática da repercussão geral, especialmente, aqueles relacionados as contribuições de um modo geral, que buscou ampliar os efeitos daquilo que é decidido pelo Supremo Tribunal Federal, servindo também como um filtro recursal que impede a repetição de demandas já apreciadas pelo tribunal.

Assim, levando em consideração o recurso extraordinário, especificamente, aqueles que veiculem matéria tributária, o presente trabalho será dividido em duas partes. A primeira será dividida em três capítulos que tratarão dos aspectos teóricos correlatos aos estudos de casos: no primeiro, será feita uma atualização do controle difuso de constitucionalidade em perspectiva, num segundo momento serão abordados aspectos específicos do instituto da repercussão geral a luz do que prevê o CPC/2015 de modo que se entenda qual a natureza do instituto, qual a sua evolução dentro do nosso ordenamento jurídico, bem como suas características de funcionamento e aplicação; por último, o terceiro capitulo aborda aspectos conceituais e teóricos as contribuições dentro do nosso ordenamento jurídico como funcionamento da sua base de cálculo, seu fato gerador, sua estrutura de cobrança, bem como os aspectos que subsidiarão a análise dos casos proposta na segunda parte da obra.

Superados esses aspectos teóricos, a segunda parte da presente obra dedicar-se-á a analise de trinta e dois Recursos Extraordinários, organizados por data de julgamento, relacionadas ás contribuições sendo trinta e um já transitados em julgado e um (RE nº 574.706) já julgado, mas ainda não transitado em julgado, o qual aguarda julgamento dos embargos de declaração apresentados pela Fazenda Nacional. A análise de casos buscará discorrer sobre os elementos que compuseram o julgamento, especificando as razões e critérios de conhecimento da repercussão geral, detalhando o mérito da decisão com a apresentação de votos que conduziram o julgamento e dos que foram vencidos, realizando, por fim, uma análise critica do julgado de modo que se possa discutir aspectos técnicos e conceituais utilizados pelos ministros.

Cabe destacar que esses recursos foram retirados de planilha disponibilizada no próprio sitio eletrônico do STF e atualizada até 20 de junho de 2019[1], o que pode ensejar alterações em razão do trânsito em julgado de recursos sobre contribuições em data posterior a que foi utilizada pelos autores da presente obra. Esclarece-se ainda que foram aplicados filtros nos dados disponibilizados pelo tribunal que permitiram a separação dos recursos por termas e pela existência ou não do trânsito em julgado dos recursos, devendo ser ressaltado que os dados constantes da planilha são inseridos pelo próprio STF e de consulta pública por quem tiver interesse. Ou seja, organizadores e autores dessa obra utilizaram os dados documentais disponibilizados pelo STF para a sua criação.

A metodologia utilizada na análise dos casos relaciona-se à discussão acadêmica dos aspectos presentes nos acórdãos e das próprias razões de decidir, de modo que se busque enfrentar como a tributação por meio

[1] Repercussão geral. Estatísticas e relatórios. Disponível em: <http://www.stf.jus.br/portal/cms/verTexto.asp?servico=jurisprudenciaRepercussaoGeral&pagina=listas_rg>. Acesso em 20 de jun de 2019.

das contribuições está sendo debatida no âmbito do Supremo Tribunal Federal, o que pode ser de suma relevância para se entender quais os aspectos controversos que cercam a efetividade e aplicação desse tributo em nosso país.

Busca-se com o presente trabalho dar continuidade à série de estudos de casos sobre as diversas espécies tributárias (a obra sobre o ICMS já foi publicada) que tiveram a repercussão geral conhecida e já julgados pelo STF, que possuem relevância para nosso ordenamento jurídico tributário e para o próprio equilíbrio do Sistema Tributário Nacional. Por fim, cumpre notar que esses trabalhos correspondem à produção do Grupo de Pesquisa denominado Direito Constitucional Tributário em Perspectiva Crítica, que funciona no âmbito do Programa de Pós-Graduação *stricto sensu* em Direito da Universidade Católica de Brasília.

MARCOS AURÉLIO PEREIRA VALADÃO
&
RICARDO VICTOR FERREIRA BASTOS
Coordenadores

Parte I
Parte Geral

Capítulo I
Controle Difuso de Constitucionalidade

Ricardo Victor Ferreira Bastos

1. Controle de Constitucionalidade em Perspectiva

1.1 Generalidades

Os debates relacionados ao papel da jurisdição constitucional difusa, cuja repercussão geral é um expoente central, estão demonstrando uma elevação dos debates acerca do papel a ser exercido pelo Poder Judiciário no que se refere à amplitude, alcance, bem como a sua legitimidade para agir em face do que se compreende como separação de poderes. As questões democráticas estão ocupando os debates de qual o papel das cortes constitucionais ao redor do mundo há algum tempo[1], o que ainda é recente no contexto brasileiro.

O que se está observando é que, com o instituto da repercussão geral, os efeitos das decisões proferidas no controle difuso estão em processo de alteração, surgindo assim a necessidade de discuti-los e identificar acerca dos efeitos vinculantes e erga omnes. Esse contexto demonstra um maior protagonismo do controle difuso dentro do cenário jurídico constitucional do país, especialmente, pelo que se tratando

[1] Roberto Mangabeira Unger, *O Direito e o Futuro da Democracia*, São Paulo: Boitempo Editorial, 2004.

como objetivação do controle difuso cujo centro dos debates é a interpretação conferida ao art. 52, X da CF[2].

Nos últimos anos, o que está ocorrendo é o caminhar do direito Brasileiro para a internalização de características do *common law* e de alguns institutos a ele relacionados conformes se pode observar no julgamento da Reclamação 4.335/AC, no qual os Ministros do Supremo Tribunal Federal Gilmar Mendes e Eros Grau buscaram adotar entendimento consistente na alteração da opção expressa da Constituição Federal pelo modelo de controle de constitucionalidade acima descrito, através da ampliação dos efeitos da decisão proferida em sede de controle difuso de constitucionalidade.

Nesse sentido foi desenvolvida a tese da "abstrativização" ou "objetivação" do controle difuso de constitucionalidade, segundo a qual a decisão do Pleno do STF sobre a constitucionalidade de determinada norma como fundamento de uma decisão, especificamente aquela proferida no controle difuso, produziria efeitos *erga omnes* e vinculantes:

> Reclamação. 2. Progressão de regime. Crimes hediondos. 3. Decisão reclamada aplicou o art. 2º, § 2º, da Lei nº 8.072/90, declarado inconstitucional pelo Plenário do STF no HC 82.959/SP, Rel. Min. Marco Aurélio, DJ 1.9.2006. 4. Superveniência da Súmula Vinculante n. 26. 5. Efeito ultra partes da declaração de inconstitucionalidade em controle difuso. Caráter expansivo da decisão. 6. Reclamação julgada procedente.[3]

Essa situação sinaliza uma ampliação das competências objetivas do Poder Judiciário muito além do que se concebe ontologicamente como seu papel, o que pode ensejar uma litigiosidade mais acirrada na qual a sociedade vê no Poder Judiciário como a única e talvez, pelo menos sob a ótica do senso comum, a verdadeira saída para solução dos mais diversos problemas sociais. Isso pode levar a uma espécie de controle jurídico do papel dos demais poderes baseados em aspectos extrajurídicos, de modo que se extirpe o processo de construção política das bases sociais,

[2] Art. 52. Compete privativamente ao Senado Federal: (...) X- suspender a execução, no todo ou em parte, de lei declarada inconstitucional por decisão definitiva do Supremo Tribunal Federal.

[3] BRASIL. SUPREMO TRIBUNAL FEDERAL. Rcl 4335, Relator(a): Min. Gilmar Mendes, Tribunal Pleno, julgado em 20/03/2014, DJe-208 DIVULG 21-10-2014 PUBLIC 22-10-2014 EMENT VOL-02752-01 PP-00001.

deslocando ao Judiciário a decisão sobre valores sociais exacerbando o que Maus[4] chama de "excepcionalidade do jurista".

Com a repercussão geral, a ideia de que no controle difuso e concreto de constitucionalidade, mesmo após a decisão judicial para o caso individual transitar em julgado, eventual erro na interpretação constitucional poderá ser corrigido no futuro para outros casos, cai por terra, tendo em vista a eficácia vinculante que o instituto confere. Daí a necessidade de se discutir as decisões, dotadas de efeitos vinculantes e erga omnes, de modo a extrair o que representa esse atual controle difuso no cenário jurídico constitucional do país e constatar como a objetivação do controle difuso vem sendo tratada a partir da ideia de mutação constitucional do art. 52, X da CF que vem se discutindo. Assim, é imperioso analisar se permanece o caráter democrático do controle difuso, especialmente, pela participação do parlamento, através de resolução do Senado Federal que suspendia ou não o ato normativo declarado inconstitucional.

O controle difuso de constitucionalidade vem ganhando novos contornos tendo em vista a ampliação dos efeitos das decisões proferidas nesse âmbito, o que eleva a necessidade de discussão das matérias tratadas pelo Supremo Tribunal Federal (STF) nos mais diversos ramos do direito. Esse cenário vem propiciando que as discussões proferidas em sede de controle difuso de constitucionalidade sejam mais aprofundadas, pelo menos em relação ao que foi imaginado pelo constituinte originário, especialmente pelo fato de que o quantitativo de demandas constitucionais com repercussão geral conhecida, seja com mérito julgado, seja com mérito pendente de julgamento, se elevaram nos últimos anos.

O excesso de litigiosidade em diversos ramos do direito no âmbito do STF pode representar uma desarmonia do nosso sistema jurídico, especialmente, pela necessidade de manifestação do Tribunal em razoável número de processos e em diversas áreas do direito, bem como pela amplitude que algumas decisões podem tomar, o que pode representar uma alteração da aplicação do próprio sentido das normas jurídicas por decisões proferidas no âmbito do controle difuso.

[4] MAUS, Ingeborg. O judiciário como superego da sociedade – o papel da atividade jurisprudencial na "sociedade órfã". *Novos Estudos*, São Paulo, n. 58, CEBRAP, 2000.

1.2 Atualidades – Dados

Os dados do STF revelam que existem cerca de 719 processos com repercussão geral conhecida divididos em 14 áreas do direito, sendo 396 com mérito julgado e 323 com mérito pendente de julgamento. Desses, selecionamos 32 que tratam da matéria contribuições para serem analisados, sendo que existem cerca de 112 julgados que totalizam os processos que versam sobre direito tributário já com mérito julgado. Lembramos que o termo "contribuições" é usado aqui para compreender todas as contribuições, enquanto espécies tributárias (inclusive a contribuição de melhoria, embora não haja nenhum caso analisado versando sobre esta espécie tributária).

Capítulo II
A Repercussão Geral e seus Efeitos no Ordenamento Jurídico Nacional[1]

RICARDO VICTOR FERREIRA BASTOS
GRAZIELE RODRIGUES

1. Aspectos Gerais e Evolução Histórica da Repercussão Geral

O instituto da repercussão geral está inserido dentro do contexto do controle difuso de constitucionalidade, sendo caracterizado como um dos requisitos mais importantes do Recurso Extraordinário que pode ser considerado como o elemento central do controle de constitucionalidade exercido pela via difusa. É por meio de tal recurso que as discussões que possuem controversa constitucional em andamento nas diversas instâncias de nosso Poder Judiciário chegam ao Supremo Tribunal Federal (STF) para serem apreciadas dentro de um contexto que, em tese, não busca analisar a constitucionalidade de norma como elemento central, mas sim de forma incidental em uma determinada relação concreta.

Essa modalidade difusa de controle de constitucionalidade possui peculiaridades no que se refere ao alcance de suas decisões, tendo em vista a necessidade de ampliar os efeitos no que é decidido e evitar a

[1] Capítulo reproduzido da obra ANÁLISE DE CASOS SOBRE ICMS em razão de ser continuidade da coleção.

repetição de demandas desnecessárias sobre matéria eventualmente decididas. As decisões proferidas no exercício da jurisdição constitucional no Brasil relacionadas ao controle de constitucionalidade são dotadas de efeitos que dependem da espécie de demanda judicial em curso, variando caso esteja ocorrendo o controle em sua forma difusa ou em sua forma concentrada, sendo a regra esta última ter decisões que possuem efeitos gerais e contra todos, ao passo que aquela possui, em regra efeitos mais restritos e *inter partes.*

É nesse contexto que se insere a importância do STF que não se comporta como uma terceira ou quarta instância, e sim como instância Extraordinária, cuja função é uniformizar a aplicação da lei ao caso concreto, de modo que a incidência da lei ocorra de maneira uniforme. Portanto se a demanda do STF for excedente à sua capacidade, dificilmente os tribunais inferiores conseguirão acompanhar seu entendimento, acarretando um juízo de livre convicção de cada órgão, mesmo já tendo sido proferidas decisões do STF pacificando o assunto, aumentando ainda mais a demanda recursal. Por isso foi necessária a criação de um filtro, de modo que só chegue ao Plenário, questões pertinentes ao seu ofício.

Como visto, a via difusa encontra seu expoente máximo quando se trata do Recurso Extraordinário, tendo em vista que é por meio dele que as discussões que tenham matéria constitucional tributária, ou não, como pano de fundo cheguem a ser tratadas pelo STF, o que possui grande relação com a ampliação do acesso à jurisdição de um modo geral ocorrido no Brasil no início do século XXI. Como no controle difuso as discussões constitucionais se iniciam em qualquer grau de jurisdição, o fluxo de processos que se relacionam a essa espécie de controle é expressivo na seara tributária por razões que se relacionam com o volume de demandas tributárias por todo o país, em grande parte em decorrência da extensão minimalista da Constituição tributária brasileira.[2]

O instituto processual da Repercussão geral foi criado com esse objetivo, limitando a apreciação do STF somente a temas que apresentem questões relevantes do ponto de vista econômico, político, social ou jurídico que ultrapassem os direitos subjetivos da causa.[3] De forma sinté-

[2] Estima-se que cerca de trinta por cento dos processos no STF estão relacionados á matéria tributária.

[3] Art. 543-A. O Supremo Tribunal Federal, em decisão irrecorrível, não conhecerá do recurso extraordinário, quando a questão constitucional nele versada não oferecer repercussão geral, nos termos deste artigo.

tica, o papel do instituto não é de limitar o acesso à justiça, é, sobretudo, delimitar a função do STF como propícia a instaurar paradigmas aos juízos subsequentes. Teresa Arruda Alvin Wambier entende que o instituto não deve ser observado como um limitador ao acesso à justiça. Para ela:

> No País, há toda uma estrutura destinada a tornar real o acesso à justiça, desdobrada em dois graus de jurisdição, havendo justiças Estaduais, Federais, especializadas, sendo esta estrutura posta em movimento por um sistema recursal marcadamente abundante. [4]

A autora ao comparar a Arguição de Relevância com a Repercussão geral, dispõe que para aquela, bastava haver ofensa ao direito em tese, a questão seria relevante, já para esta não basta ofender o texto constitucional, mas a questão deve suscitar repercussão geral em si mesma.

> Esta figura impede que o STF se transforme numa 4ª instância e deve diminuir, consideravelmente, a carga de trabalho daquele Tribunal, resultando este que também acaba, de forma indireta, por beneficiar os jurisdicionados, que terão talvez uma jurisdição prestada com mais vagar, e haverá acórdãos, já que em menor número, que serão fruto de reflexões mais demoradas por parte dos julgadores.[5]

É nesse contexto que se observa uma elevada redução nos números de admissibilidade de Recurso Extraordinário, saindo de 54.575 (2006) – advento da Lei nº 11.418/2006, que alterou os artigos 543-A e 543-B do CPC de 1973 – e 49.708 (2007) – regulamentação dos artigos citados por meio da Emenda Regimental n.21 –, para 9.598 (2015)[6] como demonstra Ferraz:

§ 1º Para efeito da repercussão geral, será considerada a existência, ou não, de questões relevantes do ponto de vista econômico, político, social ou jurídico, que ultrapassem os interesses subjetivos da causa.

[4] WAMBIER, Teresa Arruda Alvim. **Recurso especial, recurso extraordinário e ação rescisória**, 2. Ed. Reform. e atual. p. 290.

[5] WAMBIER, Teresa Arruda Alvim. **Recurso especial, recurso extraordinário e ação rescisória**, 2. Ed. Reform. e atual. p. 293.

[6] Disponível em <http://www.stf.jus.br/portal/cms/verTexto.asp?servico=jurisprudenciaRepercussaoGeralRelatorio&pagina=rg_resultados>. Acesso em 06/11/2015.

> Esta redução da distribuição, portanto, não significa mera diminuição de carga de processos do Supremo Tribunal Federal, nem implica prejuízo da sua missão jurisdicional ou do acesso individual à Justiça. Revela, isto sim, uma nova forma de prestar jurisdição em matéria constitucional, assegurando às questões de relevância social, política, econômica e jurídica um processo decisório rápido e plural e, na sequência, maior disseminação dos efeitos desta decisão, de forma a garantir a isonomia na aplicação das normas constitucionais [7]

O cenário que se relaciona diretamente com o surgimento e importância do instituto da Repercussão geral foi amadurecido gradativamente no decorrer dos anos em nosso ordenamento jurídico no sentido de buscar da maior alcance às decisões proferidas nos julgamentos de recursos que estavam relacionados às matérias repetitivas ou que possuam grande controvérsia jurídico-constitucional. A doutrina[8] que se dedica ao estudo do assunto aponta o seguinte cenário como antecedente da Repercussão geral e da necessidade de ampliação desses efeitos:

> Note-se que, já na década de 1980, a doutrina, ao tratar da Arguição de Relevância, na vigência da Emenda Constitucional n. 1/69 à Constituição de 1967, apontava o fato ligado ao "acúmulo de serviços do Supremo Tribunal Federal" (Alvim, 1988: 22), pelo excesso numérico de recursos extraordinários. Vê-se que a problemática do recurso extraordinário não é nova e o debate em torno da amplitude de hipóteses de admissibilidade pelo Supremo Tribunal Federal já causava então grande preocupação, por suas nefastas consequências no âmbito da impossibilidade de operacionalidade e das disfunções geradas no plano fático. Para situar o tema deste estudo em seu contexto evolutivo, no limite do necessário para a compreensão das origens da repercussão geral no recurso extraordinário, serão delineados os seguintes antecedentes históricos: a jurisprudência defensiva, a arguição de relevância e a transcendência do recurso de revista, no Tribunal Superior do Trabalho.

[7] WAMBIER, Teresa Arruda Alvim. **Recurso especial, recurso extraordinário e ação rescisória**, 2. Ed. Reform. e atual. p. 105/106.

[8] VIANA, Ulisses Schwarz. **Repercussão geral sob a ótica da teoria dos sistemas de Niklas Luhmann**. 2ª Ed. São Paulo: Saraiva, 2011. p. 24.

Como se viu, três são os institutos que influenciaram na implementação da repercussão geral em nosso ordenamento: a arguição de relevância, a jurisprudência defensiva e a transcendência do recurso de revista caracterizado no âmbito do Tribunal Superior do Trabalho. Deve ser ressaltado que os três institutos acima especificados possuem como traço comum a relação com assuntos que possuem uma amplitude que vai além daquilo discutido pelas partes, o que revela a necessidade do tratamento uniforme e de forma ampla da matéria que se discute num determinado caso concreto.

Dos três institutos acima apontados, um de grande importância é a arguição de relevância, introduzida na Constituição Federal de 1967 por meio da Emenda Constitucional nº 1/69, que estabeleceu no parágrafo primeiro do artigo 119 a seguinte redação:

> As causas a que se refere o item III, alíneas *a* e *d,* deste artigo, serão indicadas pelo Supremo Tribunal Federal no regimento interno que atenderá à sua natureza, espécie, valor pecuniário e relevância da questão federal.

Do mesmo modo, tem-se ainda o Regimento Interno do STF que elencou as diversas hipóteses no artigo 325, com redação dada pela Emenda Regimental n. 2/85. Segundo Ulisses Schwarz Viana, a arguição de relevância "pressupunha conceitualmente a relevância da questão federal", não importando a possibilidade de admissão de questões regionais que tivessem interesse nacional. Sendo assim, para a repercussão geral importa a relevância temática, que envolva aspectos econômicos, políticos, sociais e jurídicos. O autor também destaca que:

> Deste modo, os temas com repercussão geral podem, originariamente, ser inclusive regionais, mas no plano da relevância constitucional da questão passam a constituir tema de interesse nacional, Nacional no sentido que não se prende somente à esfera da União, ao conceito de federativos, mas, antes disso, de tema de interesse de toda a sociedade brasileira.[9]

Com o advento da Constituição Federal de 1988, o instituto da argüição de relevância que não estava presente no texto constitucional, desapareceu do nosso ordenamento jurídico.

[9] VIANA, Ulisses Schwarz. **Repercussão geral sob a ótica da teoria dos sistemas de Niklas Luhmann**. 2ª Ed. São Paulo: Saraiva, 2011, p. 25.

2. Fundamentação Jurídica e Definição do Instituto

De modo mais específico, o instituto da Repercussão geral foi implementado no ordenamento jurídico nacional com o advento da Emenda Constitucional nº 45/2004, que acresceu o parágrafo terceiro ao artigo 102, incluindo a necessidade de a questão constitucional trazida nos recursos extraordinários possuir repercussão geral como preliminar de admissibilidade no recurso extraordinário.

Foi regulamentado pela Lei nº 11.418/2006 que acresceu os artigos 543-A e 543-B no Código de Processo Civil de 1973, que possuía uma *vacatio legis* de 60 dias, porém a efetivação só ocorreu após a alteração do Regimento Interno do Supremo Tribunal Federal, com a publicação da Emenda Regimental nº 21, de 30 de abril de 2007[10].

Já no Novo Código de Processo Civil (CPC/2015), Lei nº. 13105/2015, a questão é tratada especificamente em nos artigos 979, 987, 998 e 1035[11], no qual consta maior parte do procedimento da Repercussão

[10] STF, DJU, 26 jun. 2007, AI 664567-RS, Rel. Min. Sepúlveda Pertence: "A exigência da demonstração formal e fundamentada, no recurso extraordinário, da repercussão geral das questões constitucionais discutidas só incide quando a intimação do acórdão recorrido tenha ocorrido a partir de 3 de maio de 2007, data da publicação da Emenda Regimental 21, de 30 de abril de 2007."

[11] Art. 1.035. O Supremo Tribunal Federal, em decisão irrecorrível, não conhecerá do recurso extraordinário quando a questão constitucional nele versada não tiver repercussão geral, nos termos deste artigo. § 1º Para efeito de repercussão geral, será considerada a existência ou não de questões relevantes do ponto de vista econômico, político, social ou jurídico que ultrapassem os interesses subjetivos do processo. § 2º O recorrente deverá demonstrar a existência de repercussão geral para apreciação exclusiva pelo Supremo Tribunal Federal. § 3º Haverá repercussão geral sempre que o recurso impugnar acórdão que: I – contrarie súmula ou jurisprudência dominante do Supremo Tribunal Federal; II – tenha sido proferido em julgamento de casos repetitivos; III – tenha reconhecido a inconstitucionalidade de tratado ou de lei federal, nos termos do art. 97 da Constituição Federal.§ 4º O relator poderá admitir, na análise da repercussão geral, a manifestação de terceiros, subscrita por procurador habilitado, nos termos do Regimento Interno do Supremo Tribunal Federal. § 5º Reconhecida a repercussão geral, o relator no Supremo Tribunal Federal determinará a suspensão do processamento de todos os processos pendentes, individuais ou coletivos, que versem sobre a questão e tramitem no território nacional. § 6º O interessado pode requerer, ao presidente ou ao vice-presidente do tribunal de origem, que exclua da decisão de sobrestamento e inadmita o recurso extraordinário que tenha sido interposto intempestivamente, tendo o recorrente o prazo de 5 (cinco) dias para manifestar-se sobre esse requerimento. § 7º Da decisão que indeferir o requerimento referido no § 6º caberá agravo, nos termos do art. 1.042. § 8º Negada a repercussão geral, o presidente ou o vice-presidente do tribunal de origem negará seguimento aos recursos extraordinários sobrestados na origem que versem

geral, e também nos artigos 1039 e 1042 (sendo que o processamento do recurso extraordinário é também tratado em outros artigos). Cabe destacar que a repercussão geral dentro do CPC/2015, está inserida no contexto de aumento da força do que se entendo por precedentes judiciais a serem fixados pelas cortes superiores e com caráter obrigatório para todo o Poder Judiciário. Essa adoção dos precedentes pelo Código relaciona-se à busca da ampliação dos efeitos concretos das decisões a um número maior de demandas que possuam a mesma discussão jurídica, o que tende a diminuir a quantidade de recursos nos nossos tribunais superiores e padronizar o entendimento jurídico nas instâncias inferiores.

Outra fonte do Regramento do instituto é o Regimento Interno do STF:

- Artigo nº 13, com a redação das Emendas Regimentais nº 24/2008, nº 29/2009 e nº 41/2010.
- Artigos nº 21, 340 e 341, com a redação das Emendas Regimentais nº 41/2010 e 42/2010.
- Artigos nº 38, 57, 59, 60, 67, 78, 323-A e 325-A, com a redação da Emenda Regimental nº 42/2010
- Artigos nºs 322-A e 328, com a redação da Emenda Regimental nº 21/2007.
- Artigo nº 324, com a redação das Emendas Regimentais nº 31/2009, nº 41/2010, nº 47/2012 e nº 49/2014.
- Artigo nº 328-A, com a redação da Emenda Regimental nº 23/08 e da Emenda Regimental nº 27/2008.

Para que se possa buscar uma identificação ou mesmo uma definição do instituto deve-se observar o que dispõe o § 1º, do art. 543 – A do CPC de 1973 e o art. § 1 do art. 1035 do CPC/2015. Os dispositivos são semelhantes, diferindo apenas na última palavra do texto, sendo que no

sobre matéria idêntica. § 9º O recurso que tiver a repercussão geral reconhecida deverá ser julgado no prazo de 1 (um) ano e terá preferência sobre os demais feitos, ressalvados os que envolvam réu preso e os pedidos de habeas corpus. § 10. Não ocorrendo o julgamento no prazo de 1 (um) ano a contar do reconhecimento da repercussão geral, cessa, em todo o território nacional, a suspensão dos processos, que retomarão seu curso normal. § 11. A súmula da decisão sobre a repercussão geral constará de ata, que será publicada no diário oficial e valerá como acórdão.

CPC de 1973 há referência aos interesses subjetivos da causa ao passo que, no CPC/2015, há menção aos interesses subjetivos do processo:

> § 1º Para efeito da repercussão geral, será considerada a existência, ou não, de questões relevantes do ponto de vista econômico, político, social ou jurídico, que ultrapassem os interesses subjetivos da causa.
> § 1o Para efeito de repercussão geral, será considerada a existência ou não de questões relevantes do ponto de vista que ultrapassem os interesses subjetivos do processo.

A doutrina[12] trata do instituto como sendo um pressuposto especial de cabimento do recurso que é exigido pela própria Constituição Federal que impõe a necessidade de se verificar o impacto indireto que a decisão pode ter, ou seja, como a decisão poderá influenciar na vida da sociedade ou mesmo de parte significativa dela nos mais diversos aspectos políticos, jurídicos, econômicos e sociais.

Daniel Amorin Assumpção Neves[13] o conceitua como um singular pressuposto de admissibilidade, não passível de ser analisado por quem proferiu a decisão que se impugna, consistindo no último requisito a ser observado após a verificação dos demais recursos nos termos do art. 323 do regimento interno do STF. O Supremo Tribunal Federal também apresenta definição do instituto: "Instituto processual que reserva ao STF o julgamento exclusivo de temas, trazidos em recursos extraordinários, que apresentem questões relevantes do ponto de vista econômico, político, social ou jurídico, que ultrapassem os interesses subjetivos da causa".[14]

Como se vê a repercussão geral deve ser entendida numa dupla perspectiva, tendo em vista que pode funcionar como verdadeiro filtro recursal e como elemento de ampliação dos efeitos da decisão proferida em sede de controle difuso de constitucionalidade que, em regra, não possuía efeito *erga omnes*. Esse requisito revela que as decisões profe-

[12] DANTAS, Bruno. **Repercussão geral: perspectivas histórica, dogmática e de direito comparado: questões processuais.** São Paulo: Ed. Revista dos Tribunais, 2008.

[13] NEVES, Daniel Amorin Assumpção. Manual de Direito Processual Civil. 5ª ed. São Paulo: Método 2015. p. 745.

[14] Repercussão Geral. Disponível em: http://www.stf.jus.br/portal/cms/verTexto.asp?servico=estatistica& pagina=entendarg. Acesso em 25 de fev. de 2016.

ridas nessa espécie de controle de constitucionalidade devem ter seus efeitos a todos aqueles que se encontram na mesma perspectiva daquelas partes que figuraram no recurso decidido.

3. Procedimento do Reconhecimento da Repercussão Geral

O procedimento para o reconhecimento da Repercussão geral foi regulado nos artigos 543-A e 543-B do Código de Processo Civil de 1973 e agora está prevista nos artigos 1035 e seguintes do CPC/2015 conforme especificado acima, tendo suas especificidades reguladas nos termos do Regimento Interno do STF.

Para conhecimento do Recurso Extraordinário, o recorrente deverá demonstrar, em preliminar de admissibilidade a repercussão geral da questão constitucional nele versada, sendo a apreciação material do recurso de competência exclusiva do STF.

Quando o RE é interposto, ele é submetido à análise dos requisitos formais pelo tribunal de origem. Isto quer dizer que o primeiro exame de admissibilidade do recurso acontecerá no juízo de origem, verificando se o recurso possui os pressupostos processuais para possível apreciação do Pleno. [15] Posto isso, o tribunal de origem verificará a existência de múltiplos recursos que abordam a mesma questão, restringindo assim a controvérsia e escolhendo um ou mais para que possam representar a questão e sobrestando os demais.

Os recursos representativos, depois de admitidos no tribunal de origem, são remetidos ao STF que examina a presença da repercussão geral substancialmente, observando se a matéria possui relevância social, política, econômica ou jurídica, bem como se a decisão terá efeito além dos interesses subjetivos da causa.[16]

Ao delimitar o tema, o STF decide acerca da existência da preliminar de repercussão geral, sendo que as que não forem admitidas terão efeitos imediatos sobre aqueles que estejam sobrestados:

[15] BRASIL. Supremo Tribunal Federal. **Recurso Extraordinário nº. 560.476** Rel Min. Ellen Gracie. Disponível em: <http://www.stf.jus.br/portal/jurisprudencia/listarConsolidada.asp?classe=RE&numero=560476&origem=AP>. Acesso em: 10 de abr. de 2016.

[16] Aqui vemos a efetiva mudança do requisito da repercussão geral no recurso extraordinário, de modo que os efeitos de admissibilidade não ocorram apenas *inter partes*, mas refletindo em todas as causas sobrestadas pelo mesmo fundamento e as que vierem a ser dirimidas após a decisão da controvérsia.

> **Art. 1035, parágrafo 8º – CPC/2015.** Negada a repercussão geral, o presidente ou o vice-presidente do tribunal de origem negará seguimento aos recursos extraordinários sobrestados na origem que versem sobre a mesma matéria.
> **Art. 1039, parágrafo único – CPC/2015.** Negada a existência de repercussão geral no recurso extraordinário afetado, serão considerados automaticamente inadmitidos os recursos extraordinários cujo processamento tenha sido sobrestado.
> **Art. 326 do RISTF.** Toda decisão de inexistência de repercussão geral é irrecorrível e, valendo para todos os recursos sobre questão idêntica, deve ser comunicada, pelo(a) Relator(a), à Presidência do Tribunal, para os fins do artigo subsequente e do art. 329.
> **Art. 329 do RISTF.** A Presidência do Tribunal promoverá ampla e específica divulgação do teor das decisões sobre repercussão geral, bem como formação e atualização de banco eletrônico de dados a respeito.

Os recursos sobrestados que tratarem de tema com repercussão geral com mérito julgado no recurso extraordinário, serão apreciados pelos Tribunais, Turmas de Uniformização ou Turmas Recursais, que poderão retratar-se ou julgá-los prejudicados de acordo com o que for decidido pelo Supremo.[17]

O CPC/2015 estipulou, também, prazo para julgamento do recurso que tiver a repercussão geral reconhecida, ressaltando que a sua não observância acarretará a cessação da suspensão dos processos, que terão seu curso normal retomado.

> **Art. 1035, parágrafo 9º- CPC/2015.** O recurso que tiver a repercussão geral reconhecida deverá ser julgado no prazo de 1 (um) ano e terá preferência sobre os demais feitos, ressalvados os que envolvam réu preso e os pedidos de *habeas corpus*.
> **Art. 1035, parágrafo 10º – CPC/2015.** Não ocorrendo o julgamento no prazo de 1 (um) ano a contar do reconhecimento da repercussão geral, cessa, em todo o território nacional, a suspensão dos processos, que retomarão seu curso normal.

[17] Art. 543-B, parágrafo 3º do CPC/73.

O procedimento pode ser entendido nos seguintes termos. Após a admissão do Recurso, o relator submeterá, eletronicamente, aos outros ministros, o teor de sua manifestação na qual se posicionará pela existência ou não[18] da repercussão geral conforme preceitua o ar. 323[19] do regimento interno do Supremo. Deve ser ressaltado que, em algumas situações, não é necessária essa etapa, tendo em vista que a questão já possui repercussão geral presumida como ocorre com a existência anterior de repercussão geral, quando a decisão recorrida for contrária a súmula ou jurisprudência dominante do próprio STF.

A doutrina processualista[20] aponta que existem na legislação hipóteses de repercussão geral já definidas como "decisão recorrida que contraria (a) súmula ou (b) jurisprudência dominante do STF ainda que não vinculantes, mas ratificadoras da jurisprudência da corte, bastando que a decisão recorrida viole jurisprudência dominante do Tribunal".

Os demais ministros recebem a manifestação do relator com a obrigação de encaminhar, por meio eletrônico também, no prazo de 20 dias, seus posicionamentos acerca da questão da repercussão geral. Caso esse prazo não seja observado, estará, automaticamente, identificada a repercussão geral da questão. Após, o art. 325[21] do regimento interno do STF prevê que seja dada vista ao Procurador-Geral da República nas hipóteses de sua intervenção, prevê ainda a possibilidade de julgamento pelo próprio relator, caso ele não peça data para julgamento, bem como determinando que ele formalize a decisão de recusa do recurso.

O efeito multiplicativo das questões relacionadas ao instituto pode ser visto no teor do art. 328 do Regimento Interno do STF que diz:

> Art. 328. Protocolado ou distribuído recurso cuja questão for suscetível de reproduzir-se em múltiplos feitos, a Presidência do Tribunal ou o(a)

[18] A decisão pela inexistência é irrecorrível conforme preceitua o art. 326 do regimento interno do STF.

[19] Art. 323. Quando não for caso de inadmissibilidade do recurso por outra razão, o(a) Relator(a) ou o Presidente submeterá, por meio eletrônico, aos demais Ministros, cópia de sua manifestação sobre a existência, ou não, de repercussão geral.

[20] THEODORO JÚNIOR, Humberto. **Curso de Direito Processual Civil**. 49ª Ed. São Paulo: Forense, 2012. p. 324.

[21] O(A) Relator(a) juntará cópia das manifestações aos autos, quando não se tratar de processo informatizado, e, uma vez definida a existência da repercussão geral, julgará o recurso ou pedirá dia para seu julgamento, após vista ao Procurador-Geral, se necessária; negada a existência, formalizará e subscreverá decisão de recusa do recurso.

> Relator(a), de ofício ou a requerimento da parte interessada, comunicará o fato aos tribunais ou turmas de juizado especial, a fim de que observem o disposto no art. 543-B do Código de Processo Civil, podendo pedir-lhes informações, que deverão ser prestadas em cinco dias, e sobrestar todas as demais causas com questão idêntica.
> Parágrafo único. Quando se verificar subida ou distribuição de múltiplos recursos com fundamento em idêntica controvérsia, a Presidência do Tribunal ou o(a) Relator(a) selecionará um ou mais representativos da questão e determinará a devolução dos demais aos tribunais ou turmas de juizado especial de origem, para aplicação dos parágrafos do art. 543-B do Código de Processo Civil.

Ponto importante para a amplitude da decisão proferida nesse exercício do controle difuso de constitucionalidade é a possibilidade de admissão da figura do *amicus curie* nos julgamentos dos recursos cuja repercussão geral foi conhecida, o que visa ampliar o debate de uma demanda que possui discussão jurídica limitada às partes mas que terá seus efeitos expandidos para toda a sociedade.

No que se refere a esse ponto, o Direito Tributário possui grande importância, posto que existem uma considerável quantidade de demandas jurídicas que chegam ao STF acerca desse ramo do direito e que se repetem por todo o Judiciário brasileiro, especialmente, por se referirem, na maioria dos casos, a obrigação que envolvem uma maior onerosidade a ser suportada pelo contribuinte. Assim, havendo necessidade de ouvir a sociedade, bem como colher subsídios para determinada decisão, o relator do recurso pode admitir a presença de terceiros que poderão se manifestar acerca da questão constitucional objeto da lide, sendo essa decisão irrecorrível nos termos do § 3º[22] do mesmo art. 323 do regimento interno da corte.

4. Os Efeitos da Decisão em Sede de Repercussão Geral

Conforme se pode observar, duas foram as intenções do legislador com a criação do requisito da repercussão geral em nosso ordenamento jurídico: uma foi impedir que o STF julgue demandas que não possuam

[22] § 3º Mediante decisão irrecorrível, poderá o(a) Relator(a) admitir de ofício ou a requerimento, em prazo que fixar, a manifestação de terceiros, subscrita por procurador habilitado, sobre a questão da repercussão geral.

impacto do ponto de vista jurídico, econômico, social e político, ao passo que a outra foi ampliar o que for decidido em sede de recurso extraordinário a situações diferentes daquela existente em determinado caso concreto.

O primeiro efeito consiste na busca de redução do quantitativo de recursos junto ao STF, tendo em vista que não basta a demonstração da questão constitucional debatida, devendo o recorrente demonstrar a relevância da questão suscitada do ponto de vista econômico, político, social e jurídico. É de suma importância a demonstração de que a matéria objeto do recurso transcende ao caso concreto, levando em consideração uma das perspectivas adotadas pela legislação, de modo que o julgador observe que o que for decidido naquele recurso pode impactar em algum setor da sociedade. O CPC/2015 restringe ainda mais a admissibilidade do recurso, declarando que somente podem ser selecionados recursos admissíveis que contenham abrangente argumentação e discussão a respeito da questão a ser decidida[23].

Nesse sentido, afirma Ulisses Viana:

> Não basta a formulação genérica, vaga e inconsistente dos argumentos em prol da existência da repercussão geral, mas sim o desenvolvimento argumentativo-demonstrativo pontual da relevância da questão do ponto de vista econômico, político, social e jurídico **e** da ***transcendência*** temática em relação aos interesses individuais das partes concretas atuantes no recurso extraordinário específico. (grifos no original)[24]

Essa exigência já era encontrada na jurisprudência da Suprema Corte e foi consolidada no CPC/2015, conforme se pode observar no RE nº 601.81[25]. Outra mudança acerca da Repercussão geral foi a abran-

[23] Art. 1.036. Sempre que houver multiplicidade de recursos extraordinários ou especiais com fundamento em idêntica questão de direito, haverá afetação para julgamento de acordo com as disposições desta Subseção, observado o disposto no Regimento Interno do Supremo Tribunal Federal e no do Superior Tribunal de Justiça. (...) § 6º Somente podem ser selecionados recursos admissíveis que contenham abrangente argumentação e discussão a respeito da questão a ser decidida.

[24] Viana, Ulisses Schwarz. **Repercussão geral sob a ótica da teoria dos sistemas de Niklas Luhmann**. 2ª Ed. São Paulo: Saraiva, 2011, p. 41.

[25] EMENTA: AGRAVO REGIMENTAL EM AGRAVO DE INSTRUMENTO. RECURSO EXTRAORDINÁRIO. DEFICIÊNCIA NA FUNDAMENTAÇÃO RELATIVA À PRELIMI-

gência das decisões em sede de RE no Poder Judiciário, de modo que, o instituto como requisito preliminar, possibilita uma espécie de objetivação das decisões proferidas pelo STF, acarretando assim uma comunicação mais efetiva entre os Tribunais Superiores e os demais juízos, visando uniformizar entendimentos e procedimentos sobre determinadas matérias.

Sobre isso, Taís Ferraz comenta que o foco da questão constitucional a ser dirimida, tem efeitos substanciais na forma de pensar e processar o recurso extraordinário e, destaca alguns desafios:

> (...) a comunicação cada vez maior com os órgãos recursais e com as demais instâncias ordinárias do Poder Judiciário para a discussão e a aplicação dos efeitos das decisões de repercussão geral, a compatibilização do sistema do Supremo Tribunal Federal com o regime dos recursos repetitivos do Superior Tribunal de Justiça (CPC art. 543-C), especialmente quando no mesmo caso haja recursos especial e extraordinário interpostos, a priorização constante do julgamento das questões constitucionais em que o reconhecimento da repercussão geral provocou o sobrestamento de um grande número de recursos extraordinário.[26]

As discussões que possuem repercussão geral devem ser tratadas levando em consideração a necessidade de que uma decisão tomada no exercício do controle difuso possa ser estendida a todo ordenamento jurídico a casos semelhantes, não mais sendo restrita àquelas partes que estão envolvidas em determinado recurso extraordinário apresentado.

NAR DE EXISTÊNCIA DE REPERCUSSÃO GERAL DA MATÉRIA CONSTITUCIONAL INVOCADA NO RECURSO. INTIMAÇÃO DO ACÓRDÃO RECORRIDO POSTERIOR A 03.05.2007. De acordo com a orientação firmada neste Tribunal, é insuficiente a simples alegação de que a matéria em debate no recurso extraordinário tem repercussão geral. Cabe à parte recorrente demonstrar de forma expressa e clara as circunstâncias que poderiam configurar a relevância – do ponto de vista econômico, político, social ou jurídico – das questões constitucionais invocadas no recurso extraordinário. A deficiência na fundamentação inviabiliza o recurso interposto. Agravo regimental a que se nega provimento. (RE 601381 AgR, Relator(a): Min. Joaquim Barbosa, Segunda Turma, julgado em 06/10/2009, DJe-204 DIVULG 28-10-2009 PUBLIC 29-10-2009 EMENT VOL-02380-08 PP-01656 LEXSTF v. 31, n. 371, 2009, p. 309-312).

[26] Ferraz, Taís Schilling. Repercussão geral – muito mais que um pressuposto de admissibilidade. In Paulsen, Leandro (coord). **Repercussão geral no recurso extraordinário**. Livraria do Advogado, Porto Alegre, 2011, p. 106.

Esse cenário tem como pano de fundo os limites subjetivos das decisões proferidas em sede de controle de constitucionalidade difuso, o que vem sendo tratado como objetivação do controle difuso.

No que se refere ao controle concentrado de constitucionalidade, a regra é o contido no art. 102, § 2º da CF que prevê eficácia geral e contra todos dentro do ordenamento jurídico nacional daquilo que for decidido pela corte, sendo regra que as decisões de mérito "produzirão eficácia contra todos e efeito vinculante, relativamente aos demais órgãos do Poder Judiciário e à administração pública direta e indireta, nas esferas federal, estadual e municipal". [27]

Por outro lado, em relação ao controle difuso, a regra é que o efeito seja restrito àquelas partes que litigam numa demanda judicial, ocorrendo o que se denomina de efeito *inter partes* da decisão, tendo em vista que a discussão judicial travada, é incidentalmente tratada em relação a uma situação concreta que está sendo posta em juízo, ou seja, apenas as partes litigantes sofreriam os efeitos do que for decidido, não ocorrendo o efeito *erga omnes*, comum ao controle abstrato ou concentrado, conforme se observa no art. 506 do CPC/2015, que diz: "A sentença faz coisa julgada às partes entre as quais é dada, não prejudicando terceiros."

Não obstante esse cenário de limitação de efeitos, cabe mencionar o teor dos incisos do art. 1.040 do CPC/2015 que atribui efeito vinculante às decisões do STF proferidas em sede de recurso extraordinário, após a publicação do acórdão paradigma, determinando que após essa publicação:

> I – o presidente ou o vice-presidente do tribunal de origem negará seguimento aos recursos especiais ou extraordinários sobrestados na origem, se o acórdão recorrido coincidir com a orientação do tribunal superior;
> II – o órgão que proferiu o acórdão recorrido, na origem, reexaminará o processo de competência originária, a remessa necessária ou o recurso anteriormente julgado, se o acórdão recorrido contrariar a orientação do tribunal superior;

[27] As decisões definitivas de mérito, proferidas pelo Supremo Tribunal Federal, nas ações diretas de inconstitucionalidade e nas ações declaratórias de constitucionalidade produzirão eficácia contra todos e efeito vinculante, relativamente aos demais órgãos do Poder Judiciário e à administração pública direta e indireta, nas esferas federal, estadual e municipal.

> III – os processos suspensos em primeiro e segundo graus de jurisdição retomarão o curso para julgamento e aplicação da tese firmada pelo tribunal superior;
> IV – se os recursos versarem sobre questão relativa a prestação de serviço público objeto de concessão, permissão ou autorização, o resultado do julgamento será comunicado ao órgão, ao ente ou à agência reguladora competente para fiscalização da efetiva aplicação, por parte dos entes sujeitos a regulação, da tese adotada.

Apesar de a regra ser a restrição subjetiva de efeitos, há a possibilidade de extensão desses efeitos àqueles não envolvidos no caso por meio da incidência do art. 52, X da Constituição Federal que diz competir ao Senado Federal: "suspender a execução, no todo ou em parte, de lei declarada inconstitucional por decisão definitiva do Supremo Tribunal Federal".

Assim, as decisões proferidas em sede de repercussão geral, teriam mitigado a necessidade de observância do disposto no art. 52, X da CF ao expandir os efeitos às decisões proferidas quando do julgamento do Recurso Extraordinário sob essa sistemática. Esse tema já foi debatido no STF, tendo destaque o posicionamento do Ministro Gilmar Mendes na Reclamação nº. 4335 [28]que se posiciona pela ausência de necessidade de manifestação do Senado Federal para a expansão dos efeitos das decisões proferidas no controle difuso de constitucionalidade, defendendo uma verdadeira mutação constitucional do inc. X do art. 52 da CF.

> (...)
> É possível, sem qualquer exagero, falar-se aqui de uma autêntica mutação constitucional em razão da completa reformulação do sistema jurídico e, por conseguinte, da nova compreensão que se conferiu à regra do art. 52, X, da Constituição de 1988. Valendo-nos dos subsídios da doutrina constitucional a propósito da mutação constitucional, poder-se-ia cogitar aqui de uma autêntica reforma da Constituição sem expressa modificação do texto. Em verdade, a aplicação que o Supremo Tribunal Federal vem conferindo ao disposto no art. 52, X, da CF indica que o referido instituto me-

[28] BRASIL. Supremo Tribunal Federal. **Rcl 4335**, Relator(a): Min. Gilmar Mendes, Tribunal Pleno, julgado em 20/03/2014. Disponível em: http://portal.stf.jus.br/processos/detalhe.asp?incidente=2381551. Acesso em 10 de mai. de 2019.

receu uma significativa reinterpretação a partir da Constituição de 1988. É possível que a configuração emprestada ao controle abstrato pela nova Constituição, com ênfase no modelo abstrato, tenha sido decisiva para a mudança verificada, uma vez que as decisões com eficácia erga omnes passaram a se generalizar. A multiplicação de processos idênticos no sistema difuso – notória após 1988 – deve ter contribuído, igualmente, para que a Corte percebesse a necessidade de atualização do aludido instituto. Nesse contexto, assume relevo a decisão que afirmou a dispensabilidade de se submeter a questão constitucional ao Plenário de qualquer Tribunal se o Supremo Tribunal já se tiver manifestado pela inconstitucionalidade do diploma. Tal como observado, essa decisão acaba por conferir uma eficácia mais ampla – talvez até mesmo um certo efeito vinculante – à decisão do Plenário do Supremo Tribunal no controle incidental. Essa orientação está devidamente incorporada ao direito positivo (CPC, art. 481, parágrafo único, 53 parte final, na redação da Lei n . 9756, de 1998). No mesmo contexto situa-se a decisão que outorgou ao relator a possibilidade de decidir, monocraticamente, os recursos extraordinários vinculados às questões já resolvidas pelo Plenário do Tribunal (CPC, art. 557, § 1º A) .

Acerca do tema, em dissertação de mestrado na qual se analisou essa temática, observa-se que:

> Assim, não obstante todas as discussões acerca da abstrativização do controle de constitucionalidade que não são o foco do estudo aqui realizado, o que deve ser ressaltado é que nosso ordenamento jurídico já possui institutos que tornam essas decisões oponíveis por aqueles que não, necessariamente, são partes na demanda de modo que os jurisdicionados possam invocar teses já fixadas quando da análise pelos tribunais superiores que garantam seu direito. Atualmente, enxerga-se um cenário no qual os juízes e os próprios tribunais também se utilizam desses instrumentos para decidir suas causas em consonância com o que os tribunais superiores do país decidem o que pode representar um meio eficaz de redução de litígios que já possuem teses jurídicas pré-definidas.[29]

[29] BASTOS, Ricardo Victor Ferreira. O controle difuso de constitucionalidade como elemento de harmonização e integração do Sistema Tributário Nacional. Dissertação de Mestrado. Universidade Católica de Brasília, 2016.

Capítulo III
Aspectos Teóricos das Contribuições

Ricardo Victor Ferreira Bastos
Maria das Graças Patrocínio Oliveira
Renato Porto da Silva
Ricardo Lima de Oliveira
Carlos Eduardo de Sousa Martins

1. Aspectos Importantes das Contribuições

1.1 Perspectiva Histórica e a Natureza Jurídica das Contribuições

O conceito de contribuição possui uma dinâmica bem peculiar quando se leva em consideração a sua classificação como tributo ou não. As espécies tributárias sofreram uma variação ao longo dos tempos, existindo posicionamentos que não incluíam as contribuições como uma das espécies do gênero tributo, conforme se observa nos posicionamentos dicotômicos e tricotômicos que definiam as espécies tributárias em impostos e taxas ou impostos, taxas e contribuições de melhoria conforme se vê na passagem da obra de Luis Eduardo Schoueri:

> Tradicionalmente, a classificação das espécies tributárias dividiu a doutrina em duas escolas: a dicotômica e a tricotômica; enquanto a primeira encontra apenas duas espécies tributárias (impostos e taxas), a segunda adiciona a ambas as categorias a das contribuições. A primeira escola investigava a hipótese tributária pondo de um lado aqueles que eram devi-

> dos em virtude de uma atividade do Estado (por isso: tributos vinculados a uma atuação estatal) e, de outro, aqueles cuja hipótese tributária independia daquela atuação (por isso: tributos não vinculados). A segunda escola enxergava uma terceira espécie, vinculada, sim, a uma atuação estatal, mas que não era voltada diretamente ao contribuinte. Ou seja: nas contribuições, haveria uma atuação estatal (por isso, tributo vinculado), mas o contribuinte apenas indiretamente se relacionaria àquela atuação. Um exemplo seria a contribuição de melhoria: cobrada em função de uma atuação estatal (obra pública) que não beneficia diretamente a um contribuinte, mas a um grupo do qual esse contribuinte faz parte. Ficariam, portanto, três espécies: os tributos não vinculados a atividade estatal, os vinculados a uma atividade estatal diretamente relacionada ao contribuinte e os vinculados a atividade indiretamente relacionada ao contribuinte.[1]

Alfredo Augusto Becker[2] e Geraldo Ataliba defendiam a existência de apenas duas espécies de tributo: imposto e taxa, adotando a teoria bipartida. Para Becker, entretanto, enquanto as taxas teriam base de cálculo vinculada a um serviço estatal, os impostos teriam a base de cálculo caracterizada por um fato lícito, sem relação direta com qualquer atividade estatal. Já para Geraldo Ataliba[3], apesar de existir apenas duas espécies tributárias: os vinculados ou não vinculados a uma ação estatal, as taxas diferenciaram-se das contribuições pelo fato de aquelas estarem relacionadas a uma atividade estatal prestada diretamente ao cidadão, ao passo que as contribuições estariam relacionadas a atividade indireta. Ataliba ensina ainda:

> Nas contribuições pelo contrario, não basta a atuação estatal. Só há contribuição quando, entre a atuação estatal e o objeto, a lei coloca um termo intermediário, que estabelece a referibilidade entre a própria atuação e o obrigado. Daí distinguir-se a taxa da contribuição pelo caráter (direto ou indireto) da referibilidade entre a atuação e o obrigado. Na obrigação medeia, entre a atuação e o obrigado, uma circunstancia, um fato intermediário. É mediante esse fato ou circunstancia que se estabelece a referibili-

[1] Schoueri, Luis Eduardo. **Direito tributário**. 5. ed. São Paulo: Saraiva, 2015, p. 245.

[2] Becker, Alfredo Augusto. **Teoria Geral do Direito Tributário**. 2ª edição. São Paulo: Saraiva, 1972.

[3] Ataliba, Geraldo. **Hipótese de incidência tributária**. 5ª ed. 8ª triagem. São Paulo: Malheiros Editores, 1999.

> dade entre a atuação estatal e o obrigado, o que nos leva a reconhecer que essa referibilidade é mediata, em contraste com o que se passa na taxa.[4]

O Código Tributário Nacional (CTN) adotou a teoria tricotômica que define as espécies tributária no seu art. 5º como sendo os impostos, taxas e contribuições de melhoria,[5] o que evidencia que as contribuições e os emprestemos compulsórios, ressaltando as contribuições de melhoria, não foram consideradas como espécies tributárias. O CTN, Lei nº 5.172/66, foi editado à luz da Constituição de 1946, que apenas mencionava a palavra contribuição, fora do contexto das contribuições de melhoria, apenas no inciso XVI do art. 157 que possuía o seguinte teor:

> Art 157 – A legislação do trabalho e a da previdência social obedecerão nos seguintes preceitos, além de outros que visem a melhoria da condição dos trabalhadores:
> (...)
> XVI – previdência, mediante contribuição da União, do empregador e do empregado, em favor da maternidade e contra as conseqüências da doença, da velhice, da invalidez e da morte; [6]

Cabe esclarecer a existência de posicionamento do STF que não conferia natureza tributária ao longo das constituições pretéritas:

> CONTRIBUIÇÃO PREVIDENCIARIA. DÉBITO ANTERIOR A EMENDA CONSTITUCIONAL 8/77. AS CONTRIBUIÇÕES PREVIDENCIARIAS RELATIVAS A DÉBITO ANTERIOR A EMENDA CONSTITUCIONAL 8/77 OSTENTAM NATUREZA TRIBUTARIA. AGRAVO REGIMENTAL DESPROVIDO.[7]

[4] ATALIBA, Geraldo. **Hipótese de incidência tributária.** 5ª ed. 8ª triagem. São Paulo: Malheiros Editores, 1999, p. 130.

[5] Art. 5º Os tributos são impostos, taxas e contribuições de melhoria.

[6] BRASIL. Constituição (1946). **Constituição da República Federativa do Brasil.** Disponível em: http://www.planalto.gov.br/ccivil_03/Constituicao/Constituicao46.htm. Acesso em: 21 de jun. de 2017.

[7] BRASIL. Supremo Tribunal Federal. Agravo Interno 101900 AgR, Relator(a): Min. FRANCISCO REZEK, Segunda Turma, julgado em 16/09/1986. .Disponível em:< http://www.stf.jus.br/portal/jurisprudencia/visualizarEmenta.asp?s1=000117218&base=baseAcordaos>. Acesso em 19 de julh. de 2017.

> EXECUÇÃO FISCAL. CONTRIBUIÇÕES PREVIDENCIARIAS EM DATA ANTERIOR A EMENDA 8. NATUREZA TRIBUTARIA. AS CONTRIBUIÇÕES PREVIDENCIARIAS CONSTITUIDAS EM DATA ANTERIOR A EMENDA 8/77 SE SUBMETEM AS NORMAS PERTINENTES AOS TRIBUTOS, INSERIDAS NO CTN, POIS ERAM ESPÉCIES TRIBUTARIAS. RECURSO EXTRAORDINÁRIO NÃO CONHECIDO.[8]

Esse contexto nos mostra que a tributação no Brasil adotou, na época da concepção do código, tributos "não vinculados a atividade estatal, os vinculados a uma atividade estatal diretamente relacionada ao contribuinte e os vinculados a atividade indiretamente relacionada ao contribuinte"[9], não havendo a especificação das contribuições e dos empréstimos compulsórios, apesar de poderem estar atrelados a contraprestação do estado, como uma das espécies tributárias.

Nesse contexto, a Constituição Federal de 1988 elenca sem seu art. 145[10] que as espécies tributárias seriam os impostos, as taxas e as contribuições de melhoria, o que pode nos levar à ideia da adoção da teoria tricotômica, a exemplo do CTN. Ricardo Lobo Torres[11], levando em consideração a CF de 1988, apresenta uma classificação geral acerca do sistema tributário nacional demonstrando que os empréstimos compulsórios também foram enquadrados como uma das espécies tributárias. O autor propõe a seguinte classificação em sua obra Curso de Direito Financeiro e Tributário.[12]

[8] BRASIL. Supremo Tribunal Federal. **Recurso Extraordinário nº 99848**. Relator(a): Min. Rafael Mayer, Primeira Turma, julgado em 10/12/1984. Disponível em: http://www.stf.jus.br/portal/jurisprudencia/visualizarEmenta.asp?s1=000022185&base=baseAcordaos. Acesso em: 19 de julh. de 2017.

[9] Schoueri, Luis Eduardo. **Direito tributário**. 5. ed. São Paulo: Saraiva, 2015, p. 246.

[10] Art. 145. A União, os Estados, o Distrito Federal e os Municípios poderão instituir os seguintes tributos: I – impostos; II – taxas, em razão do exercício do poder de polícia ou pela utilização, efetiva ou potencial, de serviços públicos específicos e divisíveis, prestados ao contribuinte ou postos a sua disposição; III – contribuição de melhoria, decorrente de obras públicas.

[11] Torres, Ricardo Lobo. **Curso de Direito Financeiro e Tributário**. 18ª ed. Rio de janeiro: Renovar, 2011, p. 362.

[12] Torres, Ricardo Lobo. **Curso de Direito Financeiro e Tributário**. 18ª ed. Rio de janeiro: Renovar, 2011.

SISTEMA TRIBUTÁRIO NACIONAL

- Impostos
  - Patrimônio e Renda
    - ITR
    - ITBI
    - I. *Causa Mortis* e *Doação*
    - IPTU
    - IPVA
    - IR
    - I. Grandes Fortunas
  - Produção e Circulação
    - ICMS
    - IPI
    - IOF
    - ISS
- Taxas
  - de serviço
  - de polícia
- Contribuições
  - de melhoria
  - sociais
    - para a seguridade social
    - para a educação e cultura
  - de intervenção no domínio econômico
  - de interess de categorias profissionais (OAB, CFM)
  - de interesse de categorias econômicas (contribuição sindical)
- Empréstimos compulsórios

Acerca da classificação que adota, o autor ainda ensina que:

> Daí se conclui que a CF adotou a *divisão quadripartida:* o tributo compreende o imposto, taxa, a contribuição e o empréstimo compulsório. Parece-nos que as contribuições sociais, de intervenção no domínio econômico e de interesse de categorias profissionais ou econômicas, referidas no art. 149, devem se amalgamar conceptualmente às contribuições de melhoria mencionadas no art. 145, III, subsumindo-se todas no conceito mais amplo de contribuições especiais. O empréstimo compulsório, previsto no art. 148, também compõe o conceito de tributo, como se verá adiante.[13]

A passagem acima colacionada mostra que, para Ricardo Lobo Torres, as contribuições de melhoria consistiam num grande gênero que incluía como espécies as contribuições sociais, de intervenção no domínio econômico e de interesse de categorias profissionais ou econômicas,

[13] TORRES, Ricardo Lobo. **Curso de Direito Financeiro e** Tributário. 18ª ed. Rio de janeiro: Renovar, 2011, p. 374.

devendo ser todas elas tratadas como contribuições especiais. Assim, para o autor o gênero contribuições abarcaria as contribuições sociais e as demais contribuições previstas na CF/88. Cabe ressaltar que esse entendimento exigiria uma releitura do inc. III, do art. 145 da Constituição que não deveria ser lido como contribuição de melhoria, mas sim como um gênero contribuições.

É preciso ressaltar que essas contribuições mencionadas pela classificação tripartite são exclusivamente as de melhoria, ao passo que as contribuições sociais, de intervenção do domínio econômico e destinadas ao financiamento da Seguridade Social, estariam enquadradas como taxas ou como impostos, dependendo de seus critérios materiais de vinculação a uma atividade estatal ou não. Sacha Calmon Navarro Coelho esclarece tal ponto, quando afirma que:

> Os tricotomistas apenas acrescentam que os serviços de poder de polícia e de utilidade pública são remunerados por taxas, e as obras públicas, por contribuições de melhoria. As contribuições parafiscais e os empréstimos compulsórios, dizem eles, são impostos ou são taxas.[14]

Para Paulo de Barros Carvalho as contribuições possuem natureza tributária, entretanto, estão inseridas como impostos ou taxas conforme se vê abaixo:

> Não é de agora que advogamos a tese de que as chamadas contribuições têm natureza tributária. Vimo-las sempre como figuras de impostos ou de taxas, em estrita consonância com o critério constitucional consubstanciado naquilo que nominamos de tipologia tributária no Brasil. Todo o suporte argumentativo calcava-se na orientação do sistema, visto e examinado na sua integridade estrutural. Assim, outra coisa não fez o legislador constituinte senão prescrever manifestamente que as contribuições são entidades tributárias, subordinando-se em tudo e por tudo às linhas definitórias do regime constitucional peculiar aos tributos.[15]

[14] Coelho, Sacha Calmon Navarro. **Curso de Direito Tributário**. 12ª ed. Rio de Janeiro Forense, 2002, p. 75.

[15] Carvalho, Paulo de Barros. **Curso de Direito Tributário**. 24ª ed. São Paulo: Saraiva, 2012.

Kyioshi Harada bem resume o que ocorre com as contribuições:

> Muita controvérsia doutrinaria existe acerca da natureza jurídica das contribuições sociais. Para alguns autores, elas teriam natureza de imposto ou de taxa; para outros, seriam meros impostos com destinação especifica; para outros, ainda, elas não teriam natureza tributaria, apesar de sua compulsoriedade. Estes últimos classificam as exações compulsórias em tributarias e não tributarias.[16]

Essa discussão envolve aspecto importante que deve ser delimitado. O cerne da discussão acerca da teoria que define quais as espécies tributárias está relacionado a quantos e quais gêneros de tributos temos no país, levando em consideração o enquadramento de cada espécie no contexto constitucional vigente. Ficou claro que o CTN adotou a teoria tripartite pela qual apenas as taxas, os impostos e as contribuições de melhoria se enquadrariam como espécies tributárias. Já a Constituição Federal de 1988, apesar de ter mencionado apenas essas três espécies em seu art 145, possui outros dois dispositivos que devem ser considerados como enumeradores das espécies tributarias: os arts. 148, 149 e 195 do texto constitucional que preveem nessa ordem os empréstimos compulsórios, as contribuições de intervenção no domínio econômico – CIDE, de interesse das categorias profissionais ou econômicas, as chamadas contribuições previdenciárias, bem como PIS/COFINS, CSLL, e que incide sobre receitas de prognósticos.

> Art. 148. A União, mediante lei complementar, poderá instituir empréstimos compulsórios:
> I – para atender a despesas extraordinárias, decorrentes de calamidade pública, de guerra externa ou sua iminência;
> II – no caso de investimento público de caráter urgente e de relevante interesse nacional, observado o disposto no art. 150, III, "b".
> Parágrafo único. A aplicação dos recursos provenientes de empréstimo compulsório será vinculada à despesa que fundamentou sua instituição.

> Art. 149. Compete exclusivamente à União instituir contribuições sociais, de intervenção no domínio econômico e de interesse das categorias pro-

[16] HARADA, Kiyoshi. **Direito Financeiro e Tributário.** 15ª Edição. São Paulo: Atlas, 2006, p. 33.

> fissionais ou econômicas, como instrumento de sua atuação nas respectivas áreas, observado o disposto nos arts. 146, III, e 150, I e III, e sem prejuízo do previsto no art. 195, § 6º, relativamente às contribuições a que alude o dispositivo.
> (...)
> Art. 195. A seguridade social será financiada por toda a sociedade, de forma direta e indireta, nos termos da lei, mediante recursos provenientes dos orçamentos da União, dos Estados, do Distrito Federal e dos Municípios, e das seguintes contribuições sociais:
> I – do empregador, da empresa e da entidade a ela equiparada na forma da lei, incidentes sobre:
> a) a folha de salários e demais rendimentos do trabalho pagos ou creditados, a qualquer título, à pessoa física que lhe preste serviço, mesmo sem vínculo empregatício;
> b) a receita ou o faturamento;
> c) o lucro;
> II – do trabalhador e dos demais segurados da previdência social, não incidindo contribuição sobre aposentadoria e pensão concedidas pelo regime geral de previdência social de que trata o art. 201;
> III – sobre a receita de concursos de prognósticos.
> IV – do importador de bens ou serviços do exterior, ou de quem a lei a ele equiparar.

Assim, com todo respeito às opiniões contrárias, o que se observa é que a Constituição Federal de 1988 adotou a teoria quinquipartite ou pentapartida, conforme decidiu o próprio Supremo tribunal Federal consoante jurisprudência abaixo colacionada, cabendo ressaltar que à época do julgamento ainda não havia a redação atual do art. 149-A que prevê a contribuição de iluminação pública (COSIP):

> Os tributos, nas suas diversas espécies, compõem o Sistema Constitucional Tributário brasileiro, que a Constituição inscreve nos seus arts. 145 a 162. Tributo, sabemos todos, encontra definição no art. 3º do CTN, definição que se resume, em termos jurídicos, no constituir ele uma obrigação que a lei impõe às pessoas, de entrega de uma certa importância em dinheiro ao Estado. As obrigações são voluntárias ou legais. As primeiras decorrem da vontade das partes, assim, do contrato; as legais resultam da lei, por isso são denominadas obrigações *ex lege* e podem ser encontradas

> tanto no direito público quanto no direito privado. A obrigação tributária, obrigação *ex lege*, a mais importante do direito público, "nasce de um fato qualquer da vida concreta, que antes havia sido qualificado pela lei como apto a determinar o seu nascimento." (Geraldo Ataliba, "*Hermenêutica e Sistema Constitucional Tributário*", in "*Diritto e pratica tributaria*", volume L, Padova, Cedam, 1979). As diversas espécies tributárias, determinadas pela hipótese de incidência ou pelo fato gerador da respectiva obrigação (CTN, art. 4º), são a) os impostos (CF, art. 145, I, arts. 153, 154, 155 e 156), b) as taxas (CF, art. 145, II), c) as contribuições, que são c.1) de melhoria (CF, art. 145, III), c.2) sociais (CF, art. 149), que, por sua vez, podem ser c.2.1) de seguridade social (CF, art. 195, CF, 195, § 4º) e c.2.2) salário educação (CF, art. 212, § 5º) e c.3) especiais: c.3.1.) de intervenção no domínio econômico (CF, art. 149) e c.3.2) de interesse de categorias profissionais ou econômicas (CF, art. 149). Constituem, ainda, espécie tributária, d) os empréstimos compulsórios (CF, art. 148).[17]

Paulo Ayres Barreto ensina que "As contribuições devem ser vistas como espécie tributária distinta dos impostos e taxas. Não se confundem com os impostos por terem i) fundamento constitucional distinto, a ser submetido a contraste constitucional (necessidade e adequação da atuação) e ii) destinação vinculada"[18].

Nesse contexto, é necessário destacar que a expressão contribuição aqui será utilizada por nós como gênero que comporta quatro espécies e suas respectivas subdivisões conforme se observa no quadro abaixo delineado[19], no qual separaremos as contribuições de melhoria, de intervenção no domínio econômico, de iluminação pública daquelas denominadas de contribuições sociais, ressaltando que essa última se subdivide em contribuições da seguridade social, outras contribuições residuais e sociais gerais.

[17] BRASIL. Supremo Tribunal Federal. . Ação direita de inconstitucionalidade nº. 447, rel. min. **Octavio Gallotti**, voto do min. **Carlos Velloso**, j. 5-6-1991, P, *DJ* de 5-3-1993. Disponível em: http://www.stf.jus.br/portal/constituicao/artigobd.asp?item=%201380. Acesso em 18 de julh de 2017.

[18] BARRETO, Paulo Ayres. **Contribuições – Regime Jurídico, Destinação e Controle.** São Paulo: Noeses, 2006, p. 71.

[19] Criado após compilações de doutrinas, especialmente: KERTZMAN, Ivan. **Curso Prático de Direito Previdenciário.** Salvador: Juspodivm, 2017, p. 75 e ALEXANDRE, Ricardo. **Direito Tributário Esquematizado.** 11. ed. Salvador: Juspodivm, 2017, p. 90.

- CONTRIBUIÇÕES SOCIAIS
  - SEGURIDADE SOCIAL:
    - COFINS; PIS-PASEP;CSLL. CONC DE PROG.; PIS E COFINS
    - CONTRIBUIÇÃO PREVIDENCIÁRIA
  - OUTRAS CONTRIBUIÇÕES - RESIDUAIS
  - CONTRIBUIÇÕES SOCIAIS GERAIS – SESC; SENAC, SALÁRIO EDUCAÇÃO; INCRA; SESI; SENAI, SENAR, SEST
- CONTRIBUIÇÃO DE INTERVENÇÃO NO DOMINIO ECONÔMICO
- COORPORATIVAS
- CONTRIBUIÇÃO PARA CUSTEIO DO SERVIÇO DE ILUMIN. PÚBLICA (COSIP)

Não obstante as divergências quanto ao enquadramento e natureza autônoma das contribuições acima apresentadas, é de fundamental importância que se compreenda a natureza de tributo autônomo que as contribuições possuem, sendo este o posicionamento adotado ao longo dessa obra. A Constituição Federal possui diversas demonstrações que serão vistas ao longo do presente capítulo de que as contribuições não possuem natureza de taxa ou de imposto. É preciso ressaltar que o posicionamento da existência de apenas duas espécies tributárias (taxas e impostos), bem como as diversas outras consistiriam em subtipo de uma das duas caracteriza a espécie dicotômica ou bipartite de espécies tributárias e leva em consideração a existência ou não de uma contraprestação estatal relacionada ao pagamento do tributo, o que não encontra amparo na jurisprudência do STF e da maioria doutrinária.

1.2 Características e limitações ao poder de tributar relacionadas às contribuições

Superadas essas discussões iniciais acerca da natureza jurídica das contribuições, tendo sido fixado sua natureza tributária, cabe esclarecer quais são suas características mais marcantes, bem como se há alguma especificidade em relação às limitações constitucionais ao poder de tributar, especificamente no que se refere aos princípios constitucionais e às imunidades tributárias.

Marcos Valadão[20] possui passagem elucidativa acerca da abrangência das limitações ao poder de tributar:

> Limitações ao poder de tributar são os dispositivos constitucionais que interferem na atividade exacional do Estado, de forma a conter sua ação. Distinguem-se, assim, as limitações ao poder de tributar, stricto senso, das normas que delimitam a própria competência tributária (normas pré-instituidoras das exceções), ou seja, as normas que determinam a discriminação das rendas tributárias. Contudo, estas normas contém características limitadores ao poder de tributar (no caso, a própria competência). Assim, é correto o entendimento de que as limitações ao poder tributar, em sentido amplo, abarcam, também, a discriminação das rendas tributárias.
>
> (...)
>
> Neste sentido, as limitações ao poder de tributar correspondem ao gênero do qual a imunidade tributária é espécie. As limitações constitucionais ao poder de tributar, no mais das vezes, decorrem de princípios insertos na Constituição, como princípios da legalidade tributária e tem, portanto, escopo ampliado em relação ás imunidades.

Nesse ponto cabe um esclarecimento. As regras de imunidade estão previstas no texto constitucional muitas vezes com palavras variadas como não incidência, como ocorre no art. 149, 2º I, da CF[21], e isenção, como tratado no art. 195, § 7º; entretanto, toda regra prevista no texto da Constituição Federal que impeça o exercício da competência tributária é imunidade, independentemente da utilizada para tratar o assunto.

As contribuições possuem características peculiares relacionadas a uma finalidade social mais marcante, tendo em vista que é responsável pelo custeio, em grande parte de suas espécies, dos serviços da seguri-

[20] Valadão, Marcos Aurélio Pereira. **Limitações constitucionais ao poder de tributar**. Belo Horizonte. Del Rey, 2000, p. 115.

[21] Art. 149. Compete exclusivamente à União instituir contribuições sociais, de intervenção no domínio econômico e de interesse das categorias profissionais ou econômicas, como instrumento de sua atuação nas respectivas áreas, observado o disposto nos arts. 146, III, e 150, I e III, e sem prejuízo do previsto no art. 195, § 6º, relativamente às contribuições a que alude o dispositivo. § 2º As contribuições sociais e de intervenção no domínio econômico de que trata o *caput* deste artigo: (Incluído pela Emenda Constitucional nº 33, de 2001) I – não incidirão sobre as receitas decorrentes de exportação.

dade social que são o de saúde, previdência e assistência. Em diversos países se observa essa situação como ensina Luiz Eduardo Schoueri que ressalta o que ocorre na Espanha, na França.

Na Espanha, após falar da similaridade das contribuições com as taxas e das distinções com a nossa contribuição de melhoria ressalta a necessidade de obtenção de bens e serviços públicos coletivos através das contribuições: "(...) a atividade desenvolvida pelo ente público a ser remunerada pela contribuição deve ser dirigida a toda a coletividade, e não a uma pessoa, como no caso das taxas."[22] Em relação a França leciona a existência das chamadas cotizações sociais diferenciando-as dos impostos e demonstrando uma ausência de natureza tributárias das cobranças:

> A França também conhece cotizações sociais, prestações compulsórias recebidas por organismos de direito público ou privado no interesse social. Não se confundem com os impostos porque elas implicam uma contrapartida (as prestações sociais) e não se incluem no orçamento, não estando sequer sujeitas à aprovação do Parlamento.[23]

Acerca dessa finalidade social e de custeio da seguridade social, observa-se importante passagem de Luciano Amaro que associa as contribuições aos objetivos do bem-estar e da justiça social:

> As contribuições sociais têm seu perfil delineado no Título VIII da Constituição ("Da Ordem Social"), onde se afirma o primado do trabalho e se põem os objetivos do bem-estar e da justiça social. Minudente disciplina é dada à seguridade social (Capítulo II do Título VIII), que é financiada por contribuições sociais e ainda por recursos dos orçamentos da União, dos Estados, do Distrito Federal e dos Municípios (CF, art. 195)63. É exemplo de contribuição para a seguridade social a que é recolhida por trabalhadores e empregadores ao Instituto Nacional do Seguro Social. Os §§ 2º a 4º do art. 149 (acrescidos pela EC n. 33/2001, com alteração efetuada pela EC n. 42/2003) ampliaram a disciplina constitucional das contribuições sociais, bem como das contribuições de intervenção no domínio econômico, abaixo examinadas.[24]

[22] SCHOUERI, Luis Eduardo. **Direito tributário**. 5. ed. São Paulo: Saraiva, 2015, p. 248.

[23] SCHOUERI, Luis Eduardo. **Direito tributário**. 5. ed. São Paulo: Saraiva, 2015, p. 250.

[24] AMARO, Luciano. **Direito Tributário Brasileiro.** 20ª edição. São Paulo: Saraiva, 2014, p. 77.

Para Paulo Ayres Barreto as contribuições sociais gerais relacionam-se com o financiamento das diversas áreas de atuação da União, especificamente no que se refere ao campo social, devendo ser levado em consideração que a ordem social é alicerçada no primado do trabalho e objetiva o bem-estar e a justiça social.[25]

Essa característica especial das contribuições está prevista em quase a totalidade das subespécies aqui apontadas, devendo ser ressaltado que a Contribuição de iluminação pública – COSIP, prevista no art. 149-A da CF, está ligada diretamente ao custo desse serviço de iluminação, o que diferencia das demais contribuições sociais (seguridade social, residuais, sociais gerais), das contribuições de intervenção no domínio econômico e das coorporativas que serão detalhadas em tópico adiante .

Em regra, tais contribuições estão sujeitas às limitações constitucionais ao poder de tributar que consistem na aplicação de princípios inerentes a seus regimes jurídicos e algumas imunidades que, em algumas hipóteses, são aplicadas a apenas a essa espécie tributária. Não há muitas diversidades entre a aplicação dos princípios ou das imunidades às contribuições que as tornem muito substancialmente distintas em relação ao que ocorre com as demais espécies tributárias, portanto, essas limitações serão vistas pontualmente com foco nas especificidades do que ocorre com as contribuições sociais.

1.2.1 Princípios Constitucionais

Sacha Calmon Navarro Coêlho aborda o significado do princípio da legalidade tributária da seguinte forma: "[...] o princípio da legalidade significa que a tributação deve ser decidida não pelo chefe de governo, mas pelos representantes do povo, livremente eleitos para fazer leis claras"[26]. Tal princípio prescreve que as contribuições devem ser prescritas por lei ordinária em regra, exatamente; o que ocorre com a maioria das demais espécies tributarias[27].

[25] Barreto, Paulo Ayres. **Contribuições – Regime Jurídico, Destinação e Controle. São Paulo**: Noeses, 2006, p. 104.

[26] Coelho, Sacha Calmon Navarro. **Curso de Direito Tributário**. 12ª ed. Rio de Janeiro: Forense, 2002, p. 173.

[27] É de fundamental importância ressaltar que existem alguns tributos que são criados por lei complementar como medida excepcional à regra de criação por lei ordinária: Imposto

A exceção a essa regra de criação são as chamadas contribuições residuais, as quais devem ser instituídas por meio de lei complementar e devem possuir fato gerador diferente daqueles previstos para as demais contribuições existentes no art. 195, I a IV da CF, conforme dispõe o artigo 195, § 4º do texto constitucional que possui o seguinte teor: "A lei poderá instituir outras fontes destinadas a garantir a manutenção ou expansão da seguridade social, obedecido o disposto no art. 154, I[28]". A peculiaridade dessa competência está na impossibilidade de instituição de contribuições residuais por meio de medidas provisórias, tendo em vista a incompatibilidade dos assuntos tratados por lei complementar e as medidas provisórias, consoante art. 62, § 1º, III, CF/88[29].Outro aspecto que pode ser especificado em relação ao princípio da legalidade aplicado às contribuições é o que ocorre com uma das espécies de contribuição de intervenção no domínio econômico (CIDE), a CIDE-combustível que pode ter alíquota reduzida ou restabelecida pelo Poder Executivo, conforme teor do art. 177, § 4º, I, "b", da CF[30].

O segundo princípio constitucional tributário que possui algumas especificidades relacionadas às contribuições é o da anterioridade tributária, devendo ser frisado que a regra é a obediência aos princípios da anterioridade anual e da anterioridade nonagesimal (art. 150, III, "b" e "c", CF, respectivamente), sendo que a anterioridade anual não se aplica às contribuições sociais previstas no art. 195 (desde a Constituição originária de 1988). Não obstante, a CIDE–Combustível não necessita obedecer à regra da anterioridade anual conforme preceitua o art. 177, § 4º,

sobre Grandes Fortunas (art. 153, VII, CF); Empréstimos Compulsórios (art. 148, I e II, CF); Impostos Residuais (art. 154, I, CF).

[28] Art. 154. A União poderá instituir: I – mediante lei complementar, impostos não previstos no artigo anterior, desde que sejam não-cumulativos e não tenham fato gerador ou base de cálculo próprios dos discriminados nesta Constituição.

[29] Art. 62. Em caso de relevância e urgência, o Presidente da República poderá adotar medidas provisórias, com força de lei, devendo submetê-las de imediato ao Congresso Nacional. § 1º É vedada a edição de medidas provisórias sobre matéria: (...)III – reservada a lei complementar.

[30] § 4º A lei que instituir contribuição de intervenção no domínio econômico relativa às atividades de importação ou comercialização de petróleo e seus derivados, gás natural e seus derivados e álcool combustível deverá atender aos seguintes requisitos: I – a alíquota da contribuição poderá ser: (...) b)reduzida e restabelecida por ato do Poder Executivo, não se lhe aplicando o disposto no art. 150, III, b.

I, "b", CF, especificamente, no que se refere à redução e ao restabelecimento de alíquotas.

Peculiaridade importante refere-se à previsão do o art. 195, § 6º, da CF/88 que possui o seguinte teor: "As contribuições sociais de que trata este artigo só poderão ser exigidas após decorridos noventa dias da data da publicação da lei que as houver instituído ou modificado, não se lhes aplicando o disposto no art. 150, III, "b". Por sua vez, o art. 150, II, b afirma que "Sem prejuízo de outras garantias asseguradas ao contribuinte, é vedado à União, aos Estados, ao Distrito Federal e aos Municípios: b) no mesmo exercício financeiro em que haja sido publicada a lei que os instituiu ou aumentou". Assim, a anterioridade em relação às contribuições, não se refere ao exercício financeiro, mas sim a um período especial de noventa dias contado "da data da publicação da lei que as houver instituído ou modificado". Cabe ressaltar que a anterioridade prevista no art. 195, § 6º refere-se a lei que instituir ou modificar o tributo, ao passo que o teor do art. 150, III b refere-se a lei que instituir ou aumentou[31].

O terceiro princípio aqui abordado talvez seja o que exija uma maior atenção, tendo em vista que as contribuições, por estarem, em sua maioria, diretamente, ligadas a questões de custeio da seguridade social ou mesmo da noção de solidariedade[32] social intrínseca ao sistema[33]. Cabe ressaltar que solidariedade e capacidade contributiva não podem ser tratadas de modo idêntico, especialmente porque a capacidade contributiva prevista no art. 145, § 1º da Constituição Federal refere-se aos impostos, até porque os outros tributos são vinculados a uma atividade estatal, em sua maioria. A capacidade contributiva, numa linguagem simples e direta, pode ser resumida da seguinte forma:

[31] Ressalte-se que é muito comum na doutrina a referencia a essa regra especifica das contribuições previstas no art. 195, § 6º como anterioridade mitigada ou noventena, exatamente, por caracterizar uma situação excepcional a anterioridade chamada e anual, prevista no art. 150, II b da CF.

[32] Constitui objetivo da República brasileira: Construir uma sociedade livre, justa e solidária.

[33] A solidariedade ligada as contribuições pertine ao fato de que as contribuições que, em sua maioria, são direcionada para seguridade social visa a propiciar aos cidadãos de um modo geral serviços de saúde, assistência e previdência de modo que quem possua maiores condições de contribuir assim o faça e que, no caso da saúde, aqueles que sequer contribuam utilizem dos serviços prestados pelo estado.

> Aqueles que têm melhores condições financeiras devem contribuir com uma parcela maior, os que têm menores condições financeiras contribuem com uma parcela menor, os que ainda estão trabalhando contribuem para o sustento dos que já se aposentaram ou estejam incapacitados para o trabalho, enfim, vários setores da sociedade participam do esforço arrecadatório em benefício das pessoas mais carentes.[34]

Ricardo Lobo Torres[35] ensina que tal princípio assevera: "que cada um deve contribuir na proporção de suas rendas e haveres, independentemente de sua eventual disponibilidade financeira." Para Aliomar Baleeiro[36] "a capacidade contributiva do indivíduo significa sua idoneidade econômica para suportar, sem sacrifício do indispensável à vida compatível com a dignidade humana, uma fração qualquer do custo total dos serviços públicos."

Do mesmo modo, observa-se que o fundamento da capacidade contributiva também está ligado à noção de justiça distributiva, originalmente adotada apensa aos impostos, mas com perfeita aplicabilidade para as contribuições:

> Por outro lado, sob a perspectiva da Solidariedade, sendo uma das tarefas do Estado Social e Democrático de Direito a garantia da dignidade da pessoa humana – o que está sempre a exigir prestações estatais positivas – é necessário angariar recursos daqueles cuja sobrevivência digna não depende das prestações estatais para, desta forma, socorrer os reclames elementares da grande massa que, embora não tenha recursos para contribuir, necessita das prestações estatais. Nesse sentido, o princípio da Capacidade Contributiva, como instrumento da Justiça distributiva, promove a redistribuição de rendas.[37]

[34] Góes, Hugo. **Manual de Direito Previdenciário.** 11 ed. Rio de Janeiro: Ed. Ferreira, 2016.

[35] Torres, Ricardo Lobo. **Curso de Direito Financeiro e Tributário**. 15. ed. Rio de Janeiro: Renovar, 2008, p. 94.

[36] Baleeiro, Aliomar. **Uma Introdução à Ciência das Finanças**. 14.ed. Rio de Janeiro: Forense, 1987, p. 259.

[37] Ribeiro, Ricardo Lodi. O Princípio da Capacidade Contributiva nos Impostos, nas Taxas e nas Contribuições Parafiscais. Revista da Faculdade de Direito da UERJ nº 18. Rio de Janeiro, 2010. Disponível em: <http://www.e-publicacoes.uerj.br/index.php/rfduerj/article/view/1371/1161>. Acesso em 19 de junh de 2017.

Embora, como dito, o princípio da capacidade contributiva, prevista no art. 145, § 1º da CF/88[38], se refira apenas a impostos, entende-se que tal princípio deva ser observado por todas as espécies tributárias, de modo que haja uma progressividade na carga tributária através da qual aqueles que possuam mais recursos contribuam de modo mais elevado para o sistema.

Especificamente, em relação às contribuições, observa-se na doutrina previdenciária que esse princípio está previsto no art. 195, § 9º da CF[39]:

> Em relação ao custeio da Seguridade Social, significa dizer que quem tem maior capacidade econômica irá contribuir com mais; quem tem menor capacidade contribuirá com menos. Seguindo essa orientação, o § 9º do art. 195 da CF (na redação dada pela EC 47, de 5/7/2005) dispõe que as contribuições para a Seguridade Social a cargo das empresas poderão ter alíquotas ou bases de cálculo diferenciadas, em razão da atividade econômica, da utilização intensiva de mão de obra, do porte da empresa ou da condição estrutural do mercado de trabalho.[40]

Cabe destacar que esse dispositivo também versa sobre a participação das empresas relativamente à formação da renda, mercado de trabalho de um modo geral, não podendo a sua análise ser limitada à capacidade contributiva.

Desde a antiguidade, observa-se que a cobrança de tributos possui diversos contornos, seja do ponto de vista social, seja do ponto de vista do próprio contexto jurídico normativo, especialmente, pois o estado inicia o ingresso no patrimônio do cidadão ante a necessidade de busca de

[38] Sempre que possível, os impostos terão caráter pessoal e serão graduados segundo a capacidade econômica do contribuinte, facultado à administração tributária, especialmente para conferir efetividade a esses objetivos, identificar, respeitados os direitos individuais e nos termos da lei, o patrimônio, os rendimentos e as atividades econômicas do contribuinte.

[39] Art. 195. A seguridade social será financiada por toda a sociedade, de forma direta e indireta, nos termos da lei, mediante recursos provenientes dos orçamentos da União, dos Estados, do Distrito Federal e dos Municípios, e das seguintes contribuições sociais:

(...)

§ 9º As contribuições sociais previstas no inciso I do *caput* deste artigo poderão ter alíquotas ou bases de cálculo diferenciadas, em razão da atividade econômica, da utilização intensiva de mão-de-obra, do porte da empresa ou da condição estrutural do mercado de trabalho.

[40] GÓES, Hugo. **Manual de Direito Previdenciário**. 11 ed. Rio de Janeiro: Ed. Ferreira, 2016.

recursos que farão frente às inúmeras despesas especiais, o que possui relação direta com o fenômeno da capacidade contributiva e da solidariedade entre os cidadãos.

Essa relação entre capacidade contributiva e as contribuições sócias possui grande cunho social, tendo em vista que é por meio delas que se financiam boa parte dos gastos do estado com saúde, assistência e previdência, bem como pelo fato de que, muitas vezes, quem contribui sequer utiliza os serviços ou mesmo quem utiliza de alguns serviços, como o de saúde, sequer precisa contribuir. É preciso considerar que os serviços de saúde e de assistência são usufruídos por aqueles que não possuem, muitas das vezes, condições de contribuir para o sistema, reforçando a noção de solidariedade. O sistema tributário nacional deve ser visto numa perspectiva ampla conforme já afirmado por Ricardo Bastos em artigo acerca do assunto, de modo que a constituição federal forme um verdadeiro complexo normativo, não devendo ser adotada uma noção estática de sistema que limite as normas tributárias constitucionais apenas ao disposto no capítulo I, do título VI e suas seis seções:

> Cabe ressaltar que o capítulo I, do sistema tributário nacional, do título VI é subdividido em seis seções quais sejam: 1) dos princípios gerais; 2) das limitações do poder de tributar; 3) dos impostos da união; 4) dos impostos dos estados e do distrito federal; 5) dos impostos dos municípios; 6) da repartição das receitas tributárias sendo essa a composição estática de sistema que se conhece. A ideia que aqui se busca defender é que à esses dispositivos devem ser acrescentadas outras normas como aquelas que preveem: os direitos e garantias fundamentais; as regras previstas no art. 37, inciso XXII[41] que trata das regras de administração tributária, especialmente, aquelas referentes à prioridade no recebimento de recursos e de integração entre as diversas administrações de modo a otimizar a eficiência do próprio exercício da atividade; normas de direito econômico, como as que tratam dos privilégios das empesas públicas e sociedades de eco-

[41] XXII – as administrações tributárias da União, dos Estados, do Distrito Federal e dos Municípios, atividades essenciais ao funcionamento do Estado, exercidas por servidores de carreiras específicas, terão recursos prioritários para a realização de suas atividades e atuarão de forma integrada, inclusive com o compartilhamento de cadastros e de informações fiscais, na forma da lei ou convênio.

> nomia mista (Art. 173, § 2º[42]). Do mesmo modo cabe incluir nesse escopo também normas referentes à imunidade na reforma agrária prevista no art. Art. 184, § 5º[43], as normas tributárias do Ato das Disposições Constitucionais Tributárias, normas que versam sobre repartição de competência administrativa que influenciam na instituição de taxas, bem como as normas que se relacionam ao custeio da seguridade social, especificamente, aquelas relacionadas a contribuição social.[44]

Dentro dessa noção de sistema numa perspectiva ampla é que a capacidade contributiva deve ser vista de modo que ela esteja integrada ao contexto normativo constitucional que as contribuições se inserem. Acerca do assunto, cabe relembrar o julgamento da ADI 3105[45] no qual foi debatida a possibilidade de tributação dos servidores inativos e das bases princípiológicas da tributação por meio da contribuição previdenciária. Lendo trechos do julgado destacam-se várias passagens que podem ser bem elucidativas, especificamente; aquelas que definiram que a tributação por meio das contribuições consiste num real "Instrumento de atuação do Estado na área da previdência social", devendo ocorrer "obediência aos princípios da solidariedade e do equilíbrio financeiro e atuarial, bem como aos objetivos constitucionais de universalidade,

[42] Art. 173. Ressalvados os casos previstos nesta Constituição, a exploração direta de atividade econômica pelo Estado só será permitida quando necessária aos imperativos da segurança nacional ou a relevante interesse coletivo, conforme definidos em lei. § 2º As empresas públicas e as sociedades de economia mista não poderão gozar de privilégios fiscais não extensivos às do setor privado.

[43] Art. 184. Compete à União desapropriar por interesse social, para fins de reforma agrária, o imóvel rural que não esteja cumprindo sua função social, mediante prévia e justa indenização em títulos da dívida agrária, com cláusula de preservação do valor real, resgatáveis no prazo de até vinte anos, a partir do segundo ano de sua emissão, e cuja utilização será definida em lei. § 5º São isentas de impostos federais, estaduais e municipais as operações de transferência de imóveis desapropriados para fins de reforma agrária.

[44] Bastos, Ricardo Victor Ferreira. A compreensão do sistema tributário nacional e sua importância para fixação dos precedentes. Revista de Direito Tributário e de Finanças Públicas nº 134. Editora Revista dos Tribunais: São Paulo, 2017.

[45] BRASIL Supremo Tribunal Federal. Ação Direta de Inconstitucionalidade nº 3105. Relator(a): Min. Ellen Gracie, Relator(a) p/ Acórdão: Min. Cezar Peluso, Tribunal Pleno, julgado em 18/08/2004, DJ 18-02-2005 PP-00004 EMENT VOL-02180-02 PP-00123 RTJ VOL-00193-01 PP-00137 RDDT n. 140, 2007, p. 202-203. Disponível em: <http://redir.stf.jus.br/paginadorpub/paginador.jsp?docTP=AC&docID=363310>. Acesso em 19 de julh de 2017.

equidade na forma de participação no custeio e diversidade da base de financiamento".[46]

O que se observa em relação a esse princípio e as contribuições é que ele possui uma roupagem um tanto quanto mais robusta do que o que existe com as demais espécies tributárias, especialmente; os impostos, tendo em vista que, à exceção da contribuição de iluminação pública e das contribuições de intervenção no domínio econômico que possuem relação com o custo do serviço de iluminação e com o desenvolvimento de determinados setores do país, respectivamente, as demais contribuições, especialmente, as previdenciárias estão relacionadas a questões de forte cunho social e assistencial, tanto que tal princípio é previsto de modo peculiar no Título VIII, da CF/88 que trata da Ordem Social.

Outro princípio observado em relação às contribuições é o que proíbe a tributação com efeito de confisco previsto no art. 150, IV da CF/88 no qual se lê expressamente que: "Sem prejuízo de outras garantias asseguradas ao contribuinte, é vedado à União, aos Estados, ao Distrito Federal e aos Municípios: (...) IV – utilizar tributo com efeito de confisco. A ressalva que se faz em relação a esse princípio e sua pertinência com as contribuições é a necessidade de observância, na instituição ou majoração, de alguma relação com o fim social a que algumas contribuições possuem, bem como com o custo do serviço de iluminação pública, no caso da COSIP, da relação entre as medidas de obtenção de recursos por meio das CIDE e o desenvolvimento do setor ao qual os recursos se destinem e, por último, a necessária relação entre a valorização imobiliária e os custos da obra quando a tributação relaciona-se a contribuições de melhoria.

A vedação ao confisco e os tributos vinculados a uma determinada atuação estatal, como as contribuições de um modo geral, devem guardar uma relação que leva em conta dois outros princípios de suma importância para o direito como um todo e também para o direito constitucional: razoabilidade e proporcionalidade em matéria tributária. Tais

[46] BRASIL Supremo Tribunal Federal. Ação Direta de Inconstitucionalidade nº 3105. Relator(a): Min. Ellen Gracie, Relator(a) p/ Acórdão: Min. Cezar Peluso, Tribunal Pleno, julgado em 18/08/2004, DJ 18-02-2005 PP-00004 EMENT VOL-02180-02 PP-00123 RTJ VOL-00193-01 PP-00137 RDDT n. 140, 2007, p. 202-203. Disponível em: <http://redir.stf.jus.br/paginadorpub/paginador.jsp?docTP=AC&docID=363310>. Acesso em 19 de julh de 2017.

princípios[47] auxiliam na manutenção de uma tributação que una legalidade, capacidade contributiva e proibição de efeito confiscatório como base da tributação equilibrada e sem excessos que possam caracterizar uma própria distorção da finalidade de cada tributo a que se refiram. As contribuições, do mesmo modo, podem possuir natureza jurídica similar à das taxas e a dos impostos, estando algumas vinculadas a uma atuação estatal direta, indireta ou mesmo livre de qualquer atividade obrigatória.

1.2.2 Imunidades

Após as especificidades dos princípios e das contribuições sociais elencadas acima, é preciso identificar quais as peculiaridades que a segunda espécie das limitações constitucionais, no caso, as imunidades possuem em relação às contribuições de modo que se possa entender pontos importantes para a abordagem específica de cada que serão desenvolvidas no adiante.

Ponto importante a ser esclarecido é que as normas que veiculam imunidades impedem que as normas de tributação atuem, especificamente, blindando determinado sujeito, objeto ou relação do âmbito de incidência da norma que fixa o dever de pagar o tributo, devendo ser fixado desde logo que são regras de previsão constitucional, não podendo ser veiculada por norma de hierarquia inferior[48] Acerca do ponto, Roque Antônio Carraza assevera que:

> a imunidade tributária é um fenômeno de natureza constitucional. As normas constitucionais que, direta e indiretamente, tratam do assunto fixam, por assim dizer, a incompetência das entidades tributantes para onerar,

[47] Nesse ponto cabe fazer algumas ressalvas. A proporcionalidade e a razoabilidade serão aqui tratados com uma relação intrínseca de proibição de excesso, devendo ser ressalto que a doutrina diverge na consideração de ambos como possuidores de um mesmo significado ou de conteúdos similares, bem como da sua cacarteização como principio ou como postulado, esse ultimo na visão de Humberto Ávila por exemplo. De fato abordar-se-ão essa dupla como unidos na busca da vedação ao confisco e na vedação ao excesso, bem como algo que rechace a regressividade de nosso sistema tributário.

[48] Bastos, Ricardo Victor Ferreira Bastos. **A Imunidade Instituída pela Emenda Constitucional nº 75/2013 (Imunidade Musical) e sua Caracterização no Ordenamento Jurídico Nacional**. In. Direito Constitucional Tributário: Temas relevantes. Organizadores: Marcos Aurélio Pereira Valadão, Liziane Angelotti Meira, Antônio de Moura Borges. São Paulo: Almedina, 2015.

> com exceções, certas pessoas, seja em função de sua natureza jurídica, seja porque coligadas a determinados fatos, bens ou situações jurídicas. Encerram limitações, postas na própria Constituição Federal, à ação estatal de criar tributos.[49]

O que se percebe, em linhas bem sucintas, é que "as imunidades são normas de natureza constitucional que mitigam diretamente as regras de competência tributária, de modo que não será cobrado tributo de quem recebe essa proteção constitucional, tendo em vista o impedimento de atuação das normas de tributação"[50]. Dessa forma o que ocorre é um afastamento das leis instituidoras das diversas tributárias existentes pelas regras de imunidade, levando em consideração que diversas espécies tributárias são atingidas por regras imunizantes como ocorre com os impostos, com as taxas e contribuições, por exemplo.

De um modo geral as imunidades estão concentradas no inciso VI do art. 150 da CF que inauguram os dispositivos que versam acerca das regras de limitações constitucionais ao poder de tributar, entretanto, podem ser encontradas em todo o texto constitucional como ocorre acerca da imunidade prevista no art. 5º, inc. XXXIV[51] que versa sobre o direito de petição perante a administração pública. Especificamente, em relação às contribuições, é mister observar que essas exações não obedecem às regras do art. 150 da CF, tendo em vista que esse dispositivo constitucional se refere expressamente a impostos.

A Constituição estabelece imunidades especificas para as contribuições em dois momentos: a) relativamente às receitas decorrentes de exportação para as contribuições sociais e as de intervenção no domínio econômico, conforme previsto no seu art. 149, § 2º, inciso I; e b) rela-

[49] Carrazza, Roque Antônio. **Curso de Direito Constitucional Tributário**. 29. ed. São Paulo. Malheiros, 2013, p. 656.

[50] Bastos, Ricardo Victor Ferreira bastos. **A Imunidade Instituída pela Emenda Constitucional nº 75/2013 (Imunidade Musical) e sua Caracterização no Ordenamento Jurídico Nacional**. In. Direito Constitucional Tributário: Temas relevantes. Organizadores: Marcos Aurélio Pereira Valadão, Liziane Angelotti Meira, Antônio de Moura Borges. São Paulo: Almedina, 2015, p. 205.

[51] XXXIV – são a todos assegurados, independentemente do pagamento de taxas: a) o direito de petição aos Poderes Públicos em defesa de direitos ou contra ilegalidade ou abuso de poder; b) a obtenção de certidões em repartições públicas, para defesa de direitos e esclarecimento de situações de interesse pessoal.

tivamente às contribuições sociais para a seguridade social para as entidades beneficentes de assistência social que atendam às exigências estabelecidas em lei, conforme dispõe seu art. 195, § 7º (a Constituição, de forma não técnica, diz "isenção" neste dispositivo para se referir à imunidade).

1.3 As Contribuições na Constituição Federal

1.3.1 Contribuições Gerais

1.3.1.1 Contribuições Sociais

Previstas no art.149[52] da Constituição Federal são divididas, de acordo com decisão do Supremo Tribunal Federal[53] em: contribuições da seguridade social, contribuições sociais gerais e outras contribuições. A título ilustrativo, cabe apresentar as lições de Luis Eduardo Schoueri[54] na qual se destaca a relação das contribuições sociais com os impostos:

> Do ponto de vista das circunstâncias para sua instituição, exclusivamente, não haveria razão para um estudo separado das contribuições sociais. Têm elas hipóteses tributárias próprias de impostos. O que as caracteriza e diferencia daquela espécie tributária é a sua afetação: são elas um instrumento de atuação da União na área social. No estudo dos impostos, acima, já se mencionou a possibilidade excepcional de se afetarem as receitas dos impostos (*Zweckstenern*), sem por isso se identificar uma espécie tributária à parte. Ali se viu que até mesmo uma esdrúxula "contribuição para o custeio da iluminação pública" foi inserida no ordenamento jurídico, apontando-se que ela em nada se distancia dos impostos, exceto por sua afetação. Sob o mesmo prisma, também as contribuições sociais são impostos com afetação. Entretanto, a elas (ou melhor: à maior parte delas, às destinadas à seguridade social), como se verá abaixo, o constituinte reser-

[52] Art. 149. Compete exclusivamente à União instituir contribuições sociais, de intervenção no domínio econômico e de interesse das categorias profissionais ou econômicas, como instrumento de sua atuação nas respectivas áreas, observado o disposto nos arts. 146, III, e 150, I e III, e sem prejuízo do previsto no art. 195, § 6º, relativamente às contribuições a que alude o dispositivo.

[53] BRASIL. Supremo Tribunal Federal. **Recurso Extraordinário nº 138.284-8.** Relator(a): Min. Carlos Velloso, Tribunal Pleno, julgado em 01/07/1992. Disponível em: http://portal.stf.jus.br/processos/detalhe.asp?incidente=1517963. Acesso em 10 de mai de 2019.

[54] Schoueri, Luis Eduardo. **Direito tributário.** 5. ed. São Paulo: Saraiva, 2015, p. 207.

vou um regime jurídico próprio, o que justifica, para efeitos didáticos, seu estudo em separado.

Nesse contexto, abaixo seguem as especificidades dessas três subdivisões das contribuições, o que nos auxiliará sobremaneira na compreensão de diversos julgados analisados na segunda parte da presente obra.

a. Da Seguridade Social

Como já adiantado em linhas precedentes, para Luis Eduardo Schouri, as contribuições sociais são "impostos cuja destinação – servir de instrumento da atuação da União na área social – justifica serem cobradas de toda a sociedade; apresentam regime jurídico próprio, destacando-se aquelas destinadas à seguridade social, disciplinadas pelo artigo 195 da Constituição Federal".

Tais contribuições são as espécies tributarias por excelência ligadas ao tríplice custeio da seguridade social, dos trabalhadores, empresas e governo na sua tríplice divisão: saúde, previdência e assistência. Pode-se compreender como a categoria que possui mais subespécies de tributos como a contribuição previdenciária sobre a folha de pagamento prevista no art. 195, I "a" e II da Constituição Federal de 1988 na redação da Emenda Constitucional nº 20 de 1998 que é aquela destinada ao custeio dos ao custeio dos benefícios previdenciários:

> Art. 195. A seguridade social será financiada por toda a sociedade, de forma direta e indireta, nos termos da lei, mediante recursos provenientes dos orçamentos da União, dos Estados, do Distrito Federal e dos Municípios, e das seguintes contribuições sociais:
> I – do empregador, da empresa e da entidade a ela equiparada na forma da lei, incidentes sobre:
> a) a folha de salários e demais rendimentos do trabalho pagos ou creditados, a qualquer título, à pessoa física que lhe preste serviço, mesmo sem vínculo empregatício
> (...)
> II – do trabalhador e dos demais segurados da previdência social, não incidindo contribuição sobre aposentadoria e pensão concedidas pelo regime geral de previdência social de que trata o art. 20.

Desataca-se que, antes da EC nº 20/1998, a redação do inciso I, a, do artigo 1 95, CF/88, utilizava apenas a expressão "folha de salários", não existindo previsão para os "demais rendimentos do trabalho pagos ou creditados, a qualquer título, à pessoa física que lhe preste serviço, mesmo sem vínculo empregatício".

Cabe esclarecer também que estão previstas nos demais incisos e alíneas do art. 195 da CF as chamadas contribuições não previdenciárias as quais não se destinam à previdência social, sendo, então, direcionadas à saúde e à assistência social e arrecadadas, fiscalizadas e cobradas, também, pela Secretaria da Receita Federal do Brasil: art.195, I "b" (PIS-COPFINS) e "c" (CSLL), bem como nos incisos III e IV (PIS-COPFINS importação).

> Art. 195. A seguridade social será financiada por toda a sociedade, de forma direta e indireta, nos termos da lei, mediante recursos provenientes dos orçamentos da União, dos Estados, do Distrito Federal e dos Municípios, e das seguintes contribuições sociais:
> I – do empregador, da empresa e da entidade a ela equiparada na forma da lei, incidentes sobre:
> (...)
> b) a receita ou o faturamento;
> c) o lucro;
> (...)
> III – sobre a receita de concursos de prognósticos.
> IV – do importador de bens ou serviços do exterior, ou de quem a lei a ele equiparar.

De forma sucinta, a contribuição sobre a receita do faturamento são duas: PIS – Programa de Integração Social e a COFINS – Contribuição para o Financiamento da Seguridade Social. Ambas[55] possuem regras bastante parecidas, ressalvadas, algumas particularidades, que varia de

[55] Art. 1º Esta Lei aplica-se no âmbito da legislação tributária federal, relativamente às contribuições para os Programas de Integração Social e de Formação do Patrimônio do Servidor Público – PIS/PASEP e à Contribuição para o Financiamento da Seguridade Social – COFINS, de que tratam o art. 239 da Constituição e a Lei Complementar nº 70, de 30 de dezembro de 1991, ao Imposto sobre a Renda e ao Imposto sobre Operações de Crédito, Câmbio e Seguro, ou relativos a Títulos ou Valores Mobiliários – IOF. Art. 2º As contribuições para o PIS/PASEP e a COFINS, devidas pelas pessoas jurídicas de direito privado, serão

acordo com a espécie de contribuinte, tais como pessoas jurídicas de direito privado, público ou contribuintes especiais (instituições de educação e de assistência social sem fins lucrativos, sindicatos e templos).

São caracterizadas por terem três hipóteses de incidência distintas: 1) o faturamento ou o auferimento de receitas, para pessoas jurídicas de direito privado; 2) o pagamento da folha de salários, para entidades de relevância social determinadas em lei; 3) a arrecadação mensal de receitas correntes e o recebimento mensal de recursos, para entidades de direito público.[56] Ponto de grande controversa é a composição da base de calculo no que se refere ao regime cumulativo do PIS-COFINS que possui diversas possibilidades de dedução para sua composição conforme se observa no art. 3º, § 2 da lei 9718/98:

> § 2º Para fins de determinação da base de cálculo das contribuições a que se refere o art. 2º, excluem-se da receita bruta:
> I – as vendas canceladas e os descontos incondicionais concedidos;
> II – as reversões de provisões e recuperações de créditos baixados como perda, que não representem ingresso de novas receitas, o resultado positivo da avaliação de investimento pelo valor do patrimônio líquido e os lucros e dividendos derivados de participações societárias, que tenham sido computados como receita bruta;
> III – (Revogado pela Medida Provisória nº 2.158-35, de 2001)
> IV – as receitas de que trata o inciso IV do caput do art. 187 da Lei nº 6.404, de 15 de dezembro de 1976, decorrentes da venda de bens do ativo não circulante, classificado como investimento, imobilizado ou intangível; e
> V – (Revogado pela Lei nº 12.973, de 2014)
> VI – a receita reconhecida pela construção, recuperação, ampliação ou melhoramento da infraestrutura, cuja contrapartida seja ativo intangível representativo de direito de exploração, no caso de contratos de concessão de serviços públicos.

Em relação a contribuição sobre o lucro líquido (CSLL), art. 195, I c da CF, observa-se que as alíquotas são aplicadas diretamente sobre o

calculadas com base no seu faturamento, observadas a legislação vigente e as alterações introduzidas por esta Lei.

[56] Kertzman, Ivan. **Curso Prático de Direito Previdenciário**. Salvador: Juspodivm, 2017.

lucro das empresas, seja ele o real ou o presumido, a depender da forma de tributação. Esta contribuição possui a mesma base de cálculo do Imposto de Renda das Pessoas Jurídicas sendo administrada, arrecadada, fiscalizada e cobrada pela Secretaria da Receita Federal do Brasil – SRFB. São contribuintes dessa espécie tributária as pessoas jurídicas e as pessoas físicas a elas equiparadas, domiciliadas no País.[57]

Já a contribuição sobre receita de concurso de prognósticos[58], art. 195, III da CF relaciona-se a "todos e quaisquer concursos de sorteios de números, loterias, apostas, inclusive as realizadas em reuniões hípicas, nos âmbitos federal, estadual, do Distrito Federal e municipal" nos termos do § 1º do art. 26 da lei 8212/91". A contribuição incidente sobre a receita de concursos de prognósticos é; a renda líquida dos concursos de prognósticos realizados pelos órgãos do Poder Público, destinada à seguridade social de sua esfera de governo; 5% sobre o movimento global de apostas em prado de corridas, assim entendido o total das importâncias relativas às várias modalidades de jogos, inclusive o de acumulada, apregoadas para o público no prado de corrida, subsede ou outra dependência da entidade; 5% sobre o movimento global de sorteio de números ou de quaisquer modalidades de símbolos, assim entendido o total da receita bruta, apurada com a venda de cartelas, cartões ou quaisquer outras modalidades para sorteio realizado em qualquer condição.[59]

A última contribuição prevista no art. 195 do texto constitucional, é a prevista no inciso IV desse dispositivo que se refere àquela cobrada do importador de bens ou serviços do exterior, ou de quem a lei a ele equiparar: do PIS Importação e da COFINS Importação.

Assim, o que se observa em relação a essas contribuições é que elas são destinadas a destinadas a custear os serviços relacionados à saúde, à previdência e à assistência social, de acordo com as especificidades contidas no art. 195 da Constituição Federal. Essas espécies de contribuições que financiam a seguridade social possuem algumas particularidades que as distanciam das demais contribuições sociais, especialmente, o prazo de noventa dias (noventena) para sua cobrança, contados da data em que for publicada a lei que as houver instituído ou aumentado

[57] KERTZMAN, Ivan. **Curso Prático de Direito Previdenciário**. Salvador: Juspodivm, 2017.

[58] Art. 212, Decreto 3.048/99 e Art. 26, Lei 8.212/91.

[59] KERTZMAN, Ivan. **Curso Prático de Direito Previdenciário**. Salvador: Juspodivm, 2017.

conforme § 6º do art. 195 da Constituição Federal que excepciona essa espécie tributária da regra da anterioridade anual conforme já detalhado em item anterior.

b. Sociais Gerais

Destinadas a algum outro tipo de atuação da União na área social. Essa classificação possui uma característica própria que é o custeio de atividades não ligadas de forma direta coma seguridade social em si, pelo menos no que se refere a sua tríplice atuação de saúde, previdência e assistência, mas sim áreas diversas de atuação do Estado.

Um exemplo que pode ser apresentado é a contribuição para o salário-educação, cuja arrecadação é constitucionalmente vinculada ao custeio da educação básica pública prevista no art. 212, § 5º da CF que diz: a educação básica pública terá como fonte adicional de financiamento a contribuição social do salário-educação, recolhida pelas empresas na forma da lei". O salário educação foi concebido pelo art. 178 da EC nº 1/69 e recepcionada pelo art. 212, § 5º da CF/88, está regulamentada nas leis nº 9.424/96, 9.766/98, Decreto nº 6003/2006 e Lei nº 11.457/2007, possuindo, em regra, alíquota é de 2,5% sobre o valor total das remunerações pagas ou creditadas pelas empresas, a qualquer título, aos segurados empregados.

Do mesmo modo tem-se também a contribuição prevista no art. 240 da CF que diz: "Ficam ressalvadas do disposto no art. 195 as atuais contribuições compulsórias dos empregadores sobre a folha de salários, destinadas às entidades privadas de serviço social e de formação profissional vinculadas ao sistema sindical". Essas são a chamadas contribuições para o sistema S que foi estruturado no intuito de melhorar a qualidade da mão de obra no país sendo composto pelas seguintes entidades: SESI e SENAI, voltados à indústria; SESC e SENAC, relacionados ao comércio; SEBRAE relacionado ao auxilio das micro e pequenas empresa; SENAR, relacionado ao agronegócio; SESCOOP, voltados a atividades das cooperativas; SEST e SENAT, relacionado ao segmento dos transportes;

c. Outras Contribuições

São as chamadas contribuições residuais, previstas no art. 195, § 4º da Constituição Federal: "A lei poderá instituir outras fontes destinadas a garantir a manutenção ou expansão da seguridade social, obedecido o disposto no art. 154, I". A instituição de tal contribuição dar-se-á por Lei Complementar, devendo ser de modo não cumulativo e inovar no que se refere a base de cálculo e fatos geradores.

Cabe ressaltar que essa exigência de lei complementar só é aplicável para a criação de novas contribuições não listadas na Constituição Federal de 1988, o que não ocorre com aquelas já elencadas no texto constitucional conforme se abstrai da própria leitura do art. 154 da CF: "I – mediante lei complementar, impostos não previstos no artigo anterior, desde que sejam não-cumulativos e não tenham fato gerador ou base de cálculo próprios dos discriminados nesta Constituição". Nas lições do Ministro Carlos Velloso:

> Todas as contribuições, sem exceção, sujeitam-se à lei complementar de normas gerais, assim ao CTN (art. 146J *ex vi* do disposto no art. 149). Isto não quer dizer que a instituição dessas contribuições exige lei complementar: por que não são impostos, não há exigência no sentido de que os seus fatos geradores, bases de cálculo e contribuintes estejam definidos na lei complementar[60].

No que se refere aos impostos essa inovação deve existir dentro a da mesma espécie tributária dentro da própria espécie tributária, de modo que um imposto novo possua base de cálculo e fato gerador diferentes comparado com outro imposto já existente. Outrossim, em relação a contribuição só pode ocorrer essa criação se o fato gerador e base de cálculo forem diversos daqueles definidos para contribuições já criadas. Essas características são extraídas da remissão que o art. 195, § 4º faz ao art. 154, I, o que aproxima a disciplina jurídica da criação dos impostos e contribuições residuais.

A questão importante é definir se seria necessário atender todos os requisitos ou somente alguns para criação de novas contribuições, o que foi pacificado pelo STF no julgamento do RE 258470[61]. Fábio Zam-

[60] BRASIL. Supremo Tribunal Federal. **Recurso Extraordinário nº 148754.** Min. CARLOS VELLOSO, Relator(a) p/ Acórdão: Min. FRANCISCO REZEK, Tribunal Pleno, julgado em 24/06/1993. Disponível em: http://portal.stf.jus.br/processos/detalhe.asp?incidente=1537796. Acesso em 10 de mai de 2019.

[61] EMENTA: Contribuição social. Constitucionalidade do artigo 1º, I, da Lei Complementar nº 84/96. – O Plenário desta Corte, ao julgar o RE 228.321, deu, por maioria de votos, pela

bitte[62] ensina que essa possibilidade de coincidência com fatos geradores e bases de cálculo refere-se aos elementos dos impostos, na medida em que a repetição de fato gerador ou base de cálculo de contribuição social já existente importaria mero adicional, sem caracterizar uma nova tributação. Do mesmo modo ensina o Autor que o requisito da não cumulatividade também não seria exigido pelo STF para a instituição de outras fontes da seguridade social, uma vez que:

> Atualmente, entende o Pretório Excelso que a instituição de novas contribuições sociais deve apenas atender ao requisito formal, isto é, sua instituição será, necessariamente, por intermédio de lei complementar. Com isso, a nova contribuição não necessitará i novar no fato gerador e na base de cálculo, exceto e m relação às contribuições já existentes. Explicando melhor: uma nova contribuição pode adotar fato gerador ou base de cálculo de imposto j á existente, ainda que de competência estadual ou municipal, mas não poderá utilizar-se de fato gerador ou base d e cálculo de contribuição social já existente, como, por exemplo, a COFINS. A conclusão é óbvia, pois, caso fosse criada nova contribuição social sobre o faturamento, esta nada mais seria do que um adicional à contribuição já existente, sem nenhuma inovação exacional.

constitucionalidade da contribuição social, a cargo das empresas e pessoas jurídicas, inclusive cooperativas, incidente sobre a remuneração ou retribuição pagas ou creditadas aos segurados empresários, trabalhadores autônomos, avulsos e demais pessoas físicas, objeto do artigo 1º, I, da Lei Complementar nº 84/96, por entender que não se aplica às contribuições sociais novas a segunda parte do inciso I do artigo 154 da Carta Magna, ou seja, que elas não devam ter fato gerador ou base de cálculos próprios dos impostos discriminados na Constituição. – Nessa decisão está ínsita a inexistência de violação, pela contribuição social em causa, da exigência da não-cumulatividade, porquanto essa exigência – e é este, aliás, o sentido constitucional da cumulatividade tributária – só pode dizer respeito à técnica de tributação que afasta a cumulatividade em impostos como o ICMS e o IPI – e cumulatividade que, evidentemente, não ocorre em contribuição dessa natureza cujo ciclo de incidência é monofásico –, uma vez que a não-cumulatividade no sentido de sobreposição de incidências tributárias já está prevista, em caráter exaustivo, na parte final do mesmo dispositivo da Carta Magna, que proíbe nova incidência sobre fato gerador ou base de cálculo próprios dos impostos discriminados nesta Constituição. – Dessa orientação não divergiu o acórdão recorrido. Recurso extraordinário não conhecido. (RE 258470, Relator(a): Min. Moreira Alves, Primeira Turma, julgado em 21/03/2000, DJ 12-05-2000 PP-00033 EMENT VOL-01990-05 PP-00963).

[62] Ibrahim, Fábio Zambitte. **Curso de Direito Previdenciário**. 17. ed. Rio de Janeiro: Impetus, 2015, p.108.

O autor complementa mencionando a constitucionalidade da lei complementar nº 84/96, a qual criava n ova contribuição social, sem atender aos demais requisitos do art. 154, I, da CF 1988, ressaltando que: "A exigência da não cumulatividade poderia surgir, caso a União viesse criar uma nova contribuição social com fato gerador semelhante ao ICMS ou IPI, dando a esta contribuição a natureza polifásica".[63] Para o Autor o melhor entendimento é aquele que afirma a exclusividade de lei complementar como requisito para a instituição de nova contribuição.

1.3.1.2 Contribuições de Intervenção no Domínio Econômico

Como visto, o regramento constitucional que possibilita a instituição das contribuições de intervenção no domínio econômico no ordenamento jurídico constitucional é o art. 149, *caput*, da CF/88. Da leitura deste dispositivo observa-se que somente a União poderá instituir a CIDE.[64]

Tendo em vista que a principal característica das contribuições especiais é uma finalidade específica, em se tratando de contribuição que intervenha nas atividades econômicas, a sua principal finalidade é a intervenção do Estado nas relações econômicas, de forma a regulá-las em prol dos objetivos constitucionais. A CIDE é, portanto, um tributo essencialmente extrafiscal. Surgida a necessidade de intervenção do Estado sobre o domínio econômico, aparece a necessidade de cobrança desta exação.

A intervenção no domínio econômico deverá se dar no sentido de implementar os valores prescritos pela "Ordem Econômica e Constitucional", destacando, entre esses, os enunciados prescritos no art. 170 da CF/88, que estabelecem os chamados "princípios gerais da atividade econômica. É onde se encontram positivados os valores que orientam todas as atuações do Estado no domínio econômico.

Nas contribuições interventivas há princípios que se referem diretamente à instituição dessas contribuições. Segundo o art. 149 da CF/88, são eles o art. 146, III, 150, I e III da Constituição. O primeiro artigo determina a submissão do exercício da competência às normas gerais de

[63] IBRAHIM, Fábio Zambitte. **Curso de Direito Previdenciário**. 17. ed. Rio de Janeiro: Impetus, 2015, p. 109.

[64] As contribuições de intervenção no domínio econômico não constituem novidade no cenário jurídico, posto que também estiveram presentes na Carta de 1967, conforme redação dada pela Emenda Constitucional nº 1, de 1969 (art. 21, § 2º, I).

direito tributário. Por sua vez, os incisos I e III do artigo 150 prescrevem, respectivamente, a observância do princípio da legalidade tributária, bem como os da anterioridade e da irretroatividade tributária, observadas as exceções do art. 177, § 4º, I, "b", da CF/88, em relação à CIDE-Combustível, conforme já destacado neste estudo.

Integra também o regime das contribuições interventivas a imunidade tributária introduzida pela Emenda Constitucional nº 33, de 2001, que veda a instituição desses tributos sobre receitas de exportação.

Ao lado dos princípios diretos, há também aqueles que são aplicados às contribuições interventivas por força de sua natureza jurídica, como o da vedação ao confisco, já destacado anteriormente.

Dentre as principais contribuições de intervenção no domínio econômico existentes no ordenamento jurídico brasileiro, mencionam-se a contribuição de intervenção no domínio econômico incidente sobre a importação de petróleo, gás natural e álcool combustível – CIDE-Combustível e a contribuição de intervenção no domínio econômico para o financiamento ao Programa de Estímulo à Interação Universidade-Empresa para Apoio à Inovação – CIDE Royalties, instituídas, respectivamente, pelas Leis nºs 10.336, de 19 de dezembro de 2001, e 10.168, de 29 de dezembro de 2000.

A Constituição Federal de 1988 consagrou a CIDE-Combustível, prevista no texto no art. 177, § 4º[65], como um importante instrumento de intervenção do Estado no setor econômico petrolífero, tendo como finalidade principal a redução das externalidades negativas provocadas pela comercialização de petróleo.

Conforme a doutrina, existem duas regras que condicionam a criação de uma contribuição: deve haver uma finalidade prevista na Consti-

[65] Art. 177
[...]
§ 4º A lei que instituir contribuição de intervenção no domínio econômico relativa às atividades de importação ou comercialização de petróleo e seus derivados, gás natural e seus derivados e álcool combustível deverá atender aos seguintes requisitos: I – a alíquota da contribuição poderá ser: a) diferenciada por produto ou uso; b) reduzida e restabelecida por ato do Poder Executivo, não se lhe aplicando o disposto no art. 150, III, *b*; II – os recursos arrecadados serão destinados: a) ao pagamento de subsídios a preços ou transporte de álcool combustível, gás natural e seus derivados e derivados de petróleo; b) ao financiamento de projetos ambientais relacionados com a indústria do petróleo e do gás; c) ao financiamento de programas de infra-estrutura de transportes.

tuição, assim como o produto de sua arrecadação deve, necessariamente, ser destinado àquela finalidade.[66]

No caso específico da CIDE-Combustível, os recursos arrecadados por essa contribuição serão destinados ao pagamento de subsídios a preços ou transporte de álcool combustível, gás natural e seus derivados e derivados de petróleo; ao financiamento de projetos ambientais relacionados com a indústria do petróleo e do gás; e ao financiamento de programas de infraestrutura de transportes (art. 177, § 4º, inciso II, da CF/88).

O Supremo Tribunal Federal, por meio da ADI 2925/DF, reconheceu a inconstitucionalidade da tredestinação da CIDE-Combustível, via lei orçamentária. De acordo com a interpretação dada pela maioria dos integrantes do STF, com base na Constituição, o Executivo pode abrir créditos suplementares com recursos da CIDE, desde que tenham como destinação exclusiva as três previsões constitucionais do artigo 177.

1.3.1.3 Coorporativas

A CF/88 contempla, no art. 149, "as contribuições de interesse das categorias profissionais ou econômicas", também conhecidas como contribuições corporativas.

Essas contribuições, de competência da União, são destinadas à fiscalização das profissões por elas reguladas, de forma a proteger os próprios profissionais e, principalmente, a sociedade da atuação de profissionais que não possuam condições intelectuais e morais para o desempenho de suas atividades. Como tal, somente os profissionais relacionados com cada uma das atividades fiscalizadoras é que possuem capacidade contributiva e sofrerão a sujeição passiva para a incidência do tributo.

Segundo Roque Antônio Carraza, as contribuições corporativas

> [...] destinam-se a custear entidades (pessoas jurídicas de direito público ou privado) que têm por escopo fiscalizar e regular o exercício de deter-

[66] Nesse sentido é o escólio de Marco Aurélio Greco: "Quando a Constituição atribui a competência à União, para instituir contribuição de intervenção no domínio econômico, contribuições sociais ou no interesse de categorias profissionais, não está enumerando fatos geradores (materialidades de hipóteses de incidência), mas qualificando fins a serem buscados com sua instituição. [...] "A idéia de causa não é a idéia informadora da contribuição. A idéia informadora é a idéia de fim, de resultado, de objetivo". **Contribuições (uma figura "sui generis")**. São Paulo: Dialética, 2000. p. 38.

> minadas atividades profissionais ou econômicas, bem como representar, coletiva ou individualmente, categorias profissionais, defendendo seus interesses.[67]

Leciona Ricardo Lobo Torres que, à semelhança de qualquer contribuição, dois elementos são indispensáveis para caracterizar este tributo: a contraprestação estatal em favor do grupo profissional, que é o exame das condições da capacidade para o exercício da profissão, e o controle disciplinar desse exercício e a vantagem especial que se projeta em favor do contribuinte.[68]

A doutrina brasileira e a jurisprudência às vezes têm dificuldade em reconhecer a natureza tributária dessas contribuições profissionais.[69]

1.3.2 COSIP

Em decorrência das inúmeras tentativas (frustradas) dos municípios, de instituir uma taxa para o custeio do serviço de iluminação pública, que por excelência é um serviço que não goza de divisibilidade, e, portanto não preenche os requisitos para a instituição de tal espécie tributária, foi editada a Emenda Constitucional nº 39 de 12 de dezembro de 2002, acrescentando a Constituição da República o art. 149-A[70], conferindo aos Municípios e ao Distrito Federal a competência para instituir

[67] Carraza, Roque Antônio. **Curso de direito constitucional tributário.** 13. ed. São Paulo: Malheiros, 2003, p. 534.

[68] Torres, Ricardo Lobo. **Tratado de direito constitucional financeiro e tributário: os tributos na Constituição**, vol. IV. Rio de Janeiro: Renovar, 2007. p. 639.

[69] Na doutrina, Eros Grau considera como "ônus" as anuidades em favor do Conselho Regional de Farmácia, pois "não são contribuições parafiscais, com natureza tributária, objeto de relações obrigacionais". Apud Torres, Ricardo Lobo. **Tratado de direito constitucional financeiro e tributário: os tributos na Constituição**, vol. IV. Rio de Janeiro: Renovar, 2007. p. 639. Na jurisprudência do STJ, no sentido de defesa da natureza tributária menciona-se a 1ª Turma: REsp 463.258/SC, Ac. de 06.02.03, Rel. Min. Luiz Fux, DJ 5.05.2003. Pela natureza tributária da contribuição mencionam-se a 2ª Turma: REsp 449.760, Ac. da 2ª T., de 25.22.2003, Rel. Min. Franciulli Neto, DJ 12.04.2004 e REsp 273.674, Ac. da 2ª T., de16.04.2002, Rel. Min. Eliana Calmon, DJ 27.05.2002.

[70] Art. 149-A Os Municípios e o Distrito Federal poderão instituir contribuição, na forma das respectivas leis, para o custeio do serviço de iluminação pública, observado o disposto no art. 150, I e III. (BRASIL. Constituição da República Federativa do Brasil de 1988. Promulgada em 05 out. 1988. Disponível em: <http://www.planalto. gov.br/ccivil_03/Constituicao/Constituicao.htm>. Acesso em: 08 jun. 2019).

uma contribuição para custear o referido serviço. Nasceu então a figura da Contribuição para o Custeio do Serviço de Iluminação Pública – COSIPA a qual é objeto de inúmeras discussões no âmbito jurisprudencial e doutrinário, principalmente no que tange a sua natureza jurídica.

Há quem defenda que se trata de um imposto "disfarçado" de contribuição[71]. Isto porque o serviço de iluminação pública, por ser um serviço *uti universi*, deveria ser remunerado por meio das receitas obtida através da arrecadação de impostos. Porém, o objetivo dos municípios com a instituição da exação seria especificamente custear o serviço de iluminação pública, o que importaria em vinculação da receita, e como se sabe, a Constituição da República veda expressamente em seu art. 167, inciso IV que ocorra tal vinculação quanto aos impostos[72]. Em decorrência dessa vedação teria sido então criada a COSIP, com o mero intuito de burlar uma norma constitucional.

Parece equivocada a compreensão de que que a COSIP seria na verdade um imposto com receita vinculada, visto que a hipótese de incidência (erroneamente chamada de fato gerador) de um imposto não apresenta qualquer contraprestação estatal, como por exemplo a prestação de serviço de iluminação pública, mas sim uma expressão de riqueza. O tributo que por excelência tem em sua hipótese de incidência uma contraprestação estatal é a taxa, e é justamente aqui que surge a concepção da segunda corrente, que defende que na verdade a COSIP seria uma taxa "disfarçada" de contribuição[73], com o fito de se esquivar do requisito da divisibilidade, posto que no serviço de iluminação pública o requisito sobredito não pode ser observado, pois não há como

[71] Sabbag, Eduardo. *Manual de Direito Tributário*. 9. ed. São Paulo: Saraiva, 2017. p. 750.

[72] Art. 167. São vedados: [...]

IV – a vinculação de receita de impostos a órgão, fundo ou despesa, ressalvadas a repartição do produto da arrecadação dos impostos a que se referem os arts. 158 e 159, a destinação de recursos para as ações e serviços públicos de saúde, para manutenção e desenvolvimento do ensino e para realização de atividades da administração tributária, como determinado, respectivamente, pelos arts. 198, § 2º, 212 e 37, XXII, e a prestação de garantias às operações de crédito por antecipação de receita, previstas no art. 165, § 8º, bem como o disposto no § 4º deste artigo; [...] (BRASIL. Constituição da República Federativa do Brasil de 1988. Promulgada em 05 out. 1988. Disponível em: <http://www.planalto.gov.br/ccivil_03/Constituicao/Constituicao.htm>. Acesso em: 08 jun. 2019).

[73] Alexandre, Ricardo. *Direito Tributário Esquematizado*. 11. ed. Salvador: Juspodivm, 2017. p. 112.

verificar com precisão o *quantum* cada individuo se valeu do serviço. Não por outra razão, o Supremo Tribunal Federal editou a Súmula Vinculante nº 41, vedando a remuneração do serviço em questão mediante taxa[74]. Esta segunda corrente se mostra coerente, e sendo ela adotada, a suposta "contribuição" seria inconstitucional.

Não obstante a existência dessas discussões, o Supremo Tribunal Federal, ao julgar o Recurso Extraordinário nº 573.675[75], se manifestou afastando as duas teorias apontadas acima, e reconhecendo a constitucionalidade da COSIP bem como sua natureza de contribuição *sui generis.*

Conforme pode ser observado através da leitura do art. 149-A, o Constituinte derivado deu amplas possibilidades ao legislador para dispor sobre o fato gerador, sujeito passivo, base de cálculo e alíquota da contribuição em análise, o que deverá ser feito por meio de lei ordinária. Essa amplitude também é objeto de inúmeras controvérsias na doutrina e jurisprudência.

Por ser um tributo de competência municipal, o sujeito ativo será o município que o instituir. Entretanto, é possível que a capacidade ativa (que não se confunde com a competência tributária) seja delegada. Por isso o parágrafo único do art. 149-A autoriza a cobrança da COSIP na própria fatura de consumo de energia elétrica[76].

Por fim, é importante ter em mente que os valores arrecadados a título da Contribuição para Custeio do Serviço de Iluminação Pública devem ser destinados único e exclusivamente ao custeio do serviço em ruas e logradouros públicos, não podendo ser utilizados para financiar as despesas de órgãos públicos com energia elétrica, nem os custos com

[74] BRASIL. Supremo Tribunal Federal. Súmula Vinculante nº 41. O serviço de iluminação pública não pode ser remunerado mediante taxa. Disponível em: <http://www.stf.jus.br/portal/jurisprudencia/menuSumario.asp? sumula=2218>. Acesso em: 08 jun. 2019.

[75] BRASIL. Supremo Tribunal Federal. Recurso Extraordinário nº 573.675. Relator: Min. Ricardo Lewandowski. Tribunal Pleno. Julgado em: 25 mar. 2009. Publicado em: 22 mai. 2009. Disponível em: <http://portal.stf.jus.br/ processos/detalhe.asp?incidente=2582137>. Acesso em: 08 jun. 2019.

[76] Parágrafo único. É facultada a cobrança da contribuição a que se refere o caput, na fatura de consumo de energia elétrica. (BRASIL. Constituição da República Federativa do Brasil de 1988. Promulgada em 05 out. 1988. Disponível em: <http://www.planalto.gov.br/ccivil_03/Constituicao/Constituicao.htm>. Acesso em: 08 jun. 2019).

ampliação do referido serviço[77]. Neste último caso, teríamos na verdade uma contribuição de melhoria.

1.3.3 Contribuições de Melhoria

A Contribuição de Melhoria é a terceira espécie tributária prevista pelo Código Tributário Nacional (CTN), além dos impostos e as taxas, conforme seu artigo 5º.

Ela é tributo vinculado de competência comum (União, Estados-Membros, Distrito Federal e Municípios) e poderá ser cobrada quando, após a realização de uma obra pública, houver acréscimo patrimonial nos imóveis beneficiados direta ou indiretamente pela referida obra. Tal tributo visa a proibição do enriquecimento sem causa.

Diversos doutrinadores trazem em suas obras elementos históricos sobre a Contribuição de Melhoria. Todavia não é possível precisar o momento histórico exato de sua criação. Mas o que parece ser consenso é que tal tributo tenha surgido no continente Europeu, a partir dos anos 500 d.C.

Nesse sentido Aliomar Baleeiro afirma que a Contribuição de Melhoria possui origens históricas no Ordenamento Romano (Digesto) e faz a seguinte análise temporal sobre o referido tributo: a) ordenação Manuelina (Liv. I, t.47, §1º e Lei de 06/07/1596) para "fazimento ou refazimento de muros, pontes e calçadas"; b) Florença, no século XIII; c) Inglaterra, nos séculos XIII e XV, para o alargamento de ruas em Westminster, em 1662 e obras na parte central de Londres, em 1667[78].

Em vários relatos históricos nota-se que nem sempre a Contribuição de Melhoria esteve vinculada a uma valorização imobiliária, portanto se assemelhando mais a um imposto do que a atual Contribuição. De qualquer forma, todos os relatos acima servem como origem histórica da Contribuição de Melhoria.

A Contribuição de Melhoria foi inserida no ordenamento jurídico constitucional brasileiro pela Constituição Federal de 1934, em seu artigo 124[79]. Na Carta Magna de 1937 o instituto da Contribuição de

[77] PAULSEN, Leandro. **Curso de Direito Tributário Completo.** 8. ed. São Paulo: Saraiva, 2017. p. 61.

[78] BALEEIRO, Aliomar. **Direito Tributário Brasileiro.** 13. Ed. Rio de Janeiro: Forense: 2015, p. 892-893.

[79] Disponível em: <http://www.planalto.gov.br/ccivil_03/Constituicao/Constituicao34.htm>. Acesso em 05 de nov. 2018.

Melhoria foi suprimido, porém, novamente reinserido na Constituição Federal de 1946, que assim informava em seu artigo 30[80]. O dispositivo foi mantido no artigo 19 da Constituição Federal de 1967, todavia merece destaque a sua redação:

> Art 19 – Compete à União, aos Estados, ao Distrito Federal e aos Municípios arrecadar:
> (...) III – contribuição de melhoria dos proprietários de imóveis valorizados pelas obras públicas que os beneficiaram[81].

Atualmente se encontra no artigo 145, III da Carta Magna de 1988, que assim dispõe:

> Art. 145. A União, os Estados, o Distrito Federal e os Municípios poderão instituir os seguintes tributos:
> (...) III – contribuição de melhoria, decorrente de obras públicas[82].

Interessante frisar que o texto constitucional de 1988 não faz referência a valorização dos imóveis, conforme fazia no texto de 1967.

No ordenamento infraconstitucional temos a definição disposta no Código Tributário Nacional, em seu artigo 81, *in verbis*:

> Art. 81. A contribuição de melhoria cobrada pela União, pelos Estados, pelo Distrito Federal ou pelos Municípios, no âmbito de suas respectivas atribuições, é instituída para fazer face ao custo de obras públicas de que decorra valorização imobiliária, tendo como limite total a despesa realizada e como limite individual o acréscimo de valor que da obra resultar para cada imóvel beneficiado[83].

Por certo que o referido artigo conceitua, sem muito se aprofundar, a Contribuição de Melhoria. Dessa feita, coube a doutrina pátria apri-

[80] Disponível em: <http://www.planalto.gov.br/ccivil_03/Constituicao/Constituicao46.htm>. Acesso em 05 de nov. 2018.

[81] Disponível em: <http://www.planalto.gov.br/ccivil_03/Constituicao/Constituicao67.htm>. Acesso em 05 de nov. 2018.

[82] Disponível em: <http://www.planalto.gov.br/ccivil_03/constituicao/ConstituicaoCompilado.htm>. Acesso em 05 de nov. 2018.

[83] Disponível em: <http://www.planalto.gov.br/ccivil_03/Leis/L5172.htm>. Acesso em 10 de ago. de 2017.

morar o conceito de tal tributo. Segundo Hugo de Brito Machado tem-se que a "contribuição de melhoria é a espécie de tributo cuja obrigação tem como fato gerador a valorização de imóveis decorrente de obra pública"[84]. Para Aliomar Baleeiro a contribuição de melhoria é um "tributo *sui generis*, inconfundível, portanto, com os impostos e taxas. (...) ela não é a contraprestação de um serviço público incorpóreo, mas a recuperação do enriquecimento ganho por um proprietário"[85]. Kiyoshi Harada afirma que a Contribuição de Melhoria "é espécie tributária que tem por fato gerador a atuação estatal mediatamente referida ao contribuinte (...) pois a valorização diretamente decorrente de obra pública é requisito íntimo dessa espécie tributária, consoante pacífica jurisprudência do STF"[86].

Como já dito, o texto constitucional de 1988 não faz referência a valorização dos imóveis, conforme fazia anteriormente no texto de 1967.

Entretanto, a jurisprudência do Supremo Tribunal Federal é pacífica no sentido de que a valorização imobiliária é requisito obrigatório para possibilitar a cobrança da Contribuição de Melhoria, como se depreende da leitura de alguns julgados, em especial o Recurso Extraordinário nº 115.863/SP, *in verbis*:

> RECURSO EXTRAORDINÁRIO. Constitucional. Tributário. Contribuição de melhoria. ART. 18, II, da CF/67, com redação dada pela EC n. 23/83. Recapeamento asfáltico. Não obstante alterada a redação do inciso II do art. 18 pela Emenda Constitucional n. 23/83, **a valorização imobiliária decorrente de obra pública – requisito ínsito a contribuição de melhoria – persiste como fato gerador dessa espécie tributaria.** Hipótese de recapeamento de via pública já asfaltada: simples serviço de manutenção e conservação que não acarreta valorização do imóvel, não rendendo ensejo a imposição desse tributo. RE conhecido e provido.[87]

[84] Machado, Hugo de Brito. **Curso de Direito Constitucional Tributário**. 2. Ed. São Paulo: Malheiros, 2015. p. 88.

[85] Baleeiro, Aliomar. **Direito Tributário Brasileiro**. 13. Ed. Rio de Janeiro: Forense: 2015, p. 892.

[86] Harada, Kiyoshi. **Direito Financeiro e Tributário**. 24. Ed. São Paulo: Atlas, 2015, p. 335.

[87] BRASIL. Supremo Tribunal Feredal. Recurso Extraordinário 115863. Relator(a): Min. Célio Borja, Segunda Turma, julgado em 29/10/1991. Disponível em: http://portal.stf.jus.br/processos/detalhe.asp?incidente=1473527. Acesso em 07 de jun de 2019.

Além disso, o CTN dispõe sobre os demais requisitos acerca da Contribuição de Melhoria em seu artigo 82, que são: publicação prévia dos seguintes elementos: memorial descritivo do projeto; orçamento do custo da obra; determinação da parcela do custo da obra a ser financiada pela contribuição; delimitação da zona beneficiada; determinação do fator de absorção do benefício da valorização para toda a zona ou para cada uma das áreas diferenciadas, nela contidas. O CTN também exige fixação de prazo não inferior a 30 (trinta) dias, para impugnação pelos interessados, de qualquer dos elementos referidos no inciso anterior, bem como regulamentação do processo administrativo de instrução e julgamento da impugnação a que se refere o inciso anterior, sem prejuízo da sua apreciação judicial. Ao final, o Código Tributário afirma que a Contribuição relativa a cada imóvel será determinada pelo rateio da parcela do custo da obra, pelos imóveis situados na zona beneficiada em função dos respectivos fatores individuais de valorização[88].

Não seria possível concluir-se esse tópico sem a óbvia constatação de que a Contribuição de Melhoria, apesar de prevista na Constituição Federal de 1988, no Código Tributário Nacional e no Decreto-Lei nº 195 de 1967, é um fracasso de utilização no cotidiano da Administração Tributária do Brasil.

Vanessa Cordeiro assim entende que a efetiva utilização da Contribuição de Melhoria no Brasil, concretizaria os princípios da igualdade e da justiça, além de possibilitar um substancial incremento nas obras públicas de infraestrutura, ressarcido por aqueles que tivessem alguma valorização imobiliária[89].

Segundo Fabíola Costa Acácio Pellini, a questão se resume a falta de vontade política, sendo a complexidade técnica mera desculpa da Administração Pública. Nos dizeres da referida autora: "Há que se considerar, entretanto, que o maior obstáculo à exigência da Contribuição de Melhoria é, sem dúvida, a falta de vontade política dos administradores

[88] Disponível em: < http://www.planalto.gov.br/ccivil_03/Leis/L5172.htm>. Acesso em 05 de nov. de 2018.

[89] CORDEIRO, Vanessa Kiewel. **Contribuição de melhoria: uma alternativa viável para o incremento da infraestrutura brasileira.** Revista Fórum de Direito Tributário: RFDT, Belo Horizonte, v. 13, n. 74, p. 27, mar./abr. 2015.

públicos"[90], pois existe uma "antipatia geral com que seria recebida a imposição de mais um tributo, à vista da pesada carga tributária suportada pelos contribuintes brasileiros"[91].

A Lei Federal nº 10.257/2001, batizada de "Estatuto das Cidades", traz em seu artigo 2º, XI que é obrigação do Estado a "recuperação dos investimentos do Poder Público de que tenha resultado a valorização de imóveis urbanos"[92].

Dessa forma, diante da inércia dos entes tributantes diante do disposto no art. 2º, XI do Estatuto das Cidades, percebe-se o grande desinteresse em arrecadar via Contribuição de Melhoria, por se tratar de um tributo de alta complexidade técnica, mas talvez de grande insatisfação popular quanto aos governantes que a instituírem, frente a já elevada carga tributária.

Referências da Parte I

Amaro, Luciano. **Direito Tributário Brasileiro.** 20ª edição. São Paulo: Saraiva, 2014

Ataliba, Geraldo. **Hipótese de incidência tributária.** 5ª ed. 8ª triagem. São Paulo: Malheiros Editores, 1999.

Baleeiro, Aliomar. **Uma Introdução à Ciência das Finanças**. 14.ed. Rio de Janeiro: Forense, 1987.

__________. **Direito Tributário Brasileiro**. 13. Ed. Rio de Janeiro: Forense: 2015

Bastos, Ricardo Victor Ferreira. **O controle difuso de constitucionalidade como elemento de harmonização e integração do Sistema Tributário Nacional**. Dissertação de Mestrado. Universidade Católica de Brasília, 2016.

__________. Ricardo Victor Ferreira. **A compreensão do sistema tributário nacional e sua importância para fixação dos precedentes**. Revista de Direito Tributário e de Finanças Públicas nº. 134. Editora Revista dos Tribunais: São Paulo, 2017.

__________. Ricardo Victor Ferreira Bastos. A **Imunidade Instituída pela Emenda Constitucional nº 75/2013 (Imunidade Musical) e sua Caracterização no**

[90] Pellini, Fabíola Costa Acácio. **Contribuição de Melhoria-Aspectos Controvertidos.** Disponível em: <http://www.jurisway.org.br/v2/dhall.asp?id_dh=1289>. Acesso em 05 de nov. 2018.

[91] Pellini, Fabíola Costa Acácio. **Contribuição de Melhoria-Aspectos Controvertidos.** Disponível em: <http://www.jurisway.org.br/v2/dhall.asp?id_dh=1289>. Acesso em 05 de nov. 2015.

[92] Disponível em: <http://www.planalto.gov.br/ccivil_03/leis/LEIS_2001/L10257.htm>. Acesso em 05 nov. 2015.

Ordenamento Jurídico Nacional. In. Direito Constitucional Tributário: Temas relevantes. Organizadores: Marcos Aurélio Pereira Valadão, Liziane Angelotti Meira, Antônio de Moura Borges. São Paulo: Almedina, 2015.

Barreto, Paulo Ayres. **Contribuições – Regime Jurídico, Destinação e Controle.** São Paulo: Noeses, 2006.

Becker, Alfredo Augusto. **Teoria Geral do Direito Tributário**. 2ª edição. São Paulo: Saraiva, 1972.

BRASIL. Constituição (1946). **Constituição da República Federativa do Brasil.** Disponível em: http://www.planalto.gov.br/ccivil_03/Constituicao/Constituicao46.htm. Acesso em: 21 de jun. de 2017.

__________. Supremo Tribunal Federal. **Rcl 4335,** Relator(a): Min. Gilmar Mendes, Tribunal Pleno, julgado em 20/03/2014. Disponível em: http://portal.stf.jus.br/processos/detalhe.asp?incidente=2381551. Acesso em 10 de mai. de 2019.

__________. Supremo Tribunal Federal. **Recurso Extraordinário nº 560.476** Rel Min. Ellen Gracie. Disponível em: <http://www.stf.jus.br/portal/jurisprudencia/listarConsolidada.asp?classe=RE&numero=560476&origem=AP>. Acesso em: 10 de abr. de 2016.

Dantas, Bruno. **Repercussão geral: perspectivas histórica, dogmática e de direito comparado: questões processuais**. São Paulo: Ed. Revista dos Tribunais, 2008.

__________. Supremo Tribunal Federal. **Agravo Interno 101900AgR**, Relator(a): Min. Francisco Rezek, Segunda Turma, julgado em 16/09/1986. Disponível em:< http://www.stf.jus.br/portal/jurisprudencia/visualizarEmenta.asp?s1=000117218&base=baseAcordaos>. Acesso em 19 de julh. de 2017.

__________. Supremo Tribunal Federal. **Recurso Extraordinário nº 99848.** Relator(a): Min. Rafael Mayer, Primeira Turma, julgado em 10/12/1984. Disponível em: http://www.stf.jus.br/portal/jurisprudencia/visualizarEmenta.asp?s1=000022185&base=baseAcordaos. Acesso em: 19 de julh. de 2017.

__________. Supremo Tribunal Federal. . **Ação direita de inconstitucionalidade nº 447**, rel. min. **Octavio Gallotti**, voto do min. **Carlos Velloso**, j. 5-6-1991, P, *DJ* de 5-3-1993. Disponível em : http://www.stf.jus.br/portal/constituicao/artigobd.asp?item=%201380. Acesso em 18 de julh de 2017.

__________. Supremo Tribunal Federal. **Ação Direta de Inconstitucionalidade nº 3105**. Relator(a): Min. Ellen Gracie, Relator(a) p/ Acórdão: Min. Cezar Peluso, Tribunal Pleno, julgado em 18/08/2004. Disponível em: <http://redir.stf.jus.br/paginadorpub/paginador.jsp?docTP=AC&docID=363310>. Acesso em 19 de julh de 2017.

__________. Supremo Tribunal Federal. **Recurso Extraordinário nº 573.675.** Relator: Min. Ricardo Lewandowski. Tribunal Pleno. Julgado em: 25 mar. 2009.

Publicado em: 22 mai. 2009. Disponível em: <http://portal.stf.jus.br/ processos/detalhe.asp?incidente=2582137>. Acesso em: 08 jun. 2019.

CARVALHO, Paulo de Barros. **Curso de Direito Tributário**. 24ª ed. São Paulo: Saraiva, 2012.

CARRAZA, Roque Antônio. **Curso de direito constitucional tributário**. 13. ed. São Paulo: Malheiros.

COELHO, Sacha Calmon Navarro. **Curso de Direito Tributário.** 12ª ed. Rio de Janeiro: Forense, 2002.

CORDEIRO, Vanessa Kiewel. **Contribuição de melhoria: uma alternativa viável para o incremento da infraestrutura brasileira**. Revista Fórum de Direito Tributário: RFDT, Belo Horizonte, v. 13, n. 74, p. 27, mar./abr. 2015.

FERRAZ, Taís Schilling. **Repercussão geral-muito mais que um pressuposto de admissibilidade**. In PAULSEN, Leandro (coord). Repercussão geral no recurso extraordinário. Livraria do Advogado, Porto Alegre, 2015.

GÓES, HUGO. **Manual de Direito Previdenciário.** 11 ed. Rio de Janeiro: Ed. Ferreira, 2016.

HARADA, Kiyoshi. **Direito Financeiro e Tributário**. 15ª Edição. São Paulo: Atlas, 2006.

IBRAHIM, Fábio Zambitte. **Curso de Direito Previdenciário**. 17. ed. Rio de Janeiro: Impetus, 2015.

KERTZMAN, Ivan. **Curso Prático de Direito Previdenciário**. Salvador: Juspodivm, 2017.

MACHADO, Hugo de Brito. **Curso de Direito Constitucional Tributário**. 2. Ed. São Paulo: Malheiros, 2015.

MAUS, Ingeborg. **O judiciário como superego da sociedade** – o papel da atividade jurisprudencial na "sociedade órfã". *Novos Estudos*, São Paulo, n. 58, CEBRAP, 2000.

Neves, Daniel Amorin Assumpção. **Manual de Direito Processual Civil**. 5ª ed. São Paulo: Método 2015.

PELLINI, Fabíola Costa Acácio. **Contribuição de Melhoria-Aspectos Controvertidos.** Disponível em: <http://www.jurisway.org.br/v2/dhall.asp?id_dh=1289>. Acesso em 05 de nov. 2018.

RIBEIRO, Ricardo Lodi. **O Princípio da Capacidade Contributiva nos Impostos, nas Taxas e nas Contribuições Parafiscais**. Revista da Faculdade de Direito da UERJ nº 18. Rio de Janeiro, 2010. Disponível em: <http://www.e-publicacoes.uerj.br/index.php/rfduerj/article/view/1371/1161>. Acesso em 19 de junh de 2017.

PAULSEN, Leandro. **Curso de Direito Tributário Completo.** 8. ed. São Paulo: Saraiva, 2017.

SCHOUERI, Luis Eduardo. **Direito tributário**. 5. ed. São Paulo: Saraiva, 2015.

THEODORO JÚNIOR, Humberto. **Curso de Direito Processual Civil**. 49ª Ed. São Paulo: Forense, 2012.

TORRES, Ricardo Lobo. **Curso de Direito Financeiro e Tributário**. 18ª ed. Rio de janeiro: Renovar, 2011.

__________. Ricardo Lobo. **Tratado de direito constitucional financeiro e tributário: os tributos na Constituição**, vol. IV. Rio de Janeiro: Renovar, 2007.

UNGER, Roberto Mangabeira. **O Direito e o Futuro da Democracia**, São Paulo: Boitempo Editorial, 2004.

VALADÃO, Marcos Aurélio Pereira. **Limitações constitucionais ao poder de tributar**. Belo Horizonte. Del Rey, 2000.

VIANA, Ulisses Schwarz. **Repercussão geral sob a ótica da teoria dos sistemas de Niklas Luh**mann. 2ª Ed. São Paulo: Saraiva, 201.1

WAMBIER, Teresa Arruda Alvim. **Recurso especial, recurso extraordinário e ação rescisória**, 2. Ed. Reform. e atual.

Parte II
Estudo de Casos

Contribuições na Constituição Federal

Capítulo I
Recurso Extraordinário nº 560.626

Maria das Graças Patrocínio Oliveira

1. Recurso Extraordinário nº 560.626[1]

Recorrente: União
Recorrido: REDG – Consultoria Tributária Sociedade Civil Ltda
Relator: Ministro Gilmar Mendes
Votação: Unanimidade
Data de julgamento: 12 de junho de 2008

1.1 Ementa

PRESCRIÇÃO E DECADÊNCIA TRIBUTÁRIAS. MATÉRIAS RESERVADAS A LEI COMPLEMENTAR. DISCIPLINA NO CÓDIGO TRIBUTÁRIO NACIONAL. INCONSTITUCIONALIDADE DOS ARTS. 45 E 46 DA LEI 8.212/91 E DO PARÁGRAFO ÚNICO DO ART. 5º DO DECRETO-LEI 1.569/77. RECURSO EXTRAORDINÁRIO NÃO PROVIDO. MODULAÇÃO DOS EFEITOS DA DECLARAÇÃO DE INCONSTITUCIONALIDADE.

[1] BRASIL. Supremo Tribunal Federal. Recurso Extraordinário nº 560.626, Relator: Min. Gilmar Mendes, Tribunal Pleno, julgado em 12.06.2008. Disponível em: http://portal.stf.jus.br/processos/detalhe.asp?incidente=2550484. Acesso em 09de jun. de 2019.

I. PRESCRIÇÃO E DECADÊNCIA TRIBUTÁRIAS. RESERVA DE LEI COMPLEMENTAR. As normas relativas à prescrição e à decadência tributárias têm natureza de normas gerais de direito tributário, cuja disciplina é reservada a lei complementar, tanto sob a Constituição pretérita (art. 18, § 1º, da CF de 1967/69) quanto sob a Constituição atual (art. 146, III, *b* da CF de 1988). Interpretação que preserva a força normativa da Constituição, que prevê disciplina homogênea, em âmbito nacional, da prescrição, decadência, obrigação e crédito tributários. Permitir regulação distinta sobre esses temas, pelos diversos entes da federação, implicaria prejuízo à vedação de tratamento desigual entre contribuintes em situação equivalente e à segurança jurídica.
II - DISCIPLINA PREVISTA NO CÓDIGO TRIBUTÁRIO NACIONAL. O Código Tributário Nacional (Lei 5.172/1966), promulgado como lei ordinária e recebido como lei complementar pelas Constituições de 1967/69 e 1988, disciplina a prescrição e a decadência tributárias.
III - NATUREZA TRIBUTÁRIA DAS CONTRIBUIÇÕES. As contribuições, inclusive as previdenciárias, têm natureza tributária e se submetem ao regime jurídico-tributário previsto na Constituição. Interpretação do art. 149 da Constituição. Precedentes.
IV - RECURSO EXTRAORDINÁRIO NÃO PROVIDO. Inconstitucionalidade dos arts. 45 e 46 da Lei 8.212/91, por violação do art. 146, III, *b*, da Constituição de 1988, e do parágrafo único do art. 5º do Decreto-Lei 1.569/77, em face do § 1º do art. 18 da Constituição de 1967/69.
V - MODULAÇÂO DOS EFEITOS DA DECISÃO. SEGURANÇA JURÍDICA. São legítimos os recolhimentos efetuados nos prazos previstos nos arts. 45 e 46 da Lei 8.212/91 e não impugnados antes da data de conclusão deste julgamento.

1.1.1 Especificação do Caso e Razões da Submissão à Repercussão Geral

Trata-se de Recurso Extraordinário interposto pela União que, nos julgamentos de apelações cíveis, declararam a inconstitucionalidade dos arts. 45 e 46 da Lei nº 8.212/91 e do parágrafo único do art. 5º do Decreto--Lei nº 1.569/77, reconhecendo a prescrição dos créditos tributários em execução fiscal.[2]

[2] Em 20/09/2007, o Pleno do STF proferiu a seguinte Decisão na Questão de Ordem: O Tribunal, por unanimidade, acolheu proposta do Relator para estender a este recurso extraordinário e ao RE 559.882-9/RS o que decidido na questão de ordem apresentada e deliberada

Os acórdãos recorridos tiveram como fundamento o decidido nos incidentes de inconstitucionalidade pela Corte Especial do Tribunal Regional Federal da 4ª Região, cujas ementas assim dispõem:

> ARGUIÇÃO DE INCONSTITUCIONALIDADE - CAPUT DO ART. 45 DA LEI 8.212/91. É inconstitucional o caput do art. 45 da Lei nº 8.212/91 que prevê o prazo de dez anos para que a Seguridade Social apure e constitua seus créditos, por invadir área reservada à lei complementar, vulnerando, dessa forma, o art. 146, III, *b*, da Constituição Federal. (TRF4, INAG 2000.04.01.092228-3, Corte Especial, Relator Desembargador Federal Amir José Finocchiaro Sarti, DJ 05/09/2001).
> TRIBUTÁRIO. CONTRIBUIÇÕES PREVIDENCIÁRIAS. NATUREZA TRIBUTÁRIA. PRAZO PRESCRICIONAL. ART. 174 DO CTN. LEI

na sessão plenária de 13/9/2007, no RE 556.664-1/RS, pois, apesar de discutirem a constitucionalidade de outros dispositivos normativos, quais sejam, neste recurso, o artigo 5º, parágrafo único, do Decreto-lei nº 1.569/77 (que cuida da suspensão da contagem do prazo prescricional para as causas de pequeno valor), e, naquele, o artigo 45 da Lei nº 8.212/91 (que trata de decadência da constituição do crédito das contribuições previdenciárias), neles a discussão constitucional de fundo apresenta-se idêntica à do RE 556.664-1/RS, uma vez que tais dispositivos (artigos 45 e 46 da Lei nº 8212/91 e artigo 5º, parágrafo único do Decreto-lei nº 1.569/77) foram declarados inconstitucionais pelo plenário do Tribunal Regional Federal de origem, todos pelo mesmo fundamento: obrigatoriedade de lei complementar para cuidar da decadência e prescrição de contribuições previdenciárias. Em razão disso, fica deliberado que o Tribunal, por unanimidade, decidiu comunicar aos tribunais e turmas de juizados especiais respectivos a determinação de sobrestamento dos recursos extraordinários e agravos de instrumento que versem sobre a constitucionalidade dos artigos 45 e 46 da Lei nº 8.212/91 em face do artigo 146, III, "b", da Constituição Federal, e do artigo 5º, parágrafo único, do Decreto-Lei nº 1.569/77 em face do artigo 18, § 1º, da Constituição de 1967, com redação dada pela Emenda nº 01/69 (artigo 328, *caput*, do RISTF), como também no sentido de devolver aos respectivos tribunais de origem os recursos extraordinários e agravos de instrumento, ainda não distribuídos nesta Suprema Corte, que versem sobre o tema (artigo 328, parágrafo único, do RISTF), sem prejuízo da eventual devolução, se assim entenderem os relatores, daqueles feitos que já estão a eles distribuídos. Diante disto, deliberou o Tribunal que se comunique, com urgência, aos Presidentes do Superior Tribunal de Justiça, dos Tribunais Regionais Federais e aos coordenadores das Turmas Recursais, bem como ao Presidente da Turma Nacional de Uniformização da Jurisprudência dos Juizados Especiais Federais, para que suspendam o envio ao Supremo Tribunal Federal dos recursos extraordinários e agravos de instrumento que tratem da referida matéria, até que este Supremo Tribunal Federal aprecie a questão. Votou a Presidente, Ministra Ellen Gracie. Ausentes, justificadamente, os Senhores Ministros Carlos Britto, Joaquim Barbosa e Eros Grau. Plenário, 20.09.2007.

8.212/91, ART. 46. INCOMPATIBILIDADE VERTICAL COM O ART. 146, III, B, DA CONSTITUIÇÃO FEDERAL.

1. As contribuições de Seguridade Social, instituídas com suporte legitimador nos arts. 149 e 195 da Carta Política, revelam índole tributária, sobressaindo, por conseguinte, sua submissão aos ditames que disciplinam o Sistema Tributário Nacional talhado pelo Constituinte de 1988.

2. Assentando o art. 146, III, da Lei Maior que cumpre à lei complementar a tarefa de estabelecer normas gerais em matéria de legislação tributária, especialmente sobre prescrição e decadência (alínea 'b') e não havendo qualquer questionamento quanto à natureza jurídica de tributo envergada pelas contribuições previdenciárias, diante da ordem constitucional inaugurada em 1988, resulta vedado ao legislador ordinário imiscuir-se nesse mister. O art. 46 da Lei 8.212/91, portanto, assumindo feição de lei ordinária, não poderia dispor a respeito do prazo de prescrição para a cobrança das contribuições devidas à Seguridade Social. Tendo invadido campo temático reservado à lei complementar, mostra-se incompatível com os ditames constitucionais.

3. Não se pode aceitar o argumento segundo o qual apenas o tratamento geral em torno da prescrição adstringir-se-ia à lei complementar, não existindo veto constitucional a que o legislador ordinário disponha, especificamente, sobre o prazo que se lhe deve emprestar. Deveras, a se enveredar por esta senda, estar-se-ia reconhecendo que a matéria em destaque não se conforma às normas gerais de direito tributário (CF, art. 146, inciso III). Noutras palavras, não exigiria tratamento uniforme em todos entes políticos da Federação, permitindo que cada Estado, cada Município disponha, por intermédio de seus Poderes Legislativos, a respeito de qual o lapso inercial que corresponderá à extinção do crédito tributário pela ocorrência da prescrição. Este raciocínio, por certo, não se coaduna com a ratio que animou o Constituinte ao fazer inserir, de maneira expressa, o vocábulo 'prescrição' na alínea b do inciso III do art. 146, dentre os temas que devem sujeitar-se à disciplina uniformizante traduzida pela lei complementar federal.

4. A circunstância de haver disposição contida no Código Tributário Nacional (Lei 5.172/66, art. 174) – que, sabidamente, fora recepcionada pela Carta de 1988 com estatura de lei complementar – prevendo prazo diverso daquele agasalhado no art. 46 da Lei de Custeio, não transporta a questão para o plano da legalidade. Com efeito, é o legislador constituinte quem

demarca o campo temático a ser preenchido pela referida espécie legislativa, incidindo na pecha de inconstitucionalidade o legislador ordinário que se proponha a fazê-lo. É dizer, lei ordinária que verse sobre tema reservado, por expressa previsão constitucional, à lei complementar, desvela-se inconstitucional. Eventual descompasso com lei complementar já em vigor configura situação meramente secundária, decorrente lógico da incompatibilidade com o ditame da Constituição, não conjurando, mas, ao revés, confirmando, a tisna de inconstitucionalidade.
5. Reconhecimento da inconstitucionalidade do art. 46 da Lei 8.212/91. (TRF4, INAG 2004.04.01.026097-8, Corte Especial, Relator Desembargador Federal Wellington Mendes de Almeida, DJ 01/02/2006).
CONSTITUCIONAL. TRIBUTÁRIO. SUSPENSÃO DA PRESCRIÇÃO. ART. 5º, PARÁGRAFO ÚNICO DO DL 1.569/77. INCONSTITUCIONALIDADE PERANTE A CARTA DE 1967 (EC 01/69) – MATÉRIA RESERVADA À LEI COMPLEMENTAR.
1. A Constituição de 1967, em sua redação original, e naquela da EC 01/69, atribuiu à lei complementar dispor sobre normas gerais de direito tributário. A Lei nº 5.172, de 25/10/66, denominada de 'Código Tributário Nacional', foi recepcionada como lei complementar e cuidou exaustivamente da prescrição dos créditos tributários em seu art. 174, fixando-lhes prazo de cinco anos e prevendo exaustivamente as hipóteses de sua interrupção.
3. Não poderia o parágrafo único do art. 5º do DL nº 1.569/77, diploma de inferior nível hierárquico, instituir hipótese de suspensão do prazo prescricional, tornando o crédito praticamente imprescritível, invadindo espaço reservado pela Constituição à lei complementar. (TRF4 INAC, 2002.71.11.002402-4, Corte Especial, Relator Desembargador Federal Antonio Albino Ramos de Oliveira, DJ 07/03/2007).

No que se refere ao parágrafo único do art. 5º do Decreto-lei nº 1.569/77, o Tribunal Regional Federal da 4ª Região declarou sua inconstitucionalidade com fundamento no art. 18, § 1º, da Constituição de 1967, na redação da EC nº 1/69. Quanto aos arts. 45 e 46 da Lei nº 8.212/91, esse Tribunal fundamentou sua inconstitucionalidade no art. 146, III, *b*, da Constituição Federal de 1988.

No RE pretende a recorrente a aplicação dos dispositivos legais declarados inconstitucionais pelo TRF da 4ª Região para reconhecer o arquivamento das execuções fiscais de créditos tributários de pequeno valor como causa de suspensão do curso do prazo prescricional e considerar como de 10 anos o prazo prescricional das contribuições de Seguridade Social.

Argumenta que os preceitos legais, cuja inconstitucionalidade foi reconhecida pelo tribunal de origem, não se qualificariam como normas gerais de direito tributário, mas como normas de cunho específico, não sujeitas à edição ou alteração pela via de lei complementar. Nesse sentido, defende a ausência de inconstitucionalidade formal e a conformidade dos artigos mencionados com a Constituição Federal.

Quanto ao parágrafo único do art. 5º do Decreto-Lei nº 1.569/77, sustenta a recorrente, em síntese, que "está equivocada a ideia de que pelo simples fato de ter a Lei 5.172/66 incluído uma série de matérias em seu Segundo Livro, intitulado 'Normas Gerais de Direito Tributário', automaticamente todas elas tenham passado a ser efetivamente assim consideradas". Afirma que a exata extensão das normas gerais de Direito Tributário ainda não teria sido bem definida pela doutrina; que é de natureza processual a norma que estabelece as situações de interrupção da prescrição na pendência do processo; que apenas com a Constituição Federal de 1988 é que as normas tributárias sobre prescrição e decadência passaram a ser consideradas como normas gerais de Direito Tributário e se assim não o eram, podiam ser disciplinadas por lei ordinária. Invoca a teoria da *actio nata*.

No que se refere aos arts. 45 e 46 da Lei nº 8.212/91, a Fazenda sustenta que deveriam ser aplicados em nome da presunção de constitucionalidade das leis e, quanto ao referido art. 45, que não há hierarquia entre lei complementar e lei ordinária, e que o próprio § 4º do art. 150 do Código Tributário Nacional (CTN) prevê a possibilidade de fixação, por lei, de prazo superior a 5 anos para homologação do lançamento feito pelo contribuinte. Invoca a doutrina para sustentar que os prazos de decadência e prescrição não estão contidos no conceito de norma geral, sendo possível a fixação de prazos diversos daqueles estabelecidos no CTN.

1.1.2 Critério de Conhecimento da Repercussão Geral

Na sessão de 12.12.2007, o Plenário Virtual do Supremo Tribunal Federal reconheceu a repercussão geral da questão constitucional suscitada nos presentes recursos, qual seja, a possibilidade do uso de lei ordinária para regular matéria concernente à prescrição ou decadência do crédito tributário e para instituir hipóteses de suspensão do prazo, seja para dilatar seu prazo, vencidos os ministros Cezar Peluso, Eros Grau e Joaquim Barbosa.

Em Decisão de 18/10/2007, referiu o Relator, Ministro Gilmar Mendes, que já havia se manifestado no RE 559.943, de relatoria da Ministra Cármen Lúcia, em sessão eletrônica de 05/10/2007, que enfrentava questão constitucional idêntica a deste recurso, qual seja, a obrigatoriedade de lei complementar para tratar de prescrição e decadência.

1.2 Mérito da Decisão

O Recurso Extraordinário nº 560.626 foi julgado em 12 de junho de 2008, em sessão plenária presidida pelo Ministro Gilmar Mendes. Recurso conhecido e desprovido, por unanimidade. O Tribunal adiou a deliberação quanto aos efeitos da modulação, vencido o Ministro Marco Aurélio. Presentes à sessão os Ministros Celso de Mello, Marco Aurélio e Ellen Gracie, Cezar Peluso, Carlos Britto, Joaquim Barbosa, Eros Grau, Ricardo Lewandowski, Cármen Lúcia e Menezes Direito.

1.2.1 Voto Condutor

Em seu voto o Relator, Ministro Gilmar Mendes, ressaltou que, atualmente, as normas gerais de direito tributário são reguladas pelo CTN, promulgado como lei ordinária – a Lei nº 5.172/66 – e recebido como lei complementar, tanto pela constituição pretérita como pela atual.

Referiu que à época em que o CTN foi editado, estava em vigor a Constituição de 1946 e não havia no ordenamento jurídico a figura da lei complementar. O CTN foi dividido em dois livros; o primeiro, denominado “Sistema Tributário Nacional”, e o segundo, denominado “Normas Gerais de Direito Tributário”, foram incorporados à Constituição de 1967, que tratou expressamente das leis complementares, reservando-lhes matérias específicas. Dentre as chamadas “Normas Gerais de Direito Tributário”, o CTN tratou da prescrição e decadência, dispondo sobre seus prazos, termos iniciais de fluência e sobre as causas de interrupção, no caso da prescrição.

Assim, quando sobreveio a Constituição de 1967, o CTN foi recepcionado com *status* de lei complementar e pelo Ato Complementar nº 36/67. Da mesma forma, o CTN foi recepcionado com o mesmo *status* legislativo sob a égide da Constituição de 1988.

Quanto ao argumento da recorrente de que a fixação dos prazos prescricionais e decadenciais dependeria de lei da própria entidade tributante, fundamentou o Ministro que essa conclusão retiraria da norma geral seu âmbito e força de atuação, subtraindo a própria efetividade da reserva constitucional.

Segundo o Ministro Gilmar Mendes, a restrição do alcance da norma constitucional expressa defendida pela Fazenda Nacional "fragiliza a própria força normativa e concretizadora da Constituição, que claramente pretendeu a disciplina homogênea e estável da prescrição, da decadência, da obrigação e do crédito tributário".

Ressaltou que a fixação de prazos decadenciais e prescricionais e a definição da sua forma de fluência são questões que exigem tratamento uniforme em âmbito nacional.

Cita o Relator a farta jurisprudência do Supremo Tribunal Federal dominante sobre a exigência de lei complementar para a disciplina dos institutos da prescrição e da decadência tributárias, inclusive sobre os aspectos questionados nos recursos em apreciação. Neste sentido, mencionou os acórdãos proferidos nos autos do RE 138.284-CE, RE 396.266-3/SC, RE 456.750, RE 534.856, RE 544.361, dentre vários outros julgados.

Afirma não restar dúvidas da natureza tributária das contribuições que, como tais, são alcançadas pelas normas gerais de Direito Tributário previstas no art. 146, III, *b*, da Constituição Federal de 1988.

Ressalta o Relator que normas que disponham sobre prescrição e decadência são de direito substantivo, porque esta é a natureza de tais institutos.

Por fim, nega provimento aos Recursos Extraordinários, para confirmar a inconstitucionalidade dos arts. 45 e 46 da Lei nº 8.212/91, por violação do art. 146, III, *b*, da Constituição atual, e do parágrafo único do Decreto-Lei nº 1.569/77, frente ao § 1º art. 18 da Constituição de 1967, com a redação dada pela EC nº 01/69.

1.3 Modulação dos Efeitos e Súmula Vinculante

Na sessão de 12 de junho de 2008, analisando o pedido de modulação dos efeitos da decisão, o Ministro Relator manifestou-se pelo acolhimento parcial, tendo em vista a repercussão e a insegurança jurídica que se poderia ter no caso e tentando evitar, por outro lado, a repetição de indébito.

Concluiu que o Fisco está impedido, fora dos prazos de prescrição e de decadência previstos no CTN, de exigir as contribuições para a Seguridade Social. No entanto, os valores já recolhidos nestas condições, seja administrativamente, seja por execução fiscal, não devem ser devolvidos ao contribuinte, salvo se ajuizada a ação antes da conclusão deste julgamento. Em suma, são legítimos os recolhimentos efetuados nos prazos previstos nos arts. 45 e 46 da Lei nº 8.212/91 e não impugnados antes da conclusão deste julgamento.

Assim, reiterou o Ministro Gilmar Mendes o voto pelo desprovimento do recurso extraordinário, declarando a inconstitucionalidade do parágrafo único do art. 5º do Decreto-Lei nº 1.569/77 e dos arts. 45 e 46 da Lei nº 8.212/91, porém, com a modulação dos efeitos *ex nunc*, apenas em relação às eventuais repetições de indébito ajuizadas após a data de julgamento.

O Tribunal, por maioria, vencido o Ministro Marco Aurélio, deliberou aplicar efeitos *ex nunc* à decisão, esclarecendo que a modulação aplica-se tão-somente em relação a eventuais repetições de indébito ajuizadas após a decisão assentada na sessão do dia 11/06/2008, não abrangendo, portanto, os questionamentos e os processos já em curso, nos termos do relator. Presentes a esta sessão, além do Relator, o Ministro Gilmar Mendes, os Ministros Celso de Mello, Marco Aurélio, Ellen Gracie, Cezar Peluso, Carlos Britto, Ricardo Lewandowski, Eros Grau, Cármen Lúcia e Menezes Direito. Ausente nesta sessão o Ministro Joaquim Barbosa.

O Ministro Marco Aurélio manifestou discordância quanto à modulação dos efeitos, argumentando que a matéria versada neste recurso extraordinário não é nova, sendo que desde 1992 o Supremo Tribunal Federal vem se manifestando sobre a indispensabilidade da lei complementar para disciplinar a decadência e a prescrição. Neste sentido, afirma, decidiu o Pleno no RE 138.284-8, em 1º de julho de 1992, tendo como relator o Ministro Carlos Velloso, seguindo-se inúmeros acórdãos no mesmo sentido. Portanto, a questão já estava pacificada desde 1992, daí não se poder cogitar de insegurança jurídica.

Segundo o Ministro Marco Aurélio, a modulação, no caso de que se trata, acaba por diminuir a eficácia da Constituição.

Modulados os efeitos da decisão, foi aprovada a Súmula Vinculante nº 8, com o seguinte teor:

> São inconstitucionais o parágrafo único do artigo 5º do Decreto-Lei nº 1.569/1977 e os artigos 45 e 46 da Lei nº 8.212/1991, que tratam da prescrição e decadência do crédito tributário.

1.4 Análise Crítica

Assim dispõem as normas declaradas inconstitucionais no presente caso:

> Art 5º Sem prejuízo da incidência da atualização monetária e dos juros de mora, bem como da exigência da prova de quitação para com a Fazenda Nacional, o Ministro da Fazenda poderá determinar a não inscrição como Dívida Ativa da União ou a sustação da cobrança judicial dos débitos de comprovada inexequibilidade e de reduzido valor.
> Parágrafo único – A aplicação do disposto neste artigo suspende a prescrição dos créditos a que se refere. (Decreto-Lei nº 1.569/77)
> Art. 45. O direito da Seguridade Social apurar e constituir seus créditos extingue-se 10 (dez) anos contados: (...)
> Art. 46. O direito de cobrar os créditos da Seguridade Social, constituídos na forma do artigo anterior, prescreve em 10 (dez) anos." (Lei nº 8.212/91).

Tratam-se, como visto, de leis ordinárias que veiculam normas sobre prescrição e decadência tributárias.

A matéria discutida no RE 560.626 envolve duas questões:

i) a natureza tributária das contribuições sociais, inclusive das destinadas a financiar a Seguridade Social (art. 195, da CF/88);
ii) a exigência de lei complementar para dispor sobre normas gerais de Direito Tributário.

A natureza tributária das contribuições sociais ficou assentada nos autos do RE 138.284-CE, DJ, 28.8.92, de que foi relator o Ministro Carlos Velloso.

Por outro lado, o art. 146, III, *b*, da Constituição Federal de 1988, dispõe que normas gerais de Direito Tributário requerem lei complementar para seu disciplinamento[3].

Conforme consignado no voto do Relator, no atual texto constitucional as normas gerais têm papel próprio e função concretizadora no Direito Tributário.

Não é fácil identificar o conteúdo das "normas gerais de Direito Tributário", em face da imprecisão desse termo, mas se dúvidas pudessem existir sob a égide da EC nº 1/69[4] – que requeria uma interpretação sistemática de seu art. 18, § 1º, com o CTN, com a Constituição atual restou assente, pela literalidade do texto, que a prescrição e decadência integram aquele conceito.

O fato de o Constituinte ter incluído entre os princípios gerais que regem o sistema tributário a exigência de lei complementar – diploma sujeito a *quorum* mais rígido de aprovação – para estabelecer normas gerais em matéria de legislação tributária, deixa nítido o escopo de fixar balizamentos ao legislador ordinário, conferindo maior garantia aos contribuintes no que diz respeito a matérias como, por exemplo, prescrição e decadência.

Assim, quanto à decadência, os prazos aplicáveis são os previstos no art. 150, § 4º, e 173, e no que se refere à prescrição, o prazo está estabelecido no art. 174, todos do CTN – recepcionado como lei complementar pela Constituição de 1988, normas as quais só podem ser validamente alteradas por diploma legal de idêntica estatura. Tanto é assim, que a modificação no inciso I desse último dispositivo mencionado foi introduzida pela Lei Complementar 118/05.

Ademais, a prescrição e a decadência são institutos que, por garantirem segurança jurídica na relação tributária, exigem tratamento uniforme em âmbito nacional.

Quanto à modulação dos efeitos da decisão, cumpre ressaltar que o dogma da nulidade da lei inconstitucional pertence à tradição do direito

[3] Assim dispõe o referido dispositivo constitucional: Art. 146. Cabe à lei complementar: (...) III – estabelecer normas gerais em matéria de legislação tributária, especialmente sobre: (...) b) obrigação, lançamento, crédito, prescrição e decadência tributários;

[4] Art. 18 da EC 1/69: § 1º Lei complementar estabelecerá normas gerais de direito tributário, disporá sôbre os conflitos de competência nesta matéria entre a União, os Estados, o Distrito Federal e os Municípios, e regulará as limitações constitucionais do poder de tributar.

brasileiro, fundada na antiga doutrina americana segundo a qual, *the inconstitutional statute is not law at all*.

Contudo, razões de segurança jurídica podem revelar-se aptas a justificar a não aplicação do princípio da nulidade da lei inconstitucional, como se deu no caso em questão. A questão que se coloca é que a modulação foi aplicada em prol da Fazenda – admitindo como legítimos os recolhimentos efetuados no prazo de dez anos e que não foram impugnados antes da data de conclusão do julgamento – não obstante a clareza do art. 146, III, *b*, da Constituição Federal de 1988 e ainda a jurisprudência pacífica do STF no sentido da exigência constitucional de lei complementar para disciplinar a matéria, conforme bem demonstrado nos votos dos Ministros Gilmar Mendes e Marco Aurélio.

Dessa forma, entende-se ser irrepreensível a decisão proferida no RE 560.626, contudo, é questionável a modulação de seus efeitos em benefício da Fazenda.

Capítulo II
Recurso Extraordinário nº 559.943-4

Maria das Graças Patrocínio Oliveira

1. Recurso Extraodrinário nº 559.943-4[1]

Recorrente: Instituto Nacional do Seguro Social – INSS
Recorrido: Abdala Husein Humad Me
Relator: Ministra Cármen Lúcia
Votação: Unanimidade
Data de julgamento: 12 de junho de 2008

1.1 Ementa

DIREITO TRIBUTÁRIO. CONSTITUCIONALIDADE FORMAL DOS ARTIGOS 45 E 46 DA LEI 8.212/91. ARTIGO 146, INCISO III, ALÍNEA *B*, DA CONSTITUIÇÃO DA REPÚBLICA.
PRESCRIÇÃO E DECADÊNCIA TRIBUTÁRIAS. MATÉRIA RESERVADA À LEI COMPLEMENTAR. ARTIGOS 173 E 174 DO CÓDIGO TRIBUTÁRIO NACIONAL. RECURSO EXTRAORDINÁRIO AO QUAL SE NEGA PROVIMENTO.

[1] BRASIL. Supremo Tribunal Federal. Recurso Extraordinário nº 559.943-4, Relator: Min. Cármen Lúcia, Tribunal Pleno, julgado em 12.06.2008. Disponível em: http://portal.stf.jus.br/processos/detalhe.asp?incidente=2549236. Acesso em: 09de jun. de 2019.

1. A Constituição da República de 1988 reserva à lei complementar o estabelecimento de normas gerais em matéria de legislação tributária, especialmente sobre prescrição e decadência, nos termos do art. 146, inciso III, alínea *b*, *in fine*, da Constituição da República. Análise histórica da doutrina e da evolução do tema desde a Constituição de 1946.
2. Declaração de inconstitucionalidade dos arts. 45 e 46 da Lei n. 8.212/ /1991, por disporem sobre matéria reservada à lei complementar.
3. Recepcionados pela Constituição da República de 1988 como disposições de lei complementar, subsistem os prazos prescricional e decadencial previstos nos artigos 173 e 174 do Código Tributário Nacional.
4. Declaração de inconstitucionalidade, com efeito *ex nunc*, salvo para as ações judiciais propostas até 11.6.2008, data em que o Supremo Tribunal Federal declarou a inconstitucionalidade dos artigos 45 e 46 da Lei n. 8.212/1991.
5. Recurso Extraordinário ao qual se nega provimento.

1.1.1 Especificação do Caso e Razões da Submissão à Repercussão Geral

Trata-se de Recurso Extraordinário interposto pelo Instituto Nacional do Seguro Social – INSS contra acórdão do Tribunal Regional Federal da 4ª Região que declarou a inconstitucionalidade dos arts. 45 e 46 da Lei nº 8.212/91, sob o argumento de que tais dispositivos invadiram área reservada à lei complementar, vulnerando, dessa forma, o art. 146, III, *b*, da Constituição Federal.

A decisão deste Recurso Extraordinário se deu em conjunto com os RE 556.664, 559.882 e 560.626, que versam a mesma matéria.

No RE interposto argumenta a recorrente que os preceitos legais, cuja inconstitucionalidade foi reconhecida pelo tribunal de origem, não se qualificariam como normas gerais de direito tributário, mas como normas de cunho específico, não sujeitas à edição ou alteração pela via de lei complementar. Nesse sentido, defende a ausência de inconstitucionalidade formal e a conformidade dos artigos mencionados com a Constituição Federal.

Segundo afirma, não é dada autorização para a lei complementar entrar na chamada "economia interna" dos entes tributantes; as normas gerais de direito tributário devem estabelecer diretrizes e conceitos, não podem descer a detalhes, retirando a autonomia dos entes tributantes.

O Ministério Público Federal opinou pelo conhecimento e provimento do Recurso Extraordinário.

1.1.2 Critério de Conhecimento da Repercussão Geral

O Supremo Tribunal Federal reconheceu a repercussão geral da questão constitucional no julgamento eletrônico realizado entre os dias 5 e 23.10.2007, vencidos os ministros Cezar Peluso e Eros Grau.

Para conhecimento da repercussão geral a relatora acolheu a argumentação da recorrente de que a questão constitucional ultrapassa os interesses subjetivos da causa e tem repercussão econômica e social, esta reforçada pela pletora de processos encaminhados ao STF relacionados ao mesmo tema, acrescentando ainda haver repercussão geral da matéria sob o ponto de vista jurídico.

1.2 Mérito da Decisão

O Recurso Extraordinário nº 559-943-4 foi julgado nos dias 11 e 12 de junho de 2008, em sessão plenária presidida pelo Ministro Gilmar Mendes. Recurso conhecido e desprovido, por unanimidade. O Tribunal adiou a deliberação quanto aos efeitos da modulação, vencido o Ministro Marco Aurélio. Presentes à sessão os Ministros Celso de Mello, Marco Aurélio, Ellen Gracie, Cezar Peluso, Joaquim Barbosa, Ricardo Lewandowski, Cármen Lúcia e Menezes Direito. Ausentes os Ministros Carlos Britto e Eros Grau e, na modulação, os Ministros Ellen Gracie e Joaquim Barbosa.

1.2.1 Voto Condutor

Em seu voto a Relatora, Ministra Cármen Lúcia, menciona a controvérsia da doutrina acerca do conceito de normas gerais de direito tributário, cita o magistério de Souto Maior Borges, na qual este faz um estudo histórico sobre a disciplina legal e constitucional dessas normas, que antecede a constituição de 1946, e destaca as dificuldades em se conceituar o que seriam normas gerais de direito tributário.

Destacou a ministra que uma das grandes preocupações que cercam as diversas conceituações das normas gerais é a compatibilização com o princípio federativo, ou seja, a autonomia tributária dos Estados, Distrito Federal e Municípios. Refere que há de se evitar que a União coarte a atuação legislativa dos demais entes federados ao argumento de estar dispondo sobre normas gerais de direito tributário.

Menciona a doutrina de Geraldo Ataliba, Zelmo Denari e Tércio Sampaio Ferraz Jr. que adotaram a corrente dicotômica sobre normas gerais de direito tributário, contudo, ressalta parece ter havido na Constituição Federal de 1988 a eleição de um modelo concentrador na União da competência para a edição de atos normativos nacionais, em detrimento daquela atribuição legislativa tributária da própria União, no âmbito federal, dos Estados, do Distrito Federal e dos Municípios, em seus respectivos espaços de atuação autônoma.

Conclui a Ministra Cármen Lúcia que, no que tange à prescrição e decadência tributárias, a Constituição não dota de competência as ordens parciais da federação, não sendo possível afirmar em que consistiria uma norma geral sobre prescrição e decadência e o que não seria. Segundo afirma, fica claro o objetivo da Constituição de conferir tratamento uniforme em âmbito nacional, independentemente de ser ou não norma geral.

Nesse sentido é o aditamento ao seu voto:

> Todavia, não há dúvida de que, relativamente à prescrição e à decadência tributárias, a Constituição de 1988 não dota de competência as ordens parciais da federação. Não é possível afirmar o que consistiria uma norma geral sobre prescrição e decadência tributárias (se é que há alguma) e o que não seria. Fica claro o objetivo da norma constitucional de nacionalizar a disciplina, vale dizer, de a ela conferir tratamento uniforme em âmbito nacional, independentemente de ser ou não norma geral. A Constituição passa ao largo da discussão doutrinária e opta por reservar à lei complementar a disciplina da prescrição e da decadência tributárias.[2]

1.3 Modulação dos Efeitos e Súmula Vinculante

Na sessão de 12 de junho de 2008, analisando o pedido de modulação dos efeitos da decisão, o Ministro Gilmar Mendes manifestou-se pelo acolhimento parcial, tendo em vista a repercussão e a insegurança jurídica que se poderia ter no caso e tentando evitar, por outro lado, a repetição de indébito,

Concluiu que o Fisco está impedido, fora dos prazos de prescrição e de decadência previstos no CTN, de exigir as contribuições para a Seguridade Social. No entanto, os valores já recolhidos nestas condições, seja

[2] BRASIL. Supremo Tribunal Federal. Recurso Extraordinário nº 559.943-4, Relator: Min. Cármen Lúcia, Tribunal Pleno, julgado em 12.06.2008, DJe-182, 26.09.2008. Repercussão Geral julgado em 23.10.2007, DJ 07.12.2007. p. 2193.

administrativamente, seja por execução fiscal, não devem ser devolvidos ao contribuinte, salvo se ajuizada a ação antes da conclusão deste julgamento. Em suma, são legítimos os recolhimentos efetuados nos prazos previstos nos arts. 45 e 46 da Lei nº 8.212/91 e não impugnados antes da conclusão deste julgamento.

Assim, reiterou o Ministro Gilmar Mendes o voto pelo desprovimento do recurso extraordinário, declarando a inconstitucionalidade dos arts. 45 e 46 da Lei nº 8.212/91, porém, com a modulação dos efeitos *ex nunc*, apenas em relação às eventuais repetições de indébito ajuizadas após a data de julgamento.

O Tribunal, por maioria, vencido o Ministro Marco Aurélio, deliberou aplicar efeitos *ex nunc* à decisão, esclarecendo que a modulação se aplica tão-somente em relação a eventuais repetições de indébito ajuizadas após a decisão assentada na sessão do dia 11/06/2008, não abrangendo, portanto, os questionamentos e os processos já em curso, nos termos do relator. Presentes a esta sessão, além do Relator, o Ministro Gilmar Mendes, os Ministros Celso de Mello, Marco Aurélio, Ellen Gracie, Cezar Peluso, Carlos Britto, Ricardo Lewandowski, Eros Grau, Cármen Lúcia e Menezes Direito.

Ausente nesta sessão o Ministro Joaquim Barbosa.

O Ministro Marco Aurélio manifestou discordância quanto à modulação dos efeitos, argumentando que a matéria versada neste recurso extraordinário não é nova, sendo que desde 1992 o Supremo Tribunal Federal vem se manifestando sobre a indispensabilidade da lei complementar para disciplinar a decadência e a prescrição. Neste sentido, afirma, decidiu o Pleno no RE 138.284-8, em 1º de julho de 1992, tendo como relator o Ministro Carlos Velloso, seguindo-se inúmeros acórdãos no mesmo sentido. Portanto, a questão já estava pacificada desde 1992, daí não se poder cogitar de insegurança jurídica.

Segundo o Ministro Marco Aurélio, a modulação, no caso de que se trata, acaba por diminuir a eficácia da Constituição.

Modulados os efeitos da decisão, foi aprovada a Súmula Vinculante nº 8, com o seguinte teor:

> São inconstitucionais o parágrafo único do artigo 5º do Decreto-Lei nº 1.569/1977 e os artigos 45 e 46 da Lei nº 8.212/1991, que tratam da prescrição e decadência do crédito tributário.

1.4 Análise Crítica

A questão central está em saber se são constitucionais os arts. 45 e 46 da Lei nº 8.212/91, os quais fixaram em 10 anos os prazos decadencial e prescricional das contribuições para a seguridade social.

Trata-se de lei ordinária que veicula normas sobre prescrição e decadência tributárias. A matéria discutida no RE 559.943-4 envolve uma premissa: a natureza tributária das contribuições sociais, a qual ficou assentada nos autos do RE 138.284-CE, DJ, 28.8.92, de que foi relator o Ministro Carlos Velloso, e o conceito de normas gerais de direito tributário.

Isto porque o art. 146, III, *b*, da Constituição Federal de 1988, dispõe que normas gerais de Direito Tributário requerem lei complementar para seu disciplinamento[3].

Uma das grandes preocupações que cercam as diversas conceituações de normas gerais de direito tributário é a compatibilização com o sistema federativo, conforme ressaltado no voto da relatora.

Não é fácil identificar o conteúdo das "normas gerais de Direito Tributário", em face da imprecisão desse termo, mas se dúvidas pudessem existir sob a égide da EC nº 1/69[4] – que requeria uma interpretação sistemática de seu art. 18, § 1º, com o CTN, com a Constituição atual restou assente, pela literalidade do texto, que a prescrição e decadência integram aquele conceito.

O fato de o Constituinte ter incluído entre os princípios gerais que regem o sistema tributário a exigência de lei complementar – diploma sujeito a *quorum* mais rígido de aprovação – para estabelecer normas gerais em matéria de legislação tributária, deixa nítido o escopo de fixar balizamentos ao legislador ordinário, conferindo maior garantia aos contribuintes no que diz respeito a matérias como, por exemplo, prescrição e decadência.

Assim, quanto à decadência, os prazos aplicáveis são os previstos no art. 150, § 4º, e 173, e no que se refere à prescrição, o prazo está esta-

[3] Assim dispõe o referido dispositivo constitucional: Art. 146. Cabe à lei complementar: (...) III – estabelecer normas gerais em matéria de legislação tributária, especialmente sobre: (...) b) obrigação, lançamento, crédito, prescrição e decadência tributários.

[4] Art. 18 da EC 1/69: § 1º Lei complementar estabelecerá normas gerais de direito tributário, disporá sôbre os conflitos de competência nesta matéria entre a União, os Estados, o Distrito Federal e os Municípios, e regulará as limitações constitucionais do poder de tributar.

belecido no art. 174, todos do CTN – recepcionado como lei complementar pela Constituição de 1988, normas as quais só podem ser validamente alteradas por diploma legal de idêntica estatura. Tanto é assim, que a modificação no inciso I desse último dispositivo mencionado foi introduzida pela Lei Complementar 118/05.

Ainda que se entenda que prescrição e decadência não se enquadram no conceito de normas gerais de direito tributário, o que se admite apenas para argumentar, fato é que a exigência de disciplina desses institutos por lei complementar deriva de previsão constitucional expressa.

Nesse sentido foram conduzidos os votos da relatora Cármen Lúcia e do Ministro Ricardo Lewandowski, este último ao trazer à colação voto proferido pelo Ministro Celso de Melo no RE 470.382, cujo trecho se transcreve:

> **Vê-se,** portanto, que a **necessidade** de lei complementar para a **válida** disciplinação normativa **de certas** matérias (como a de que ora se cuida), **deriva de previsão constitucional** expressa, como sucede no caso (**CF**, art. 146, III, **"b"**), **de tal maneira que se configurará** situação de inconstitucionalidade formal **se – inobservada** a cláusula de reserva de lei complementar – o tema a ela sujeito vier a ser tratado em sede de legislação **simplesmente** ordinária. (grifos do original).[5]

Quanto à modulação dos efeitos da decisão, cumpre ressaltar que o dogma da nulidade da lei inconstitucional pertence à tradição do direito brasileiro, fundada na antiga doutrina americana segundo a qual, *the inconstitutional statute is not law at all.*

Contudo, razões de segurança jurídica podem revelar-se aptas a justificar a não aplicação do princípio da nulidade da lei inconstitucional, como se deu no caso em questão. A questão que se coloca é que a modulação foi aplicada em prol da Fazenda – admitindo como legítimos os recolhimentos efetuados no prazo de dez anos e que não foram impugnados antes da data de conclusão do julgamento – não obstante a clareza do art. 146, III, *b*, da Constituição Federal de 1988 e ainda a juris-

[5] BRASIL. Supremo Tribunal Federal. Recurso Extraordinário nº 559.943-4, Relator: Min. Cármen Lúcia, Tribunal Pleno, julgado em 12.06.2008, DJe-182, 26.09.2008. Repercussão Geral julgado em 23.10.2007, DJ 07.12.2007. p. 2203.

prudência pacífica do STF no sentido da exigência constitucional de lei complementar para disciplinar a matéria, conforme bem demonstrado nos votos dos Ministros Gilmar Mendes e Marco Aurélio.

Dessa forma, coerente com o que ficou assentado na análise do RE 560.626, entende-se ser irrepreensível a decisão proferida no RE 559.943-4, contudo, é questionável a modulação de seus efeitos em benefício da Fazenda, tendo em vista que na hipótese não ocorreu mudança de jurisprudência dominante.

Capítulo III
Recurso Extraordinário nº 585.235

GABRIEL PESTANA DE CASTRO

1. Recurso Extaordinário nº 585.235 [1] – Minas Gerais

Relator: Ministro Cezar Peluso
Voto vencedor: Ministro Cezar Peluso
Data de julgamento: 18 de setembro de 2008.

1.1 Ementa

RECURSO. Extraordinário. Tributo. Contribuição social. PIS. COFINS. Alargamento da base de cálculo. Art. 3º, § 1º, da Lei nº 9.718/98. Inconstitucionalidade. Precedentes do Plenário (RE nº 346.084/PR, Rel. orig. Min. ILMAR GALVÃO, DJ de 1º.9.2006; REs nos 357.950/RS, 358.273/RS e 390.840/MG, Rel. Min. MARCO AURÉLIO, DJ de 15.8.2006) Repercussão Geral do tema. Reconhecimento pelo Plenário. Recurso improvido. É inconstitucional a ampliação da base de cálculo do PIS e da COFINS prevista no art. 3º, § 1º, da Lei nº 9.718/98.

[1] BRASIL. Supremo Tribunal Federal. **Recurso Extraordinário nº.** 585.235, Relator(a): Min. CEZAR PELUSO, Tribunal Pleno, julgado em 10/09/2008. Disponível em: http://portal.stf.jus.br/processos/detalhe.asp?incidente=2614431. Acesso em: 20 de mai. de 2019.

1.1.1 *Especificação do Caso e Razões da submissão à repercussão geral*

A Fazenda Nacional interpôs Recurso Extraordinário contra acórdão que declarou a inconstitucionalidade do parágrafo 1º, artigo 3º, da Lei Federal nº 9.718/1998,[2] enunciando que, ao contrário da decisão recorrida, a nova base de cálculo da contribuição ao PIS e COFINS encontrava-se harmônica com a Constituição Federal, haja vista que a referida Lei somente produziria efeitos em relação a eventos tributários ocorridos a partir da Emenda Constitucional nº 20/1998,[3] a qual constitui o devido respaldo jurídico para que não somente o faturamento, como as receitas, pudesse ser passível de incidência do tributo em questão.

Ainda, a recorrente aduziu que sempre existiu, na ordem jurídica, relação de sinonímia entre "receita" e "faturamento", justificando, novamente, a incidência da contribuição em comento sobre receitas oriundas de atividades aquém da prestação de serviços e da venda de mercadorias.

Tais alegações da recorrente tiveram por base a suposta violação ao artigo 195, inciso I, alínea "b", da Carta Magna.

Já a pessoa jurídica IRMAZI – Administração e Participações LTDA, em contrarrazões, sustentou a manutenção do acórdão recorrido, propugnando que uma norma inconstitucional, em face de determinada ordem jurídica, não se faz passível de convalidação quando houver uma alteração normativa constitucional superveniente, no caso, a Emenda Constitucional nº 20/1998.

A recorrida defendeu, também, a distinção entre os conceitos de "receita" e "faturamento", sendo aquela mais ampla que esta, restando cristalina a inconstitucionalidade do aludido parágrafo 1º, artigo 3º, da Lei Federal nº 9.718/1998, tendo-se em vista o alargamento da base de cálculo antes da publicação da mencionada Emenda.

Assim, a contribuinte recorrida pugnou pela manutenção não somente do acórdão recorrido, como da jurisprudência assentada, pelo

[2] BRASIL. Lei Federal nº 9.718, de 27 de novembro de 1998. Altera a legislação tributária federal. Disponível em: <http://www.planalto.gov.br/ccivil_03/leis/l9718.htm>. Acesso em: 20 de mai. 2019.

[3] BRASIL. Constituição (1988). Emenda constitucional nº 20, de 15 de dezembro de 1998. Modifica o sistema de previdência social, estabelece normas de transição e dá outras providências. Disponível em: <http://www.planalto.gov.br/ccivil_03/constituicao/emendas/emc/emc20.htm>. Acesso em: 20 de mai. 2019.

Supremo Tribunal Federal, no sentido de reconhecer a inconstitucionalidade o mencionado dispositivo infraconstitucional.

1.1.2 Critério de Conhecimento da Repercussão Geral e Resolução de Questão de Ordem

Foi unânime o reconhecimento de repercussão geral da questão constitucional debatida nos autos, havendo relevância jurídica e econômica daquilo o que se discutia, qual seja, a constitucionalidade, ou não, do supracitado 1º, artigo 3º, da Lei Federal nº 9.718/1998.

1.2 Mérito da Decisão

O Recurso Extraordinário nº 585.235/MG, mediante Questão de Ordem, foi julgado em 10 de setembro de 2008, em sessão plenária presidida pelo Ministro Gilmar Mendes, à unanimidade, para desprover o recurso da Fazenda Nacional e, ainda no mérito, reafirmar a jurisprudência consagrada pelo Tribunal Pleno, segundo a qual é inconstitucional o mencionado dispositivo da Lei Federal nº 9.718/1998.

1.2.1 Voto Condutor

O relator, Ministro Cezar Peluso, destacou que, reconhecida a repercussão geral e reafirmada a jurisprudência definida pelo órgão pleno, no caso, a inconstitucionalidade da base de cálculo enunciada pelo parágrafo 1º, artigo 3º, da Lei Federal nº 9.718/1998, em face da redação original do artigo 195, inciso I, alínea "b", da Carta Magna, vício esse que é insanável mesmo mediante emenda Constitucional, deve o Supremo Tribunal Federal devolver os autos para a Corte de origem e, em seguida, aprovar proposta de edição de súmula vinculante.

1.2.2 Votos Vencidos

O Ministro Marco Aurélio divergiu quanto à necessidade de colocar o processo em pauta para julgamento, sem realizar a devolução automática dos autos para a instância inferior, além de ter divergido em relação ao encaminhamento de proposta de edição de súmula vinculante à Comissão de Jurisprudência do Tribunal.

1.2.3 A Ideia Contida na Jurisprudência Reafirmada na Questão de Ordem

A Constituição Federal enunciava, na redação original do artigo 195, inciso I, alínea "b", que a contribuição ao PIS e a COFINS incidiriam sobre o faturamento das pessoas jurídicas.

Em 28 de novembro de 1998, foi publicada a citada Lei Federal nº 9.718/1998, a qual, no parágrafo 1º, do artigo 3º, estipulava que as mencionadas contribuições deveriam ter como base de cálculo a receita bruta, enunciando a equivalência entre "receita" e "faturamento".

Então, na data de 12 de dezembro de 1998, sobreveio a publicação da Emenda Constitucional nº 20/1998, tendo esta alterado a citada alínea "b" do dispositivo constitucional em comento, enunciando a incidência da contribuição ao PIS e COFINS sobre "a receita ou faturamento".

Ante essas alterações de base de cálculo introduzidas na ordem jurídica tanto mediante a Lei Federal referida, quanto pela posterior Emenda Constitucional, a sociedade empresária Divesa Distribuidora Curitibana de Veículos S.A. ingressou com ação judicial voltada à declaração de inconstitucionalidade do mencionado parágrafo 1º, artigo 3º, da Lei referida,[5] posto que o fundamento de validade da mencionada Lei seria baseada na supracitada redação original do artigo 195 da Carta Magna (faturamento); a Emenda Constitucional em questão, introdutora da expressão "receita ou faturamento", não possui o condão de se estabelecer como novo fundamento de validade da referida Lei; e existe distinção entre as expressões "faturamento" e "receita", tendo o mencionado diploma infraconstitucional violado a Constituição quando estabeleceu que as contribuições citadas incidissem sobre a receita, e não mais sobre o faturamento, o qual constitui, apenas, receitas oriundas da venda de mercadorias e prestação de serviços. Houve, segundo a contribuinte, alargamento indevido da base imponível dos tributos destacados acima.

Exauridas as instâncias ordinárias, a mencionada sociedade empresária interpôs o Recurso Extraordinário nº 346.084/PR, tendo o Tribunal Pleno do Supremo Tribunal Federal decidido, por maioria, que: o faturamento, produto da venda de mercadorias ou prestação de serviços, é gênero da espécie receita, sendo esta mais ampla do que aquela; o parágrafo 1º, artigo 3º, da Lei Federal nº 9.718/1998, possui como fundamento de validade a norma constitucional enunciada pelo texto original da alínea "b", inciso I, do artigo 195, da Carta Magna, a qual enunciava o faturamento enquanto base de cálculo e, por isso, referida Lei não poderia ter estabelecido a receita bruta enquanto base imponível; uma Emenda Constitucional não possui o condão de convalidar o vício de inconstitucionalidade, não havendo, na ordem jurídica brasileira, a "constitucionalidade superveniente"; logo, mencionado dispositivo infralegal é inconstitucional, porquanto o respectivo fundamento de validade se dá com respaldo na redação anterior à Emenda Constitucional nº 20/1998.[4]

Foi a partir desse ideário de inconstitucionalidade que a Corte Suprema, no acórdão objeto da presente análise (Recurso Extraordinário nº 585.235/MG), decidiu resolver a respectiva Questão de Ordem, reafirmando a jurisprudência consagrada naquele recurso extraordinário nº 346.084/PR sob repercussão geral.

1.3 Análise Crítica

Impende aduzir que a decisão, tomada no Recurso Extraordinário nº 585.235/MG, encontra-se coerente com a ordem jurídica, conforme as exposições a seguir.

1.3.1 Conceitos de Faturamento e Receita

Não se pode olvidar que "receita" e "faturamento" são distintos entre si juridicamente.

Gisele Lemke ensina que receita constitui, de modo isolado das despesas e gastos, um acréscimo que implica o aumento patrimonial,[5] o que exclui qualquer outra entrada sem que haja acréscimo patrimonial. Solon Sehn acrescenta, ainda, que a receita deve, além de aumentar o patrimônio, ser apta a gerar renda.[6]

[4] BRASIL. Supremo Tribunal Federal. **Recurso Extraordinário nº** 346.084, Relator(a): Min. Ilmar Galvão,
Tribunal Pleno, julgado em 09/11/2005, REPERCUSSÃO GERAL - MÉRITO PUBLIC 01-09-2006 EMENT VOL- 02245 PP-01170. Disponível em: < http://stf.jus.br/portal/jurisprudencia/listarJurisprudencia.asp?s1=%28RE%24%2ESCLA%2E+E+346084%2ENUME%2E%29+OU+%28RE%2EACMS%2E+ADJ2+346084%2EACMS%2E%29&base=baseAcordaos&url=http://tiny url.com/a6lp79t>. Acesso em: 22 de mai. 2019.

[5] LEMKE, apud SEHN. *PIS-Cofins*: não cumulatividade e regimes de incidência. 1 ed. São Paulo: Quartier Latin, 2011. p. 161.

[6] SEHN, Solon, op. cit. p. 161.

Os dois autores citados acima estão corretos nas elucidações acerca do conceito de receita, porquanto a entrada financeira ou patrimonial que não se afigure apta a incrementar o patrimônio do contribuinte jamais ensejou elemento apto a exteriorizar riqueza, exteriorização esta que é condição necessária para a incidência de tributos, em razão da capacidade contributiva.

Inclusive, quando a Lei Federal nº 9.249/1995, artigo 15, estabeleceu que uma parcela da receita bruta constituirá a base de cálculo do imposto sobre a renda, enuncia que tal receita constituirá o lucro (renda),[7] reforçando a ideia citada acima segundo a qual deverá constituir, futuramente, a renda.

Já a noção de faturamento é muito bem denotada por Paulo de Barros Carvalho, para quem o faturamento advém do termo "fatura", a qual refere-se ao produto da venda de mercadorias, de serviços ou da combinação entre a comercialização de um e outro.[8]

De fato, a noção constitucional de faturamento encontra guarida no artigo 219 do Código Comercial (Lei nº 556/1850):

> Art. 219 – Nas vendas em grosso ou por atacado entre comerciantes, o vendedor é obrigado a apresentar ao comprador por duplicado, no ato da entrega das mercadorias, a fatura ou conta dos gêneros vendidos, as quais serão por ambos assinadas, uma para ficar na mão do vendedor e outra na do comprador. Não se declarando na fatura o prazo do pagamento, presume-se que a compra foi à vista (artigo nº. 137). As faturas sobreditas, não sendo reclamadas pelo vendedor ou comprador, dentro de 10 (dez) dias subseqüentes à entrega e recebimento (artigo nº. 135), presumem-se contas líquidas.[9]

Isto porque, como bem ilustrado pelo Ministro Cezar Peluso, no já referido Recurso Extraordinário nº 346.084/PR:

[7] BRASIL. Lei Federal nº 9.249, de 26 de dezembro de 1995. Altera a legislação do imposto de renda das pessoas jurídicas, bem como da contribuição social sobre o lucro líquido, e dá outras providências. Disponível em: <http://www.planalto.gov.br/ccivil_03/leis/l9249.htm>. Acesso em: 22 de mai. 2019.

[8] Carvalho, Paulo de Barros. *Direito tributário linguagem e método*. 6 ed. São Paulo: Noeses, 2015. p. 831 a 834.

[9] BRASIL. Lei Federal nº 556, de 25 de junho de 1850. Código comercial. Disponível em: <http://www.planalto.gov.br/ccivil_03/leis/l0556-1850.htm>. Acesso em: 21 de mai. 2019.

> Como já exposto, não há, na Constituição Federal, prescrição de significado do termo *faturamento*. Se se escusou a Constituição de o definir, tem o intérprete de verificar, primeiro, se, no próprio ordenamento, havia então algum valor semântico a que pudesse filiar-se o uso constitucional do vocábulo, sem explicitação de sentido particular, nem necessidade de futura regulamentação por lei inferior. É que, se há correspondente semântico na ordem jurídica, a presunção é de que a ele se refere o uso constitucional [...].

Desse modo, faz-se escorreita a distinção entre "receita" e "faturamento", tendo havido cabal incompatibilidade entre o parágrafo 1º, artigo 3º, da Lei nº 9.718/1998, e a norma decorrente da redação original do artigo 195, inciso I, alínea "b", da Carta Magna.

1.3.2 Inexistência de "constitucionalidade superveniente"

A análise da validade de uma norma é de suma importância para saber se a mencionada Emenda Constitucional poderia convalidar uma norma, até então, incompatível com a ordem constitucional anterior.

Hans Kelsen leciona que a validade de uma norma jurídica diz com a pertinência desta em relação a um dado ordenamento em vigor, de modo que uma Lei deve ser compatível com a Constituição vigente ao tempo daquele instrumento infralegal.[10]

A partir dessa lição, verifica-se que, para se analisar a validade de uma norma, deve-se ter como parâmetro o teor constitucional em vigor ao tempo da edição da Lei sob exame, não se admitindo o cotejo entre o dispositivo infralegal e eventual nova disposição da Constituição Federal.

Uma série de dispositivos da Carta Magna demonstram o pensamento ilustrado acima, consoante se verifica nos seguintes textos da Constituição:

> Art. 66. A Casa na qual tenha sido concluída a votação enviará o projeto de lei ao Presidente da República, que, aquiescendo, o sancionará.
>
> § 1º Se o Presidente da República considerar o projeto, no todo ou em parte, inconstitucional ou contrário ao interesse público, vetá-lo-á total ou parcialmente, no prazo de quinze dias úteis, contados da data do recebi-

[10] KELSEN, Hans. *Teoria pura do direito*. 6 ed. São Paulo: Martins Fontes, 1999. p. 148 e 149.

> mento, e comunicará, dentro de quarenta e oito horas, ao Presidente do Senado Federal os motivos do veto [...]".
> "Art. 97. Somente pelo voto da maioria absoluta de seus membros ou dos membros do respectivo órgão especial poderão os tribunais declarar a inconstitucionalidade de lei ou ato normativo do Poder Público".
> "Art. 102. Compete ao Supremo Tribunal Federal, precipuamente, a guarda da Constituição, cabendo-lhe:
> I – processar e julgar, originariamente:
> a) a ação direta de inconstitucionalidade de lei ou ato normativo federal ou estadual e a ação declaratória de constitucionalidade de lei ou ato normativo federal.
> [...] III – julgar, mediante recurso extraordinário, as causas decididas em única ou última instância, quando a decisão recorrida: a) contrariar dispositivo desta Constituição;
> b) declarar a inconstitucionalidade de tratado ou lei federal;
> c) julgar válida lei ou ato de governo local contestado em face desta Constituição [...].[11]

Note-se que a análise conjunta dos dispositivos constitucionais elencados demonstra que o exame da constitucionalidade de um ato normativo sujeita-se à comparação entre a norma examinada e a atual Constituição vigorante, e não entre tal ato e posterior norma constitucional.

Deve-se ressaltar que, nos termos do artigo 1º, parágrafo 4º, da Lei de Introdução às Normas do Direito Brasileiro, recepcionada pela atual Carta Magna, as alterações no texto de uma Lei em vigor são consideradas Lei nova.[12]

Isto significa que, havendo uma Emenda Constitucional, esta introduzirá novas normas constitucionais, razão pela qual estas não mais servirão de fundamento de validade para uma Lei editada à época anterior a tal inovação constitucional.

Esse raciocínio, segundo o qual a mera modificação em texto legal acarreta uma nova disposição normativa, possui consonância com

[11] BRASIL. Constituição (1988). disponívelem:<http://www.planalto.gov.br/ccivil_03/constituicao/constituicao.htm>. Acesso em: 21 de mai. 2019.

[12] BRASIL. Decreto-Lei nº 4.657, de 04 de setembro de 1942. Lei de introdução às normas do direito brasileiro. Disponível em: <http://www.planalto.gov.br/ccivil_03/decreto-lei/del4657compilado.htm>. Acesso em: 21 de mai.

a mencionada doutrina de Hans Kelsen e as aludidas disposições da Carta Magna acerca da a análise de validade das normas, porquanto o exame de determinado texto constitucional constitui o parâmetro para se identificar o momento em que determinada norma da Constituição encontra-se em vigor, permitindo-se determinar qual o fundamento de validade de determinada Lei antes, ou após, a modificação de redação constitucional.

Assim, a supracitada emenda constitucional nº 20/1998, por si só, não tem o condão de alterar os critérios material e quantitativo das contribuições em comento, posto as Leis não poderem ser dissociadas de seu processo de constituição e formação,[13] corroborando a afirmação de que uma emenda constitucional somente passará a ser fundamento de validade de uma norma se esta for adaptada à nova disposição constitucional.

Portanto, inexistindo a denominada "constitucionalidade superveniente", dado que a mudança no texto constitucional, ou infraconstitucional, enseja uma nova norma jurídica e altera os fundamentos de validade normativa, a decisão exarada pelo Supremo Tribunal Federal, na Questão de Ordem do Recurso Extraordinário nº 585.235/MG, encontra-se consonante com o ordenamento jurídico brasileiro.

[13] Carvalho, *op. cit.*, p. 845.

Capítulo IV
Recurso Extraordinário nº 573.675

Thaís Soares de Oliveira Almeida

1. Recurso Extraordinário nº 573.675 Santa Catarina[1]

Relator: Ministro Ricardo Lewandowski
Data de julgamento: 25 de março de 2009.
Data da Publicação: 22 de maio de 2009

1.1 Ementa

CONSTITUCIONAL. TRIBUTÁRIO. RE INTERPOSTO CONTRA DECISÃO PROFERIDA EM AÇÃO DIRETA DE INCONSTITUCIONALIDADE ESTADUAL. CONTRIBUIÇÃO PARA O CUSTEIO DO SERVIÇO DE ILUMINAÇÃO PÚBLICA – COSIP. ART. 149-A DA CONSTITUIÇÃO FEDERAL. LEI COMPLEMENTAR 7/2002, DO MUNICÍPIO DE SÃO JOSÉ, SANTA CATARINA. COBRANÇA REALIZADA NA FATURA DE ENERGIA ELÉTRICA. UNIVERSO DE CONTRIBUINTES QUE NÃO COINCIDE COM O DE BENEFICIÁRIOS DO SERVIÇO. BASE DE CÁLCULO QUE LEVA EM CONSIDERAÇÃO O

[1] BRASIL. Supremo Tribunal Federal. RECURSO EXTRAORDINÁRIO nº 573.675. Relator(a): Min. RICARDO LEWANDOWSKI, Tribunal Pleno, julgado em 25/03/2009. Disponível em: http://portal.stf.jus.br/processos/detalhe.asp?incidente=2582137. Acesso em 09 de jun. de 2019.

CUSTO DA ILUMINAÇÃO PÚBLICA E O CONSUMO DE ENERGIA. PROGRESSIVIDADE DA ALÍQUOTA QUE EXPRESSA O RATEIO DAS DESPESAS INCORRIDAS PELO MUNICÍPIO. OFENSA AOS PRINCÍPIOS DA ISONOMIA E DA CAPACIDADE CONTRIBUTIVA. INOCORRÊNCIA. EXAÇÃO QUE RESPEITA OS PRINCÍPIOS DA RAZOABILIDADE E PROPORCIONALIDADE. RECURSO EXTRAORDINÁRIO IMPROVIDO.
I – Lei que restringe os contribuintes da COSIP aos consumidores de energia elétrica do município não ofende o princípio da isonomia, ante a impossibilidade de se identificar e tributar todos os beneficiários do serviço de iluminação pública.
II – A progressividade da alíquota, que resulta do rateio do custo da iluminação pública entre os consumidores de energia elétrica, não afronta o princípio da capacidade contributiva.
III – Tributo de caráter sui generis, que não se confunde com um imposto, porque sua receita se destina a finalidade específica, nem com uma taxa, por não exigir a contraprestação individualizada de um serviço ao contribuinte.
IV – Exação que, ademais, se amolda aos princípios da razoabilidade e da proporcionalidade. V – Recurso extraordinário conhecido e improvido.

1.1.1 Especificação do Caso e Razões da Submissão à Repercussão Geral

A Emenda Constitucional 39/2002 acrescentou o art. 149-A na Constituição Federal, atribuindo aos Municípios e ao Distrito Federal a competência para a instituição da Contribuição para o Custeio do Serviço de Iluminação Pública – COSIP, observadas as exigências do art. 150, I e III, do mesmo diploma, facultando a cobrança da contribuição na fatura de consumo da energia elétrica.

Em decorrência do permissivo constitucional, diversos Municípios exerceram sua competência, elaborando a legislação pertinente para a criação desta contribuição, suscitando algumas discussões quanto à definição da hipótese de incidência, dos contribuintes e da base de cálculo da exação, ante o silêncio do constituinte derivado.

O Município de São José, Santa Catarina elaborou a Lei Complementar 7/2002, instituindo a COSIP, mediante a definição:

I – dos contribuintes: os consumidores de energia elétrica, tanto na área urbana como rural;

> II – da base de cálculo: custo mensal do serviço de iluminação pública, rateado entre os contribuintes;
> III – das alíquotas: progressivas em razão da faixa do consumo mensal de energia elétrica e da qualidade do consumidor (residencial; comércio, indústria e empr. serviços públicos; Poder Público; primários).

Desse modo, o objeto de discussão do RE 573.675/SC, decorre de Acórdão oriundo do Tribunal de Justiça de Santa Catarina que, em Ação Direta de Inconstitucionalidade Estadual, proposta pelo Ministério Público do Estado de Santa Catarina contra a Lei Complementar 7/2002, do Município de São José, Santa Catarina, que instituiu a COSIP, julgou improcedente o pedido, declarando-a constitucional, sob o fundamento de que foi editada em consonância com os parâmetros estabelecidos pelo art. 149-A e art. 150, I e III, ambos da Constituição Federal.

O Ministério Público Estadual de Santa Catarina, entendendo pela inconstitucionalidade da referida lei municipal, propôs Ação Direta de Inconstitucionalidade Estadual contra a Lei Complementar 7/2002, do Município de São José, Santa Catarina, perante o Tribunal de Justiça do Estado de Santa Catarina, que julgou improcedente o pedido, declarando-a constitucional, sob o fundamento de que foi editada em consonância com os parâmetros estabelecidos pelo art. 149-A e art. 150, I e III, ambos da Constituição Federal.

Irresignado com a decisão do Tribunal *a quo*, o Ministério Público do Estado de Santa Catarina, com fulcro no art. 102, III, a, da CF, interpôs o RE 573.675/SC para a reforma da decisão, pedindo ao Pretório Excelso a declaração de inconstitucionalidade da lei municipal, sob os seguintes argumentos:

a) a inobservância do princípio da isonomia, uma vez que a lei restringiu os contribuintes da COSIP aos consumidores de energia elétrica, não abarcando todos os efetivos beneficiários do serviço custeado, bem como realização discriminação injustificada entre os contribuintes residenciais e não residenciais, já que o serviço de iluminação pública é prestado indistintamente a todos os cidadãos;
b) a inobservância do princípio da capacidade contributiva, verificada na imposição de alíquotas progressivas sobre faixas de consumo mensal dos consumidores residenciais e não residenciais,

sendo critério imprestável para se calcular o quantum devido por cada um dos sujeitos passivos. Além do mais, o fato de o contribuinte consumir mais ou menos energia elétrica não implica a conclusão de que ele será mais ou menos beneficiado pela iluminação pública.

c) a utilização da base de cálculo própria do ICMS, que deve observar a aplicação de todos os princípios tendentes à realização da isonomia. Desse modo, não há critério seguro para determinar que o contribuinte tenha que pagar mais pela COSIP, em razão do maior consumo de energia elétrica. Logo, a base de cálculo deve guardar relação com o fato gerador, não sendo o consumo de energia elétrica fato gerador da COSIP, sendo o critério de diferenciação entre contribuintes, embasado no consumo de energia elétrica inconstitucional, por ferimento à isonomia tributária.

d) a progressividade das alíquotas, baseada nos níveis individuais de consumo mensal de energia elétrica e na qualidade dos consumidores (residenciais ou não residenciais), fere a isonomia tributária, vez que não se pode aferir dentre esses critérios, que tais contribuintes usufruirão mais ou menos do serviço de iluminação pública, desautorizando a discriminação realizada pela lei.

O recorrido, Município de São José/SC, defendeu a constitucionalidade do diploma legal atacado, que instituiu a COSIP, argumentando que exerceu sua competência de acordo com o permissivo constitucional, insculpido no art. 149-A, da CF, sendo sua natureza de contribuição especial, cuja base de cálculo não se confunde com a do ICMS. Isso porque, a COSIP não incide sobre o consumo de energia elétrica, mas corresponde ao rateio do custo da iluminação pública municipal.

Afirmou, ainda, que, em observância ao princípio da isonomia geral e tributária, não há impedimento para que o Município distribua desigualmente o rateio da COSIP, segundo o grau da capacidade contributiva, indicada pelo maior ou menor consumo de energia elétrica.

Em decisão da Corte Suprema, foi reconhecida a repercussão geral, pelo Ministro Ricardo Lewandowski, ante a inexistência de pronunciamento do Supremo Tribunal Federal a respeito deste tema, que defina limites para o exercício da competência para a instituição da COSIP, atribuída a todos os Municípios e Distrito Federal. Desse modo, a questão transborda os interesses subjetivos das partes no processo.

1.1.2 Critério de Conhecimento da Repercussão Geral

Ao tratar da repercussão geral da matéria, o Ministro Ricardo Lewandwski apontou como razões para o seu reconhecimento a relevância jurídica e econômica da prestação jurisdicional. Isso porque, com a inserção, pela EC 39/2002, da norma que atribui competência a todos os Municípios (numerosos, por sinal) e Distrito Federal instituírem a COSIP, necessária a definição de limites pela Suprema Corte, uma vez que não existem precedentes em seu âmbito que tenha analisado a matéria.

Cumpre ressaltar que o Ministro Marco Aurélio, acompanhando o Relator, reconheceu a repercussão geral, em razão de ser processo objetivo, que discute a elaboração da norma à luz da Carta do Estado e da Constituição Federal, devendo haver a manifestação do Supremo sobre o alcance da Lei Maior, a fim de evitar repetição de decisões.

Esclarece-se, por fim, que a decisão que reconheceu a repercussão geral não foi unânime. Foram vencidos os Ministros Cezar Peluso, Cármen Lúcia e Menezes Direito. Não se manifestaram os Ministros Joaquim Barbosa e Celso de Mello.

1.2 Mérito da Decisão

O Recurso Extraordinário nº 573.675 foi julgado em 25 de março de 2009, em sessão plenária presidida pelo Ministro Gilmar Mendes. O Tribunal, por maioria e nos termos do voto do Relator, Ministro Ricardo Lewandwski, conheceu e desproveu o Recurso Extraordinário, vencido o Senhor Ministro Marco Aurélio, que conhecia e o provia, declarando incidentalmente a inconstitucionalidade da norma. Votou o Presidente, Ministro Gilmar Mendes. Ausentes, justificadamente, o Senhor Ministro Joaquim Barbosa e, neste julgamento, a Senhora Ministra Ellen Gracie.

1.2.1 Voto Condutor

O voto condutor foi exarado pelo Ministra Ricardo Lewandowski.

Primeiramente, foi admitida a interposição do Recurso Extraordinário contra acórdão proferido em ação direta de inconstitucionalidade em face de lei municipal, que teve como parâmetro de controle preceito da Constituição do ente federado que veicula norma de reprodução obrigatória constante na Constituição Federal, notadamente, a respeito do princípio da isonomia.

Ultrapassada a análise formal de cabimento do RE, o Ministro, em seu voto, argumentou, inicialmente, a natureza jurídica da COSIP, entendendo que constitui um novo tipo de contribuição, diferente daquelas previstas nos arts. 149 e 195, da Constituição Federal, subordinada a uma sistemática própria, prevista no art. 149-A da CF. Sob esse prisma, por tratar-se de tributo, deve curvar-se aos princípios constitucionais tributários.

Embora, o art. 149-A, da CF, tenha feito menção apenas aos incisos I e III do art. 150, tendo a COSIP natureza jurídica tributária, a sua instituição deve observar os princípios gerais que regem o gênero, especialmente, o da isonomia (art. 150, III, CF) e o da capacidade contributiva (art. 145, § 1º, CF), que constituem direitos e garantias individuais dos contribuintes. Cláusulas pétreas, portanto.

Quanto aos aspectos da COSIP, instituída pela Lei Complementar 7/2002, do Município de São José/SC, foram analisados os seguintes aspectos: a determinação dos contribuintes; a base de cálculo e alíquotas.

Quanto aos contribuintes da COSIP, foram eleitos os consumidores residenciais e não residenciais de energia elétrica, situados tanto na área urbana como na área rural do Município de São José. Sob esse aspecto foi discutida a violação do princípio da isonomia, já que não foram abrangidos todos aqueles que efetivamente se beneficiam do serviço de iluminação pública, que é de caráter geral e indivisível.

Analisando a questão, primeiramente o Ministro, para desenvolver seu raciocínio, admitiu a constitucionalidade do art. 149-A (cuja inconstitucionalidade não foi objeto de discussão no STF), que previu a possibilidade de cobrança da COSIP na própria fatura de energia elétrica, identificando os sujeitos passivos da obrigação tributária como os seus consumidores e em função do seu consumo. Isso porque, sendo a iluminação pública um serviço de caráter geral e indivisível, prestado a todos indistintamente, não é possível incluir todos os seus beneficiários no pólo passivo da obrigação tributária.

Em razão da particularidade da exação, desde que observadas a razoabilidade e a proporcionalidade, o princípio da isonomia será aplicado com o devido temperamento.

Assim sendo, os principais beneficiários do serviço serão sempre aqueles que residem ou exercem suas atividades no âmbito do Município ou do Distrito Federal, isto é, pessoas físicas ou jurídicas, públicas ou privadas, identificáveis por meio das respectivas faturas de energia elétrica.

Quanto à base de cálculo, restou estabelecido o valor da Tarifa de Iluminação Pública, apurado mês a mês, correspondente ao custo mensal do serviço de iluminação pública e valor pago pelo Município. Desse modo, não há coincidência da base de cálculo da COSIP com a do ICMS, tendo em vista que esta contribuição não incide sobre o consumo de energia elétrica, mas equivale ao rateio do custo do serviço municipal de iluminação pública entre os contribuintes selecionados segundo critérios objetivos.

Estes critérios, para a definição das alíquotas progressivas na lei, estão delineados pela qualidade dos consumidores (primário, residencial, comercial, industrial e serviço público) e os níveis de consumo mensal. Sobre esse aspecto, discute-se se a determinação de um sistema progressivo de alíquotas fere o princípio da isonomia e da capacidade contributiva.

Em análise, o Ministro entendeu que a eleição desses critérios, tendo em conta o caráter *sui generis* da exação, respeitou a razoabilidade e proporcionalidade, quando realizou a discriminação dos contribuintes, em razão de sua qualidade e do seu consumo mensal, para estabelecer as alíquotas.

Isso porque, o Município de São José, ao empregar o consumo mensal de energia elétrica de cada imóvel, como parâmetro para ratear entre os contribuintes o gasto com a prestação do serviço de iluminação pública, pretendeu realizar, na prática, a justiça fiscal, materializando, na realidade, os princípios da isonomia tributária e da capacidade contributiva, sendo lícito supor que quem tem um consumo maior tem condições de pagar mais.

Sendo assim, o Relator manifestou-se pelo não provimento do Recurso Extraordinário, entendendo pela constitucionalidade da norma, que restringe os contribuintes da COSIP aos consumidores de energia elétrica, ante a impossibilidade de se determinar todos os beneficiários do serviço, o que não fere o princípio da isonomia, bem como a observância do princípio da capacidade contributiva, quando do estabelecimento de alíquotas progressivas, em razão da qualidade dos consumidores e consumo mensal de energia elétrica.

1.2.2 Votos Vencidos

Foi vencido o Ministro Marco Aurélio.

Nos termos do seu voto, o Ministro perquiriu, inicialmente, a inconstitucionalidade da Emenda Constitucional 39/2002, que introduziu o art. 149-A na Constituição Federal, uma vez que afastou a exclusividade da União para instituir contribuições, conforme havia previsto o constituinte originário, desrespeitando uma proteção individual dos contribuintes, que constitui cláusula pétrea. Assim sendo, o ônus que só poderia ser criado pela União, foi permitido às 5.564 Câmaras de Vereadores existentes no país.

Argumentou, o Ministro, que sendo o serviço de iluminação pública universal e indivisível, deve ser suportado pela receita advinda de impostos. Desse modo, a previsão constitucional visou, na verdade, fazer caixa aos Municípios, em detrimento de tudo que já é arrecadado.

Ademais, considerando-se a realidade, a natureza do tributo é dada por seu perfil e não por sua denominação. Sendo assim, essa contribuição é tributo destinado a cobrir prestação de serviço, como denominado na própria norma constitucional: "é para o custeio do serviço de iluminação pública.", configurando a espécie da taxa.

Aliás, o próprio STF, sob a edição da Súmula 670, havia entendido que o serviço de iluminação pública não pode ser remunerado mediante taxa.

A EC veio, então, em resposta à sanha arrecadatória dos entes federados, criar "taxa de iluminação pública", como contrapartida de um serviço público, sob a denominação de "contribuição".

Sob esses argumentos, o Ministro entendeu pelo provimento do RE, ao considerar inconstitucional a lei municipal que criou a COSIP.

1.3 Análise Crítica

O RE 573.675-0/SC declarou constitucional lei municipal que instituiu a COSIP, conforme o art. 149-A, da CF/88, definindo, ante a ausência de tal indicação no texto constitucional, como contribuintes os consumidores de energia elétrica; base de cálculo, o valor correspondente ao serviço de iluminação pública prestado; e alíquotas progressivas, em razão da classe do contribuinte (residencial, comercial, industrial, empresa de serviços públicos, Poder Público), em consonância com os princípios da isonomia, capacidade contributiva, razoabilidade e proporcionalidade.

Embora, nesse julgamento, não estivesse em questão, especificamente, a análise sobre a (in)constitucionalidade da EC 39/2002, que inseriu o art. 149-A na CF/88, mas tão-somente a fixação dos critérios de cobrança, tais como fato gerador, contribuintes, base de cálculo e alíquotas, tem-se que o posicionamento divergente, esposado pelo Ministro Marco Aurélio pareceu mais alinhado ao sistema jurídico e à jurisprudência fixada anteriormente pelo próprio STF.

Sobre o custeio da iluminação pública, considerando que esse serviço não se insere na categoria de serviço divisível e específico, o STF havia firmado o entendimento pela inconstitucionalidade da cobrança de taxa, externado pela "Súmula 670 – O serviço de iluminação pública não pode ser remunerado mediante taxa.", cuja consequência foi a perda de receita, pelos Municípios, para fazer frente a essa despesa.

Nesse sentido, tem-se a gênese da contribuição para o custeio do serviço de iluminação pública, decorrente da pressão exercida pelos Municípios sobre o Congresso Nacional para alterar a legislação, de maneira que o texto constitucional permitisse a cobrança de valores para equilibrar o orçamento público e suprir sua incapacidade de custear o referido serviço, vez que a arrecadação por meio da taxa foi declarada inconstitucional.

Inclusive, importante transcrever excerto dos motivos apresentados na PEC 504/02, depois apensada à PEC 559/02, que inseriu o art. 149-A na CF/88, por meioda EC 39/02, que confirma a origem da COSIP:

> [...] É de todos sabido que muitos Municípios brasileiros vinham instituindo e cobrando a taxa de iluminação pública para fazer face aos custos da implantação desse serviço indispensável para as comunidades urbanas. O Supremo Tribunal Federal, porém, já firmou jurisprudência no sentido de considerá-la inconstitucional, por não se tratar de serviço público específico e divisível e, em certos casos, por ter ela base se cálculo coincidente com a de impostos, como o imposto predial e territorial urbano (IPTU). Como os Municípios não têm condições efetivas de custear a iluminação pública através de seus impostos e também não podem permanecer inadimplentes com as empresas concessionárias ou distribuidoras de energia elétrica, a solução que se alvitra é a de emendar-se a Constituição, para que eles possam vir a instituir e cobrar uma contribuição de iluminação pública, dentro da legalidade e sem os percalços das demandas judiciais. [...]

Desse modo, permitiu-se uma subversão do próprio sistema jurídico que prevê que o custeio dos serviços essenciais e *uti universi* seja realizado mediante a cobrança de imposto. Desse modo, o que se percebeu foi a promulgação da emenda constitucional superveniente e casuística em repúdio ao posicionamento firmado pelo STF, de maneira a permitir que os Municípios fizessem caixa para suportar o serviço de iluminação pública para resolver os problemas fiscais dos municípios. Assim, com a criação da COSIP, inaugurou-se a possibilidade de os municípios deixarem de utilizar os recursos arrecadados pelos impostos, destinados às despesas gerais do Estado, para utilizarem-se de um quarto gênero de contribuição, com objetivo arrecadatório.

Nesse sentido, José Eduardo Soares de Melo[2] analisa a COSIP sob o seguinte prisma:

> Esta esdrúxula contribuição não se compadece com a sistemática constitucional tributária, porque reveste a fisionomia da malsinada taxa de iluminação pública, com inconstitucionalidade decretada pelo STF [...]. Havendo o STF caracterizado a espécie tributária como "imposto" (exação não vinculada à atuação do Poder Público), não há embasamento constitucional para travesti-lo em outra espécie – "contribuição" como se a simples denominação pudesse alterar sua essência jurídica. Esta contribuição não se direciona a um grupo determinado de pessoas (ao contrário, atende a um número infinito da população municipal); não causa benefício especial ao contribuinte (mas à coletividade); e nem se vinculada determinada entidade. Continua sendo caracterizado como imposto com destinação específica, de notória inconstitucionalidade.

Noutro giro, poder-se-ia levantar a violação do princípio federativo, ante a modificação da discriminação constitucional das competências tributárias, vez que o serviço de iluminação público, a teor do art. 21, XII, b, da CF/88, está afeto à União, ente competente para criar eventual contribuição. Assim sendo, a EC 39/02, ao inserir a figura da contribuição sobre serviços de iluminação pública na esfera de atribuições dos Municípios e Distrito Federal, modificou as competências definidas pela CF/88.

[2] MELO, José Eduardo Soares. **Curso de Direito Tributário.** 8. ed. São Paulo: Dialética, 2008, p. 114.

Ademais, outro ponto que deveria ser mencionado refere-se à necessidade, conforme preconiza o art. 146, da CF/88, da edição de lei complementar que viesse a definir o fato gerador e a base de cálculo da COSIP, não deixando essa incumbência aos municípios, vez que isso gera um verdadeiro caos no sistema tributário nacional, em razão do número exacerbado de municípios que temos em todo país, que, discricionariamente, definem esses critérios, ofendendo a tipicidade fechada.

Ultrapassada a questão da própria origem e instituição da COSIP, necessária a análise dos fundamentos esposados no julgamento do RE 573.675-0/SC.

Em relação aos princípios da isonomia e capacidade contributiva na cobrança da COSIP, tidos por observados, ainda que de forma mitigada, pela lei municipal declarada constitucional pelo STF, ao sustentar que é possível indicar como contribuintes os usuários de energia elétrica, bem como aferir a capacidade contributiva daqueles que utilizam mais energia e pagam mais caro em detrimento do contrário, já que são os beneficiários frequentes do serviço.

Ora, entende-se pelo equívoco de tal interpretação, vez que não sendo possível identificar os beneficiários do serviço geral, as despesas do serviço deveria ser custeada pela receita advinda dos impostos. Além do mais, apenas esta classe dos destinatários do serviço de iluminação pública estariam sendo tributados, em detrimento dos demais beneficiados com a ação estatal.

Ademais, o consumo individual da energia elétrica não poderia ser critério para medir a capacidade contributiva e tampouco a progressividade das alíquotas daquele que se beneficia da iluminação pública, pois não existe qualquer correspondência entre a quantidade de energia elétrica utilizada pelo contribuinte e o serviço público custeado, estabelecendo ainda tratamento desigual entre contribuintes que estão em situação de igualdade (benefício igualitário da iluminação pública naquele local).

Por fim, o único critério utilizado pelo STF que pareceu acertado foi a verificação de que a base de cálculo para a cobrança da COSIP refere-se ao valor total do serviço de iluminação pública, rateado entre os contribuintes eleitos.

Desse modo, entende-se que, primeiramente, deveria a COSIP ser declarada inconstitucional, em razão da sua precariedade formativa e do conteúdo em dissonância com o Sistema Tributário Nacional. Entretanto, presumida a constitucionalidade, como no caso do julgamento do RE, necessária a criação de lei complementar, conforme exigência do art. 146 da CF/88, de modo a definir critérios uniformes sobre fato gerador, contribuintes, base de cálculo e alíquotas, alinhadas aos princípios da igualdade e capacidade contributiva, a serem respeitados pelos Municípios e Distrito Federal, quando da sua instituição.

Capítulo V
Recurso Extraordinário nº 527.602

Gustavo Salústio da Costa Vargas

1. Recurso Extraordinário nº 527.602[1] – São Paulo

Relator: Ministro Eros Grau
Relator para o Acórdão: Ministro Marco Aurélio
Data de julgamento: 05 de Agosto de 2009.

1.1 Ementa

> PIS E COFINS – LEI Nº 9.718/98 – ENQUADRAMENTO NO INCISO I DO ARTIGO 195 DA CONSTITUIÇÃO FEDERAL, NA REDAÇÃO PRIMITIVA. Enquadrado o tributo no inciso I do artigo 195 da Constituição Federal, é dispensável a disciplina mediante lei complementar. RECEITA BRUTA E FATURAMENTO – A sinonímia dos vocábulos – Ação Declaratória nº 1, Pleno, relator Ministro Moreira Alves – conduz à exclusão de aportes financeiros estranhos à atividade desenvolvida – Recurso Extraordinário nº 357.950-9/RS, Pleno, de minha relatoria.

[1] BRASIL. Supremo Tribunal Federal. **Recurso Extraordinário nº** 527.602, Relator(a) para o Acórdão: Min. Marco Aurélio, Tribunal Pleno, julgado em 05/08/2009. Disponível em: http:// http://portal.stf.jus.br/processos/detalhe.asp?incidente=2471547>. Acesso em: 07 de setembro de 2018..

1.1.1 Especificação do Caso e Razões da Submissão à Repercussão Geral

Aqui se faz necessário uma contextualização histórica sucinta para entender sobre este tema. Importante falar da ADC nº 1 decidida em 1993 e publicada em 1995, que tratou de declarar a constitucionalidade de alguns artigos da Lei Complementar 70/1991, interpretando-a como materialmente Lei Ordinária e mais importante ainda foi que reafirmou a tese de que receita bruta operacional e faturamento são sinônimos.

Mais à frente, a decisão na ADI 1.103-3/DF, publicada no dia 25/04/1997, trouxe o entendimento de que lei ordinária não pode invadir matéria de lei complementar. O caso foi exatamente sobre as Contribuições, mais precisamente o art. 195, I da CF e a Lei 8.870/94, a qual criou a contribuição social sobre o valor estimado da produção agrícola própria, para as atividades agroindustriais.

O Acórdão faz menção ao §4º do art. 195, o qual autoriza a criação de novas fontes para as contribuições desde que venham em lei complementar seguindo o rito do art. 154, I, e conclui entendendo que a Lei 8.870/94 é inconstitucional por estar regulamentada em lei ordinária. De outro lado, o voto vencido entendia que esta contribuição não era nova, e tinha como fato gerador a receita bruta, que é sinônimo de faturamento, e que desta forma era constitucional. Aqui encontra o fundamento em uma das teses da ADC nº 1, pois mais à frente se verá que se uma contribuição tem fundamento direto na Constituição não precisa estar em Lei Complementar, se não, ai deverá seguir o rito do art. 154, I.

Avançando no tempo, deve-se falar dos Recursos Extraordinários nº 346.084, 358.273, 357.950 e 390.840, que declararam a inconstitucionalidade do §1º do art. 3º da Lei nº 9.718/98, sob o fundamento dos mesmos artigos 154, I combinado com art. 195, §4 da CF, os quais definem que novas contribuições devem vir regulamentadas por lei complementar. Ainda foi entendido que o art. 110 do CTN veda que conceitos de direito privado sejam alterados pelo direito tributário. O entendimento do STF foi o de que o §1º do art. 3º da Lei nº 9.718/98 ampliou de sobremaneira a base de cálculo da PIS/COFINS, ao estender à totalidade das receitas auferidas, incluindo-se aqui resultados de aplicações financeiras, dividendos, royalties, aluguéis indenizações e um leque de infinidade. Na ADC nº 1, foi reafirmado que os conceitos de receita bruta e faturamento são sinônimos. E nestas ações, se entendeu que a lei 9.718/98, alargou de sobremaneira a base de cálculo das Leis Complementares 7/1970 (PIS) e 71/1990 (COFINS), reafirmando ainda que, para fazer esta nova alteração tinha que ser por Lei Complementar e respeitar o rito do art. 154, I. Complementando esta decisão, o STF entendeu que a superveniente EC 20/98, não validou a legislação ordinária anterior, como que uma constitucionalidade superveniente. Estas decisões datam de 2005 do Pleno do STF.

Um adendo sobre esta decisão cabe ser feita, pois interpretaram norma constitucional a partir de legislação federal, no que se trata do art. 110 do CTN.

Chegando agora no RE 527.602, este foi afetado para julgamento, reconhecendo sua repercussão geral, na data de 30/10/2007, no entanto não se tem o inteiro teor desta decisão, constando apenas no site do STF que houve uma decisão nesta data, e desta decisão apenas tem o resumo dizendo que foi afetado para julgamento. No mesmo sistema do STF encontra-se que foram pedidas as notas taquigráficas desta decisão, mas sem sucesso, fundamentado em entendimento que esta vedação não desrespeita o acesso ao judiciário. Em 11/06/2008, foi prolatada uma decisão no AI 715.423, reconhecendo a repercussão geral do tema, que é o mesmo do RE 527.602. E neste mesmo AI 715.423, reconheceu que este tema já era afetado pelo RE 527.602. Este ficou conhecido como Tema 95 e trata especificamente do art. 8º da Lei 9.718/98 que majorou a alíquota da COFINS de 2% para 3%.

O Tema 95 se refere à alteração feita pela Lei 9.718/98, que majorou a alíquota da COFINS para 3%, e a redação original da LC 70/91 (lei da COFINS) estipula em seu art. 2º que a alíquota deve ser de 2%. O embate aqui é se uma Lei Ordinária pode alterar uma Lei Complementar. Mais à frente se verá que este argumento seria facilmente derrubado se entendesse todo o contexto histórico das contribuições.

De forma sucinta, o RE 527.602 foi o primeiro afetado, mas as razões do reconhecimento da repercussão geral são encontradas no AI 715.423, que diz apenas que é reconhecido sua repercussão social e econômica, e depois o paradigma foi substituído para reconhecer que de fato é o RE 527.602 que está afetado ao tema, saindo deste a decisão final.

Cabe transcrever uma parte do voto do Ministro Marco Aurélio em que ele demonstra como está complicado entender o que aconteceu neste AI 715.423:

> Senhor presidente, o tribunal tem admitido questão de ordem. Muito embora saibamos que a competência para julgar o agravo de instrumento não é do colegiado, é do Relator, Sua Excelência trouxe o tema, a matéria, para chegar-se ao provimento do agravo, transformação do agravo em recurso extraordinário, e admitir, no tocante ao próprio recurso extraordinário, a repercussão geral.[2]

1.1.2 Critério de Conhecimento da Repercussão Geral

Nas razões do voto do Ministro Eros Grau, pode ser encontrada os critérios de conhecimento da repercussão geral neste assunto.

A empresa Plural Editora e Gráfica LTDA, protocolou RE contra Acórdão do TRF 3º Região, que entendeu ser a LC 70/91, pelo menos no que trata da questão de alteração de alíquota, materialmente lei ordinária, entendendo que a majoração da alíquota de 2% para 3% foi constitucional.

A Empresa alega a inconstitucionalidade dos artigos 3º, §1º e 8º da Lei 9.718/97. O art. 3º, §1º, foi declarado inconstitucional pelo Pleno nos Recursos Extraordinários nº 346.084, 358.273, 357.950 e 390.840, os quais entenderam que o conceito de faturamento não pode ser alargado pela lei ordinária, pois estaria criando nova exação, devendo seguir o rito do art. 154,I.

Já o art. 8º, que trata da alteração de alíquota de 2% para 3% da COFINS, é o assunto específico do tema 95, alegando a Empresa que isto não foi um simples aumento de alíquota, mas uma nova instituição de Contribuição, na qual não houve respeito ao art. 154, I. Isto é fundamentado porque a mesma lei no seu art. 3º,§1º trouxe o alargamento da base de cálculo para receita, que no entender da empresa é um novo tributo, que deveria respeitar o art. 154,I . O Ministro Eros Grau, reconhece em seu voto que este assunto ainda não foi tratado pelo Supremo.

O fato é o seguinte, a LC 70/91, que instituiu a COFINS, trouxe em seu art. 2º a alíquota de 2%, e após isto, a lei 9.718/98, em seu art. 8º, aumentou para 3%. A Empresa alega exatamente que isto não foi uma simples alteração de alíquota, mas uma instituição de novo tributo por meio de Lei Ordinária, o que deveria seguir o rito do art. 154, I.

[2] STF. RECURSO EXTRAORDINÁRIO: RE 527.602. Relator: Ministro Eros Grau. Relator para acórdão: Ministro Marco Aurélio. DJ: 05/08/2009.

1.2 Mérito da Decisão

O Relator neste caso era o Ministro Eros Grau, no entanto seu voto foi vencido, e o Relator para o Acórdão, ficou sendo o Ministro Marco Aurélio, com seu voto vencedor. A razão de decidir, veio no sentido do precedente da ADC nº 1, já citada acima. Esta ADC nº 1 entendeu que se a contribuição tivesse por fundamento direto a Constituição, mais precisamente neste caso o art. 195,I, não precisaria vir por Lei Complementar, mas por Lei Ordinária, e com isto, a parte que trata da alíquota é entendida como materialmente Lei Ordinária, podendo ser alterada por esta. Outra parte do acórdão tratou de reafirmar o entendimento de que o art. 3º,§1 é inconstitucional, no sentido em que alargou o conceito de receita bruta e faturamento, para incluir aportes financeiros estranhos à atividade desenvolvida.

1.2.1 Voto do Relator para o Acórdão

Como dito acima, o Relator do caso era o Ministro Eros Grau, que ficou vencido pelo voto do Ministro Marco Aurélio, sendo este Relator para o acórdão.

No início do seu voto, o Ministro Marco Aurélio sistematiza bem o assunto, delimitando bem que a alegação da Empresa é no sentido de que a alteração da alíquota de 2% para 3%, que se deu por meio de Lei Ordinária era inconstitucional, pois os 2% estavam definidos em Lei Complementar, e os novos 3% estão definidos em Lei Ordinária que ao mesmo tempo entendeu que deveria ter a receita como base de cálculo, segundo o art. 3º,§1º. Com isto, implica que a tese do RE é a de que a majoração implicou em nova exação, criação de novo tributo.

Desta forma, ele demonstra que o fundamento da Empresa é o de que a nova Lei Ordinária ao definir que no faturamento se insere o conceito de receita bruta, incluindo até mesmo aqueles ingressos que não sejam da atividade, estaria criando nova Contribuição, e que isto demandaria Lei Complementar.

O Ministro reconhece que formalmente, o conceito de receita como base de cálculo da contribuição, só foi inserida na Constituição com a EC 20/98, e que aparentemente, esta Lei 9.718/98, por ser anterior à Emenda Constitucional, poderia ter um vício. Mas isto é só aparência, pois como bem lembrado, na ADC 1, publicada em 1995, da qual o Ministro Marco Aurélio havia participado do julgamento, o Supremo reconheceu que os conceitos de receita bruta operacional e faturamento são sinônimos.

Recordou ainda que no RE 357.950, julgado em conjunto com outros RE'S teriam reafirmado o precedente vinculante do Tribunal no que se refere à ADC nº 1. O Ministro demonstra bem que qualquer entendimento contrário iria afrontar os efeitos da decisão em Ação Declaratória de Constitucionalidade, que tem efeito vinculante e *erga omnes*. Basicamente ele demonstra a força vinculante dos precedentes.

Um dos fundamentos da ADC nº 1 foi o de reforçar o entendimento de que os conceitos de receita bruta operacional e faturamento eram sinônimos, e como só faturamento estava incluído no art. 195, I, deveria entender que seu conceito compreendia também o de receita bruta operacional. Faturamento tinha fundamentação direta na Constituição, e receita bruta operacional tinha fundamentação indireta, decorrendo de interpretação constitucional.

Durante a sessão veio o argumento de que Lei ordinária estaria revogando lei complementar, e que isto seria indevido de acordo com a fundamentação de que a lei complementar seria hierarquicamente superior. Com isto, o Ministro Marco Aurélio fez questão de reforçar que a tese dele, ora tese vencedora da repercussão geral, não era a questão de hierarquia de leis, mas vinculação à precedentes, sendo este a ADC nº 1 de 1995.

Concluindo, a tese criada foi a de que, o art. 3,§1º da lei 9.718/98 é inconstitucional, só naquilo que se refere à receita bruta que não seja proveniente da atividade (tudo aquilo que não seja receita bruta operacional), pois se insere na intepretação da ADC nº 1 de 1995, a qual entende que o conceito de receita bruta operacional e faturamento são sinônimos, desta forma, a lei citada não está criando novo tributo com nova exação sem fundamento constitucional que demandaria lei complementar, mas sim, está dentro da interpretação constitucional vinculante e *erga omnes*. Com isto, entende-se também, que o art. 8º é constitucional, pois tem como fundamento o art. 3º que é receita bruta operacional. Desta forma, tanto o conceito de receita bruta operacional é constitucional como a majoração da alíquota para 3%.

Acompanharam seu voto as Ministras Cármen Lúcia e Ellen Gracie e os Ministros Ricardo Lewandowski, Gilmar Mendes, Cezar Peluso. Quanto ao Ministro Carlos Brito não restou expresso no acórdão o seu voto, mas pelos precedentes em que votou subentende-se que foi pelo voto vencedor.

O voto do Ministro Marco Aurélio teve uma ressalva levantada pelo Ministro Eros Grau, a qual foi aceita por ele e os demais. Segundo o voto do Ministro Marco Aurélio era para desprover o Recurso extraordinário por completo, no entanto o Relator Eros Grau demonstrou que o entendimento era pelo parecer do Sub Procurador Geral da República Rodrigo Janot, que o provimento era parcial, pela inconstitucionalidade do art. 3º, §1º naquilo em que entendesse por receitas oriundas que não fosse a atividade operacional e constitucionalidade do art. 8º, ambos da Lei 9.718/98.

1.2.2 Votos do Relator Vencido

O voto vencido que encabeça um entendimento divergente, é o do Relator Ministro Eros Grau, o qual entende que o assunto aqui tratado é a alteração de uma Lei Complementar por uma Lei ordinária.

Primeiro ele parte de uma premissa falsa, que a Corte havia entendido que a EC 20/98 não trouxe uma constitucionalidade superveniente, ao chancelar o conceito de receita na Lei 9.718/98. Como foi demonstrado na parte inicial deste artigo, o que foi declarado inconstitucional não é o termo receita bruta operacional, mas sim todas aquelas receitas que não são provenientes da atividade. Mais à frente ele demonstra que a temática da majoração da alíquota de 2% para 3% não foi analisada pelo STF sobre o prisma da exigência de Lei Complementar. A fundamentação principal do seu voto é o de que o direito positivo brasileiro não distingue lei complementar material de lei complementar formal, a lei é analisada sob o prisma da deliberação qualificada, sendo ordinária ou complementar, destacando uma formalidade extra para a Lei Complementar que é a votação de maioria absoluta.

O Ministro Eros Grau complementa seu raciocínio dizendo que onde a lei não distingue não se deve distinguir, demonstrando que a Constituição traz uma reserva constitucional de forma positiva, ao delimitar matérias que devem ser tratadas por lei complementar, mas não traz uma reserva negativa, impondo que matéria de lei ordinária não seja tratada por lei complementar. Reforça que no assunto específico da Contribuição Social não vem vedação explícita para que o legislador não trate da matéria em Lei Complementar.

Após isto traz uma menção ao princípio do paralelismo das formas, fazendo nota à Paulo Bonavides e trazendo um trecho deste jurista em que uma lei feita de uma forma não pode ser alterada por outra forma, ou seja, se a lei respeitou o rito da lei complementar, mais dificultoso, não pode vim uma lei ordinária e alterar aquela. Com tudo isto ele fundamento a inconstitucionalidade dos artigos. 3, º§1º e 8º da Lei 9.718/98.

Acompanhou seu voto o Ministros Joaquim Barbosa e esteve como ausente o Ministro Menezes Direito. Quanto ao Ministro Celso de Mello não restou expresso o seu voto, mas pelos comentários de outros Ministros entende-se que foi pelo voto vencido.

1.3 Análise Crítica

Para ser feita esta análise crítica é preciso primeiro falar um pouco desta confusão que se criou em torno da COFINS e das contribuições sociais em geral. Este assunto até hoje é dificilmente entendido, devido talvez a falta de sistematização do assunto, o que leva a confusões graves. A decisão da repercussão geral é datada de agosto de 2009, tendo sido publicada em novembro de 2009, mas esta questão foi decidida há muitos anos atrás, na ADC 1 de 1993, a qual foi publicada em 1995. Veja que são 14 anos entre as duas decisões, e mesmo assim ainda hoje este tema causa confusões.

No acórdão da repercussão geral, entraram em debate duas posições, uma defendida pelo Ministro Eros Grau e outra defendida pelo Ministro Marco Aurélio. Eros Grau trouxe a posição de que Lei Complementar não pode ser alterada por Lei Ordinária e Marco Aurélio apenas fundamentou sua decisão na força do precedente da ADC nº 1 de 1993, dizendo que o efeito vinculante e *erga omnes* deveria ser aplicado para entender que tanto a majoração da alíquota por Lei Ordinária 9.718/98 como o seu art. 3º,§1º são constitucionais, sendo que este último só e constitucional até onde entender que faturamento é sinônimo de receita bruta operacional, retirando dela a interpretação de qualquer receita que não seja da atividade.

A confusão em torno da COFINS é decorrente de um entendimento antigo do Supremo, em relação ao FINSOCIAL, criado pelo Decreto – Lei 1940/82. A decisão do RE 103.778/DF, decidido na ordem constitucional anterior, entendeu que o FINSOCIAL, tinha natureza de imposto inominado, quando calculado sobre a receita bruta operacional, ou de adicional de imposto de renda, quando incidente sobre imposto de renda das prestadoras de serviço.

Aqui vale a pena uma observação, as contribuições para seguridade social na ordem constitucional anterior e segundo interpretação do Supremo, tinham natureza de imposto. Não sendo vista como uma categoria autônoma.

No RE 146.733, que teve como Relator o Ministro Moreira Alves, julgado na nova ordem constitucional de 1988, foi entendido que a Lei 7.689/88, que instituiu a Contribuição Sobre o Lucro, tinha natureza tributária, embora não se enquadrasse nos impostos, devendo ser entendida por Contribuição Social, uma categoria autônoma. A CSL no seu início também foi alvo de inconstitucionalidade.Vale aqui trazer dois trechos do voto do Ministro Moreira Alves no RE 146.733. o primeiro é o que o próprio fala da argumentação em torno da natureza jurídica da CSL:

> O primeiro problema que se põe é o de saber se a Lei 7.689/89 realmente institui uma contribuição destinada ao financiamento da seguridade social, com base no inciso I do art. 195 da Constituição, ou se, ao contrário da interpretação sistemática dessa Lei decorre que sob a denominação de contribuição social, se crio, em verdade, um adicional ao imposto de renda.[3]

Em seguida, cabe trazer aqui um pedaço da decisão colacionada do jurista Hugo de Brito Machado, a época desembargador do TRF 5º Região, onde teria julgado da seguinte forma:

> Em sendo assim, está claro que a 'contribuição', criada pela Lei 7.689/89, não é uma contribuição para seguridade social, posto que não se comporta no regime jurídico constitucional desta.[4]

Por fim, cabe aqui trazer um pedaço do voto vencedor do Ministro Cordeiro Guerra, no RE 103.778, em que ele após dizer que a FINSOCIAL não se enquadrava em várias categorias tributárias da época, finaliza dizendo que é um imposto da competência residual da União:

[3] STF. RECURSO EXTRAORDINÁRIO: RE 146.733. Relator: Moreira Alves. DJ: 06/11/1992.
[4] Idem.

> Feitas as considerações precedentes, verifica-se que efetivamente não se trata de contribuição, mas sim de imposto, pois é 'tributo cuja obrigação tem por fato gerador uma situação independente de qualquer atividade estatal específica, relativa ao contribuinte.[5]

Com isto, demonstra-se a natureza jurídica das contribuições como imposto residual da União ou adicional de imposto de renda. E aí que vem mais confusão em torno do assunto. O art. 56 do ADCT, diz claramente o seguinte:

> Art. 56. Até que a lei disponha sobre o art. 195, I, a arrecadação decorrente de, no mínimo, cinco dos seis décimos percentuais correspondentes à alíquota da contribuição de que trata o Decreto-Lei nº 1.940, de 25 de maio de 1982, alterada pelo Decreto-Lei nº 2.049, de 1º de agosto de 1983, pelo Decreto nº 91.236, de 8 de maio de 1985, e pela Lei nº 7.611, de 8 de julho de 1987, passa a integrar a receita da seguridade social, ressalvados, exclusivamente no exercício de 1988, os compromissos assumidos com programas e projetos em andamento.[6]

Perceba que ele traz uma norma de transição para que a Seguridade Social não fique desamparada enquanto não for criado a Contribuição do art. 195, I, e já que o FINSOCIAL tinha o mesmo propósito, entendeu-se por fazer com que uma parte da sua arrecadação fosse para a Seguridade. Na realidade, a COFINS substituiu o FINSOCIAL.

Acontece que, o art. 9º da Lei 7689/89, lei da CSL trazia o seguinte mandamento:

> Art. 9º Ficam mantidas as contribuições previstas na legislação em vigor, incidentes sobre a folha de salários e a de que trata o Decreto-Lei nº 1.940, de 25 de maio de 1982, e alterações posteriores, incidente sobre o faturamento das empresas, com fundamento no art. 195, I, da Constituição Federal.[7]

[5] STF. RECURSO EXTRAORDINÁRIO: RE 103.778. Relator: Cordeiro Guerra. DJ: 18/09/1985.

[6] BRASIL. Constituição (1988). Constituição da República Federativa do Brasil. Brasília, DF: Senado Federal: Centro Gráfico, 1988.

7 BRASIL. Lei nº 7.689, de 15 de dezembro de 1988. Institui contribuição social sobre o lucro das pessoas jurídicas e dá outras providências. Brasília, DF.

Com isto veio a indagação, no sentido de se o art. 56 do ADCT combinado com o art. 9º da Lei 7.689/89 eram suficientes para fazer com que ocorresse uma recepção do FINSOCIAL pela nova ordem constitucional com natureza jurídica de contribuição, do que era reconhecido omo imposto, na antiga ordem constitucional, enquadrando-o no art. 195, I da Constituição. Pois bem, a situação era esta, o FINSOCIAL com natureza de imposto residual ou adicional de imposto de renda, e a COFINS que a substituiu, devia passar a ser reconhecida como contribuição para seguridade social, na nova ordem constitucional.

A problemática desta tese gira em torno de uma mistura de teses da antiga e da nova ordem constitucional. Usava-se o entendimento antigo do Supremo do RE 103.778/DF, que definia o FINSOCIAL como imposto, criado de acordo com a competência residual da União, sendo um imposto inominado, ou adicional ao imposto de renda.

Por ser um imposto, pedia-se já com base na nova ordem constitucional, a inconstitucionalidade da COFINS, pelos seguintes argumentos: por resultar em bitributação com o PIS, pois ambos tinham a mesma base de cálculo; por desrespeitar o princípio constitucional da não cumulatividade dos impostos da União; por ser administrada pela Receita Federal, não poderia jamais ser uma Contribuição para Seguridade, e outros argumentos que fogem do mérito desta questão. Cabe salientar que na ADC nº 1 fala em bitributação, no entanto o melhor seria entender como *bis in idem*, pois só tem um ente tributante.

Moreira Alves em seu voto colocou a COFINS no seu lugar como Contribuição para seguridade social, explicando primeiro que sua fonte de origem era direta da Constituição, sendo desnecessário sua matéria vir regulada por Lei Complementar, dando-lhe caráter material de Lei Ordinária. Depois disso, explicou que a administração do tributo é apenas a capacidade tributária ativa, não interferindo na competência tributária nem em sua natureza. Quanto à bitributação com o PIS, disse que ambos tinham fundamento na Constituição e podiam sim ter a mesma base de cálculo, até porque isto era proibido apenas para a competência residual do art. 154,I, que não era o caso. E por fim disse que o princípio da não cumulatividade dos impostos da União não se aplicava aqui, pois a COFINS era Contribuição para seguridade.

Veja que com esta decisão da ADC nº 1 se efetivou um carga vinculante e *erga omnes* ao entendimento de que as contribuições sociais eram sim um tributo autônomo, e que fosse rechaçada o antigo entendimento de que contribuição para seguridade ou era imposto da competência residual ou adicional do imposto de renda.

Outro tema que causa confusão é o de que sempre se referem que a sinonímia dos termos receita bruta e faturamento se deve à ADC nº 1 de 1995, no entanto, este assunto foi apenas reforçado na ADC, pois o entendimento vem desde o RE 150.164-1, da lavra do voto do Ministro Ilmar Galvão, que entendeu que a alteração feita no artigo 1º,§1º do Decreto-Lei 1940/82 pelo Decreto-lei 2.397/87, aplicou o entendimento que o conceito ali tratado falava em receita, mas podia ser entendido como faturamento. A ADC nº 1 apenas deu caráter de força vinculante e *erga omnes*.

Analisando toda esta situação, vê-se que o a ADC nº 1 serviu para colocar a COFINS no seu lugar de contribuição, delimitando que ao substituir o antigo FINSOCIAL, aquela não trouxe consigo a natureza jurídica de imposto. Além disto, trouxe uma carga vinculante e *erga omnes* para entender que a contribuição para seguridade era uma forma de tributo autônomo.

A posição do Ministro Eros Graus é louvável, no entanto ignora toda esta confusão histórica, trazendo apenas o argumento positivista da lei pela lei. Diz ele, que em uma norma positiva, o que formalmente é lei complementar não pode ser alterado por lei ordinária, aduzindo ao princípio do paralelismo das formas.

No entanto, esta argumentação é totalmente superficial, pois a própria contribuição para seguridade não tinha nem identidade na nova ordem constitucional, era entendida, como visto acima, como imposto ou adicional de imposto de renda. Não visualizar todo esse contexto histórico e apenas aplicar uma argumentação formal, é analisar o tema de maneira simplória. Não se está querendo aqui desmerecer a argumentação em torno da hierarquia da Lei Complementar e Lei ordinária, mas apenas dizer que este não é o assunto em tela.

Conclui-se desta forma, que o tema 95 da Repercussão Geral, e a maioria das discussões em torno das Contribuições para Seguridade, tratam da sua falta de identidade na nova ordem Constitucional.

Capítulo VI
Recurso Extraordinário nº 573.540

Beijanicy Ferreira da Cunha Abadia Valim

1. Recurso Extraordinário nº 573540[1] – Minas Gerais

Relator: Ministro Gilmar Mendes
Voto vencedor: Ministro Gilmar Mendes
Data de julgamento: 14 de abril de 2010.

1.1 Ementa

CONTRIBUIÇÃO PARA O CUSTEIO DOS SERVIÇOS DE ASSISTÊNCIA MÉDICA, HOSPITALAR, ODONTOLÓGICA E FARMACEÚTICA. ART. 85 DA LEI COMPLEMENTAR Nº 62/2002, DO ESTADO DE MINAS GERAIS. NATUREZA TRIBUTÁRIA. COMPULSORIEDADE. DISTRIBUIÇÃO DE COMPETÊNCIAS TRIBUTÁRIAS. ROL TAXATIVO. INCOMPETÊNCIA DO ESTADO-MEMBRO. INCONSTITUCIONALIDADE. RECURSO EXTRAORDINÁRIO NÃO PROVIDO.

I – É nítida a natureza tributária da contribuição instituída pelo art. 85 da Lei Complementar nº 64/2002, do Estado de Minas Gerais, haja vista a compulsoriedade de sua cobrança.

[1] BRASIL. Supremo Tribunal Federal. **RECURSO EXTRAORDINÁRIO 573540**. Relator(a): Min. Gilmar Mendes, Tribunal Pleno, julgado em 14/04/2010. Disponível em: http://portal.stf.jus.br/processos/detalhe.asp?incidente=2582084. Acesso em 09 de jun de 2019.

> II – O art. 149, caput, da Constituição atribui à União a competência exclusiva para a instituição de contribuições sociais, de intervenção no domínio econômico e de interesse das categorias profissionais e econômicas. Essa regra contempla duas exceções, contidas no arts. 149, § 1º, e 149-A da Constituição. À exceção desses dois casos, aos Estados-membros não foi atribuída competência para a instituição de contribuição, seja qual for a sua finalidade.
> III – A competência, privativa ou concorrente, para legislar sobre determinada matéria não implica automaticamente a competência para a instituição de tributos. Os entes federativos somente podem instituir os impostos e as contribuições que lhes foram expressamente outorgados pela Constituição.
> IV – Os Estados-membros podem instituir apenas contribuição que tenha por finalidade o custeio do regime de previdência de seus servidores. A expressão "regime previdenciário" não abrange a prestação de serviços médicos, hospitalares, odontológicos e farmacêuticos.

1.1.1 Especificação do Caso e Razões da Submissão à Repercussão Geral

Com base no voto do Relator Ministro Gilmar Mendes, a controvérsia dos autos gira em torno da ilegitimidade do Estado de Minas Gerais em cobrar de seus servidores contribuição destinada a saúde de forma compulsória.

As teses principais descritas pelas Recorrentes (Estado de Minas Gerais e Instituto de Previdência dos Servidores do Estado de Minas Gerais – IPSEMG) é que a contribuição instituída pela Lei Complementar nº 64/2002 do Estado de Minas Gerais teria a finalidade de custear os serviços de assistência médica, hospitalar, odontológica e farmacêutica prestadas pela autarquia previdenciária estadual.

Aduzem ainda que a instituição desta contribuição teria sido feita pelo Estado de Minas Gerais no exercício de sua competência atribuída pelo art. 195, § 4º da CF, que prevê que poderiam ser instituídas outras fontes de custeio da seguridade Social mediante Lei Complementar e que por esse motivo não lhe seria aplicada a hipótese do art. 149, §1º da CF, porque este dispositivo constitucional cuidaria do custeio da previdência dos servidores públicos estaduais e municipais, que é apenas uma das facetas da Seguridade Social.

Sustentam que legislar sobre proteção e defesa da saúde, em virtude da inexistência de normas gerais, constituiria competência concorrente da União, Estados e Distrito Federal, podendo o Estado exercer a competência legislativa plena, uma vez que o sistema de assistência a saúde gerido pelo IPSEMG teria sido instituído por meio da Lei Estadual nº 1.487 de 15 de janeiro de 1957, ou seja, bem antes da CF/88, e sua extinção constituiria em violação ao principio constitucional da proibição do retrocesso social.

Afirmam ainda os Recorrentes que o direito a saúde teria como pressuposto o princípio da solidariedade, sendo que a manutenção dos sistemas estaduais de assistência a saúde dos servidores públicos somente seria possível mediante a contribuição de todos os envolvidos.

Por fim, os Recorrentes alegam que os sistemas de assistência à saúde dos servidores públicos mantidos pelos Estados-membros atuariam ao lado do Sistema Único de Saúde (SUS) para reduzir a sua demanda, contribuindo para a melhoria dos serviços prestados a população em geral.

Já os Recorridos (Cassiano Ricardo Campos Fardin e Outros (A/S)), sustentam que o art. 149, § 1º da CF, na redação conferida pela Emenda nº 41/2003, autorizaria a instituição pelos Estados, Distrito Federal e Municípios, tão somente de contribuição destinada ao custeio de regime de previdência dos servidores públicos, pois a Emenda Constitucional ao subtrair a expressão "assistência social" do art. 149, §1º da CF teria afastado, de uma vez por todas, toda e qualquer dúvida, acerca da abrangência do dispositivo constitucional.

Aduzem também os Recorridos que o serviço público de saúde seria atribuição do SUS, constituindo mera faculdade do servidor a filiação a plano de saúde instituído pelo Poder Público, ou qualquer outro mantido por iniciativa privada.

Assim, o Recurso Extraordinário foi interposto, com fundamento na alínea a, do inciso III do artigo 102 da CF/88, pelo Estado de Minas Gerais e pelo IPSEMG contra acórdão prolatado pelo Tribunal de Justiça do mesmo Estado que considerou a impossibilidade de cobrança compulsória da exação de saúde, entendendo que a saúde seria direito de todos e dever do Estado independente de contribuição dos beneficiários.

O referido acórdão recorrido, que decidiu a apelação, havia declarado a ilegitimidade do Estado para cobrar a contribuição destinada a saúde de forma compulsória, afirmando que a adesão deveria ser voluntária e que os descontos deveriam ser extirpados dos contracheques daqueles servidores, que expressamente, não se interessavam pelo beneficiamento dos serviços médicos, hospitalares e farmacêuticos prestados pelo IPSEMG.

O Supremo Tribunal Federal reconheceu a repercussão geral da questão constitucional suscitada pelos Recorrentes em 04/04/2008. Não se manifestou a Ministra Ellen Gracie.

O eminente Min. Relator Gilmar Mendes, ao trazer o feito a julgamento na sessão plenária de 14 de abril de 2010, na conformidade da ata de julgamento e das notas taquigráficas, por unanimidade de votos, proferiu voto no sentido de negar provimento ao Recurso Extraordinário. Ausentes o Senhor Ministro Cezar Peluso, representando o Tribunal no 12º Congresso das Nações Unidas sobre Prevenção do Delito e Justiça Criminal, em Salvador/BA, e o Senhor Ministro Joaquim Barbosa, licenciado.

1.1.2 Critério de Conhecimento da Repercussão Geral

Sobre a repercussão geral, o Ministro Relator Gilmar Mendes analisou o Recurso Extraordinário interposto pelo Estado de Minas Gerais em conjunto com o Instituto de Previdência dos Servidores do Estado de Minas Gerais (IPSEMG) contra acórdão do Tribunal de Justiça daquele Estado, que entendeu ser inconstitucional a cobrança de contribuição para o custeio da assistência médico-hospitalar, e que o Estado não teria legitimidade para cobrar contribuição destinada à saúde de forma compulsória, conforme ementa colacionada:

> PREVIDENCIÁRIO - LC 64/02 - CONTRIBUIÇÃO À ASSISTÊNCIA À SAÚDE - COMPULSORIEDADE VEDADA PELO ART. 149, § 1º DA CF/88 - NATUREZA JURÍDICA DE PLANO DE SAÚDE - ADESÃO VOLUNTÁRIA - ISENÇÃO DAS CUSTAS - SENTENÇA REFORMADA, EM PARTE, NO REEXAME NECESSÁRIO, PREJUDICANDO O RECURSO VOLUNTÁRIO. Nos termos do art. 149, § 1º da CF/88, os Estados somente podem instituir, de forma compulsória, contribuição de seus servidores, destinada à previdência social, cujos benefícios encontra-se arrolados no art. 201 da CF/88. Assim, não tendo o Estado legitimidade para cobrar a contribuição destinada a saúde de forma compulsória, a sua adesão deve ser voluntária, razão pela qual devem tais descontos ser extirpados dos contracheques daqueles servidores que, expressamente, não se interessam pelo beneficiamento dos serviços médicos, hospitalares e farmacêuticos prestados pelo IPSEMG.

O Recurso Extraordinário foi fundamentado no inciso III, alínea "a" do permissivo constitucional, onde o Estado de Minas Gerais e o IPSEMG sustentaram que o acórdão recorrido teria contrariado o disposto no § 1º°, do Artigo 149, § 4º do artigo 195, c/c inciso XII, do artigo 24 c/c Caput, e §§ 1º, 2º e 3º do artigo 25 c/c caput do artigo 18, todos da Constituição da República.

Sustentaram os Recorrentes que a contribuição instituída pelo art. 85 da Lei Complementar nº 64/2002 de Minas Gerais, no exercício da competência que lhe fora atribuída pelo Art. 195, § 4º da CF, que prevê que podem ser instituídas outras fontes de custeio da seguridade social mediante lei complementar, e que esta contribuição teria por finalidade custear os serviços de assistência médica, hospitalar, odontológico e farmacêutica prestados pela autarquia estadual.

Que não seria aplicável a hipótese do art. 149, § 1º da CF porque tal dispositivo constitucional cuidaria apenas de uma das facetas da seguridade social, ou seja, apenas do custeio da previdência dos servidores públicos estaduais e municipais. E que legislar sobre proteção e defesa da saúde constituiria competência concorrente da União, Estados e Distrito Federal, e que por inexistir normas gerais, os Estados poderiam exercer a competência legislativa plena.

Aduzem também os Recorrentes que o direito à saúde teria como pressuposto o princípio da solidariedade e, somente através da contribuição de todos, seria possível a manutenção dos sistemas estaduais de assistência à saúde dos servidores públicos. Afirmando, ainda, que este sistema atuaria ao lado do SUS (Sistema Único de Saúde) para reduzir demanda e melhorar os serviços prestados a toda população.

Por derradeiro, afirmam que a extinção do sistema de assistência à saúde gerida pelo IPSEMG constituiria violação ao princípio constitucional da proibição do retrocesso social, pois teria sido instituído antes da Constituição Federal de 1988.

Assim, sustentam os Recorrentes que discussão da constitucionalidade possuiria caráter relevante do ponto de vista econômico, jurídico e social porque discute a constitucionalidade da exação para custeio de saúde no Estado de Minas Gerais, pois envolve a prestação de serviços de saúde para todos os servidores do Estado de Minas Gerais, porém sempre dependente da contraprestação advinda da referida contribuição, o que atingiria a todos os servidores de executivo mineiro, as autarquias, Ministério Público, servidores do legislativo, Tribunal de Contas, Judiciário e seus magistrados. E que a declaração de inconstitucionalidade ocasionaria a quebra do sistema.

Em contra partida, os Recorridos sustentam que o art. 149, § 1º da CF, na redação conferida pela emenda nº 41/2003, autorizaria a instituição, pelos Estados, Distrito Federal e Municípios, tão somente de contribuição destinada ao custeio do regime de previdência dos servidores públicos e que tal filiação deveria ocorrer por livre escolha do servidor.

Destarte, aduz o Relator que o tema estava sob apreciação do plenário no julgamento da ADI 3.106, de relatoria do Ministro Eros Grau, com julgamento suspenso em virtude de pedido de vista da Ministra Carmem Lúcia, e que a matéria deveria ser submetida ao Plenário Virtual para que lhe fosse aplicado os efeitos legais da repercussão geral, uma vez que havia a repetição do tema em vários processos, e que por tal motivo a matéria alcançaria relevância econômica, política, social e jurídica, ultrapassando os interesses subjetivos da causa, sendo, portanto, imprescindível a análise da repercussão geral pela Suprema Corte para fins de pacificação da matéria.

Assim, o Ministro Marco Aurélio, admitiu a discussão do tema na via estreita do extraordinário, sustentando nas palavras do Relator Gilmar Mendes, que seria indispensável que o Supremo definisse a possibilidade ou não, de Unidade da Federação criar contribuição social destinada a saúde, de caráter obrigatório, cobrada dos respectivos servidores.

1.2 Mérito da Decisão

O Recurso Extraordinário nº 573540 foi julgado em 14 de abril de 2010, em sessão plenária presidida pelo Ministro Gilmar Mendes, onde estavam presentes os Ministros Celso de Mello, Marco Aurélio, Ellen Gracie, Ayres Britto, Eros Grau, Ricardo Lewandowski, Cármen Lúcia e Dias Toffoli. Procurador-Geral da República, Dr. Roberto Monteiro Gurgel Santos. Ausentes, justificadamente, o Senhor Ministro Cesar Peluso, representando o Tribunal no 12º Congresso das Nações Unidas sobre Prevenção do Delito e Justiça Criminal, em Salvador/BA, e o Senhor Ministro Joaquim Barbosa, licenciado. Recurso Extraordinário que se negou provimento, por unanimidade dos votos, nos termos do voto do Relator Gilmar Mendes.

1.2.1 Voto Condutor

Em seu voto, o Relator Ministro Gilmar Mendes assevera que o Recurso Extraordinário tem como base a discussão da constitucionalidade da contribuição instituída pelo art. 85 da Lei Complementar nº 64/2002, do Estado de Minas Gerais, que teria por finalidade o custeio dos serviços de assistência médica, hospitalar, odontológica e farmacêutica prestados pelo Instituto da Previdência dos Servidores Públicos do Estado de Minas Gerais (IPSEMG).

O Relator esclareceu inicialmente em seu voto, que o objeto deste Recurso Extraordinário em discussão, não era tão amplo quanto o da ADI nº 3.106, que já havia sido julgada parcialmente procedente, por unanimidade, pois na ação direta, discutia-se não apenas a constitucionalidade do art. 85 da Lei Complementar nº 64/02, mas, também, a constitucionalidade do art. 79, o qual garantiu a inclusão, no regime próprio de previdência estadual, dos servidores não titulares de cargos efetivos.

Colaciona-se o teor artigo 85 da Lei Complementar nº 64/02 impugnado no Recurso Extraordinário, *in verbis*:

> Art. 85 – O IPSEMG prestará assistência médica, hospitalar e odontológica, bem como social, farmacêutica e complementar aos segurados referidos no art. 3º desta Lei Complementar, aos servidores detentores exclusivamente de cargo de provimento em comissão, declarado em lei de livre nomeação e exoneração, aos agentes políticos e aos servidores admitidos nos termos do art. 10 da Lei nº 10.254, de 20 de julho de 1990, extensiva aos seus dependentes, observadas as coberturas e os fatores moderadores definidos em regulamento. (Caput com redação dada pelo art. 5º da Lei Complementar nº 100, de 5/11/2007.) (Vide art. 7 da Lei Complementar nº 73, de 30/7/2003.)
>
> § 1º – O benefício a que se refere o caput deste artigo será custeado por meio do pagamento de contribuição, cuja alíquota será de 3,2% (três vírgula dois por cento), descontada da remuneração de contribuição ou dos proventos do servidor, até o limite de vinte vezes o valor do vencimento mínimo estadual, não podendo ser inferior a R$ 30,00 (trinta reais), que serão reajustados nos mesmos índices do aumento geral concedido ao servidor público estadual.
>
> § 2º – O piso mínimo de contribuição estabelecido no § 1º não se aplica ao servidor que tenha renda bruta mensal igual ou inferior ao montante

estabelecido no art. 13 da Emenda à Constituição da República nº 20, de 15 de dezembro de 1998, aplicando-se nesse caso a alíquota de 3,2% (três vírgula dois por cento).

§ 3º – A contribuição referida no § 1º será acrescida de 1,6% (um vírgula seis por cento) da remuneração de contribuição ou dos proventos sobre o valor que exceder o limite de vinte vezes o valor do vencimento mínimo estadual.

§ 4º – O Tesouro do Estado contribuirá com a alíquota de 1,6% (um vírgula seis por cento) da remuneração do servidor, até o limite de vinte vezes o valor do vencimento mínimo estadual.

§ 5º – A contribuição será descontada compulsoriamente e recolhida diretamente ao IPSEMG até o último dia previsto para pagamento da folha de servidores públicos do Estado.

§ 6º – A assistência a que se refere o caput deste artigo será prestada pelo IPSEMG exclusivamente aos contribuintes e seus dependentes, mediante a comprovação do desconto no contracheque do último mês recebido ou do pagamento da contribuição diretamente ao IPSEMG até o último dia útil do respectivo mês, nos termos do regulamento.

§ 7º – O disposto neste artigo, à exceção do § 4º, aplica-se às pensões concedidas após a publicação desta Lei Complementar.

§ 8º – Fica o IPSEMG autorizado a celebrar convênio de assistência à saúde com instituições públicas estaduais.

§ 9º – A prestação da assistência a que se refere o caput deste artigo fica limitada aos segurados mencionados nos arts. 3º e 79, bem como aos incluídos na forma do § 8º deste artigo, ficando facultado ao IPSEMG celebrar convênios de assistência à saúde com os municípios, mediante contribuição a ser calculada atuarialmente, garantia de adimplência e outras condições definidas em regulamento.

§ 10 – O disposto no § 3º deste artigo não se aplica ao servidor, ao inativo e ao pensionista cuja vinculação ao serviço público estadual tenha ocorrido até 31 de dezembro de 2001.

§ 11 – Os que perderam a condição de dependente dos segurados, bem como os pais destes, poderão continuar com o direito à assistência referida no caput deste artigo, mediante opção formal, desde que já tenha ocorrido o pagamento da contribuição relativa à alíquota de 2,8% (dois vírgula oito por cento), observado o limite mínimo de contribuição de R$78,00 (setenta e oito reais) por beneficiário, que serão reajustados nos mesmos índices do aumento geral concedido ao servidor público estadual. (Artigo com redação dada pelo art. 1º da Lei Complementar nº 70, de 30/7/2003.) (Grifo nosso).

O Relator ressalta que o § 5° do referido artigo prevê que a contribuição para o custeio dos serviços de saúde a serem prestados pela IPSEMG, independente da utilização ou não desse serviço, e que esta era descontada da remuneração de todos os servidores públicos de maneira compulsória, o que configuraria a natureza tributária desta cobrança.

Sustenta em seu voto o Relator, citando os dizeres do doutrinador Humberto Ávila[2], que o sistema tributário da CF/88 caracteriza-se pela rigidez e exaustividade, ou seja, todos os impostos, e seus requisitos normativos para a instituição, são definidos pela própria CF com hierarquia constitucional, não podendo, portanto, ser modificados por lei ordinária, e que, por esse motivo, dever-se-ia buscar no texto constitucional, dispositivo expresso que atribuísse ao Estado-membro a competência para instituir contribuição social destinada ao custeio de serviços de assistência à saúde prestados, com exclusividade aos seus servidores.

Discorre em seu voto, que não é apenas a competência para a instituição de impostos que é disciplinada de forma exaustiva pela CF, mas no que se refere a contribuições, classificada como, tributos que se caracterizam pela afetação de sua receita para atender a determinada finalidade pública, necessita-se também de regra constitucional que, expressamente ou por intermédio de cláusula de remissão, em competência residual, atribua ao ente federativo a imposição da competência.

Complementa o voto, afirmando que o art. 149, caput da CF atribui à União a competência exclusiva para a instituição de contribuições sociais, de intervenção no domínio econômico e de interesse de categorias profissionais ou econômicas, sendo esta uma regra geral de competência para a instituição dessa espécie de tributo, que prevê apenas duas exceções: 1) a do § 1º do próprio artigo que autoriza os Estados, o Distrito Federal e os Municípios a instituir contribuição, cobrada de seus servidores, para o custeio em benefício destes do regime previdenciário tratado no art. 40; e 2) a prevista no art. 149-A da CF, que atribui ao Dis-

[2] Ávila, Humberto. **Sistema Constitucional Tributário.** 3. ed. São Paulo: Saraiva, 2008. p. 109-110.

trito Federal e aos Municípios a competência para a instituição de contribuição para o custeio do serviço de iluminação pública.

Assim, somente no caso destas duas exceções é que os Estados e Municípios teriam competência para a instituição de contribuição, independente da finalidade. E que por isso, o art. 195, § 4º da CF[3], além das previsões expressas do caput e incisos do próprio artigo, deve ser interpretado como previsão constitucional de competência residual para a instituição de contribuições destinadas ao custeio da previdência social, em consonância com a previsão do artigo 149, caput, da Constituição, uma vez que este define a regra geral de competência para a instituição de contribuições, tanto sociais, interventivas ou corporativas.

Nesse contexto, tem-se que somente a União poderá exercer a competência residual, vedando-se a instituição de contribuições sociais aos demais entes federativos.

Em seu voto, o Relator rebate a alegação de que a atribuição prevista no art. 24, XII da CF, que prevê a competência concorrente à União e aos Estados para legislar sobre proteção e defesa da saúde seria suficiente para o Estado de Minas Gerais instituir contribuição voltada ao custeio de sistema de saúde criado em favor de seus servidores, pois a competência, privativa ou concorrente, para legislar sobre determinada matéria não implica automaticamente a competência para instituir tributos, devido ao sistema rígido e exaustivo de distribuição de competência tributária adotado pela CF/88, ou seja, como dito alhures, os entes federativos somente podem instituir exações que lhes foram outorgadas expressamente pela Constituição, ressalvadas, claro, a competência residual da União dos arts. 154, I e 195, § 4º da CF.

O Relator, com base ainda nas lições de Humberto Ávila[4], rebate os argumentos apresentados no recurso, asseverando que, não se revela a possibilidade da instituição de tributo com base em mera invocação de princípios, como o da solidariedade, porque os princípios constitucionais, tanto os gerais, como os fundamentais ou de garantias individuais, como os princípios específicos, como o da solidariedade ou do sistema tributário, não podem justificar a ampliação de regras de competência.

[3] Art. 195 da CF: § 4º A lei poderá instituir outras fontes destinadas a garantir a manutenção ou expansão da seguridade social, obedecido o disposto no art. 154, I.

[4] Ávila, Humberto. **Sistema Constitucional Tributário**. 3. ed. São Paulo: Saraiva, 2008. p. 211.

Ademais, frisa o Relator, que os Estados-membros somente poderão instituir contribuição que tenha por finalidade o custeio do regime de previdência de seus servidores.

Em consonância a esse entendimento está o art. 193 da CF[5] que prevê que a saúde, a previdência e a assistência social são os pilares estruturais da seguridade social do país.

Segundo o Relator, estes pilares podem ser definidos como: a) previdência, previsto nos arts. 201, 202, e 40 da CF, sendo o conjunto de ações destinadas a assegurar os meios indispensáveis de manutenção e subsistência ante a ocorrência de determinados eventos sociais, como os riscos de incapacidade, desemprego involuntário, óbito de quem se dependia economicamente, etc. b) saúde, art. 196 e 198 da CF, definida como direito de todos e dever do estado, garantido mediante políticas sociais e econômicas que visem a redução do risco de doença e ao acesso universal e igualitário para sua promoção, devendo estes serviços públicos integrar uma rede de sistema único.

Nesse sentido, afirma que, como a saúde e a previdência são realidades distintas, portanto, seria infundada a tese de que a expressão "regime previdenciário" também englobaria os serviços médicos, hospitalares, odontológicos e farmacêuticos prestados pela IPSEMG, uma vez que, as regras de competência tributária não podem ter uma interpretação extensiva ou analógica, mas pelo contrário, necessitam de interpretação estrita para terem melhor resultado na defesa dos direitos e garantias dos contribuintes, protegendo-os do arbítrio e do abuso do poder fazendário[6].

Ainda rebatendo os argumentos apresentados nas razões do recurso, assevera que não é adequada constitucionalmente à interpretação segundo o qual o art. 149, § 1º da CF autorizaria a instituição de contribuição para o custeio de assistência à saúde de servidores públicos, pois já houve entendimento do Supremo Tribunal Federal neste mesmo sentido na Ação Direta de Inconstitucionalidade nº 1.920 de relatoria de Nelson Jobim, publicada em 20/9/2002, que previu com base no art. 149, PU da CF, segundo o qual prevê que, em regra de exceção se inter-

[5] Art. 193 da CF: A ordem social tem como base o primado do trabalho, e como objetivo o bem-estar e a justiça sociais.

[6] Carrazza, Roque Antônio. **Curso de Direito Constitucional Tributário**. 19. ed. São Paulo: Malheiros, 2002. p. 449.

preta restritivamente, a impossibilidade de instituir contribuição compulsória para a saúde dos servidores do Estado da Bahia.

Finaliza o Ministro destacando ainda, que a assistência a saúde prestada pela IPSEMG não se integra e nem se confunde com as ações realizadas pelo SUS, porque enquanto o sistema estadual da IPSEMG atende apenas aos servidores daquele Estado, o SUS, por sua vez, se caracteriza pela universalidade de acesso aos serviços de saúde.

Que assim sendo, o sistema estadual é na verdade um plano de saúde de adesão e contribuição compulsória, que ao ser criado e gerido pelo Estado exerce atividades que também poderia ser executada por agentes privados, independentemente de concessão, permissão ou autorização do Poder Público, o que configura uma lesão ao princípio da livre concorrência, atribuindo a referida autarquia previdenciária uma verdadeira vantagem, configurando a concorrência desleal do setor econômico aberto do livre mercado.

Salienta, porém, o Ministro que, em tese, a criação de planos de saúde pelos entes federativos não se configuraria inconstitucional, referindo-se ao fundamento do voto do Ministro Eros Grau na ADI nº 3.106, pois a inconstitucionalidade residiria apenas na compulsoriedade da contribuição instituída para financiar os planos de saúde, prevista no § 5º do art. 85 da Lei Complementar nº 64/2002.

Além dos fundamentos já delineados, o Relator afirma que a CF não autoriza os Estados-membros a instituir exação que possua natureza tributária, que exija pagamento à todos os servidores, independentemente de adesão voluntária ao plano, para custear os serviços de saúde, ou seja, não há óbice constitucional ao se oferecer, pelo Estado, estes serviços, aos seus servidores, desde que a adesão e a contribuição não sejam compulsórias. Porém, nestes casos inexiste direito subjetivo à fruição independente do pagamento da contribuição, pois os serviços somente serão prestados àqueles que aderirem ao plano voluntariamente.

Diante do exposto, após a apresentação de todos argumentos e fundamentos, o Relator negou provimento ao Recurso Extraordinário, concluindo que os Estados-membros possuem competência apenas para a instituição de contribuição voltada ao custeio de regime próprio de previdência de seus servidores, não tendo, portanto, competência para a criação de contribuição ou de qualquer outra espécie de tributo destinada ao custeio de serviços médicos, hospitalares, farmacêuticos e odontológicos prestados aos seus servidores, principalmente porque não há aos Estados qualquer óbice constitucional para que prestem serviços de saúde a seus servidores, desde que a adesão seja facultativa.

1.2.2 Debate

Após o voto do Relator, o Ministro Marco Aurélio solicitou ao presidente alguns esclarecimentos, questionando se a abrangência também seria para ocupantes de cargo de confiança, pois no caso do julgamento da ADI nº 3.106, no seu voto, a norma em debate acerca da contribuição para custeio da assistência médica, envolvia detentores de cargo de confiança, e essa foi a base de seu voto na ocasião. E que no caso em julgamento do Estado de Minas Gerais o recurso estava sendo desprovido devido à obrigatoriedade.

Em resposta, o presidente e Relator Gilmar Mendes, explicou que neste caso em julgamento eram servidores efetivos, e que a contribuição instituída tinha a finalidade custear o serviço de assistência médica, que a referida contribuição havia sido instituída pelo Estado de Minas Gerais sob a alegação deste estar no exercício da competência que lhe fora atribuída pelo art. 195, § 4º da CF.

Argumentado também pelo Ministro Dias Toffoli acerca da compulsoriedade, o Relator respondeu que o desprovimento do recurso era por se tratar de um modelo compulsório de participação do servidor nesse plano de saúde, mas que o Estado poderia sim instituir plano de saúde, mas desde que fosse livre a adesão do servidor.

Ao final do debate, o Ministro Marco Aurélio, acompanhado dos ministros Dias Toffoli, Carmem Lúcia, Ayres Britto e Eros Grau, também concordaram com os argumentos do Relator Gilmar Mendes em relação aos cargos efetivos, discorrendo ainda, que o Estado não pode instituir essa contribuição à margem do que prevê a CF quanto aos detentores de cargo de confiança, uma vez que aqui são detentores de cargos efetivos, e que o problema neste julgamento também era a compulsoriedade da cobrança.

1.2.3 Votos vencidos

Não houve votos vencidos, uma vez que a decisão de negar provimento ao Recurso Extraordinário, nos termos do voto do Relator, foi unânime.

1.3 Análise Crítica

Conforme se extrai do Recurso Extraordinário 573540, o Tribunal, por unanimidade e nos termos do voto do Relator, Ministro Gilmar Mendes (Presidente), negou provimento ao recurso extraordinário no qual se discute a constitucionalidade da contribuição instituída no estado de Minas Gerais através da Lei Complementar nº 64/2002, em seu artigo 85, que tinha a finalidade de custeio dos serviços de assistência médica, hospitalar, odontológica e farmacêutica prestados pelo Instituto de Previdência dos Servidores Públicos do Estado de Minas Gerais (IPSEMG).

A contribuição para o custeio dos serviços de saúde era cobrada de maneira compulsória através de desconto na remuneração de todos os servidores públicos, mesmo que estes não utilizassem os serviços, o que caracteriza a natureza tributária da cobrança, fato que não é autorizado pelo texto constitucional, uma vez que, não há dispositivo que atribua ao Estado a competência para instituir contribuição social para o custeio de serviços de assistência a saúde, ferindo a rigidez e exaustividade do sistema tributário brasileiro adotado pela CF/88, que prevê no Caput do artigo 149 da CF que a União possui competência exclusiva para a instituição de contribuições sociais, de intervenção no domínio econômico e de interesse de categorias profissionais ou econômicas.

Ademais, tal exação não se coaduna nem mesmo com as exceções à regra geral acerca da competência para a instituição deste tributo, quais sejam, a contribuição para o custeio do regime previdenciário prevista no artigo 140, §1º da CF, e a instituição de contribuição para o custeio do serviço de iluminação pública, prevista no artigo 149-A da CF.

Assim, o Estado de Minas Gerais, em que pese sua invocação do princípio constitucional da solidariedade, não possui competência para a instituição compulsória desta contribuição voltada ao custeio de sistema de saúde, seja qual for sua finalidade, pois estaria usurpando a competência exclusiva da União, não podendo ampliar as regras de competência.

Nesse diapasão, tem-se como acertada a decisão unânime do Recurso Extraordinário analisado, pois as regras de competência possuem interpretação estrita, principalmente no caso em comento onde a cobrança da adesão e a contribuição eram feitas de maneira compulsória, não podendo ser alargadas através de meras interpretações de princípios, sendo a cobrança de natureza tributária, e, portanto, inconstitucional.

Capítulo VII
Recurso Extraordinário nº 564.413

DANIEL VICENTE EVALDT DA SILVA

1. Recurso Extraordinário nº 564.413– Santa Catarina[1]

Relator: Ministro Marco Aurélio
Recorrente: INCASA S/A
Recorrido: UNIÃO – Procuradoria-Geral dDa Fazenda Nacional
Data de julgamento: 12/08/2010

1.1 Ementa

MUNIDADE – CAPACIDADE ATIVA TRIBUTARIA. A IMUNIDADE ENCERRA EXCEÇÃO CONSTITUCIONAL À CAPACIDADE ATIVA TRIBUTÁRIA, CABENDO INTERPRETAR OS PRECEITOS REGEDORES DE FORMA ESTRITA. IMUNIDADE – EXPORTAÇÃO – RECEITA – LUCRO. A IMUNIDADE PREVISTA NO INCISO I DO § 2º DO ARTIGO 149 DA CARTA FEDERAL NÃO ALCANÇA O LUCRO DAS EMPRESAS EXPORTADORAS. LUCRO – CONTRIBUIÇÃO SOCIAL SOBRE O LUCRO LÍQUIDO – EMPRESAS EXPORTADORAS. INCIDE

[1] BRASIL. Supremo Tribunal Federal. **Recurso Extraordinário nº 564.413 – Santa Catarina.** Relator(a): Min. MARCO AURÉLIO, Tribunal Pleno, julgado em 12/08/2010. Disponível em: http://portal.stf.jus.br/processos/detalhe.asp?incidente=2560232. Acesso em 09 de jun de 2019.

NO LUCRO DAS EMPRESAS EXPORTADORAS A CONTRIBUIÇÃO SOCIAL SOBRE O LUCRO LÍQUIDO.

1.1.1 Relatório

A lide diz respeito à interpretação da extensão que deveria dar-se às imunidades tributárias de receitas de exportação para averiguar se é cabível a exação do tributo da Contribuição Social sobre o Lucro Líquido

Conforme exposto no Acórdão de julgamento, o Tribunal Regional Federal da 4ª Região, por unanimidade, negou provimento a recurso de apelação, mantendo a decisão do julgamento *a quo*, pela negativa em estender a imunidade à CSLL, nos termos assim ementados.

> TRIBUTÁRIA – CONTRIBUIÇÃO SOCIAL SOBRE O LUCRO – RECEITAS ORIUNDAS DAS OPERAÇÕES DE EXPORTAÇÕES – EMENDA CONSTITUCIONAL Nº 33/2001. O contribuinte não tem direito de excluir da base de cálculo da CSSL as receitas oriundas das operações de exportação efetuadas a partir da Emenda Constitucional nº 33/2001, pois sua base de cálculo é o lucro líquido, que não se confunde com a receita.

Da referida decisão do TRF4, foi interposto Recurso Extraordinário alegando-se que o julgado *a quo* transgredira o inciso I do § 2º do artigo 149[2] da Lei Fundamental, com a redação dada pela Emenda Constitucional nº 33/ 2001. No entendimento dos recorrentes, a expressão 'receitas' do dispositivo deveria abarcar também o lucro e assim afastar a tributação da Contribuição Social sobre o Lucro Líquido.

Os recorrentes trouxeram os seguintes argumentos ao Extraordinário:

a. Não seria cabível a distinção entre receitas de exportação e lucro. O lucro seria espécie de receita qualificada, apresentada de forma

[2] Art. 149. Compete exclusivamente à União instituir contribuições sociais, de intervenção no domínio econômico e de interesse das categorias profissionais ou econômicas, como instrumento de sua atuação nas respectivas áreas, observado o disposto nos arts. 146, III, e 150, I e III, e sem prejuízo do previsto no art. 195, § 6º, relativamente às contribuições a que alude o dispositivo.

[...]

§ 2º As contribuições sociais e de intervenção no domínio econômico de que trata o *caput* deste artigo: (Incluído pela Emenda Constitucional nº 33, de 2001).

I – não incidirão sobre as receitas decorrentes de exportação; (Incluído pela Emenda Constitucional nº 33, de 2001).

depurada, com as inclusões e exclusões previstas na legislação tributária. Diz, em última análise, estar-se tributando as receitas em extensão maior ou menor, quando se tributa o lucro;

b. Não seria pertinente a imposição de restrição, pelo legislador infraconstitucional, de aplicação de regras de imunidade.
c. Teria o poder constituinte derivado, mediante reforma no texto constitucional, implementando regra geral de incentivo às exportações, de maneira a viabilizar a concorrência entre produtos nacionais e estrangeiros. Assevera ter a Emenda visado a alcançar as contribuições de forma genérica e não somente o PIS e CONFINS, já excluídas de tributação por regra de isenção.
d. Afirma existir, na legislação do imposto de renda, procedimentos que operacionalizem a forma de exclusão das receitas de exportação da base de cálculo.
e. Por sua vez, alega a União:
f. Não estar a CSLL abrangida pela imunidade preceituada no § 2º do artigo 149, ante a circunstância de alcançar apenas as contribuições enunciadas no *caput* do dispositivo.
g. Encontrar-se a CSLL prevista no artigo 195 do Diploma Maior, não sendo abrangida pela imunidade.
h. Serem distintos os conceitos de lucro e receita;
i. Argumenta competir à lei a fixação da base de cálculo dos tributos.
j. Assevera ser o conceito de lucro real definido em norma legal, integrando-as somente às parcelas ali versadas.

A repercussão geral da questão constitucional foi reconhecida pelo plenário mediante votação eletrônica finalizada em 29 de novembro de 2007.

A Procuradoria Geral da República opinou pelo conhecimento e desprovimento do recurso, pois a CSLL e a CPMF são contribuições de natureza distinta daquela prevista pelo artigo 149 da CF – contribuição social geral –, não se entendendo a elas a imunidade prevista no § 2º do aludido dispositivo.

O Tribunal, em 12/08/2010, por seis votos a cinco (6 x 5), negou provimento ao Recurso.

O julgamento foi concluído em 13/08/2014, com o julgamento dos Embargos de Declaração, que foram conhecidos e não providos.

1.2 Do Mérito da Decisão

O Recurso Extraordinário teve seu julgamento iniciado em 03/12/2008, em sessão plenária presidida pelo Ministro Gilmar Mendes. O Relator, Ministro Marco Aurélio, negou provimento ao Recurso, no que foi acompanhado pelos senhores ministros Menezes Direito, Ricardo Lewandowski e Carlos Britto. O senhor Ministro Gilmar Mendes abriu divergência, no que foi acompanhando pela Ministra Carmem Lúcia e pelos Ministros Eros Grau e César Peluso.

Pediu, então, vistas a senhora Ministra Ellen Gracie.

Em 4/08/2010, a ministra Ellen Gracie juntou seu voto-vista ao do Ministro Relator, deixando a votação em 5x5.

Em 12/08/2010, o Ministro Joaquim Barbosa se juntou à corrente do Ministro Relator, encerrando o julgamento pelo não provimento do Recurso.

1.2.1 Do Voto Condutor – Ministro Marco Aurélio

O voto condutor foi exarado pelo Ministro Marco Aurélio. Em seu voto, destacou o princípio básico da seguridade social em nosso ordenamento, na medida em que o texto magno assevera que a financiam toda a sociedade, de forma direta e indireta.

Com a Emenda Constitucional nº 33/2001, diz o voto, houve notória política de incentivo às exportações, por meio de imunidade quanto as contribuições – gênero –, incluídas as contribuições de intervenção no domínio econômico.

Ressaltou ele a distinção havida no artigo 195 da CF quanto à folha de salários e aos demais rendimentos do trabalho, à receita ou faturamento e ao lucro, que seriam institutos com significados próprios ante à organicidade do Direito.

Para o relator, a par de não se poder, diante do tratamento referido pelo Diploma Maior, confundir-se receita ou faturamento com lucro, seria de se notar que a limitação da imunidade apresenta motivação plausível. Para ele, uma coisa seria haver a incidência de tributos independente do êxito alcançado em termos de enriquecimento. Outra diferente seria caminhar-se para, verificado resultado positivo (lucro), afastar-se a incidência da contribuição.

Evidentemente, o objeto de imunidade se faz todo peculiar, diz o voto condutor, mediante exclusão explícita de certa base da contribuição social. Inconfundível seria essa etapa com a revelada em passo subsequente (a subtração das despesas), ou seja, a fase do êxito, do lucro.

Se ficasse entendido que o vocábulo "receita", tal como previsto no inciso I do § 2º do artigo 149, englobasse algo totalmente diverso, ou seja, o lucro, acabar-se-ia aditando norma e, consequentemente, deixando capenga o sistema constitucional e, de forma incongruente, a alusão explícita a receita alcaçaria o lucro quanto a certo segmento de contribuintes e somente a eles: os exportadores.

Ressaltou que não se pode, em interpretação ampliativa, conferir alcance à EC que com a CF se mostrara em conflito.

Registrou precedentes no qual o STF fez interpretação ampliativa de direitos dos contribuintes, e. g., o Recurso Extraordinário nº 166.772-9/ /RS, no qual o Pretório Excelso assentou não estarem abrangidos pela expressão "folha de salários" os pagamentos efetuados a autônomos e administradores; no Recurso Extraordinário nº 116.121-3/SP, proclamou não se poder considerar serviço a locação de bens, não sendo passível de tributação pelo ISS; no Recurso Extraordinário nº 170.058-1/SC, conclui não caber falar em imposto de renda sem que haja acréscimo patrimonial representada pela aquisição ou disponibilidade sobre a renda; no Recurso Extraordinário nº 357.950-9/RS, declarou a inconstitucionalidade de dispositivo legal mediante o qual se fez incluir, no conceito de faturamento, todo e qualquer aporte contabilizado pela empresa.

Concluiu Sua Excelência que:

> o sistema constitucional até aqui proclamado pelo tribunal afasta a visão simplória de assentar-se que, estando o principal – a receita imune à incidência da contribuição, também o estará o acessório – o lucro. A regra civilista segundo a qual o acessório segue a sorte do principal não é adequada à solução do conflito. O legislador poderia muito bem ter estendido ainda mais a imunidade, mas mediante opção político – legislativa constitucional não o fez, não judiciário esta tarefa. Jungiu-a, repito, a receitas decorrentes de exportação, inconfundíveis com algo passível de não ocorrer, ou seja, o lucro. Desprovejo o extraordinário.

1.2.2 Divergência – Ministro Gilmar Mendes

O Ministro Gilmar Mendes, por sua vez, inaugurou a divergência alegando que em alguns julgados, o Supremo Tribunal Federal adotou uma interpretação ampliativa das imunidades, de modo a abarcar fatos, situações ou objetos *a priori* não abrangidos pela expressão literal do enunciado normativo, e, em outras, excluiu da regra desonerativa algumas hipótese fáticas, por intermédio de uma interpretação que se poderia denominar de restritiva.

Ressaltou, contudo, que o STF sempre se atreve às finalidades constitucionais às quais estão veiculadas as mencionadas regras de imunidade tributária. Em outras palavras, tanto para ampliar o alcance da norma quanto para restringi-lo, buscou adotar uma interpretação teleológica do enunciado normativo.

De acordo com Sua Excelência, isso porque as regras de imunidade tributárias – embora imediatamente prescritivas, impondo aos entes federativos um dever de abstenção legislativa – têm por escopo a consecução de determinadas finalidade ou a preservação de certos valores consagrados no texto constitucional. E somente à luz dessas finalidades e valores, elas devem ser interpretadas.

Fixadas tais premissas, seria, então, possível vislumbrar, no caso, uma aparente tensão entre dois valores, ambos de extração constitucional: a garantia do desenvolvimento nacional mediante o estímulo às exportações que conduziria à interpretação ampliativa da imunidade e a universalidade do financiamento à seguridade social, que militaria favoravelmente à interpretação literal do normativo.

A imunidade em questão seria, de acordo com o voto divergente, de índole objetiva, vinculada a determinado fato/objeto. Já a imunidade subjetiva não possui em seu suporte fático qualquer característica pessoal do contribuinte. Logo, não se afastou então determinado segmento de arcar com a seguridade social. Antes, o que se fez foi excluir determinado fato de incidência tributária, em virtude de outros princípios constitucionais (desenvolvimento nacional). Não se trataria de violar o princípio da igualdade, mas exatamente de cumpri-lo.

O conceito de lucro guardaria, assim, forte relação com a receita e as diferenças entre esses institutos não seriam suficientes para excluí-lo do âmbito de incidência da norma desonerativa.

Ressaltou que seria forçoso concluir que o artigo 149 ao utilizar o termo 'receitas'(no plural) abrangeria tanto a receita propriamente dita quanto a receita bruta e o faturamento e a receita líquida.

Assim, os lucros de exportação pressuporiam as receitas auferidas na mesma relação e, se essas seriam contempladas pela imunidade também estas deveriam ser. Esta imunidade ampla visaria a garantir maior competitividade aos produtos nacionais no exterior. Logo, não incidira CSLL nos lucros de receitas advindas de exportação.

1.2.3 Seguimento do Julgamento

Os votos se seguiram da seguinte maneira, no julgamento:

- Ministro Menezes Direito: votou com o relator: Para ele, os conceitos de lucro e de receita seriam absolutamente distintos.
- Ministra Cármen Lúcia: utilizando interpretação teleológica, acompanhou o voto de divergência, pois, em seu entender, seria o que que mais se coadunaria em virtude da EC nº 33.
- Ministro Ricardo Lewandowski: Para ele, o dispositivo seria expresso, e se referiria somente às receitas. Em atenção ao princípio da solidariedade, votou com o relator.
- Ministro Eros Grau: acompanhou a divergência, *per relationem*.
- Ministro Carlos Britto: acompanhou o relator, *per relationem*.
- Ministro Cesar Peluso: votou com a divergência, pois o objeto de exclusão da incidência deveria ser garantido em qualquer momento da circulação econômica.

1.2.4 Voto-Vista – Ministra Ellen Gracie

Com o pedido de vista da Ministra Ellen Grace, a sessão foi interrompida e retomada apenas em 04/08/2010. Em seu voto, a ministra apresentou que sua compreensão da amplitude da regra de imunidade estaria nos limites semânticos dos termos utilizados para estabelecê-la e da sua percepção harmônica com o sistema constitucional, sem alargamento ou restrições.

Não haveria, segundo ela, que se dizer que as imunidades como a do artigo 149 merecem interpretação ampliativa ou restritiva. Ao intérprete caberia ser fiel ao sentido e à extensão da norma tal qual ela se apresenta.

Seguindo em seu voto, aduziu que a falta de comprometimento com o sentido técnico-tributário dos termos renda, lucro e folha de salários (entre outros) que fora construído ao longo do tempo pelo STF e operados pelo fisco e pelos contribuintes, faria com que se perdesse os instrumentos jurídicos necessários à ampliação do Direito Tributário. O resultado disso seria uma descabida simplificação econômica dos fatos, de nenhuma validade jurídica.

Por fim, destacou que a extensão da imunidade à CSLL desbordaria da simples desoneração das exportações em si para implicar a imunização do lucro da empresa exportadora, o que poderia acarretar violação ao Acordo sobre Subsídios e Medidas Compensatórias que compõe o anexo I do Acordo Constitutivo da OMC e implementa o Acordo Geral sobre Tarifas Aduaneiras e Comércio de 1994 (GATT)[3].

Assim, também negou provimento ao recurso, adicionando novos argumentos ao voto do ministro relator.

1.2.5 Voto do Ministro Celso de Melo

O Ministro Celso de Melo votou junto com a divergência, mas seu voto foi cancelado pelo próprio ministro, o que causou a oposição de Embargos de Declaração, conhecidos e não providos, por ser permitido o cancelamento de votos pelo Regimento Interno do STF.

1.2.6 Voto de Desempate – Ministro Joaquim Barbosa

O Ministro Joaquim Barbosa desempatou a votação, acompanhando o Ministro Relator. Destacou ele que a imunidade aplicável à contribuição calculada com base no lucro é resultado exclusivo de opção legislativa. Apenas o Legislativo teria legitimidade para definir a interpretação a ser dada ao termo 'receita de exportação' para precisar se ele abrangeria ou não o lucro.

Ressaltou não ser possível "presumir que a imunidade pertinente ao lucro decorre ontologicamente da imunidade conferida à receita, em sua acepção técnica" e ainda a importância da Seguridade Social e sua característica de universalidade.

[3] [...] Article 3 – Prohibition.

3.1 – Except as provided in the Agreement on agriculture, the following subsidies within the meaning of article 1 above, shall be prohibited:

a) Subsidies contingent, in law or in fact, whether solely or as one of several other conditions, upon export performance, including those illustrated in Annex I;

Annex I – Illustrative list of export.

e) The full or partial exemption, remission, or deferral specifically related to exports, of direct taxes (56) or social welfare charges paid or payable by industrial or commercial enterprises (57).

56 – For the purpose of this Agreement: the term 'direct taxes' shall mean taxes on wages, profits, interests, rents, royalties, and all other forms of income, and taxes on the ownership of real property.

Fechando o voto, aduziu que a questão posta pela Ministra Ellen Gracie sobre o GATT fora fundamental para sua decisão, no sentido do voto relator: como poderia haver dúvida sobre ser o referido benefício fiscal um subsídio proibido, a decisão final deveria caber ao Legislativo.

1.3 Análise Crítica

O Supremo Tribunal Federal há muito tem sido fonte de desestabilidade institucional e insegurança jurídica. Os ministros da corte têm mostrado, principalmente, no período posterior à Constituição de 1988, despreocupação com as finanças públicas e falta de deferência às competências de outros poderes.

Aliás, parecem estar, constantemente em guerra, ora com o Poder Executivo, ora com o Poder Legislativo. Independentemente de qualquer opinião política ou técnica que qualquer jurista ou cidadão tenha sobre as decisões do STF, podemos destacar duas bastante recentes sobre temas de grande impacto na vida cotidiana e política brasileira.

Recentemente, o país acompanhou a celeuma que o Supremo Tribunal Federal tratou, e vem tratando, a questão da execução provisória de pena de prisão. Não é o objetivo tomar posição sobre o abrasivo tema. Apenas lembrar que atualmente ninguém pode afirmar qual o momento em que um cidadão deve iniciar o cumprimento de sua pena, questão supostamente simples e elementar da vida cotidiana de uma nação[4].

[4] Durante 21 anos da vigência da Constituição atual, o STF admitiu a execução provisória de pena, recepcionando o artigo 393 (e outros dispositivos) do Código de Processo Penal (CPP), entendimento seguido pelos tribunais, incluindo pelo STJ (vide súmula 267, do STJ, Terceira Seção, em 22.05.2002 DJ 29.05.2002, p. 135). Em 2009, porém, no julgamento do HC 84.078/MG, realizado em 5/2/2009, o STF decidiu que o princípio da presunção de inocência, incrustado no inciso LVII do artigo 5º da CF/88, mostrava-se incompatível com a execução da sentença antes do trânsito em julgado da condenação. Diante da decisão, o Congresso Nacional editou a Lei nº 12.403/2011, alterando o CPP para eliminar do mundo jurídico a execução provisória de pena de prisão. Mas em 2016, no julgamento do HC 126292, o STF afirmou que é, sim, possível a execução da pena depois de decisão condenatória confirmada em segunda instância. Em 2018, no julgamento do HC 152752, o Supremo, manteve, por 6 x 5, o entendimento de que se admite execução provisória de pena, mas como o voto da ministra Rosa Weber foi no sentido de prestigiar o princípio da colegialidade, e não sua posição sobre o tema, o debate deverá voltar ao STF nos próximos meses, pois na mesa da presidente do STF estão duas ADCs (43 e 44) que questionam o instituo. Está agora aberta até mesmo a possibilidade de a execução de pena no Brasil iniciar-se após o julgamento de Recursos Especiais (posição de Gilmar Mendes e Dias Toffoli no julga-

Outro caso também de 2018 diz respeito à uma questão de ordem na Ação Penal 937, que diz respeito ao famigerado foro por prerrogativa de função. Na ação, o STF decidiu que[5] o parágrafo primeiro do artigo 53 da Constituição Federal, que afirma de modo categórico que "os Deputados e Senadores, desde a expedição do diploma, serão submetidos a julgamento perante o Supremo Tribunal Federal" aplica-se apenas aos crimes cometidos durante o exercício do cargo e relacionados às funções desempenhadas do parlamentar. Com a decisão, o STF inicia um processo de desmonte do instituto tão criticado, mas tão claro e tecnicamente bem delimitado em toda a Constituição Federal para diversas autoridades e por meio de uma questão de ordem!

Ora, o papel do Supremo é garantir o exercício constitucional de outros Poderes e de fazer cumprir a Constituição. No caso do RE 564413, a votação apertadíssima não revelou pluralidade ou riqueza de posicionamentos jurídicos divergentes. Antes mostrou desapego com o texto magno, exótica interpretação de conceitos sedimentados na vida cotidiana das empresas e das pessoas, e claro, despreocupação com a precária situação fiscal do país. As finanças públicas são um marco central de um Estado Democrático, pois tributos são garantidores de direitos e não se pode mais debater direitos dos contribuintes ou alcance de normas tributárias e financeiras sem levar em conta a importância de garantir aos gestores públicos condições de cumprir o elevado desiderato da CF/88.

Ademais, ao confundir receitas com lucros, o Supremo mostrou pouco apreço pelo texto da Constituição e por institutos consagrados pelo Direito Empresarial, pela contabilidade e pelas ciências econômicas. A tentativa de ampliar a imunidade a partir do plural da expressão 'receita' beira a esquizofrenia. As grandezas são completamente distintas. Receita é da atividade, do produto, da mercadoria. Lucro não é acessório. Lucro é o resultado da gestão. Ademais, o artigo 195 deixa muito

mento do referido HC). Em maio de 2018, o ministro Marco Aurélio, no julgamento do HC 151.819, decidiu suspender a execução de pena de condenado em segunda instância por homicídio, alegando que o entendimento do STF que permite a prisão depois da condenação em 2º grau é precário.

[5] Questão de Ordem na Ação Penal 937 – Pleno – STF: **Decisão:** O Tribunal, por maioria e nos termos do voto do Relator, resolveu questão de ordem no sentido de fixar as seguintes teses: "(i) O foro por prerrogativa de função aplica-se apenas aos crimes cometidos durante o exercício do cargo e relacionados às funções desempenhadas.

claro todas as categorias de rubricas contábeis ou grandezas de riquezas a que quer fazer referência o Legislativo quando pretende criar exação. Principalmente, quando se trata de tema ligado à seguridade social, instrumento garantidor do Princípio da Solidariedade, marco fundador de nossa Carta Constitucional e tão caro às sociedades contemporâneas.

Perder-se do sentido do texto dado pelo Congresso é agir como odioso legislador positivo, inimigo das finanças públicas, ainda mais quando se trata de um tema tão caro (ou menos que deveria ser) aos brasileiros: o financiamento de sua pesada seguridade social.

Ressalta-se que o aspecto levantado em alguns votos sobre a complicação administrativa de separar do componente do lucro que seria advindo de receitas de exportação não parece um elemento relevante para uma discussão jurídica.

Primeiramente, porque há métodos contábeis simples de expressar o lucro a partir das diversas fontes de receitas e dos respectivos custos e despesas ligadas a cada fonte de receitas. Em segundo lugar, complicadores técnico-operacionais não podem, a *priori*, resultar em violação a direitos, ainda mais direitos constitucionais. Mas não era esse o caso.

Hodiernamente, a sociedade brasileira tem questionado o mérito de diversas desonerações fiscais no Brasil, dadas pelos legislativos em todos os planos de nossa federação para alguns setores em detrimento de outros. Mas há um fato. Todos foram dados democraticamente pelos Poderes legítimos para tal: o Poder Executivo e o Poder Legislativo. Inaceitável imaginar deslocar tal competência para o Poder Judiciário, que além de não ter responsabilidade sobre o orçamento público, não lhe compete definir políticas públicas ou planos de estratégia comercial, industrial ou de desenvolvimento econômico.

É importante ressaltar que o voto da Ministra Ellen Gracie, ao trazer ao julgamento, já no final dele, o aspecto da imunização do lucro da empresa exportadora, que poderia acarretar violação ao acordo sobre Subsídios e Medidas Compensatórias que compõe o anexo I do Acordo Constitutivo da OMC e implementa o acordo geral sobre Tarifas Aduaneiras e Comércio de 1994 (GATT), foi determinante para o voto do Ministro Joaquim Barbosa, e, portanto, decisivo para o julgamento, pelo não provimento do Recurso, assegurando que empresas exportadoras devem pagar CSLL sobre o lucro de suas atividades. Tal posição é correta em nossa visão, pois o GATT consagra o Princípio do Tratamento Nacional.

Capítulo VIII
Recurso Extraordinário nº 580.871

Maria das Graças Patrocínio Oliveira

1. Recurso Extraordinário nº 580.871[1]

Recorrente: Instituto de Previdência Municipal de São Paulo – IPREM
Recorrido: Amélia Tye Fujita de Araújo e Outro (a/s)
Relator: Ministro Gilmar Mendes
Votação: Unanimidade
Data de julgamento: 17 de novembro de 2010

1.1 Ementa

QUESTÃO DE ORDEM. 2. É DEVIDA A DEVOLUÇÃO AOS PENSIONISTAS E INATIVOS DE CONTRIBUIÇÃO PREVIDENCIÁRIA INDEVIDAMENTE RECOLHIDA NO PERÍODO ENTRE A EC 20/98 E A EC 41/03, SOB PENA DE ENRIQUECIMENTO ILÍCITO DO ENTE ESTATAL. PRECEDENTES. 3. JURISPRUDÊNCIA PACIFICADA NA CORTE. REPERCUSSÃO GERAL. APLICABILIDADE. 4. QUESTÃO DE ORDEM ACOLHIDA PARA RECONHECER A REPERCUSSÃO

[1] BRASIL. **Supremo Tribunal Federal. Recurso Extraordinário nº 580.871**. Relator: Min. Gilmar Mendes, Tribunal Pleno, julgado em 17.11.2010. Disponível em: http://portal.stf.jus.br/processos/detalhe.asp?incidente=2602493. Acesso em 09 de jun de 2019.

GERAL, REAFIRMAR A JURISPRUDÊNCIA DO TRIBUNAL, NEGAR PROVIMENTO AO RECURSO, AUTORIZAR A DEVOLUÇÃO AOS TRIBUNAIS DE ORIGEM DOS RECURSOS EXTRAORDINÁRIOS E AGRAVOS DE INSTRUMENTO QUE VERSEM SOBRE O MESMO TEMA, AUTORIZANDO AS INSTÂNCIAS DE ORIGEM A ADOTAR OS PROCEDIMENTOS DO ART 543-B, § 3º, DO CÓDIGO DE PROCESSO CIVIL.

1.1.1 Especificação do Caso e Razões da Submissão À Repercussão Geral

Trata-se de Recurso Extraordinário proposto pelo Instituto de Previdência Municipal de São Paulo – IPREM, que impugna acórdão assim ementado pela Segunda Câmara de Direito Público do Tribunal de Justiça do Estado e São Paulo:

> Servidores públicos municipais inativos – Desconto de contribuição de 5%, para a pensão mensal, nos termos da Lei nº 10.828/90 – Desconto indevido após a Emenda Constitucional nº 20/98 – Alteração pela EC nº 41/03, que estabeleceu contribuição previdenciária sobre os proventos que excederem os limites máximos do valor do benefício para o regime geral de previdência social – Apelo provido para julgar procedente a demanda, condenando-se o IPREM a devolver as quantias descontadas no período que vai da edição da EC 20/98 até a data de 12.08.2005 (90 dias após a publicação da Lei Municipal nº 13.973, de 12.05.05.

O Recurso Extraordinário teve o seguimento negado ao argumento de que, para a solução da controvérsia, seria necessário o exame da matéria infraconstitucional. O ministro Cézar Peluso deu provimento ao Agravo de Instrumento 696.035-1-São Paulo, para determinar sua conversão em Recurso Extraordinário.

1.1.2 Critério de Conhecimento da Repercussão Geral

O relator do RE em análise submeteu à consideração do plenário questão de ordem para exame da repercussão geral do tema e para eventual reafirmação da jurisprudência do STF, com vistas à incidência dos efeitos do art. 543-B, § 3º do Código de Processo Civil de 1973.

Ressalta o relator que já existe jurisprudência pacificada, tendo o Plenário dessa Corte, no julgamento do RE 580.108, Rel. Ministra Ellen Gracie, entendido que as matérias já sucessivamente enfrentadas por esse Tribunal podem ser trazidas em questão de ordem, a fim de que se afirme de forma objetiva, e para cada uma, a aplicabilidade do regime de repercussão geral, sempre que presente a relevância sob os aspectos legais. Dessa forma, o Tribunal definiu mecanismo próprio que permite aos Tribunais, Turmas Recursais e de Uniformização a adoção dos procedimentos relacionados à repercussão geral, como a retratação das decisões em contrariedade com a jurisprudência dessa Corte e a declaração de prejuízo dos recursos que atacam decisões conforme (§ 3º do art. 543-B do CPC de 1973).

O Tribunal, por unanimidade, e nos termos do voto do Relator, resolveu a questão de ordem no sentido de reconhecer a repercussão geral da questão constitucional suscitada

1.2 Mérito da Decisão

O Recurso Extraordinário nº 580.871 foi julgado em 17 de novembro de 2010, em sessão plenária presidida pelo Ministro Cézar Peluso, onde estavam presentes os Ministros Marco Aurélio, Gilmar Mendes, Ayres Britto, Joaquim Barbosa, Ricardo Lewandowski, Cármen Lúcia, e Ellen Gracie. Recurso conhecido e provido, por unanimidade, nos termos do voto do relator Ministro Gilmar Mendes. Ausentes nesse julgamento os Ministros Celso de Mello e Dias Toffoli.

1.2.1 Voto Condutor

Em seu voto condutor, o Relator, Ministro Gilmar Mendes, ressalta que a presente questão de ordem diz respeito à aplicação do regime de repercussão geral aos recursos extraordinários, nas hipóteses em que a Corte já firmou entendimento sobre a matéria debatida. Quanto ao mérito da discussão, aponta que a matéria se refere à repetição de contribuição previdenciária (e afins) cobrada de servidor inativo ou pensionista, no período referente à vigência da EC nº 20, de 16 de dezembro de 1998, até a publicação da EC nº 41, de 19 de dezembro de 2003.

Segundo o Relator, é repetida a jurisprudência do STF no sentido de que as contribuições recolhidas por órgão de seguridade social dos servidores civis inativos e dos respectivos pensionistas após a edição da EC nº 20/98 são inconstitucionais, por expressa hipótese de não incidência criada pela referida Emenda. Nesse contexto, o Tribunal demanda exaustivamente a devolução aos inativos e pensionistas de parcelas indevidamente recolhidas, sob pena de enriquecimento ilícito.

Ressalta que essa Corte, no julgamento da ADI-MC 2010, Pleno, Relator Ministro Celso de Mello, entendeu que o art. 195, II c/c o art. 40, §§ 8º e 12, da Constituição Federal, com a redação dada pela EC nº 20/98, vedou a instituição das contribuições sobre os proventos e rendas de servidores civis inativos e seus respectivos pensionistas. Dessa forma, somente após a edição da EC nº 41, que incluiu o § 18 no art. 40 do texto constitucional, tornou-se possível a incidência da contribuição previdenciária dos pensionistas e inativos. Foi o que ficou decidido nas ADI 3.105 e 3.128, Rel. Ministra Ellen Gracie, Rel. p/ o acórdão Ministro Cézar Peluso.

Para reiterar esse entendimento, o Relator menciona ainda alguns julgados posteriores, ressaltando que a devolução das parcelas indevidamente pagas dever-se-á processar perante o juízo competente para a execução, conforme julgados que relaciona.

1.3 Análise Crítica

No caso concreto, o pedido dos autores diz respeito à devolução dos descontos efetuados a título de contribuição previdenciária no período compreendido entre a entrada em vigor da EC nº 20/98 e o dia 12/08/2005, ou seja, 90 dias após a publicação da Lei Municipal nº 13.973, de 12/05/2005, e não apenas ao período compreendido entre a edição das Emendas nº 20 e 41.

Quando da edição da EC nº 20/98, encontrava-se em vigor a Lei do Município de São Paulo nº 10.828/90 que instituiu a contribuição previdenciária para os servidores municipais. O Tribunal de Justiça de São Paulo considerou revogado esse dispositivo, por incompatível com aquela Emenda.

No Recurso Extraordinário em questão o Supremo Tribunal Federal reafirmou sua jurisprudência no sentido de que é inconstitucional a cobrança da contribuição previdenciária sobre os proventos de inativos e pensionistas no período de vigência da EC nº 20/98, reconhecendo que a recorrida faz jus à restituição do indébito dessa exação descontada indevidamente por força da Lei do Município de São Paulo nº 10.828/90 no período compreendido entre a vigência da duas mencionadas Emendas Constitucionais, confirmando assim, a decisão do Tribunal de Justiça de São Paulo.

A jurisprudência do STF é pacífica no sentido de que a alteração superveniente do direito constitucional (no caso, EC) implica a revogação do direito infraconstitucional anterior com ele incompatível:

> (...) Revela-se inaplicável, no entanto, a teoria da limitação temporal dos efeitos, se e quando o Supremo Tribunal Federal, ao julgar determinada causa, nesta formular juízo negativo de recepção, por entender que certa lei pré-constitucional mostra-se materialmente incompatível com normas constitucionais a ela supervenientes. – A não-recepção de ato estatal pré-constitucional, por não implicar a declaração de sua inconstitucionalidade – mas o reconhecimento de sua pura e simples revogação (RTJ 143/355 – RTJ 145/339) – descaracteriza um dos pressupostos indispensáveis à utilização da técnica da modulação temporal, que supõe, para incidir, dentre outros elementos, a necessária existência de inconstitucionalidade (...)
> (AI-AgR 582280/RJ – Rio de Janeiro. Relator Min. Celso de Mello, Segunda Turma de Julgamento: 12.09.2006)

Assim, no presente caso, o desconto das contribuições previdenciárias dos inativos, no âmbito do funcionalismo público municipal só se tornou possível após a edição da Lei Municipal nº 13.973, de 12/05/2005, já sob a égide da EC nº 41/03, respeitando o princípio da anterioridade nonagesimal estabelecida no art. 195, § 6º, da Constituição Federal.

Ressalte-se que ao julgar a apelação, o Tribunal de Justiça reconheceu o direito ao indébito, ressalvada a prescrição quinquenal.

As contribuições previdenciárias são espécies do gênero tributo, cujo direito de pleitear a restituição encontra-se nos arts. 165 a 169 do Código Tributário Nacional. No caso, entende-se que o prazo para pleitear o indébito, que é de cinco anos, previsto no art. 168, I do CTN, conta-se da data do pagamento indevido. Irrepreensível, portanto, o julgado.

Capítulo IX
Recurso Extraordinário nº 587.008

Rodrigo Senne Capone

1. Recurso Extraordinário nº 587.008/São Paulo[1]

Relator: Ministro Dias Toffoli
Voto Vencedor: Ministro Dias Toffoli
Data de julgamento: 02 de fevereiro de 2011

1.1 Ementa

EMENTA Recurso extraordinário – Emenda Constitucional nº 10/96 – Art. 72, inciso III, do Ato das Disposições Constitucionais Transitórias (ADCT) – Contribuição Social sobre o Lucro (CSLL) – Alíquota de 30% (trinta por cento) – Pessoas jurídicas referidas no § 1º do art. 22 da Lei nº 8.212/91 – Alegada violação ao art. 195, § 6º, da Constituição Federal. 1. O poder constituinte derivado não é ilimitado, visto que se submete ao processo consignado no art. 60, §§ 2º e 3º, da Constituição Federal, bem assim aos limites materiais, circunstanciais e temporais dos §§ 1º, 4º e 5º do aludido artigo. 2. A anterioridade da norma tributária, quando essa é

[1] BRASIL. Supremo Tribunal Federal. **Recurso Extraordinário nº 587.008/SP,** Relator(a): Min. Dias Toffoli, Tribunal Pleno, julgado em 02/02/2011. Disponível em: http://portal.stf.jus.br/processos/detalhe.asp?incidente=2618386. Acesso em: 08 jun 2019.

gravosa, representa uma das garantias fundamentais do contribuinte, traduzindo uma limitação ao poder impositivo do Estado. 3. A emenda Constitucional nº 10/96, especialmente quanto ao inciso III do art. 72 do Ato das Disposições Constitucionais Transitórias – objeto de questionamento – é um novo texto que veicula nova norma, e não mera prorrogação da emenda anterior. 4. Hipótese de majoração da alíquota da CSSL para as pessoas jurídicas referidas no § 1º do art. 22 da Lei nº 8.212/91. 5. Necessidade de observância do princípio da anterioridade nonagesimal contido no art. 195, § 6º, da Constituição Federal. 6. Recurso Extraordinário a que se nega provimento.

1.1.1 Especificação do caso e razões da submissão à Repercussão Geral

A Emenda Constitucional nº 10, de 4 de março de 1996, majorou a alíquota da Contribuição Social sobre o Lucro Líquido – CSSL de 18% para 30%. A cobrança da nova alíquota foi realizada a partir de 1º de janeiro de 1996, ano da publicação da referida Emenda Constitucional, sem que fosse observada a anterioridade especial prevista no art. 195, § 6º, da Constituição Federal de 1988. Portanto, entendendo-se pela observância da anterioridade especial *in casu*, a cobrança não poderia ter sido realizada desde janeiro daquele ano, pois a Emenda Constitucional foi publicada no mês de março, sendo necessário aguardar o decurso do prazo de no mínimo 90 (noventa) dias a contar da data da sua publicação.

Diante da cobrança precoce da nova alíquota de 30% (trinta por cento), insurgiu-se a Japan Leasing do Brasil S/A Arrendamento Mercantil, alegando que houve violação ao princípio da anterioridade nonagesimal, aplicável especificamente às contribuições sociais, não sendo possível a cobrança da CSLL à alíquota de 30% (trinta por cento) desde 1º de janeiro de 1996.

Inconformada, a contribuinte impetrou Mandado de Segurança com pedido de medida liminar buscando o afastamento da violação ao texto constitucional. O *writ* foi apreciado pela 8ª Vara Federal da Seção Judiciária do Estado de São Paulo, que deferiu a medida liminar pleiteada para evitar a cobrança da CSLL à alíquota de 30% (trinta por cento) (majorada pela EC nº 10/96), permitindo o pagamento da CSLL à alíquota de 18% (dezoito por cento), no período compreendido entre 1 de janeiro de 1996 a 5 de junho de 1996. Só depois dessa data que a alíquota de 30% (trinta por cento) poderia vir a ser cobrada. Ao julgar o mérito do *writ*, o juízo confirmou a medida liminar, concedendo a segurança.

A União apresentou apelação contra a decisão proferida pelo Juízo da 8ª Vara Federal e, simultaneamente, o processo foi sido submetido à remessa oficial. Os autos foram remetidos ao e. Tribunal Regional Federal da 3ª Região para apreciação, sustentando a União, em suas razões de apelação, a inexistência de violação ao princípio da irretroatividade, da anterioridade especial (aplicável às contribuições sociais) e da isonomia (no que se refere ao estabelecimento de alíquotas diferenciadas). Por sua vez, o Ministério Público Federal se manifestou pela confirmação da sentença apelada. O Relator do processo, Juiz Federal Convocado Manoel Álvares, entendeu que "por se tratar de contribuição destinada à Seguridade Social, a majoração da alíquota da CSLL trazida pela Emenda Constitucional nº 10/96 sujeita-se ao prazo nonagesimal, preconizada no art. 195, § 6º, da Constituição Federal". Dessa forma, a exigência da alíquota majorada da CSLL pela EC nº 10/96 só se tornaria constitucionalmente possível após o transcurso do prazo de 90 (noventa) dias da publicação da referida Emenda Constitucional, que ocorreu em 07/03/1996, ou seja, a cobrança seria constitucional a partir de 07/06/1996. Assim, negou provimento ao pedido da União, mantendo a sentença apelada.

Após, a União opôs Embargos de Declaração, que foram rejeitados pelo Tribunal Regional Federal da 3ª Região. Frente à decisão proferida pelo e. Tribunal Regional Federal da 3ª Região, a União interpôs Recurso Extraordinário.

A União sustentou no seu Recurso Extraordinário, admitido e com Repercussão Geral reconhecida, não haver óbice à cobrança da alíquota majorada da CSLL antes de transcorrido o prazo de 90 (noventa) dias da publicação da Emenda Constitucional que a majorou. Segundo o entendimento adotado pela União, seria possível a cobrança da alíquota majorada de 30% (trinta por cento) a partir do mês de janeiro de 1996, ainda que a Emenda Constitucional só tenha sido publicada em 4 de março de 1996, não havendo violação ao princípio da irretroatividade tributária nem ao princípio da anterioridade nonagesimal.

O principal argumento utilizado pela União foi o de que a anterioridade prevista no art. 195, § 6º, da Constituição Federal de 1988, é dirigida ao legislador ordinário, não sendo possível suscitá-la em caso de majoração prevista em Emenda Constitucional. Ainda, afirmou que o fato gerador da CSLL se concretiza em 31 de dezembro de cada ano, quando se apura o lucro do período-base e, diante disso, só seria inconstitucional a majoração da alíquota se ocorrida após 2 de outubro de 1996.

A Procuradoria-Geral da República se manifestou pelo provimento do recurso, entendendo que não ocorreu violação ao texto constitucional, pois a Emenda Constitucional não majorou a alíquota da CSLL, mas apenas prorrogou, sem solução de continuidade, a cobrança da referida contribuição social.

1.1.2 Critério de Conhecimento da Repercussão Geral

O Recurso Extraordinário ora analisado foi submetido à repercussão geral pelo Ministro Relator à época, Menezes Direito que, na ocasião, manifestou-se pelo não conhecimento da existência de repercussão geral no tema apresentado, tendo restado vencido juntamente com os Ministros Carlos Britto, Celso de Mello, Cezar Peluso, Eros Grau e Ricardo Lewandoski.

A União, então recorrente, sustentou que a repercussão geral do tema se fazia presente, tendo em vista a importância econômica da matéria, já que versava sobre majoração de alíquota de contribuição social, apontando a existência de milhares de processos judiciais discutindo a matéria, envolvendo cifras vultuosas.

O então Relator, Ministro Menezes Direito, entendeu não haver repercussão geral no caso, entendendo que a matéria estaria restrita aos interesses das pessoas jurídicas sujeitas à CSLL majorada para 30% (trinta por cento), não havendo repercussão política, econômica, social ou jurídica na sociedade como um todo.

Por sua vez, o Ministro Marco Aurélio se manifestou contrariamente ao posicionamento adotado pelo Ministro Menezes Direito, argumentando que a repercussão geral deve ser instituto encarado com largueza e que a eficácia vinculante da decisão leva a uma racionalização do trabalho judiciário. Com base nessas premissas, entendeu o Ministro que a questão objeto do recurso extraordinário envolvia diversas relações jurídicas, cabendo ao Supremo esclarecer se a anterioridade nonagesimal deve ser aplicada ou não às emendas constitucionais, entendimento que prevaleceu, tendo sido a repercussão geral reconhecida no caso concreto.

1.2 Mérito da Decisão

O Recurso Extraordinário nº 578.008/SP foi julgado em 02 de fevereiro de 2011, em Sessão Plenária presidida pelo Ministro Ayres Britto, onde estavam presentes os Ministros Celso de Mello, Marco Aurélio, Ellen Gracie, Gilmar Mendes, Joaquim Barbosa, Cármen Lúcia e Dias Toffoli. Ausentes os Ministros Cezar Peluso e Ricardo Lewandowski. Apreciando o tema, o Tribunal negou provimento ao recurso por unanimidade e nos termos do voto do Relator, o Ministro Dias Toffoli.

1.2.1 Voto Condutor

O voto condutor foi proferido pelo Ministro Dias Toffoli, também relator do Recurso Extraordinário. Em seu voto, o Ministro refuta a tese apresentada pela União de que o princípio da anterioridade especial, aplicável às contribuições sociais, conforme prevê o art. 195, § 6º, da Constituição Federal, deve ser observado apenas pelo legislador ordinário. De acordo com o entendimento da União, Emenda Constitucional que majore tributo não necessita se submeter ao princípio da anterioridade especial. Mas caso a majoração se dê no âmbito infraconstitucional, o princípio deve ser observado.

Destacou o Relator que o poder constituinte derivado não é ilimitado, submetendo-se a limites formais, materiais, circunstanciais e temporais. Relembra que o princípio da anterioridade é garantia individual e por isso, trata-se de cláusula pétrea, não podendo ser suprimido por emenda constitucional.

O Relator realizou uma análise da Emenda Constitucional nº 10/96, mas para possibilitar a compreensão da problemática, fez um regresso histórico para melhor compreender o cenário no qual ela foi editada.

Inicialmente, destacou a Emenda Constitucional de Revisão nº 1, de 1º de março de 1994, que instituiu o Fundo Social de Emergência para os exercícios de 1994 e 1995, com o objetivo de saneamento financeiro da Fazenda Pública Federal e de estabilização econômica, tendo incluído no Ato das Disposições Constitucionais Transitória os artigos 71, 72 e 73.[2]

[2] Art. 1º Ficam incluídos os arts. 71, 72 e 73 no Ato das Disposições Constitucionais Transitórias, com a seguinte redação:
Art. 71. Fica instituído, nos exercícios financeiros de 1994 e 1995, o Fundo Social de Emergência, com o objetivo de saneamento financeiro da Fazenda Pública Federal e de estabili-

O artigo 72, III, aumentava a alíquota da CSLL de determinados contribuintes para 30% (trinta por cento), incluindo-se nesse rol a requerente, empresa de arrendamento mercantil.[3]

Importante destacar que a Emenda Constitucional de Revisão nº 1/94, observando o que dispõe a Constituição Federal, determinou, no seu art. 72, § 1º, a observância do princípio da anterioridade insculpido no art. 195, § 6º, da Constituição Federal. Portanto, a cobrança da CSLL à alíquota de 30% (trinta por cento) só poderia ocorrer a partir do primeiro dia do mês seguinte aos noventa dias posteriores à promulgação.

O Fundo Social de Emergência teria validade nos exercícios financeiros de 1994 e 1995, nos termos da Emenda Constitucional de Revisão nº 1/94. Entretanto, em 1996, foi editada a Emenda Constitucional nº 10, prevendo que o Fundo Social de Emergência teria a sua validade dilatada para o período de 1º de janeiro de 1996 a 30 de junho de 1997. A partir da Emenda Constitucional nº 10/96, o Fundo Social de Emergência passou a ser denominado de Fundo de Estabilização Fiscal.[4]

zação econômica, cujos recursos serão aplicados no custeio das ações dos sistemas de saúde e educação, benefícios previdenciários e auxílios assistenciais de prestação continuada, inclusive liquidação de passivo previdenciário, e outros programas de relevante interesse econômico e social.

(...)

Art. 72. Integram o Fundo Social de Emergência:

(...)

III – a parcela do produto da arrecadação resultante da elevação da alíquota da contribuição social sobre o lucro dos contribuintes a que se refere o § 1º do art. 22 da Lei nº 8.212, de 24 de julho de 1991, a qual, nos exercícios financeiros de 1994 e 1995, passa a ser de trinta por cento, mantidas as demais normas da Lei nº 7.689, de 15 de dezembro de 1988;

(...)

§ 1º As alíquotas e a base de cálculo previstas nos incisos III e V aplicar-se-ão a partir do primeiro dia do mês seguinte aos noventa dias posteriores à promulgação desta Emenda.

[3] Cf. Lei nº 8.212, de 1991, no seu art. 22, § 1º, com a redação vigente à época.

[4] Art. 1º O art. 71 do Ato das Disposições Constitucionais Transitórias passa a vigorar com a seguinte redação:

Art. 71. Fica instituído, nos exercícios financeiros de 1994 e 1995, bem assim no período de 1º de janeiro de 1996 a 30 de junho de 1997, o Fundo Social de Emergência, com o objetivo de saneamento financeiro da Fazenda Pública Federal e de estabilização econômica, cujos recursos serão aplicados prioritariamente no custeio das ações dos sistemas de saúde e educação, benefícios previdenciários e auxílios assistenciais de prestação continuada, inclusive liquidação de passivo previdenciário, e despesas orçamentárias associadas a programas de relevante interesse econômico e social.

Logo, a alíquota de 30% (trinta por cento) estava sendo cobrada em 1994 e 1995. Para que continuasse a ser cobrada nesse patamar, foi editada a Emenda Constitucional nº 10/96, visando dar continuidade à essa cobrança desde o 1º dia do ano de 1996.

Entretanto, entendeu o Ministro Relator que não havia como se vislumbrar no caso uma hipótese de mera prorrogação, pois houve solução de continuidade entre o término do prazo de vigência da alíquota de 30% (trinta por cento) no final do ano de 1995. Para que fosse cobrada a alíquota majorada desde o 1º dia de janeiro de 1996, essa prorrogação deveria ter sido veiculada antes do início do ano de 1996, o que não ocorreu, pois foi a Emenda Constitucional nº 10/96, publicada em 04 de março de 1996, que veiculou essa prorrogação.

A empresa requerida recolheu a CSLL à alíquota de 30% (trinta por cento) nos períodos de 1994 e 1995, por força da Emenda Constitucional de Revisão nº 1/94. Vencido o prazo de vigência da alíquota majorada, passou a recolher a CSLL à alíquota de 18% (dezoito por cento), nos termos do artigo 19, parágrafo único, da Lei nº 9.249[5], de 27 de dezembro de 1995.

Bem destacou o Relator que o fato de a Emenda Constitucional nº 10/96 ter sido publicada depois do término da vigência dos efeitos da

(...)
§ 2º O Fundo criado por este artigo passa a ser denominado Fundo de Estabilização Fiscal a partir do início do exercício financeiro de 1996.
(...)
Art. 2º O art. 72 do Ato das Disposições Constitucionais Transitórias passa a vigorar com a seguinte redação:
Art. 72. Integram o Fundo Social de Emergência:
(...)
III – a parcela do produto da arrecadação resultante da elevação da alíquota da contribuição social sobre o lucro dos contribuintes a que se refere o § 1º do art. 22 da Lei nº 8.212, de 24 de julho de 1991, a qual, nos exercícios financeiros de 1994 e 1995, bem assim no período de 1º de janeiro de 1996 a 30 de junho de 1997, passa a ser de trinta por cento, sujeita a alteração por lei ordinária, mantidas as demais normas da Lei nº 7.689, de 15 de dezembro de 1988;

[5] Art. 19. A partir de 1º de janeiro de 1996, a alíquota da contribuição social sobre o lucro líquido, de que trata a Lei nº 7.689, de 15 de dezembro de 1988, passa a ser de oito por cento.
Parágrafo único. O disposto neste artigo não se aplica às instituições a que se refere o § 1º do art. 22 da Lei nº 8.212, de 24 de julho de 1991, para as quais a alíquota da contribuição social será de dezoito por cento.

Emenda Constitucional de Revisão nº 1/94, no que se refere à alíquota de 30% (trinta por cento), afastaria a tese de mera prorrogação, pois se tratava de uma restauração da alíquota que não mais produzia os seus efeitos. No caso, fica clara a existência de um intervalo temporal entre o vencimento da alíquota de 30% (trinta por cento) no final do exercício financeiro de 1995 e a promulgação da nova emenda que restaurou a alíquota de 30% (trinta por cento), não podendo se falar em mera prorrogação.

Dessa forma, a tentativa de restaurar a alíquota de 30% (trinta por cento) desde o dia 1º de janeiro de 1996, segundo o Relator, viola a irretroatividade da norma tributária, pois emenda constitucional que majora tributo publicada em março não pode retroagir no tempo e começar a produzir os seus efeitos desde janeiro do mesmo ano. Também viola o princípio da anterioridade nonagesimal das contribuições, pois da data da publicação da emenda que majorou a alíquota da CSLL, deve transcorrer o prazo mínimo de 90 (noventa) dias até que possa surtir os seus efeitos. Portanto, entre janeiro de 1996 e 05 de junho de 1996, a alíquota vigente era a de 18% (dezoito por cento) e só após esse período é que a alíquota restaurada de 30% (trinta por cento) poderia passar a ser cobrada.

Chegou o Relator à conclusão de que a Emenda Constitucional nº 10 de 1996, em especial a modificação que realizou no art. 72, inciso III, do ADCT da Constituição de 1988, é um novo texto e veiculou uma norma nova, não podendo ser considerado como uma mera prorrogação da emenda anterior (ECR nº 1/94). Assim, deve observância às limitações constitucionais ao poder de tributar, que se estendem ao poder constituinte derivado, sendo indispensável a observância dos princípios constitucionais tributários da irretroatividade e da anterioridade nonagesimal das contribuições.

Por fim, concluiu o Relator que o ponto suscitado pela União quanto ao momento da ocorrência do fato gerador da CSLL, 31 de dezembro de cada ano, momento no qual o lucro do período-base é apurado, não foi tratado no acórdão recorrido, não sendo objeto de apreciação. Ao final, o Ministro Relator nega provimento ao Recurso Extraordinário, reconhecendo a necessidade de observância aos princípios da irretroatividade e da anterioridade nonagesimal aplicável às contribuições, ainda quando a majoração é realizada por meio da edição de emenda constitucional, não havendo tratamento diferenciado nesse caso, devendo o contribuinte ser protegido da mesma forma que seria se a alteração fosse realizada pelo legislador ordinário.

Ainda que a decisão tenha sido tomada por unanimidade, faz-se importante destacar alguns pontos exarados nos votos dos demais membros da Corte Suprema.

A Ministra Ellen Gracie, seguindo o voto do Ministro Relator, nega provimento ao recurso extraordinário interposto pelo União, sustentando, em primeiro plano, que o princípio da anterioridade nonagesimal aplicável às contribuições sociais é garantia fundamental do contribuinte, intangível à ação do constituinte derivado, demonstrando a preocupação do constituinte originário com a segurança jurídica que deve permear as relações tributárias. Enfrentou também o ponto suscitado pela União no que diz respeito ao fato gerador da CSLL ser do tipo complexo, sendo considerado para o cálculo do tributo um conjunto de fatos que ocorrem ao longo de um período de tempo específico, como ocorre também com o imposto de renda. Por ser complexo, entendeu a União que a alteração no decorrer do ano de 1996 teria o condão de alcançar os fatos ocorridos desde o 1º de janeiro de 1996. Só seria necessária a observância da anterioridade nonagesimal se a alteração houvesse ocorrido após 2 de outubro de 1996. Antes disso, a alíquota poderia ser majorada e alcançar os fatos ocorridos antes mesmo da publicação da nova alíquota. Combatendo esse entendimento sustentado pela União, a Ministra Ellen Gracie foi até o direito português e italiano buscar exemplos de como essa questão é respondida, demonstrando que, com o objetivo de proteger o contribuinte de interpretações permissivas que autorizem a lei a alcançar fatos geradores já ocorridos sob a égide de outra lei, existem vedações expressas a tais práticas.

No direito português, por exemplo, tratando-se de fato gerador complexo (ou sucessivo), a nova lei só é aplicável ao período decorrido a partir da sua entrada em vigor. Com isso, afirma que não há espaço no Direito Tributário brasileiro para a denominada retroatividade imprópria e destaca que uma das funções da segurança jurídica é dar ao contribuinte ciência, previamente, das alterações na carga tributária que terá que suportar, o que se faz por meio da anterioridade e os seus desdobramentos. E conclui o seu voto reconhecendo a inconstitucionalidade da tentativa de aplicar a alíquota majorada pela Emenda Constitucional nº 10/96 aos fatos geradores ocorridos desde 1º de janeiro de 1996, sem que se observasse a anterioridade nonagesimal das contribuições e a irretroatividade da lei tributária.

Por sua vez, a Ministra Cármen Lúcia destacou que o Supremo Tribunal Federal já havia exarado decisões distinguindo prorrogação de instituição ou modificação do tributo e, no caso de prorrogação, o princípio da anterioridade nonagesimal não necessita ser observado. Mas quando há solução de continuidade o cenário já não é o mesmo, ou seja, entre uma lei (ou emenda constitucional) e a outra, não pode haver um lapso temporal. Caso haja uma lacuna, não se tratará de mera prorrogação, mas sim de nova instituição ou majoração, sendo necessária a observância do princípio da anterioridade nonagesimal. A Ministra chamou atenção ao intervalo existente entre o exaurimento dos efeitos da Emenda Constitucional de Revisão nº 1/94 e a entrada em vigor da Emenda Constitucional nº 10/96, não podendo se falar em solução de continuidade, requisito indispensável para que ocorra o afastamento do princípio da anterioridade nonagesimal. Ao final, concluiu afirmando que houve nova majoração da CSLL, sem que o prazo de 90 (noventa) dias fosse observado e ainda houve retroatividade da incidência da alíquota, violando o que dispõe a Constituição de 1988.

1.2.2 Votos Vencidos

Conforme anteriormente exposto, vez ter se tratado de decisão unânime, não houve voto divergente no julgamento ora em análise.

1.3 Análise Crítica

O julgado analisado se mostrou de grande importância, tendo em vista que confirmou a força das limitações constitucionais ao poder de tributar, não aceitando tentativas de flexibilização do seu alcance, nem mesmo quando as alterações no sistema tributário nacional são veiculadas pelo poder constituinte derivado.

A tentativa da União de afastar a observância do princípio da anterioridade nonagesimal aplicável às contribuições sociais quando a modificação da alíquota ocorre por meio da edição de emenda constitucional se mostrou de frágil embasamento jurídico, em total desrespeito à segurança jurídica que deve sempre se fazer presente nas relações entre Estado e contribuinte. Um Estado Democrático de Direito não é compatível com entendimento diverso, tendo o Supremo Tribunal Federal exarado entendimento que efetiva a Constituição de 1988.

A Constituição, complementada pelo Código Tributário Nacional, deixa bem clara a impossibilidade de a lei tributária retroagir no tempo para prejudicar o sujeito passivo da relação tributária. Apesar de o Código Tributário Nacional prever situações que autorizam a retroação da norma, são casos nos quais ou não há prejuízo ao sujeito passivo ou há benefício. Norma tributária retroagindo para aumentar o ônus a ser suportado pelo sujeito passivo não possui respaldo no ordenamento jurídico brasileiro.

O argumento de que o aumento da alíquota da CSLL para 30% (trinta por cento) para determinados sujeitos passivos, veiculada por meio da Emenda Constitucional nº 10/96 nitidamente não se tratou de mera prorrogação do que dispunha a Emenda Constitucional de Revisão nº 1/94. Não há como se falar em prorrogação após ultrapassados meses do término da vigência da norma anterior. Mesma coisa seria pensar em uma prorrogação de uma partida de futebol de final de campeonato três meses depois do término da partida.

Ao se falar em Estado de Direito, a segurança jurídica se faz presente de forma marcante, tendo sido conquistada à muito custo, estando hoje no núcleo da Constituição Republicana de 1988. Permitir que interpretações falhas, ilegais e inconstitucionais violem esse núcleo rígido é função da Suprema Corte, que de forma correta refutou a frágil tese da União.

Mas apesar da acertada decisão, gera consternação o fato de o próprio Estado estar a frente de litígios que geram uma onda de insegurança jurídica. O objeto do recurso aqui analisado já possuía destino certo, bastando uma simples análise da jurisprudência do Supremo Tribunal Federal, sem muitos rodeios, para que se chegasse à resposta que foi dada posteriormente.

E o Poder Legislativo, que no exercício da sua função típica deixa de lado as limitações que devem por ele ser observadas. A Emenda Constitucional de Revisão nº 1/94 trouxe na sua redação a necessidade de observância ao princípio da anterioridade nonagesimal aplicável às contribuições ao falar do aumento da alíquota da CSLL para 30% (trinta por cento). Já na Emenda Constitucional nº 10/96, nenhum dispositivo acerca da anterioridade foi previsto. Pior do que isso, a redação da Emenda determinava claramente a sua não observância, afirmando que a majoração retroagiria mais de três meses para alcançar fatos geradores já ocorridos, além de não ter que observar anterioridade alguma. Uma norma jurídica editada em total desconformidade com os princípios constitucionais que regem a ordem tributária não merecia sequer ser apresentada para votação.

O Supremo Tribunal Federal, ao decidir pela necessária observância do princípio da anterioridade das contribuições no caso de majoração de tributo, ainda que veiculada por emenda constitucional, respeita a vontade do constituinte originário em assegurar aos contribuintes segurança jurídica, possibilitando a organização da vida pessoal e das atividades empresariais dos indivíduos, não sendo pegos de surpresa ante uma alteração abrupta do sistema tributário pátrio.

Capítulo X
Agravo de Instrumento nº 831.223

Beijanicy Ferreira da Cunha Abadia Valim

1. Agravo de Instrumento nº 831223[1] – Minas Gerais

Relator: Ministro Cezar Peluso.
Voto vencedor: Ministro Cezar Peluso.
Data de julgamento: 16 de junho de 2011.

1.1 Ementa

Ementa: RECURSO. Agravo de instrumento convertido em Extraordinário. Proventos e pensões. Contribuição. Assistência à saúde. Servidores Públicos. Interregno das EC nº 20/98 e nº 41/03. Repercussão geral reconhecida. Precedentes. Reafirmação da jurisprudência. Recurso improvido. É incompatível com a Constituição norma que institui contribuição à saúde incidente sobre o valor de proventos e pensões de servidores públicos, no interregno das Emendas Constitucionais n. 20/98 e n. 41/03.

[1] BRASIL. SUPREMO TRIBUNAL FEDERAL. **AGRAVO DE INSTRUMENTO Nº 831223.** Relator(a): Min. Cezar Peluso (Presidente), Tribunal Pleno, julgado em 18/08/2010. Disponível em: http://portal.stf.jus.br/processos/detalhe.asp?incidente=4002140.Acesso em 20 de jun. de 2019.

1.1.1 *Especificação do Caso e Razões da Submissão à Repercussão Geral*

O Agravo de Instrumento foi interposto contra a decisão que denegou o seguimento do Recurso Extraordinário. Na ação ordinária, o Agravado pretendeu a inconstitucionalidade das contribuições descontadas de seus proventos e a respectiva devolução de valores. A sentença julgou procedente o pedido. Em reexame necessário o TJMG reformou a sentença entendendo pela inconstitucionalidade da contribuição para custeio de saúde. Os embargos de declaração opostos pelo IPSEMG foram rejeitados pelo TJMG.

Foram interpostos pelo Estado de Minas Gerais e pelo IPSEMG Recurso Especial e Extraordinário.

O Recurso extraordinário foi denegado pelo TJMG sob o argumento de ser inviável o apelo, porque a jurisprudência do STF é firmada no sentido de que após a Emenda Constitucional nº 20 de 1998 e alterações introduzidas pela Emenda Constitucional nº 41 de 2003, tornou-se inconstitucional a incidência da contribuição previdenciária sobre proventos da inatividade e pensões, mesmo quando destinadas à verba de assistência médica.

Assim, foi interposto Agravo de Instrumento contra decisão que indeferiu o processamento de Recurso Extraordinário em acórdão do Tribunal de Justiça do Estado de Minas Gerais.

O Tribunal reconheceu a existência de repercussão geral da questão constitucional suscitada e, no mérito, reafirmou a jurisprudência dominante sobre a matéria.

A controvérsia dos autos gira em torno do tema 431, que trata da constitucionalidade da instituição de contribuição para assistência à saúde incidente sobre o valor de proventos e pensões dos servidores públicos, no interregno das Emendas Constitucionais nº 20/98 e 41/03, e, por conseguinte, a restituição do indébito tributário.

Os argumentos dos Agravantes, para que o Agravo de Instrumento fosse conhecido e provido para reformar a decisão agravada, processando regularmente o Recurso Extraordinário, submetendo-o ao julgamento pelo STF, requerendo que fosse impedida a restituição dos valores cobrados dentro da vigência da Lei Estadual nº 13.455 de 2000, são no sentido de que não se aplicaria no caso em tela o entendimento de que o apelo não se socorre na jurisprudência do STF porque as decisões transcritas na decisão agravada, como se fossem representantes da jurisprudência do STF sobre o tema, são oriundas de órgãos fracionários da Corte, não representando, supostamente, a jurisprudência pacífica daquele Tribunal.

Também aduzem os Agravantes, que na época, estava ainda em tramitação perante o Pleno do STF a ação direta de Inconstitucionalidade nº 3.106 que questionava a constitucionalidade das contribuições para a saúde, que seria o mesmo objeto da discussão travada no acórdão agravado.

Sustentaram que seria constitucional a questão atinente à possibilidade ou não de ser instituída contribuição destinada ao custeio da saúde sobre os proventos dos servidores pelo Estado de Minas Gerais e que a contribuição tinha sido instituída na Lei Estadual nº 1.487 de 15/01/1957.

Por fim alegaram que seria constitucional a legislação que instituiu as contribuições previdenciárias impugnadas, e que a imposição de contribuição previdenciária aos inativos atenderia aos princípios da isonomia e solidariedade. Que estariam sendo violados os artigos 1º, 18, 24, XII e §§ 1º, 2º, 3º, e 25, c/c artigos 149, § 1º, 195, § 4º, todos da CF/88.

Já o Agravado (Benício Souza Ramos), funcionário público estadual aposentado, requereu a inconstitucionalidade dos artigos 2º, § 4º e 24 da Lei nº 9.380/86, com as alterações do art. 3º da Lei nº 13.455 e os art. 28, II, 33 da Lei Complementar nº 64/02, buscando ter a restituição de todos os valores que foram descontados indevidamente à título de contribuição previdenciária, seja à titulo de pensão, saúde, ou outros, sobre seus proventos de aposentadoria no período compreendido entre os cinco anos anteriores a propositura da ação até a entrada em vigor da EC nº 41/2003, acrescido de juros e correção monetária.

Sustentou ainda o Agravado, que deveriam especificamente serem ressarcidos os valores descontados de 8% a partir de janeiro durante a Lei nº 9.380 de 18/12/1986 em seu art. 24, I, alíneas "a" e "b" (com redação dada pelo art. 3º da Lei nº 13.455 de 12/01/2000); após a edição da Lei Complementar nº 64 de 25/03/2002, em seu art. 3º, IV, art. 28, II, e art. 85, que passou a descontar do valor bruto, o percentual de 8% a título de previdência, e posteriormente os percentuais de 3,2% de assistência médica (custeio saúde), acompanhado de 4,8% de custeio pensão (contribuição previdenciária).

O Relator Ministro César Peluso analisou os argumentos do Agravo de Instrumento, o qual foi admitido e provido, convertendo-o em

Recurso Extraordinário, mas ao final o Relator reafirmou a jurisprudência da Corte para negar provimento ao Recurso Extraordinário.

O Supremo Tribunal Federal reconheceu a repercussão geral da questão constitucional suscitada, e no mérito, reafirmou a jurisprudência dominante sobre a matéria, no sentido de ser incompatível com a Constituição norma que institui contribuição à saúde incidente sobre o valor de proventos e pensões de servidores públicos, no interregno das Emendas Constitucionais 20/1998 e 41/2003. Vencidos os Ministros Ayres Britto e Marco Aurélio. Não se manifestaram os Ministros Joaquim Barbosa e Carmem Lúcia.

1.1.2 Critério de Conhecimento da Repercussão Geral

Sobre a repercussão geral, o Ministro Relator Cezar Peluso analisou o Agravo de Instrumento interposto pelo Estado de Minas Gerais em conjunto com o Instituto de Previdência dos Servidores do Estado de Minas Gerais (IPSEMG) contra acórdão do Tribunal de Justiça do Estado de Minas Gerais que indeferiu o processamento do Recurso Extraordinário, assim ementado:

> EMENTA. TRIBUTÁRIO. CONTRIBUIÇÃO PREVIDENCIÁRIA. EMENDAS CONSTITUCIONAIS Nº 20/98 E Nº 41/03. REPETIÇÃO DE INDÉBITO. CUSTEIO SAÚDE. ABRANGÊNCIA. JUROS. PERCENTUAL. MARCO INICIAL. CORREÇÃO MONETÁRIA. EXPURGOS. INCLUSÃO. CUSTAS. ESTADO. ISENÇÃO. No interregno compreendido entre as retromencionadas Emendas Constitucionais, há indivergente entendimento jurisprudencial, consagrado pelo nosso Pretório Excelso, no sentido de que não podem ser sujeitos passivos da contribuição previdenciária o servidor público aposentado e o pensionista. A restituição dos valores cobrados ao longo dos anos, para o custeio da assistência à saúde importa em enriquecimento ilícito, pois os serviços estiveram sempre disponíveis ao segurado e seus dependentes. Na repetição de indébito tributário, os juros de mora incidem a taxa de 1% (um por cento) ao mês, em razão de regra específica do Código Tributário Nacional, a partir do trânsito em julgado da decisão, nos termos da súmula nº 188, editada pelo Superior Tribunal de Justiça. A correção monetária é fator de recomposição do valor da moeda, sendo devida a partir de cada desconto, incluindo-se, naturalmente, eventuais expurgos. Nos termos da legislação de regência,

o Estado, bem como as autarquias estaduais, estão isentos do pagamento das custas processuais. V.V. A repetição deve abranger, inclusive, os valores descontados à título de assistência à saúde.

O Relator Ministro César Peluso analisou os argumentos do Agravo de Instrumento com base em suposta violação a proibição de retrocesso das conquistas nas áreas dos direitos sociais, e de modo direto, a vários artigos, e especialmente o § 4º do art. 195, todos da CF/88, solicitando a reforma do julgado para que reconhecesse a constitucionalidade da instituição de contribuição à saúde incidente sobre o valor de proventos e pensões de servidores públicos, no interregno das Emendas Constitucionais nº 20/98 e 41/03.

Porém, o Relator discorreu que o STF possui jurisprudência firmada no sentido da inconstitucionalidade deste tipo de contribuição previdenciária instituída sobre os proventos e pensões de servidores públicos com a finalidade de assistência à saúde no interregno das Emendas Constitucionais nº 20/98 e 41/03.

O Agravo então foi admitido e provido, convertendo-o em Recurso Extraordinário, mas ao final o Relator reafirmou a jurisprudência da Corte para negar provimento ao Recurso Extraordinário.

Após, o voto do Presidente, houve manifestação da Ministra Ellen Gracie, que discorreu acerca do RE 573.540 e do RE 633.329, sustentando, porém, que a discussão agora neste Agravo de Instrumento nº 831.223 de Minas Gerais considera a contribuição à saúde, mas na perspectiva das contribuições dos inativos no interstício entre a EC 20/98 e a EC 41/03.

Reconheceu ao final a Ministra que a questão teria relevância jurídica e social, e que deveria ser reconhecida a existência de repercussão geral, ratificando ainda pelo entendimento da Corte no sentido da inconstitucionalidade de tal contribuição, porque os Estados jamais tiveram competência para a instituição de contribuição de saúde, seja dos ativos, seja dos inativos, nos termos do voto do Relator.

O Ministro Marco Aurélio, entretanto, se pronunciou, fazendo uma síntese da discussão do Agravo de Instrumento nº 831.223/MG no Recurso Extraordinário protocolado com base na alegada alínea "a" do permissivo constitucional por haver ofensa aos art. 18, caput, 24, XII, 25 caput e § 1º, § 2º e § 3º, 149, § 1º e 195, § 1º e § 4º da CF/88, onde TJMG teria decidido pela inconstitucionalidade da incidência da contribuição previdenciária para o custeio da assistência à saúde sobre proventos e pensões atinentes a cargo público no período entre as Emendas Constitucionais nº 20/98 e 41/03, tema, inclusive pacificado no verbete nº 359 da Súmula do Supremo.

Em seu voto divergente, o Ministro ainda aduziu que os descontos da contribuição previdenciária atenderiam ao princípio da legalidade, e que estas contribuições teriam sido instituídas para a assistência exclusiva dos segurados, ativos ou inativos, mostrando-se lícito ao Estado continuar cobrando a contribuição para o custeio da saúde dos servidores, haja vista esta não pertencer ao conceito de previdência social.

Assim, o Ministro admitiu a repercussão geral, pois discutir a constitucionalidade da exação para o custeio da saúde dos servidores públicos estaduais poderia refletir na esfera jurídica de servidores públicos de todo o país, afirmando, assim haver repercussão geral do ponto de vista social, econômico e jurídico na questão relativa a reafirmação da jurisprudência do Supremo.

Afirmou o Ministro Marco Aurélio que por causa do aceleramento dos trabalhos não havia a reautuação dos autos para constar o Recurso Extraordinário, e que tal fato, apesar de lamentável, não prejudicaria os trabalhos do Supremo, devendo o tema constitucional ser apreciado com a reunião dos integrantes em colegiado. Por fim, entretanto, este pronunciou pela existência de repercussão geral e pela inadequação do exame imediato da matéria no Plenário Virtual.

1.2 Mérito da Decisão

O Agravo de Instrumento nº 831.223 foi convertido em Recurso Extraordinário e julgado em 16 de junho de 2011 no Plenário Virtual, reafirmando a jurisprudência dominante sobre a matéria. Manifestaram o Ministro Relator César Peluso e a Ministra Ellen Gracie. Vencidos os Ministros Ayres Britto e Marco Aurélio. Não se manifestaram os Ministros Joaquim Barbosa e Cármen Lúcia.

1.2.1 Voto Condutor

O Relator Ministro César Peluso sustentou que a questão suscitada versava sobre a constitucionalidade da instituição de contribuição à saúde incidente sobre o valor de proventos e pensões de servidores públicos, no interregno das Emendas Constitucionais nº 20/98 e 41/03, discorrendo ainda acerca dos argumentos do Agravo de Instrumento com base em suposta violação a proibição de retrocesso das conquistas nas áreas dos direitos sociais, e de modo direto, violação ao inciso III do art. 1º c/c incisos I e IV do art. 3º, c/c inciso XII do art. 24 c/c caput, e §§ 1º, 2º e 3º do art. 25, c/c caput do art. 18 e especialmente o § 4º do art. 195, todos da CF/88, que solicitava a reforma do julgado para que reconhecesse a constitucionalidade da contribuição vergastada, reconhecendo a validade da norma estadual que previa a cobrança para o custeio a saúde, sustentando ainda, violação das diretrizes de competência privativa ou concorrente para legislar sobre matéria previdenciária do art. 149, § 1º, 195, § 4º e 154, I da CF/88.

Discorreu ainda o Ministro Relator que o STF possui jurisprudência firmada no sentido da inconstitucionalidade de contribuição previdenciária instituída sobre os proventos e pensões de servidores públicos com a finalidade de assistência à saúde diferenciada, ainda no interregno das Emendas Constitucionais nº 20/98 e 41/03. Colacionou inúmeros julgados no mesmo sentido, como por exemplo: ADI nº 2.010; RE nº 577.848/MG; RE nº 416.056/MG; AgR-RE nº 357.528/RS; AgR-RE nº 356.574/RS.

Assim, o Agravo foi admitido, pois estavam presentes os requisitos formais de admissibilidade, e foi dado provimento ao Agravo, convertendo-o em Recurso Extraordinário, o qual foi inserido no sistema eletrônico da repercussão geral na data de 27/05/2011. Porém, ao final o Relator reafirmou a jurisprudência da Corte para negar provimento ao Recurso Extraordinário.

1.2.2 Manifestação

Após o voto do Relator, que ao final reafirmou a jurisprudência da Corte para negar provimento ao Recurso Extraordinário, houve manifestação da Ministra Ellen Gracie, que discorreu acerca do RE 573.540, o qual havia reconhecido a existência de repercussão geral da questão relativa à possibilidade dos Estados instituírem contribuição de seus servidores para custear os serviços saúde, ou seja, de assistência médica, hospitalar, odontológica e farmacêutica. Sendo que o mérito dessa questão, já havia sido analisado no mesmo RE 573540 sob a relatoria do Ministro Gilmar Mendes.

Aduziu ainda a Ministra que foi negada a repercussão geral no RE 633.329 porque era relativa à restituição da contribuição destinada a assistência médica reconhecida como inconstitucional, na qual se discutia o fato de não ter ocorrido a desvinculação do servidor do plano e de o serviço médico ter sido disponibilizado.

Assim, a Ministra afirmou que a discussão agora neste Agravo de Instrumento 831.223 volta a consideração a contribuição à saúde, mas na perspectiva das contribuições dos inativos, onde se analisa se há a possibilidade ou não de cobrança de contribuição para o custeio de serviços de saúde dos aposentados no interstício entre a EC 20/98 e a EC 41/03, uma vez que era inconstitucional cobrar deles contribuição previdenciária.

Nos termos da manifestação da Ministra, observou-se que a questão tem relevância jurídica e social, razão pela qual foi reconhecida a existência de repercussão geral, ratificando ainda pelo entendimento da Corte no sentido da inconstitucionalidade de tal contribuição, porque os Estados jamais tiveram competência para a instituição de contribuição de saúde, seja dos ativos, seja dos inativos.

1.2.3 Voto Vencido

O Ministro Marco Aurélio fez seu pronunciamento no Recurso Extraordinário sustentando ausência de autuação, afirmando na ocasião que a assessoria havia prestado as seguintes informações:

Que a síntese da discussão do Agravo de Instrumento nº 831.223/ /MG da relatoria do Ministro Cézar Peluso, Presidente do Supremo, que havia sido inserido no sistema eletrônico da repercussão geral no dia 27/05/2011, discorria sobre o fato do TJMG no julgamento da Apelação Cível nº 1.0024.06.239437-4/001, havia decidido pela inconstitucionalidade da incidência da contribuição previdenciária para o custeio da assistência à saúde sobre proventos e pensões atinentes a cargo público no período entre as Emendas Constitucionais nº 20/98 e 41/03, e que o tema estaria já pacificado no verbete nº 359 da Súmula do Supremo, condenando os Recorrentes a restituírem apenas os valores referentes a contribuição destinada ao custeio da pensão por morte, descontados dos proventos do Recorrido, relativa a contribuição recolhida à titulo de assistência à saúde, não caberia a devolução, mesmo no interregno das citadas Emendas, sob pena de enriquecimento ilícito, pois o serviço esteve à disposição do segurado e seus dependentes. Assim, os Embargos Declaratórios foram desprovidos.

Sustentou o Ministro em seu voto, que o Extraordinário protocolado com base na alegada alínea "a" do permissivo constitucional, sustentava que havia ofensa aos art. 18, caput, 24, XII, 25 caput e § 1º, § 2º e § 3º, 149, § 1º e 195, § 1º e § 4º da CF/88, alegando que os descontos da contribuição previdenciária para a assistência médico-hospitalar atenderiam ao princípio da legalidade, que a legislação aplicável teria implementado obrigação tributária de competência vinculada do ente federado.

Aduziu também, que o Tribunal de origem olvidou as regras de competência privativa e concorrente para legislar em matéria tributária. Que as citadas contribuições seriam instituídas para a assistência exclusiva dos segurados, ativos ou inativos, não pertencendo, assim, ao conceito de previdência social, mostrando-se lícito ao Estado continuar cobrando a contribuição para o custeio da saúde dos servidores, que entendimento diverso seria uma suposta violência ao princípio da vedação do retrocesso das conquistas na área dos direitos sociais.

Já sob a perspectiva da repercussão geral, estão em jogo matéria relevante do ponto de vista social, econômico e jurídico, pois apesar de a Recorrida concernir à constitucionalidade da exação para o custeio da saúde dos servidores públicos estaduais, refletiria na esfera jurídica de servidores públicos de todo o país. O Recorrido em suas contrarrazões afirma estar acertado o ato impugnado, diante da declaração de inconstitucionalidade da contribuição previdenciária em debate.

Após discorrer sobre a integra do pronunciamento do Relator Ministro Cezar Peluso, presidente do Supremo, que admitiu e deu provimento ao Agravo, convertendo-o em Recurso Extraordinário, mas reafirmou a jurisprudência da Corte para negar provimento ao Recurso, afirmou haver repercussão geral na questão relativa a reafirmação da jurisprudência do Supremo.

Assim, o Ministro Marco Aurélio sustentou que devido ao aceleramento dos trabalhos não havia a reautuação dos autos para constar o Recurso Extraordinário, e que tal fato, apesar de lamentável, não prejudicaria a apreciação da matéria de fundo, pois se de um lado havia tema constitucional a reclamar crivo do Supremo, de outro, este deve ocorrer com os integrantes reunidos em colegiado.

Aduziu ainda que o Tribunal, ao viabilizar a definição da repercussão geral no Plenário Virtual, já havia dado um grande passo, e que chegar-se ao julgamento de mérito do próprio Recurso Extraordinário é abandonar-se, por completo, a organicidade do Direito instrumental.

Ao final o Ministro pronunciou pela existência de repercussão geral e pela inadequação do exame imediato da matéria no Plenário Virtual, remetendo de volta a Assessoria para acompanhamento da tramitação do incidente. Assim, a decisão ocorreu por meio do Plenário Virtual da Corte.

1.2.4 Voto Vencido

O Tribunal acompanhou o voto do Relator Ministro Cézar Peluso reconhecendo a existência de repercussão geral da questão constitucional e, no mérito, reafirmou a jurisprudência dominante da Corte sobre o tema para negar provimento ao Recurso Extraordinário, vencidos os Ministros Ayres Britto e Marco Aurélio.

1.3 Análise Crítica

O Agravo de Instrumento interposto pelo Instituto de Previdência dos Servidores do Estado de Minas Gerais (IPSEMG) contra decisão que inadmitiu o Recurso Extraordinário no qual se discute a restituição de contribuição previdenciária incidente sobre proventos de aposentadoria.

Assim, o Agravo de Instrumento foi convertido em Recurso Extraordinário, para reafirmação da jurisprudência, no qual se discute a inconstitucionalidade da cobrança de contribuição para assistência à saúde incidente sobre proventos e pensões dos servidores públicos no interregno das Emendas Constitucionais nº 20/98 e nº 41/03.

O Tribunal reconheceu a existência de Repercussão Geral, mas no mérito reafirmou a jurisprudência dominante pacificada na Súmula 359 do STF, que entende que é incompatível com a Constituição Federal de 1988 normas que instituem contribuições para a saúde incidente sobre o valor recebido pelos servidores públicos de seus proventos e pensões, no período entre as Emendas Constitucionais nº 20/1998 e 41/2003, uma vez que neste período era inexigível pela União, Estados, Distrito Federal e Municípios, aos seus servidores inativos e pensionistas, contribuição de seguridade social incidente sobre pensões e proventos, pois não podem ser sujeitos passivos da contribuição previdenciária o servidor público aposentado e pensionista.

Inclusive os embargos de declaração na repercussão geral no Agravo de Instrumento interpostos foram desprovidos por unanimidade pelo Tribunal, nos termos do voto do Relator, Presidente Ministro Cezar Peluso.

Ademais, é inconstitucional a cobrança desta contribuição porquanto os Estados não possuem competência para a instituição de contribuição à saúde, tanto de servidores inativos, como de ativos. Da mesma forma já havia sido afastada a cobrança de contribuição previdenciária sobre proventos de aposentadoria dos servidores públicos federais aposentados em vários outros julgados (ADIn nº 2010-2, Rel. Min. Celso Mello), e também nos estados do Rio de Janeiro (ADIn nº 1.433, ADIn nº 2.197 e ADIn nº 2.176/RJ) e Paraná (ADInMC nº 2.158/PR).

Nesse diapasão, resta acertada a decisão do Tribunal que entendeu pela inconstitucionalidade, haja vista o servidor, ao se aposentar, estar isento de contribuir para a seguridade social, sendo inconstitucional obrigar o servidor inativo a contribuir compulsoriamente com contribuição previdenciária, já que o mesmo já possui direito adquirido à aposentadoria, beneficio que não pode ser objeto de desconto que implique em redução de seu valor nominal, protegido pelo direito adquirido previsto no art. 5º, XXXVI da CF.

Capítulo XI
Recurso Extraordinário nº 603.191

Thaís Soares de Oliveira Almeida

1. Recurso Extraordinário nº 603.191 Mato Grosso[1]

Relatora: Ministra Ellen Gracie
Data de julgamento: 01 de agosto de 2011
Data da Publicação: 05 de setembro de 2011

1.1 Ementa

DIREITO TRIBUTÁRIO. SUBSTITUIÇÃO TRIBUTÁRIA. RETENÇÃO DE 11% ART. 31 DA LEI 8.212/91, COM A REDAÇÃO DA LEI 9.711/98. CONSTITUCIONALIDADE.
1. Na substituição tributária, sempre teremos duas normas: a) a norma tributária impositiva, que estabelece a relação contributiva entre o contribuinte e o fisco; b) a norma de substituição tributária, que estabelece a relação de colaboração entre outra pessoa e o fisco, atribuindo-lhe o dever de recolher o tributo em lugar do contribuinte.
2. A validade do regime de substituição tributária depende da atenção a certos limites no que diz respeito a cada uma dessas relações jurídicas.

[1] BRASIL. SUPREMO TRIBUNAL FEDERAL. **RECURSO EXTRAORDINÁRIO nº 603.191.** elator(a): Min. Ellen Gracie, Tribunal Pleno, julgado em 01/08/2011. Disponível em: http://portal.stf.jus.br/processos/detalhe.asp?incidente=3759099. Acesso em 09 de jun de 2019.

Não se pode admitir que a substituição tributária resulte em transgressão às normas de competência tributária e ao princípio da capacidade contributiva, ofendendo os direitos do contribuinte, porquanto o contribuinte não é substituído no seu dever fundamental de pagar tributos. A par disso, há os limites à própria instituição do dever de colaboração que asseguram o terceiro substituto contra o arbítrio do legislador. A colaboração dele exigida deve guardar respeito aos princípios da razoabilidade e da proporcionalidade, não se lhe podendo impor deveres inviáveis, excessivamente onerosos, desnecessários ou ineficazes.

3. Não há qualquer impedimento a que o legislador se valha de presunções para viabilizar a substituição tributária, desde que não lhes atribua caráter absoluto.

4. A retenção e recolhimento de 11% sobre o valor da nota fiscal é feita por conta do montante devido, não descaracterizando a contribuição sobre a folha de salários na medida em que a antecipação é em seguida compensada pelo contribuinte com os valores por ele apurados como efetivamente devidos forte na base de cálculo real. Ademais, resta assegurada a restituição de eventuais recolhimentos feitos a maior.

5. Inexistência de extrapolação da base econômica do art. 195, I, a, da Constituição, e de violação ao princípio da capacidade contributiva e à vedação do confisco, estampados nos arts. 145, § 1º, e 150, IV, da Constituição. Prejudicados os argumentos relativos à necessidade de lei complementar, esgrimidos com base no art. 195, § 4º, com a remissão que faz ao art. 154, I, da Constituição, porquanto não se trata de nova contribuição.

6. Recurso extraordinário a que se nega provimento.

7. Aos recursos sobrestados, que aguardavam a análise da matéria por este STF, aplica-se o art. 543-B, § 3º, do CPC.

1.1.1 Especificação do Caso e Razões da Submissão à Repercussão Geral

A lei 9.711/98 deu nova redação ao art. 31, da lei 8.212/91, determinando a obrigação da empresa tomadora de serviços executados mediante cessão de mão-de-obra promover a retenção de 11% sobre o valor bruto da nota fiscal ou da fatura de prestação de serviços e o devido recolhimento da importância retida até o dia 2 (dois)[2] do mês subsequente ao da

[2] Cumpre ressaltar que, posteriormente, o mesmo artigo foi alterado, pela Lei 11.933/2009, para modificar apenas o prazo de recolhimento do valor retido: "Art. 31. A empresa contratante de serviços executados mediante cessão de mão de obra, inclusive em regime de

emissão da respectiva nota fiscal ou fatura, em nome da empresa cedente da mão-de-obra. Sob essa perspectiva, esse dispositivo adotou a sistemática da substituição tributária, transferindo a responsabilidade pela retenção e recolhimento para o contratante da mão-de-obra cedida.

Importante a transcrição do referido dispositivo, *in verbis*:

> Art. 31. A empresa contratante de serviços executados mediante cessão de mão-de-obra, inclusive em regime de trabalho temporário, deverá reter onze por cento do valor bruto da nota fiscal ou fatura de prestação de serviços e recolher, em nome da empresa cedente da mão-de-obra, a importância retida até o dia vinte do mês subseqüente ao da emissão da respectiva nota fiscal ou fatura, ou até o dia útil imediatamente anterior se não houver expediente bancário naquele dia, observado o disposto no § 5o do art. 33.

Com a previsão da nova obrigação atribuída às empresas tomadoras dos serviços, diversas ações foram propostas para discutir a inconstitucionalidade do dispositivo, caso do Recurso Extraordinário 603.191/ /Mato Grosso, interposto contra acórdão do Egrégio Tribunal Regional Federal da 1ª Região, que decidiu pela constitucionalidade da norma.

O referido Tribunal entendeu legítima a retenção de 11% a título de contribuição previdenciária, conforme determinada pelo dispositivo supra, sustentando que não houve a criação de nova exação. Isso porque a legislação apenas conferiu ao sujeito passivo da relação jurídico-tributária a condição de responsável pelo pagamento do tributo, cujo fato gerador virá a ocorrer com o efetivo pagamento dos salários, sendo instituída, em obediência ao princípio da praticabilidade da tributação, a substituição tributária para frente.

A Recorrente, Construtora Locatelli, insurgiu-se contra a decisão, pugnando pela declaração incidental da inconstitucionalidade do art. 31, da Lei 8.212/91, sob os seguintes argumentos:

a) A retenção de 11% representa a criação de uma nova contribuição, e não se refere à hipótese de substituição tributária, conforme pre-

trabalho temporário, deverá reter 11% (onze por cento) do valor bruto da nota fiscal ou fatura de prestação de serviços e recolher, em nome da empresa cedente da mão de obra, a importância retida até o dia 20 (vinte) do mês subsequente ao da emissão da respectiva nota fiscal ou fatura, ou até o dia útil imediatamente anterior se não houver expediente bancário naquele dia, observado o disposto no § 5o do art. 33 desta Lei." (grifo nosso) visto no art. 150, § 7º, da Constituição Federal, não havendo nenhuma vinculação entre o substituto tributário e o fato gerador da obrigação, uma vez que o tomador de serviços não é contribuinte originário das contribuições devidas pelo cedente de mão-de-obra e não tem qualquer controle sobre a elaboração e o pagamento da folha de salários deste último, eventos que sequer podem ser considerados como posteriores ao pagamento do serviço.

b) por se tratar de uma nova contribuição, incidente sobre o faturamento das empresas prestadoras de serviços de cessão de mão-de-obra, haveria necessidade da elaboração de lei complementar, de acordo com os arts. 154, I e 195, sendo que não respeitou o Estado Democrático de Direito, previsto no art. 1º e o processo legislativo, estabelecido no art. 69, ambos da Constituição Federal. Ademais, tal contribuição nova não poderia ter a mesma base de cálculo de outra já existente, o que contraria os arts. 154, I e 195, § 4º, da CF.

c) a cobrança, nos moldes determinados, viola o princípio do não-confisco, previsto no art. 150, IV, da CF, uma vez que há excesso da retenção sobre o faturamento das entidades cedentes de mão-de-obra.

Em contrarrazões, a União sustentou que a alteração do art. 31, da Lei 8.212/91, realizada com a edição da Lei 9.711/98, não criou nova contribuição, não modificou alíquota, nem base de cálculo, mas apenas instituiu uma nova sistemática na forma de arrecadação da contribuição para a seguridade social, prescrevendo a responsabilidade tributária das empresas contratantes de serviços, por substituição tributária.

Em decisão da Corte Suprema, foi reconhecida a repercussão geral, pela Ministra Relatora Ellen Gracie, que destacou a submissão de diversos processos ao Judiciário, questionando a aplicação da norma, sendo confirmada a relevância jurídica e econômica, que extrapola os interesses subjetivos da causa.

1.1.2 Critério de conhecimento da repercussão geral

Ao tratar da repercussão geral da matéria, a Ministra Ellen Gracie apontou como razões para o seu reconhecimento, a relevância jurídica e econômica da prestação jurisdicional. Isso porque, o dispositivo pretendeu assegurar a arrecadação das contribuições previdenciárias na cessão de mão-de-obra, mediante a utilização do mecanismo da substituição tributária.

Daí a necessidade de verificar se a instituição da substituição tributária, no caso sob discussão, observou os limites determinados ou violou as normas de competência ou as exigências formais para a criação de novos tributos, sendo sua análise relevante.

Ademais, a existência de inúmeros processos no Judiciário que versam sobre a norma em comento, qual seja, a do art. 31, da lei 8.212/91, com a redação dada pela Li 9.711/98, transborda os interesses subjetivos das partes, merecendo ser submetido ao crivo do Supremo para definir-se sobre a possibilidade ou não da retenção pelo tomador do serviço, tal como determinada legalmente.

1.2 Mérito da Decisão

O Recurso Extraordinário nº 603.191 foi julgado em 01 de agosto de 2011, em sessão plenária presidida pelo Ministro Cezar Peluso. O Tribunal, por maioria e nos termos do voto da Relatora, Ministra Ellen Gracie, conheceu e desproveu o Recurso Extraordinário, vencido o Senhor Ministro Marco Aurélio, que conhecia e o provia. Votou o Presidente, Ministro Gilmar Mendes. Ausente, justificadamente, o Senhor Ministro Joaquim Barbosa. Estavam presentes à sessão os Senhores Ministros Celso de Mello, Marco Aurélio, Ellen Gracie, Gilmar Mendes, Ayres Britto, Ricardo Lewandowski, Cármen Lúcia, Dias Toffoli e Luiz Fux.

1.2.1 Voto Condutor

O voto condutor foi exarado pela Ministra Ellen Gracie.

A análise pautou-se em verificar se a substituição tributária, tal como determinada pelo art. 31, da lei 8.212/91, com a redação dada pela Lei 9.711/98, atendeu aos requisitos legais ou extrapolou a norma de competência, instituição de novo tributo, violação à capacidade contributiva ou à vedação ao confisco, ou ainda, inobservância da via legislativa adequada, envolvendo a discussão dos arts. 146, III, a, 149, 150, IV e § 7º, 154, I e 195, I e § 4º, da Constituição Federal.

O raciocínio do voto se inicia com a explicação sobre a substituição tributária, como mecanismo de simplificação dos procedimentos para facilitar e assegurar a arrecadação, de forma a diminuir os riscos de evasão, reduzir custos e aumentar as garantias do fisco. Desse modo, um terceiro – "substituto" é colocado no lugar do contribuinte – "substituído", assumindo a obrigação de pagar o tributo devido. A substituição tributária pode ser classificada em "para trás", "para frente" ou "concomitante/simultânea", podendo se dar mediante retenção, exigência prévia ou ressarcimento.

Expõe a Ministra que:

> Em quaisquer modalidades de substituição tributária, sempre estaremos diante de pelo menos duas normas: a) a norma tributária impositiva, que estabelece a relação contributiva entre o contribuinte e o fisco; b) a norma de substituição tributária, que estabelece a relação de colaboração entre outra pessoa e o fisco, atribuindo-lhe o dever de recolher o tributo em lugar do contribuinte.

Não pode haver substituição tributária que resulte em transgressão às normas de competência tributária e ao princípio da capacidade contributiva, ofendendo os direitos do contribuinte. Na substituição tributária, o contribuinte não é substituído no seu dever fundamental de pagar tributos. Nesse caso, a relação contributiva é preservada, sendo que o cumprimento da obrigação é facilitado e assegurado pelo regime da substituição tributária, com caráter meramente instrumental, em que o retentor fica apenas obrigado ao recolhimento, figurando como colaborador do Fisco e não assumindo a característica de devedor do tributo.

Atuando em colaboração com o Fisco, é garantida ao substituto, que assume a responsabilidade pelo pagamento do tributo do contribuinte, a observância de limites pelo legislador, de forma que não lhe sejam impostos deveres inviáveis, excessivamente onerosos, desnecessários ou ineficazes.

Somente o terceiro que possua um vínculo com o fato gerador da respectiva obrigação tributária e tem a possibilidade de colaborar com o cumprimento dos deveres que guardam relação com suas atividades é que pode ser colocado na condição de substituto. Por isso, é essencial que o substituto, sujeito passivo da relação de colaboração, possa realizar o recolhimento com recursos ou sob as expensas do próprio contribuinte, que é o sujeito passivo da relação contributiva.

No caso, do art. 31, da Lei 8.212/91, com a redação dada pela Lei 9.711/98, a substituição tributária estipulada refere-se às diversas contribuições da seguridade social incidentes sobre a folha de salários, a cargo dos empregadores, instituída sob a sistemática da substituição simultânea à ocorrência do fato gerador do tributo, mediante retenção de montante presumidamente devido e seu recolhimento por conta do valor final a ser posteriormente apurado pelo contribuinte.

Nesse caso, o substituto, por ocasião do pagamento dos serviços, deve proceder à retenção de 11% do valor bruto da nota fiscal ou fatura de prestação de serviços – cujo montante foi estabelecido com base em elementos empíricos, ensejando-se a posterior compensação ou restituição.

A determinação da porcentagem de retenção de 11% sobre a nota fiscal, entendida como razoável no voto condutor, vem explicada pela Ministra, citando Fernando Osório de Almeida Júnior:

> [...] Trata-se de uma presunção – decorrente da experiência – de que tal percentual do faturamento representa em média a parcela da receita da empresa que presta serviços mediante cessão de mão-de-obra e a qual costuma ser absorvida pelo pagamento dos trabalhadores a seu serviço. Sobre essa base de cálculo arbitrada, incidirá a alíquota de 20% devida pela empresa (art. 22, I, da Lei nº 8.212/91), mais 1%, 2% ou 3% (art. 22, II da citada Lei) a título de adicional SAT (Seguro de Acidente do Trabalho), de acordo com o grau de risco e a atividade preponderante da empresa, e, por fim, a contribuições de trabalhadores, que será calculada mediante a aplicação da alíquota mínima (no caso 8%) Tomando-se em consideração a alíquota mínima do SAT (1%), em consonância com o fato de que para a contribuição dos trabalhadores também se considera a alíquota mínima (8%), além do percentual da parte patronal (20%), temos uma alíquota global de 29% que incidirá sobre a base de cálculo arbitrada correspondente a 40% do faturamento, pelo que o montante arbitrado a título de contribuições devidas ao INSS sobre os rendimentos dos trabalhadores [29%(20=8+10 x 40% do faturamento] representa 11,6% do faturamento. Ou seja, eliminando-se os décimos, encontramos 11% do faturamento. Coincidência? Claro que não. Aliás, deve-se dizer que o próprio INSS confirma o exposto, como assim já o fez brilhantemente o seu ilustre Coordenador-Geral em Seminário ao qual os referimos no início.' (Almeida Júnior, Fernando Osório de. In RDDT 45/55-60).

Restou consignado no voto que se trata de uma retenção e recolhimento por conta do tributo devido, que não dispensa a empresa contribuinte de apurar a contribuição sobre a folha de salários e de efetuar seu pagamento. Os 11% sobre o valor bruto da nota fiscal consiste no montante a ser retido e recolhido pelo substituto, tendo sido reconhecida, expressamente pela lei, a possibilidade de a empresa cedente da mão-de-obra efetuar a posterior compensação, quando do recolhimento das contribuições destinadas à Seguridade Social e devidas sobre a folha de pagamento dos segurados a seu serviço; ou restituição (art. 31, §§ 1º e 2º, da Lei 8.212/91).

Assim, preservou-se a identidade e as características da relação contributiva, já que a substituição implicou na retenção de montante presumido – técnica utilizada pelo legislador para viabilizar a substituição tributária – a ser comparado com o valor efetivamente devido, apurado pelo próprio contribuinte quando aplicar a norma tributária referente à contribuição sobre a folha de salários, gerando saldo credor e devedor, que permite a compensação ou restituição.

Nesse sentido:

> Note-se que os serviços prestados mediante cessão de mão-de-obra ou mediante empreitada de mão-de-obra têm como principal fator justamente o trabalho humano e, frise-se, o trabalho assalariado, que gera folha de salários e dá ensejo, necessariamente, ao surgimento das obrigações correspondentes às contribuições sobre a folha. Tal custo, indubitavelmente, é considerado na definição do preço pago pelo serviço, sendo de todo adequada e eficaz a determinação de retenção. Para tanto, presume-se valor aproximado ao custo real, permitindo-se o posterior ajuste de contas.

Invocando julgamentos precedentes no STJ – Resp 1036375/SP e no próprio STF – RE 393.946/MG sobre a mesma questão, e que rechaçaram as alegações sobre a criação de nova contribuição ou alteração do seu critério quantitativo com ofensa aos requisitos constitucionais respectivos, vislumbrou a inexistência de qualquer razão para a mudança do entendimento assentado de que a norma se trata de uma inovação relacionada à sistemática de arrecadação, tendo sido mantida a relação contributiva original.

Com isso, não houve extrapolação da base econômica do art. 195, I, a da Constituição Federal, ou ao princípio da capacidade contributiva ou à vedação ao confisco, restando prejudicada a questão sobre a exigência da lei complementar (art. 195, § 4º c/c art. 154, I, da CF), tampouco exigida para a disciplina da substituição tributária relacionada à contribuição de seguridade social.

Por fim, concluiu que não houve a criação de nenhuma obrigação desarrazoada ou imposição ônus desproporcionais, tendo em vista que o tomador de serviços possui uma relação próxima com o fato gerador e com o contribuinte das contribuições sobre a folha de salários, tendo a facilidade de proceder à retenção e recolhimento sobre a nota fiscal, já que lhe cabe efetuar o pagamento da prestação dos serviços, minorando os riscos de inadimplemento, facilitando a fiscalização e ampliando as garantias do crédito tributário.

Neste caso, a substituição tributária permite que o substituto cumpra seu dever de colaboração sem despender recursos próprios, o que não compromete seu patrimônio, que somente será atingido na hipótese de deixar de cumprir tal dever, sendo demandado a pagar com recursos próprios o montante que deixou de reter e recolher. Com base em todos os fundamentos, foi negado provimento ao Recurso Extraordinário, considerando constitucional a sistemática da substituição tributária, prevista no art. 31, da Lei 8.212/91.

1.2.2 Votos Vencidos

O único voto vencido foi o do Ministro Marco Aurélio que entendeu não ser caso de substituição tributária, por não ter atribuído à pessoa designada para a retenção a responsabilidade pelo tributo, sendo meramente uma obrigação acessória, tal qual a relativa ao Imposto de Renda. Por isso, nesse caso, houve a instituição de contribuição estranha ao rol do art. 195, I, da Constituição Federal, uma vez que passou a incidir sobre a nota fiscal de prestação de serviços e não sobre a folha de salário.

Reportando-se ao seu próprio voto proferido no RE 393.946.7/MG, de relatoria do Ministro Carlos Velloso, expôs seu entendimento, o qual destacamos para melhor elucidar ser posicionamento:

> Senhor Presidente, pelo figurino constitucional, temos a incidência da contribuição sobre a folha de salários. Esses são exatamente os parâmetros revelados pela Carta da República. Ora, a pretexto de se ter a substituição tributária – não diria aqui que é para frente, já que não se trata de um fato gerador posterior, nem se atribui o ônus tributário àquele que implementa inicialmente o negócio jurídico –, é possível a substituição dessa base de incidência, folha de salários, por algo diverso, que não está previsto no

> art. 195 da Constituição Federal? Considerada uma técnica de cobrança, de arrecadação, há base constitucional para que a incidência, ainda que de um percentual intermediário, recaia sobre aquele que incidirá sobre a folha de salário? A incidência é sobre o valor da nota fiscal, tendo em conta serviços executados, valor que não corresponde, em si, ao que é satisfeito aos prestadores de serviços? A meu ver, não. A meu ver, o artigo 31, não na redação primitiva da Lei nº 8.212, de 24 de julho de 1991, mas no decorrente da Medida Provisória nº 1.663, de 22 de outubro de 1998, acabou por introduzir – muito embora de forma precária e efêmera, utilizando até mesmo o eufemismo de adiantamento – uma nova base de incidência da contribuição, que não tem a ver, já que essa base de incidência suplanta a folha de salário, com o fixado na Carta da República.

E tratando da compensação prevista no § 1º, do art. 31, da Lei 8.212/91, arremata o Ministro:

> Sim, é compensação, mas há o desembolso. Esse desembolso inicial, a meu ver, não está autorizado pela Carta da República, que, ao prever a contribuição, remete à folha de salário, não a uma nota fiscal emitida pela empresa prestadora de serviço, cujo valor global diz respeito a "n" fatores que extravasam em muito o que é satisfeito aos prestadores dos serviços, aos trabalhadores.

Por fim, o Ministro Marco Aurélio expressa seu voto no sentido de que a legislação ordinária aditou a Constituição Federal, criando uma nova base de incidência da contribuição social que vai além dos fatores relacionados à folha de salários, incluindo, outros fatores e também o lucro da empresa prestadora de serviços, entendendo como inconstitucional o dispositivo versado no art. 31, da Lei nº. 8.212/91, introduzido por Medida Provisória.

1.3 Análise Crítica

A Lei 9.711/98, com vistas a simplificar a arrecadação e facilitar a fiscalização das contribuições previdenciárias decorrentes dos serviços executados mediante cessão de mão-de-obra, alterou o art. 31, da Lei 8.212/91, para mudar a forma de recolhimento, na medida em que atribuiu a responsabilidade pelo seu pagamento às empresas tomadoras dos serviços, o que revela a sistemática da substituição tributária, prevista no art. 128, do CTN.

Este dispositivo (art. 128, do CTN) não representa qualquer entrave quanto à possibilidade de as empresas tomadoras de serviços serem responsáveis tributárias, tendo em vista que o vínculo com o fato gerador da obrigação tributária não precisa ser direto, podendo ocorrer de modo apenas indireto, como neste caso. A retenção é feita pelo responsável tributário, de modo a evitar maior transtorno na arrecadação da contribuição, não havendo qualquer óbice legal no estabelecimento da técnica de arrecadação.

O tomador de serviço, ou o contratante de serviços executados mediante cessão de mão-de-obra está obrigado a reter 11% do valor bruto da nota fiscal ou fatura de prestação de serviços e recolher a importância devida em nome do cedente, revelando a existência de mera obrigação acessória, mas jamais uma contribuição nova, ou criação de fonte de custeio nova, tampouco de designação de novo contribuinte. Não se tratando de nova contribuição, não há que se falar em exigência de lei complementar para tratar do assunto.

A lei apenas atribuiu ao sujeito passivo da relação jurídico-tributária a condição de responsável pelo recolhimento do tributo, cujo fato gerador correrá quando do efetivo pagamento dos salários. O que a norma faz é apenas tomar como base de cálculo o faturamento para estimar um valor aproximado do que será devido à contribuição incidente sobre os salários, e acaso não se realize o fato gerador ou se existirem quantias pagas a maior, garante a restituição, mostrando-se em conformidade com o art. 150, § 7º, da Constituição Federal, que permite muito mais.

No caso, tem-se a substituição tributária, na qual a empresa contratante dos serviços obriga-se, no lugar da contratada, a reter de maneira antecipada as quantias devidas a título das contribuições previdenciárias sobre a folha de salários, consagrando o princípio da praticabilidade da tributação e prevendo o ressarcimento quando não se realizar o fato gerador.

Assim, a empresa contratada – prestadora de serviços, que sofreu a retenção, realiza, no mês de competência, um simples cálculo matemático, pautado compensando o valor que foi retido pela tomadora de serviço com o valor devido relacionado à contribuição previdenciária incidente sobre a folha de pagamento; se o valor retido foi menor, procede com o recolhimento do montante devedor respectivo; se o valor retido for maior que o devido, no mês de competência, deverá pleitear a restituição do seu saldo credor.

Desse modo, concordando com o entendimento do STF no julgamento do RE 603.191/MT, entende-se que o art. 31, da Lei 8.212/93, está alinhado às disposições constitucionais, tendo em vista que representa a utilização, à disposição do legislador, da sistemática da substituição tributária que, embora presente-se mais complexa ao contribuinte, não altera as bases legais da contribuição previdenciária incidente sobre a folha de salários.

Capítulo XII
Recurso Extraordinário nº 596.177

RICARDO LIMA DE OLIVEIRA

1. Recurso Extraordinário nº 596.177[1] – Rio Grande do Sul

Relator: Ministro Ricardo Lewandowski
Voto vencedor: Ministro Ricardo Lewandowski
Data de julgamento: 01º de agosto de 2011

1.1 Ementa

CONSTITUCIONAL. TRIBUTÁRIO. CONTRIBUIÇÃO SOCIAL PREVIDENCIÁRIA. EMPREGADOR RURAL PESSOA FÍSICA. INCIDÊNCIA SOBRE A COMERCIALIZAÇÃO DA PRODUÇÃO. ART. 25 DA LEI 8.212/1991, NA REDAÇÃO DADA PELO ART. 1º DA LEI 8.540/1992. INCONSTITUCIONALIDADE.
I – OFENSA AO ART. 150, II, DA CF EM VIRTUDE DA EXIGÊNCIA DE DUPLA CONTRIBUIÇÃO CASO O PRODUTOR RURAL SEJA EMPREGADOR.
II – NECESSIDADE DE LEI COMPLEMENTAR PARA A INSTITUIÇÃO DE NOVA FONTE DE CUSTEIO PARA A SEGURIDADE SOCIAL.

[1] BRASIL. Supremo Tribunal Federal. **RECURSO EXTRAORDINÁRIO nº 596.177.** in. RICARDO LEWANDOWSKI, Tribunal Pleno, julgado em 01/08/2011. Disponível em: http://portal.stf.jus.br/processos/detalhe.asp?incidente=2653733. Acesso em: 09 de jun de 2019.

III – RE CONHECIDO E PROVIDO PARA RECONHECER A INCONSTITUCIONALIDADE DO ART. 1º DA LEI 8.540/1992, APLICANDO-SE AOS CASOS SEMELHANTES O DISPOSTO NO ART. 543-B DO CPC.

1.1.1 Especificação do Caso e Razões da Submissão à Repercussão Geral

O caso em análise trata de um Recurso Extraordinário interposto por Adolfo Ângelo Marzari Júnior em face de acórdão proferido pela 2ª Turma do Tribunal Regional Federal da 4ª Região, que reconheceu a constitucionalidade do art. 25 da Lei Federal nº 8.212/91.

O recorrente alegou a inconstitucionalidade da incidência de Contribuição Social Previdenciária sobre a receita bruta proveniente da comercialização da produção rural, tendo em vista ser ele um empregador rural pessoa física.

Em apertada síntese, alegou o recorrente que o artigo 195 da Constituição Federal não autoriza a criação de nova exação, por meio de Lei Ordinária, sobre a tributação do empregador rural incidente sobre o valor da produção.

Segundo o recorrente, tal cobrança violou o disposto nos artigos 195, §4º e 154, inciso I, ambos da Constituição Federal de 1988.

A União Federal alegou a constitucionalidade do artigo 25 da Lei Federal nº 8.212/91, nos termos do entendimento do TRF-4.

A Procuradoria Geral da República manifestou-se no sentido de prover o recurso.

Em 17 de setembro de 2009, o STF reputou existente a Repercussão Geral do caso em análise.

Em 17 de junho de 2010 foi deferido pelo Ministro Relator o pedido de liminar, conferindo efeito suspensivo até o julgamento final da causa.

1.1.2 Critério de Conhecimento da Repercussão Geral

O instituto da Repercussão Geral foi inserido na Carta Magna brasileira pela Emenda Constitucional nº 45 de 2003 que acrescentou o §3º ao inciso III do artigo 102.

Para que seja reconhecida a Repercussão Geral, o recorrente deve demonstrar as questões relevantes do ponto de vista econômico, político, social ou jurídico, que ultrapassem os interesses subjetivos da causa.

A relatoria da repercussão geral foi do Ministro Ricardo Lewandowski, que assim reconheceu e fundamentou sua decisão:

> (...) Entendo que a controvérsia possui repercussão geral. Com efeito, o tema apresenta relevância do ponto de vista jurídico, uma vez que a definição sobre a constitucionalidade dessa exação norteará o julgamento de inúmeros processos similares, que tramitam neste e nos demais tribunais brasileiros. Além de fixar a interpretação da Corte sobre os dispositivos constitucionais suscitados no feito. Ademais, evidencia-se a repercussão econômica, porquanto a solução do caso poderá implicar relevante impacto no orçamento da seguridade social.

O Supremo Tribunal Federal, por unanimidade, reconheceu a existência de repercussão geral da questão constitucional suscitada, pelos critérios da relevância jurídica e econômica do tema.

Não se manifestaram os Ministros Cármen Lúcia, Cezar Peluso, Joaquim Barbosa e Menezes Direito.

1.2 Mérito da Decisão

O Recurso Extraordinário nº 596.177/RS foi julgado em 01º de agosto de 2011, em sessão plenária presidida pelo Ministro Cesar Peluso, onde estavam presentes à sessão os Senhores Ministros Celso de Mello, Marco Aurélio, Ellen Gracie, Gilmar Mendes, Ayres Brito, Ricardo Lewandowski, Cármen Lúcia, Dias Toffoli e Luiz Fux. Ausente o Senhor Ministro Joaquim Barbosa, licenciado.

Nos termos do voto do Relator, deu provimento ao recurso de Adolfo Ângelo Marzari Júnior, por unanimidade.

1.2.1 Voto Condutor

Em seu voto, o Ministro Ricardo Lewandowski afirmou que a controvérsia do recurso extraordinário em exame encontrava-se na possibilidade de que o produtor fosse exigido duas vezes.

Foi lembrado, também pelo Ministro Ricardo Lewandowski, que matéria idêntica já havia sido julgada no RE 363.852/MG, da relatoria do Ministro Marco Aurélio, que fundamentou seu voto no sentido de que a referida Contribuição seria inconstitucional por não haver previsão na Constituição Federal sobre a possibilidade de que Lei Ordinária crie novos fatos geradores para o financiamento da seguridade social. O Relator, à época, também asseverou a necessidade de Lei Complementar para se instituir nova fonte de custeio para a seguridade social.

No caso em tela, o contribuinte insurgiu-se contra Acórdão exarado pela 2ª Turma do Tribunal Regional Federal da 4ª Região, que é composto pelos três Estados-Membros da Região Sul do Brasil – Paraná, Santa Catarina e Rio Grande do Sul.

Na Segunda Instância federal, os julgadores não entenderam haver *bis in idem* entre a Contribuição incidente sobre a comercialização da produção rural e a COFINS, afirmando que o produtor em questão não seria contribuinte da COFINS. Veja-se:

> TRIBUTÁRIO. CONTRIBUIÇÃO INCIDENTE SOBRE A COMERCIALIZAÇÃO DA PRODUÇÃO RURAL. PRODUTOR RURAL PESSOA FÍSICA EMPREGADOR. EXIGIBILIDADE. FATO GERADOR. BASE DE CÁLCULO. COFINS. BIS IN IDEM. INEXISTÊNCIA.
> (...) 2. Para o produtor rural pessoa física empregador, a contribuição sobre a comercialização da produção rural é indevida apenas de 25 de julho de 1991 (extinção do PRORURAL) até 22 de março de 1993 (prazo nonagesimal da Lei nº 8.540/92, que recriou a contribuição), quando então era exigível a contribuição sobre a folha de salários.
> (...) 4. A base de cálculo – receita bruta – é equivalente, para efeitos fiscais, a faturamento, segundo precedentes do e. STF, e representada pela venda ou consignação de mercadorias, no caso, produtos rurais.
> 5. Ausência de bis in idem, pois o produtor rural pessoa física empregador, porque não atende aos requisitos do art. 1º da LC 70/91 (ser equiparado a pessoa jurídica pela legislação do Imposto de Renda), não é contribuinte da COFINS, inexistindo suposta indevida cumulação de contribuições".

Ao analisar o Acórdão, ora impugnado no Extraordinário, o Ministro Relator, Ricardo Lewandowski, argumentou que mesmo que o produtor não sofresse a exação por duas vezes, não se poderia desconsiderar a questão constitucional do caso. Eis os termos do Ministro Relator:

> (...) ainda que se afastasse a duplicidade de contribuição a cargo do produtor rural pessoa física empregador por inexistência de previsão legal quanto a sua contribuição para a COFINS, não se poderia desconsiderar a ausência de previsão constitucional para a base de incidência da contribuição social trazida pelo art. 25, I e II da Lei 8.212/1991, a reclamar a necessidade de instituição por meio de lei complementar.

Sendo assim, o plenário confirmou o entendimento do RE 363.852/ /MG quanto a necessidade de lei complementar para criação de nova hipótese de custeio para a seguridade social, em face do disposto no rol taxativo do art. 195 da Constituição Federal.

Além disso, o Plenário também analisou pedido feito pela União Federal, de modulação de efeitos, no caso de provimento do Recurso Extraordinário. O pedido foi negado por maioria, sendo vencida a Ministra Ellen Gracie.

Dessa forma, o Plenário declarou a inconstitucionalidade do art. 1º da Lei 8.450/1992, que deu nova redação aos artigos 12, V e VII, 25, I e II e 30, IV da Lei 8.212/1991, determinando a aplicação desse entendimento aos demais casos, em face da repercussão geral admitida.

1.2.2 Votos Vencidos

No caso em tela, o provimento ao Extraordinário, foi unânime.

1.3 Análise Crítica

O Recurso Extraordinário nº 596.177/RS não suscitou grandes debates entre os senhores Ministros do STF.

Por certo, que o grande debate acerca do tema foi o político-econômico, tendo em vista a potencial diminuição de receita por parte da União Federal.

É certo concluir que sobre o produtor rural pessoa física, que tenha empregados, incide a previsão do recolhimento sobre o valor da folha de salários, conforme previsão expressa do art. 195, I, "a" da Constituição Federal.

Impor ao contribuinte, por força de Lei Ordinária, outra Contribuição, sem previsão constitucional, baseada no valor da receita bruta da comercialização de seus produtos, é violar o Princípio da Legalidade Tributária, previsto no art. 150, I da Carta Magna de 1988.

Os princípios existem para limitar o poder de tributar do Estado, protegendo o Contribuinte da ganância arrecadatória. Coube ao STF fazer valer a proteção constitucional no caso concreto.

Dessa forma, diante dos argumentos expostos acima, conclui-se que a decisão do STF, neste caso concreto, obedeceu ao Princípio da Legalidade Tributária e promoveu a correta justiça fiscal.

Capítulo XIII
Recurso Extraordinário nº 586.482

LEIDSON RANGEL OLIVEIRA SILVA

1. Recurso Extraordinário nº 586.482[1] – Rio Grande do Sul

Relator: Ministro Dias Toffoli
Voto vencedor: Ministro Dias Toffoli
Data de julgamento: 23 de novembro de 2011.

1.1 Ementa

TRIBUTÁRIO. CONSTITUCIONAL. COFINS/PIS. VENDAS INADIMPLIDAS. ASPECTO TEMPORAL DA HIPÓTESE DE INCIDÊNCIA. REGIME DE COMPETÊNCIA. EXCLUSÃO DO CRÉDITO TRIBUTÁRIO. IMPOSSIBILIDADE DE EQUIPARAÇÃO COM AS HIPÓTESES DE CANCELAMENTO DA VENDA.

1. O Sistema Tributário Nacional fixou o regime de competência como regra geral para a apuração dos resultados da empresa, e não o regime de caixa. (art. 177 da Lei nº 6.404/¨76).

2. Quanto ao aspecto temporal da hipótese de incidência da COFINS e da contribuição para o PIS, portanto, temos que o fato gerador da obrigação

[1] BRASIL. Supremo Tribunal Federal. **RECURSO EXTRAORDINÁRIO nº 586.482.** Relator(a): Min. DIAS TOFFOLI, Tribunal Pleno, julgado em 23/11/201. Disponível em: http://portal.stf.jus.br/processos/detalhe.asp?incidente=2616815. Acesso em 09 de jun. de 2019.

ocorre com o aperfeiçoamento do contrato de compra e venda (entrega do produto), e não com o recebimento do preço acordado. O resultado da venda, na esteira da jurisprudência da Corte, apurado segundo o regime legal de competência, constitui o faturamento da pessoa jurídica, compondo o aspecto material da hipótese de incidência da contribuição ao PIS e da COFINS, consistindo situação hábil ao nascimento da obrigação tributária. O inadimplemento é evento posterior que não compõe o critério material da hipótese de incidência das referidas contribuições.

3. No âmbito legislativo, não há disposição permitindo a exclusão das chamadas vendas inadimplidas da base de cálculo das contribuições em questão. As situações posteriores ao nascimento da obrigação tributária, que se constituem como excludentes do crédito tributário, contempladas na legislação do PIS e da COFINS, ocorrem apenas quando fato superveniente venha a anular o fato gerador do tributo, nunca quando o fato gerador subsista perfeito e acabado, como ocorre com as vendas inadimplidas.

4. Nas hipóteses de cancelamento da venda, a própria lei exclui da tributação valores que, por não constituírem efetivos ingressos de novas receitas para a pessoa jurídica, não são dotados de capacidade contributiva.

5. As vendas canceladas não podem ser equiparadas às vendas inadimplidas porque, diferentemente dos casos de cancelamento de vendas, em que o negócio jurídico é desfeito, extinguindo-se, assim, as obrigações do credor e do devedor, as vendas inadimplidas – a despeito de poderem resultar no cancelamento das vendas e na consequente devolução da mercadoria –, enquanto não sejam efetivamente canceladas, importam em crédito para o vendedor oponível ao comprador.

6. Recurso extraordinário a que se nega provimento.

1.1.1 Especificação do caso e razões da submissão à Repercussão Geral

A recorrente, WMS Supermercados do Brasil Ltda, interpôs o Recurso Extraordinário contra acórdão do Tribunal Regional Federal da Quarta Região, proferido em sede de apelação em mandado de segurança, sob a alegação de que a decisão negou vigência aos arts. 195, I; 234; 239; 238; 145, § 1º; 150, I, II e IV; e 153, IV, da Constituição Federal. No mérito busca afastar as vendas inadimplidas da base de cálculo das contribuições para o PIS e COFINS.

Sustenta a recorrente que tanto a lei nº 10.637, de 30/12/02, que dispõe sobre a incidência da contribuição ao PIS não cumulativo, quanto a lei nº 10.833, de 29/12/03, responsável pelas regras de incidência da COFINS não cumulativa, mantiveram intacto o critério quantitativo da base de cálculo do tributo, dispondo que constitui o total de receitas auferidas pelo sujeito passivo, e no seu entender a inadimplência elide a presunção de receita, de forma que estas vendas não deveriam compor a base de cálculo das contribuições, e a sua inclusão obriga as empresas a recolher as contribuições com base em valores que não ingressaram em suas contas.

Invoca também a violação ao princípio da capacidade contributiva, sob o argumento de que na ocorrência de inadimplência, não há qualquer demonstração de capacidade contributiva efetiva, sendo vedada a tributação de parcelas que não exteriorizem riqueza do contribuinte, por não existir substrato econômico.

Por derradeiro, aduziu o caráter confiscatório da cobrança do PIS e da COFINS, nos casos de inadimplência, já que além do decréscimo patrimonial decorrente dos custos e despesas incorridas com a atividade empresarial, os contribuintes são compelidos a dispor ainda mais de seu patrimônio para quitar as contribuições em comento.

Em suas contrarrazões, a União, através da Procuradoria-Geral da Fazenda Nacional, pugna inicialmente pela inadmissibilidade do recurso extraordinário em virtude da não arguição preliminar da repercussão geral.

No mérito, invoca a existência de previsão legal que sustenta a incidência dos tributos sobre as vendas inadimplidas[2], de forma que, em observância ao princípio da legalidade, a base de cálculo do PIS e da COFINS é o faturamento, entendido como o total das receitas auferidas pela empresa, que compreende a receita bruta da venda de bens e serviços nas operações em conta própria ou alheia e todas as demais receitas auferidas pela pessoa jurídica. Argumenta ainda que inexiste qualquer previsão legal de exclusão da base de cálculo de vendas objeto de inadimplência.

Apresenta também jurisprudência do STF para concluir que a hipótese de incidência é auferida segundo o mês de competência, independentemente do regime de caixa da empresa, e que a tributação através do regime de caixa violaria o princípio da igualdade. Diferencia as

[2] Arts. 2º e 3º da Lei 9.718/98, art. 1º da Lei 10.637/2002 e art. 1º da Lei 10.833/2003.

vendas inadimplidas das canceladas, apontando que no caso das primeiras remanesce o vínculo obrigacional entre o comprador e vendedor, de forma que existem meios coercitivos para que este último obtenha o seu direito, não podendo repassar os riscos do seu negócio para o ente tributante.

Quanto à alegação da recorrente acerca da violação do princípio da capacidade contributiva e do não-confisco, argumenta no sentido de inexistir tributação sobre a inadimplência das obrigações, mas sim ocorrência de fato tributário imponível cuja hipótese de incidência é o faturamento da pessoa jurídica, tributando-se de acordo com a receita bruta de cada pessoa em bases legalmente definidas.

1.1.2 Critério de conhecimento da repercussão geral

A repercussão geral foi reconhecida pelo plenário, no âmbito do plenário virtual, em 07/06/2008. Na ocasião os Ministros Menezes Direito, Joaquim Barbosa, Cezar Peluso, Celso de Mello e Cármen Lúcia votaram pela inexistência de repercussão geral. De outro modo, votaram pela existência de repercussão geral os Ministros Ellen Gracie, Ricardo Lewandowski, Marco Aurélio, Eros Grau e Ayres Britto.

Em sua manifestação o Ministro Menezes Direito, primeiro relator do Recurso Extraordinário, afirmou que apesar da possibilidade da questão da exigibilidade do PIS e da COFINS sobre as vendas inadimplidas atingir um razovável número de empresas, em sua opinião, a temática não possuía o alcance pretendido pelo recorrente para caracterizar a repercussão geral e, assim, viabilizar o julgamento do recurso extraordinário pelo STF. Restou vencido o ministro.

Desta forma, no âmbito dos temas que possuem repercussão geral, este ficou cunhado como "Exigibilidade do PIS e da COFINS sobre os valores das vendas a praz inadimplidas", constituindo-se o tema de número 087.

1.2 Mérito da Decisão

O julgamento do presente Recurso Extraordinário foi concluído em 23 de novembro de 2011, em sessão plenária presidida pelo Ministro Cezar Peluso, por maioria dos votos, tendo sido conhecido e negado o provimento, nos termos do voto do Relator, Ministro Dias Toffoli, que foi seguido pela Ministra Cármem Lúcia e pelos Ministros Ricardo Lewandowski e Ayres Britto. O Ministro Luiz Fux encontrava-se impedido de votar neste julgamento. Votaram de forma divergente quanto ao mérito os ministros Marco Aurélio e Celso de Mello. Esteve ausente justificadamente o Ministro Gilmar Mendes.

1.2.1 Voto Condutor

Antes de enfrentar os fundamentos do Recurso Extraordinário, o relator, Ministro Dias Toffoli, responsável pelo voto condutor, apontou que o Supremo Tribunal Federal foi por diversas vezes instado a se manifestar acerca das receitas que integram a base de cálculo do PIS e da COFINS, relembrou casos nos quais se discutiram ou se discutem temas como a questão da inclusão das receitas financeiras das instituições financeiras no conceito de faturamento[3] e também da questão da coincidência entre os termos receita bruta e faturamento, e sua distinção em relação ao termo receita[4].

Rememorou estes debates para colocar o tema central do Recurso em análise, qual seja, investigar e decidir se os valores das vendas a prazo que, embora faturados, não tenham ingressado efetivamente no caixa da empresa por inadimplência dos compradores integram a receita bruta da pessoa jurídica, compondo o aspecto material da hipótese de incidência. Em seguida passou a enfrentar os argumentos que fundamentam a tese do recorrente.

No que tange ao argumento de que na ocorrência da inadimplência a presunção de receita estaria elidida em virtude do não ingresso nos cofres do contribuinte dos valores anteriormente registrados, o relator afirmou que a regra fixada pelo Sistema Tributário Nacional para apuração dos resultados da empresa é o regime de competência, no qual consideram-se realizadas as receitas e incorridas as despesas no momento da transferência dos bens e da fruição dos serviços prestados, independentemente do recebimento do valor correspondente[5].

Quanto a este fundamento, conclui que é o aperfeiçoamento do contrato de compra e venda (entrega do produto), e não com o recebimento do preço, que ensejam na ocorrência do aspecto temporal da

[3] RE 609.096/RS.

[4] RE 357.950 e RE 346.084.

[5] Neste sentido prescrevem os art. 177 e 187, §1º, alínea "a" da lei nº 6.404/76, bem como o art. 9º da Resolução nº 750/93 do Conselho Federal de Contabilidade.

hipótese de incidência da COFINS e do PIS, ou seja, é a disponibilidade jurídica da receita, que passa a compor o aspecto material da hipótese de incidência das contribuições. Lembrou voto do Ministro Marco Aurélio no julgamento do RE 172.058-1/SC, no qual ficou sedimentado que a aquisição da disponibilidade econômica de renda consiste na percepção efetiva, pelo contribuinte, do rendimento em dinheiro (receita realizada), ao passo que a disponibilidade jurídica consiste no direito de o contribuinte receber um crédito, mediante a existência de um título hábil para recebê-lo. Afirma que a disponibilidade jurídica é presumida por força de lei, que define como fato gerador do imposto a aquisição virtual, e não efetiva, do poder de dispor. A disponibilidade é virtual quando já ocorreram todas as condições necessárias para que se torne efetiva.

Ainda quanto a este primeiro argumento observa que as situações excludentes do crédito tributário contempladas na legislação do PIS e da COFINS ocorrem apenas quando fato superveniente venha a anular o fato gerador do tributo, nunca quando o fato gerador subsiste perfeito e acabado, como ocorre com as vendas inadimplidas, e que não se pode equiparar as vendas canceladas às vendas inadimplidas pois, diferentemente dos casos de cancelamento de vendas, em que o negócio jurídico é desfeito, extinguindo-se, assim, as obrigações do credor e do devedor, as vendas inadimplidas – a despeito de poderem resultar no cancelamento das vendas e na consequente devolução da mercadoria –, enquanto não sejam efetivamente canceladas importam em crédito para o vendedor oponível ao comprador, subsistindo assim o fato imponível. Não se pode, na ausência de previsão legal, excluir as vendas inadimplidas através da interpretação sob alegação de isonomia, pois implica em exclusão de crédito tributário, cuja interpretação deve ser restrita, a teor do art. 111 do Código Tributário Nacional.

Nega provimento ao recurso extraordinário, afirmando, em síntese, que o faturamento é fato suficiente para constituir obrigação tributária perante o Fisco, independentemente do pagamento, pois os efeitos dos fatos ocorridos após a configuração do fato gerador não se estendem à seara tributária.

A Ministra Cármen Lúcia, seguiu o entendimento esposado pelo Ministro relator, e conheceu do recurso mas negou-o provimento, considerando que venda inadimplida não é venda cancelada, e que portanto não ocorre o desfazimento do negócio jurídico capaz de afastar a tributação.

No mesmo sentido votou o Ministro Ricardo Lewandowski, acrescentando que nas vendas a prazo, o vendedor assume o risco da inadimplência, e que a própria legislação do imposto de renda prevê a possibilidade de lançar a provisão para devedores duvidosos como perda decorrente de vendas inadimplidas.

O Ministro Ayres Britto acompanhou o voto do relator, conhecendo do recurso e desprovendo-o.

1.2.2 Votos Vencidos

A divergência foi aberta pelo Ministro Marco Aurélio, abordando inicialmente a extensão do princípio da capacidade contributiva às contribuições. Teceu críticas ao desempenho arrecadatório do Estado e em seguida buscou diferençar os institutos do desfazimento do negócio do da inadimplência.

Segundo o Ministro, no primeiro caso o sujeito passivo não tem prejuízo maior, visto que não há a incidência do tributo. Por outro lado, no caso de inadimplemento, entende o Ministro que o contribuinte teria um duplo prejuízo: o do não recebimento do do valor e o do recolhimento do tributo. Invocou Geraldo Ataliba, para quem o conceito de receita refere-se a uma espécie de entrada, representada pelo aporte de riqueza.

Apontou que as lei nº 9.718/98, 10.637/2002, 10.883/2002 passaram a aludir à receita bruta, definindo-a como receitas auferidas, e afirmou que no caso de inadimplemento nada é auferido, e que auferir, segundo a lição de Geraldo Ataliba, pressupõe o ingresso de valor, útil para observar o princípio da capacidade contributiva.

Apontou que a inexistência de jurisprudência do Supremo Tribunal Federal acerca do tema e trouxe as doutrinas de Cristina Zanello, segundo a qual o fato gerador da COFINS não é o faturamento na acepção de contrato perfeito e acabado e sim o faturamento na acepção de total das receitas, e de Alfredo Augusto Becker para explicar que os fatos presuntivos de riqueza que fundamentam a capacidade contributiva são aqueles capazes de impor o sujeito passivo a uma obrigação tributária em virtude da alteração em sua riqueza, de modo que no caso das vendas inadimplidas não haveria a dita variação. Recorre ainda a Alfredo Becker para apontar que o fato gerador definido, conforme previsão legal, somente ocorre com auferimento da receita, que é o próprio recebimento.

Cita Ricardo Miner, para quem o faturamento deve ser entendido ocorrido no momento da entrada do valor no caixa do contribuinte e não da mera escrituração, de forma que entendimento contrário mitigaria o princípio da capacidade contributiva.

Divergindo e votando pelo provimento do recurso, conclui que quando não há ganho, quando não há aporte de riqueza, não se faz presente a capacidade contributiva, e além disso, que a alteração legislativa citada em seu voto previu a incidência sobre receitas auferidas.

O Ministro Celso de Mello acompanhou integralmente o voto do Ministro Marco Aurélio, conhecendo do recurso e dando provimento, acrescentando que surge uma incongruência, decorrente do fato de que no caso das vendas inadimplidas, mesmo com a ausência do pagamento tem-se a incidência do tributo, contrariando-se o que está na norma, que prevê o fato gerador revelado pela receita auferida.

O Ministro Cezar Peluso, apesar de não constar desta forma no Extrato da Ata, votou pelo provimento do recurso, para isso recorreu ao conceito de faturamento para explicitar que não se pode comparar vendas canceladas com vendas inadimplidas, pois diferentemente das vendas canceladas, nas quais ocorre a extinção da dívida e consequentemente ausência de fato gerador devido à inexistência de produção de riqueza correspondente à ideia de faturamento, no caso das vendas inadimplidas, afirma que não significa que a dívida não será paga, e que no instante em que o credor recebe-la e que assim compuser a receita bruta, haverá a incidência da COFINS.

Dessa forma, defendeu que é no caso concreto que deve ser visto se há incidência ou não, pois em tese não se pode dize que o simples fato de o comprador não pagar a tempo o preço da coisa adquirida não significa que nunca será pago, e apenas no momento em que for pago é que haverá a caracterização do fato gerador, com a consequente incidência do PIS e da COFINS.

1.3 Análise Crítica

Apesar da ausência de unanimidade no reconhecimento da repercussão geral, é indubitável que a matéria, além de ser de interesse de um elevado número de contribuintes, é capaz de gerar repercussões econômicas que transcendem o mero interesse das partes envolvidas no Recurso Extraordinário. Desse modo, com o reconhecimento da repercussão geral e a ampliação subjetiva dos efeitos do julgado, a decisão evitará que o tema seja discutido e decido sem uniformidade pelas diversas instâncias do poder judiciário.

No que diz respeito ao mérito do julgado, os argumentos prevalecentes estão em concordância com o arcabouço normativo que rege a matéria, não merecendo prosperar as teses trazidas pela recorrente, para quem a venda inadimplida: i) não constitui receita auferida capaz de ensejar a cobrança do PIS e da Cofins; ii) não demonstra capacidade contributiva efetiva; e iii) gera cobrança confiscatória de tributo em decorrência do decréscimo patrimonial da inadimplência.

Os aspectos relacionados ao aperfeiçoamento do contrato de compra e venda e a adoção pelo legislador do regime de competência são os fundamentos que dão higidez ao decidido no recurso.

O primeiro permite distinguir vendas inadimplidas das vendas canceladas, demonstrando que enquanto nestas há um desfazimento do negócio jurídico capaz de ensejar a não exação tributária, naquela ele é perfeito.

O segundo aspecto, determina o momento de apuração do tributo, que para o legislador deve ser feito através do regimento de competência, quando há a disponibilidade jurídica da receita, e não através do regime de caixa, quando há o efetivo ingresso dos recursos.

Ante os fundamentos invocados pelo relator e pelos demais ministros que o acompanharam, não se pode chegar a outra conclusão senão a de que o presente acórdão encontra-se em consonância com a Constituição Federal, sendo capaz de trazer segurança jurídica às partes interessadas.

Capítulo XIV
Recurso Extraordinário nº 660.933

MARIA DAS GRAÇAS PATROCÍNIO OLIVEIRA

1. Recurso Extraordinário nº 660.933[1] – São Paulo

Recorrente: União
Recorrido: Telhanorte Materiais para Construção Ltda
Relator: Ministro Joaquim Barbosa
Votação: Maioria
Data de julgamento: 2 de fevereiro de 2012

1.1 Ementa

TRIBUTÁRIO. CONTRIBUIÇÃO DESTINADA AO CUSTEIO DA EDUCAÇÃO BÁSICA. SALÁRIO – EDUCAÇÃO. COBRANÇA NOS TERMOS DO DL 1.422/1975 E DOS DECRETOS 76.923/1975 E 87.043/1982. CONSTITUCIONALIDADE SEGUNDO AS CARTAS DE 1969 E 1988. PRECEDENTES. Nos termos da Súmula 732/STF, é constitucional a cobrança da contribuição do salário-educação, seja sob a Carta de 1969, seja sob a Constituição Federal de 1988, e no regime da Lei 9.424/1996. A cobrança da exação, nos termos do DL 1.422/1975 e dos Decretos

[1] BRASIL. Supremo Tribunal Federal. Recurso Extraordinário nº 660.933, Relator: Min. Joaquim Barbosa, Tribunal Pleno, julgado em 02.02.2012, Repercussão Geral, Public. DJe-037.

76.923/1975 e 87.043/1982 é compatível com as Constituições de 1969 e 1988. Precedentes. Repercussão geral da matéria reconhecida e jurisprudência reafirmada, para dar provimento ao recurso extraordinário da União.

1.1.1 Especificação do Caso e Razões da Submissão à Repercussão Geral

Trata-se, na origem, de Mandado de Segurança impetrado pela empresa Telhanorte Materiais para Construção Ltda em face da Gerência do INSS/SP e do FNDE, visando à compensação da contribuição do salário-educação pago até o advento da Lei nº 9.424/96 com parcelas vincendas da própria contribuição e/ou com demais contribuições administradas pelo INSS ou outros tributos federais, em face da alegada inconstitucionalidade do art. 1º, § 2º, do Decreto-Lei nº 1.422/75 (que delegou ao Poder Executivo a prerrogativa de alterar a alíquota da referida contribuição), e do Decreto nº 76.923/75 (que elevou a alíquota da exação de 1, 4% para 2,5%).

O INSS e o FNDE alegaram a prescrição dos valores recolhidos anteriormente a dez./92. No mérito, alegaram a legalidade e constitucionalidade da cobrança da exação.

Na sentença *a quo*, o juiz acolheu parcialmente a preliminar de prescrição, julgou parcialmente o pedido, assegurando o direito de compensar os valores recolhidos no lapso compreendido entre dez./92 a dez./96 com outras contribuições do salário-educação.

Interposta apelação, a desembargadora relatora não conheceu da preliminar de prescrição arguida pelo FNDE.

No mérito, a Quarta Turma do TRF da 3ª Região:

- assentou a inconstitucionalidade do Decreto-Lei 1.422/75 (que delegou ao Poder Executivo a atribuição para alterar a alíquota do salário-educação), por contrariar o princípio da reserva absoluta de lei em matéria tributária, competência conferida ao Poder Legislativo;
- assentou a incompatibilidade do Decreto nº 76.923/75, que majorou a alíquota da exação de 1,4% para 2,5%, com a Carta de 1967;
- concluiu correta a incidência do tributo nos termos das Leis 4.440/64 e 4.863/65 até a edição da Lei 9.424/96, por haver o STF declarado a constitucionalidade do art. 15, § 1º, incisos I e II e § 3º dessa lei na ADC 3/DF;

- assentou que o crédito passível de restituição está limitado à diferença (1,1%) entre as alíquotas de 1,4% da Lei nº 4.863/65 e de 2,5% do Decreto nº 76.923/75.

Os embargos de declaração interpostos foram parcialmente providos.

No Recurso Extraordinário a União sustenta a compatibilidade do Decreto-Lei nº 1.422/75 e dos Decretos referidos com a CF/67, ao argumento de que, na ordem constitucional anterior e até o advento da EC nº 14/96, em razão do caráter alternativo, a contribuição do salário-educação não tinha natureza tributária, sendo válida a fixação de alíquota por decreto.

1.1.2 Critério de Conhecimento da Repercussão Geral

Segundo o relator, a questão ultrapassa os interesses subjetivos da causa, pois a definição da alíquota aplicável à contribuição do salário-educação até o advento da Lei 9.424/96 solucionaria inúmeras demandas repetitivas, razão pela qual o presente recurso foi selecionado como representativo da controvérsia, nos termos do art. 543-B, § 1º, do Código de Processo Civil de 1973.

A matéria foi julgada estritamente sob o enfoque constitucional, estando em jogo a natureza jurídica da exação e a possibilidade de delegação da prerrogativa de fixação de sua alíquota ao Poder Executivo. Estava caracterizada, portanto, a relevância jurídica da questão.

Entendeu o Ministro Joaquim Barbosa que, sob os pontos de vista político, social e econômico, também estava caracterizada a relevância da questão, pois a solução a ser dada à controvérsia poderia interferir na arrecadação de valores destinados à educação e no funcionamento das empresas.

1.2 Mérito da Decisão

O Recurso Extraordinário nº 660.933 foi julgado em 2 de fevereiro de 2012, em sessão plenária presidida pelo Ministro Marco Aurélio. Não se manifestaram os Ministros Cézar Peluso, Ayres Britto, Gilmar Mendes, Rosa Weber e Cármen Lúcia. O voto do relator foi seguido pela Corte.

1.2.1 Voto Condutor

O relator, Ministro Joaquim Barbosa, salientou que a constitucionalidade da cobrança da contribuição do salário-educação foi objeto da Súmula

732/STF, segundo o qual "é constitucional a cobrança da contribuição do salário-educação, seja sob a Carta de 1969, seja sob a Constituição Federal de 1988, e no regime da Lei 9.424/96". Esse ministro ressaltou haver precedentes do Supremo Tribunal Federal no sentido da validade do Decreto-Lei nº 1.422/75 e dos Decretos nºs 76.923/75 e 87.043/82, em razão da natureza não tributária da contribuição do salário-educação na vigência da ordem constitucional anterior. Nesse sentido, mencionou os Recursos Extraordinário nºs 290.079, 272.872 e 458.905-AgR.

Assim, confirmando a jurisprudência firmada pelo Excelso Pretório, resolveu o relator dar provimento ao recurso extraordinário interposto pela União, vencido o Ministro Marco Aurélio. Seu voto foi seguido pelos demais integrantes da Corte.

1.2.2 Votos Vencidos

O Ministro Marco Aurélio pronunciou-se pela existência da repercussão geral, mas não emitiu entendimento quanto à matéria de fundo extraordinário, ante a impropriedade de fazê-lo, segundo afirmou, no Plenário Virtual.

1.2.3 Análise Crítica

Fazendo uma breve digressão legislativa, verifica-se que a Constituição Federal de 1934, em seu art. 139, previa que toda empresa industrial ou agrícola, fora dos centros escolares e onde trabalhassem mais de cinquenta pessoas, seria obrigada a lhes proporcionar ensino primário gratuito.

As Constituições de 1946 e 1967, em seus arts. 168, III, e 170, respectivamente, mantiveram em linhas gerais a mesma norma.

Inicialmente, tratava-se de contribuição *in natura*: as empresas eram obrigadas a manter ensino primário gratuito para os seus empregados e para os filhos destes. A EC nº 1/69, mediante o art. 178, facultou às empresas a opção entre manter o ensino gratuito ou concorrer para aquele fim mediante a contribuição do salário-educação[2].

[2] Eis o teor do referido dispositivo constitucional:
Art. 178. As emprêsas comerciais, industriais e agrícolas são obrigadas a manter o ensino primário gratuito de seus empregados e o ensino dos filhos dêstes, entre os sete e os quatorze anos, ou a concorrer para aquêle fim, mediante a contribuição do salário-educação, na forma que a lei estabelecer. [...]

Com a Constituição Federal de 1988, art. 212, § 5º, todas as empresas passaram a estar obrigadas a contribuir em pecúnia, ainda que sem prejuízo da possibilidade de dedução do montante aplicado diretamente no ensino fundamental de seus empregados e dependentes.

Essa a evolução da legislação no plano constitucional.

No plano infraconstitucional, sob a égide da Constituição de 1946, foi instituída a contribuição ao salário-educação pela Lei nº 4.440, de 27 de outubro de 1964, com a finalidade de "suplementar as despesas públicas com a educação elementar" (art. 1º). O art. 8º, inciso III, da citada lei, fixou em 2% a contribuição devida pelas empresas nos termos do art. 3º, § 1º. A Lei nº 4.863, de 29 de novembro de 1965, reduziu a referida alíquota para 1% (art. 35, § 2º, IV).

Sobreveio o Decreto-Lei nº 1.422, de 23 de outubro de 1975, que revogou a Lei nº 4.440/64 e atribuiu ao Poder Executivo a competência para fixar e alterar a alíquota do salário-educação (art. 1º, § 2º). Com base nesse decreto-lei, foram editados os Decretos 76.923/75 e 87.043/82, ambos fixando a alíquota em 2, 5%.

Sob o regime da CF/67, com a EC 1/69, a contribuição do salário-educação foi considerada pelo Supremo Tribunal Federal como contribuição não tributária. Essa tese tem como suporte o voto proferido pelo Ministro Moreira Alves por ocasião do julgamento do RE 83.662-RS[3], Relator p/ o acórdão o Ministro Xavier de Albuquerque.

A fixação de alíquota por ato do Poder Executivo (Decretos nos 76.923/75 e 87.043/82) também não contrariava o sistema anterior, por se tratar de técnica de delegação legislativa e não de delegação legislativa pura.

Após a Constituição de 1988, o salário-educação passou a ter natureza tributária sujeitando-se, a partir de então, a diversos princípios constitucionais, como o da legalidade.

Dessa forma, admitindo-se que a contribuição para o Salário-Educação era válida até o início da vigência do Sistema Constitucional Tributário de 1988, conforme remansosa jurisprudência, não se pode cogitar de uma superveniente inconstitucionalidade da exação, sob o argumento de que, passando a ter natureza tributária, só por meio de lei formal poderia ser fixada sua alíquota, não servindo para esse fim o Decreto antes vigente.

[3] (RTJ 83/444).

Isto porque, pelo princípio da recepção – que busca evitar um vácuo normativo por força da superveniência de uma nova ordem constitucional, aproveitam-se todas as normas então existentes que não sejam **materialmente** incompatíveis com a nova Carta Política. Nesse sentido destacou Geraldo Ataliba[4] a seguinte dimensão desse princípio:

> (...), a condição para que se opere a recepção é tão-somente que haja compatibilidade **material** entre a lei e a nova Constituição. (...) o que essencialmente importa não é saber quem pôs a norma (de modo a fazê-la direito posto), integrando-a no sistema, mas, sim, determinar se seu conteúdo é coalescente com as exigências normativas na nova Constituição. (...) O que importa é saber se a norma podia ser posta e se foi regularmente posta, por pessoa competente. Se sim, tornou-se direito positivo. Integrou o sistema. Dele é parte integrante. Ora, desde que materialmente consentânea com a nova Constituição, foi recebida. Integra o novo sistema.

Também é essa a lição de Norberto Bobbio[5], segundo a qual as normas comuns ao velho e ao novo ordenamento pertencem apenas materialmente ao primeiro; formalmente, são todas normas do novo, no sentido de que elas são válidas não mais com base na norma fundamental do velho ordenamento, mas com base na norma fundamental do novo.

Destarte, por força do art. 212, § 5º, da CF/88, o salário-educação foi mantido com a mesma estrutura do Decreto-Lei nº 1.422/75, só podendo ser alterado, a partir daí, por meio de lei, em face do princípio da legalidade tributária, o que acabou se efetivando pela Lei nº 9.424, de 24 de dezembro de 1996. Dessa forma, é de se concordar com a decisão proferida pelo STF no RE 660.933.

Registre-se, contudo, que alguns integrantes do grupo sustentaram o caráter tributário da contribuição para o Salário-Educação desde o nascedouro e, dessa forma, o § 2º do art. 1º do Decreto-Lei nº 1.422/75, ao atribuir ao Poder Executivo a prerrogativa de fixar alíquota da referida contribuição, vulnerou diversas regras e princípios constitucionais,

[4] ATALIBA, Geraldo. Isenção de ISS para serviços de engenharia. *Revista de Direito Tributário*, v. 13, n. 50, p. 31-32, out./dez. 1989.

[5] BOBBIO, Norberto. **Teoria do ordenamento jurídico**. Trad. Maria Celeste L. Cordeiro dos Santos. 6. ed. Brasília, UnB, 1995. p. 177.

dentre eles o art. 178 da Constituição Federal de 1967 (EC 1/69) e o princípio da legalidade genérica prevista no § 2º do art. 153 da mesma Constituição, não possuindo aquele dispositivo fundamento de validade no inciso I do art. 21 da mesma Constituição.

Capítulo XV
Recurso Extraordinário nº 582.525

Leidson Rangel Oliveira Silva

1. Recurso Extraordinário nº 582.525[1] – São Paulo

Relator: Ministro Joaquim Barbosa
Voto vencedor: Ministro Joaquim Barbosa
Data de julgamento: 9 de maio de 2013.

1.1 Ementa

EMENTA: CONSTITUCIONAL. TRIBUTÁRIO. IMPOSTO SOBRE A RENDA E PROVENTOS DE QUALQUER NATUREZA DEVIDO PELA PESSOA JURÍDICA (IRPJ). APURAÇÃO PELO REGIME DE LUCRO REAL. DEDUÇÃO DO VALOR PAGO A TÍTULO DE CONTRIBUIÇÃO SOCIAL SOBRE O LUCRO LÍQUIDO. PROIBIÇÃO. ALEGADAS VIOLAÇÕES DO CONCEITO CONSTITUCIONAL DE RENDA (ART. 153, III), DA RESERVA DE LEI COMPLEMENTAR DE NORMAS GERAIS (ART. 146, III, A), DO PRINCÍPIO DA CAPACIDADE CONTRIBUTIVA (ART. 145, § 1º) E DA ANTERIORIDADE (ARTS. 150, III, A E 195, § 7º).

[1] BRASIL. SUPREMO TRIBUNAL FEDERAL. **RECURSO EXTRAORDINÁRIO nº 582.525.** Relator(a): Min. Joaquim Barbosa, Tribunal Pleno, julgado em 09/05/2013. Disponível em: http://portal.stf.jus.br/processos/detalhe.asp?incidente=2607255. Acesso em 09 de jun. de 2019.

> 1. O valor pago a título de contribuição social sobre o lucro líquido – CSLL não perde a característica de corresponder a parte dos lucros ou da renda do contribuinte pela circunstância de ser utilizado para solver obrigação tributária.
> 2. É constitucional o art. 1º e par. ún. da Lei 9.316/1996, que proíbe a dedução do valor da CSLL para fins de apuração do lucro real, base de cálculo do Imposto sobre a Renda das Pessoas Jurídicas – IRPJ.
> Recurso extraordinário conhecido, mas ao qual se nega provimento

1.1.1 Especificação do Caso e Razões da Submissão à Repercussão Geral

A recorrente, Banespa S/A Serviços Técnicos Administrativos e de Corretagem de Seguros (denominada atualmente Santander S/A – Serviços Técnicos, Administrativos e de Corretagem de Seguros), interpôs o Recurso Extraordinário contra acórdão prolatado, em sede de apelação em mandado de segurança, pela Quarta Turma do Tribunal Regional Federal da Terceira Região, que decidiu pela impossibilidade da dedução do valor equivalente à Contribuição Social sobre o Lucro Líquido – CSLL da base de cálculo do Imposto sobre a Renda e Proventos de Qualquer Natureza devido pela Pessoa Jurídica – IRPJ.

Sustenta a recorrente que a proibição da dedução do valor da CSLL na determinação do lucro real (base de cálculo utilizada na apuração do IRPJ), prevista no art. 1º da Lei 9.316/96, viola o conceito constitucional de renda, a exigência de lei complementar para dispor sobre a regra-matriz do IRPJ, o princípio da capacidade contributiva e o princípio da anterioridade.

Entende a recorrente que os valores pagos a título de CSLL constituem despesas operacionais, necessários ao desenvolvimento da atividade econômica, que leva ao ingresso patrimonial e que mantém a atividade empresarial, de forma que o cômputo do gasto na apuração da variação patrimonial chamada renda seria obrigatório, sob pena de permitir a tributação de algo que não fosse renda, ferindo assim o conceito constitucional de renda previsto no art. 153, III da Constituição e nos arts. 43 e 44 do Código Tributário Nacional – CTN.

Adicionalmente alega o recorrente que por se tratar de matéria que dispõe sobre norma geral relativa à regra-matriz do IRPJ, o art. 1º da Lei 9.316/96 viola a reserva de lei complementar em matéria tributária, exigência prevista no art. 156, III, a da Constituição Federal. Articula ainda que há contrariedade ao conceito de lucro real, e em consequência, o conceito de renda previsto nos arts. 43 e 44 do CTN.

Uma terceira linha argumentativa defendida pelo recorrente é a de que há afronta ao princípio da capacidade contributiva, insculpido no art. 145, §1º da Carta Magna, ao não se permitir, na apuração do valor do tributo, a dedução de todos os gastos e despesas imprescindíveis à manutenção da fonte produtiva da renda, o que contrariaria o postulado da preservação da atividade econômica que serve de pressuposto à tributação. Neste ponto, invoca a doutrina de Roque Antônio Carrazza e Gabriel Lacerda Troianelli.

Por derradeiro, aponta que como a Lei 9.316/96 fora publicada em 22/11/1996, haveria no caso, violação da anterioridade tributária e da regra da irretroatividade, ao incidir sobre fatos jurídicos tributários em formação no ano-base de 1997, de forma que a exigência somente poderia ocorrer após noventa dias da data de sua publicação, em observância ao art. 195, §6º da Constituição Federal.

Em suas contrarrazões, a União, através da Procuradoria-Geral da Fazenda Nacional, argumenta que a decisão proferida objeto do presente Recurso Extraordinário deu o devido e correto equacionamento à insurgência do contribuinte, de forma que o recurso extremo não deve ser conhecido ante a ausência de pressupostos, e no mérito pede pelo não provimento sob o fundamento de que não há qualquer violação a dispositivos constitucionais vez que a decisão impugnada aplicou a legislação pertinente e encontra-se em sintonia com a jurisprudência dos tribunais.

1.1.2 Critério de Conhecimento da Repercussão Geral

A repercussão geral foi reconhecida pelo plenário, no âmbito do plenário virtual, em 16/05/2008. Na ocasião os Ministros Cezar Peluso e Celso de Mello votaram pela inexistência de repercussão geral. De outro modo, votaram pela existência de repercussão geral os Ministros Joaquim Barbosa, Menezes Direito, Ricardo Lewandowski, Marco Aurélio, Cármen Lúcia, Eros Grau e Ayres Britto.

Em sua manifestação o Ministro Joaquim Barbosa, relator da matéria, entendeu que a matéria transcendia o interesse subjetivo das partes e possuía grande densidade constitucional, na medida em que se discutia no recurso extraordinário o alcance de base de cálculo de tributo que se aplica a um grande número de contribuintes, e que desta forma estaria presente o requisito da repercussão geral a que aludem os arts. 102, §3º do Texto Maior, o art. 543-A, §1º do Código de Processo Civil então vigente, e o art. 323 do Regimento Interno do Supremo Tribunal Federal - RISTF.

Desta forma, no âmbito dos temas que possuem repercussão geral, este ficou cunhado como "Dedução da CSLL na apuração da sua própria base de cálculo e da base de cálculo do IRPJ", constituindo-se o tema de número 075.

1.2 Mérito da Decisão

O plenário do Supremo Tribunal Federal iniciou o julgamento do Recurso Extraordinário em 22 de outubro de 2008, com a apresentação do voto do relator, Ministro Joaquim Barbosa, que também era o presidente do STF.

Naquela ocasião, após proferir o seu voto, no qual conhecia do recurso e, no mérito, pela negativa de provimento, o relator foi sucedido pelo pedido de vista feito pelo então Ministro Cesar Peluso.

Em 09 de maio de 2013, o julgamento foi retomado com a apresentação do voto-vista pelo Ministro Teori Zavascki, sucessor do Ministro Cesar Peluso.

Por maioria dos votos, o tribunal decidiu conhecer do recurso e negar-lhe provimento, tendo votado neste sentido, além do relator, os Ministros Teori Zavascki, Rosa Weber, Luiz Fux, Dias Toffoli, Cármen Lúcia e Ricardo Lewandowski.

Votou de maneira divergente, ficando vencido, o Ministro Marco Aurélio. Ausentes os ministros Celso de Mello e Gilmar Mendes.

1.2.1 Voto Condutor

O relator, Ministro Joaquim Barbosa, responsável pelo voto condutor, rejeitou inicialmente a violação do dever de fundamentação das decisões. Para o ministro, o acórdão recorrido, embora sucinto e objetivo, prestou efetivamente jurisdição. Considerou constitucional a investigação acerca do alcance semântico das palavras utilizadas pela constituição para demarcar a competência tributária.

No mérito, rejeitou o argumento de que a regra violaria o conceito constitucional de renda, afirmando que não há um conceito ontológico para renda, de dimensões absolutas, caráter imutável e existente independentemente da linguagem, que possa ser violado pelo legislador complementar ou pelo legislador ordinário, dado que se está diante de um objeto cultural.

Para o relator, o conceito de renda somente pode ser estipulado a partir de uma série de influxos provenientes do sistema jurídico, como a proteção ao mínimo existencial, o direito ao amplo acesso à saúde, a capacidade contributiva, a proteção à livre iniciativa e à atividade econômica, e de outros sistemas com os quais o Direito mantém acoplamentos, como o sistema econômico e o contábil.

Discordando do argumento trazido pela parte recorrente, de que o valor devido a título de CSLL deve ser dedutível da base de cálculo do IRPJ por ser considerado como despesa operacional e necessária, o relator destaca que as despesas operacionais são gastos necessários à atividade da empresa e à manutenção da fonte produtiva, que não estão computados no custo, e que devem ser realizadas específica e primordialmente para sustentar o ciclo produtivo.

Neste sentido, entende que o valor devido a título de CSLL não é uma despesa operacional ou necessária à realização da operação ou do negócio que antecedem o fato jurídico tributário, que é auferir renda, mas sim corresponde a uma parcela do lucro, que é destinada aos cofres públicos em razão do dever fundamental de pagar tributos. Em síntese, afirma que o tributo não é insumo da cadeia produtiva.

Refutou também a tese de que o impedimento à dedução implicaria tributação de valor que não corresponde à renda. Neste ponto asseverou que é irrelevante a circunstância de o acréscimo patrimonial ou o saldo positivo ter sido consumido ou não, antes ou depois da apuração, e que o IRPJ incidirá no momento em que verificada a aquisição da disponibilidade econômica ou jurídica de renda ou proventos, sem que se cogite, em qualquer hipótese, do destino que posteriormente será dado aos valores, não havendo assim dupla tributação ou incidência do IRPJ sobre a CSLL.

Quanto ao argumento de que o dispositivo impugnado violaria a exigência de lei complementar para definição dos elementos da regra matriz de incidência tributária, o relator considerou que os arts. 43 e 44 do CTN não especificam o que se deve entender por lucro real, não conceituam renda e que não há nos textos legais nada que identifique valores pagos a título de CSLL como despesa operacional ou necessária à atividade empresarial, de forma a tornar obrigatório o cômputo dos gastos na apuração do IRPJ.

Rejeitou também a pretensa alegação quanto à violação do princípio da capacidade contributiva nas acepções objetiva e subjetiva, ao entender que proibir a dedução da CSLL não leva à tributação do patrimônio ou de qualquer outra grandeza que não seja renda, ou seja, que o valor pago a título de CSLL representa renda para o contribuinte e pode ser incluído no cálculo do IRPJ.

Por derradeiro, enfrentando a linha argumentativa que sustentava a violação ao princípio da anterioridade tributária, o relator afirmou que a circunstância de qualquer aumento pertinente à CSLL somente ser exigível após noventa dias da data de publicação da respectiva lei não afeta a contagem do prazo de anterioridade para tributo da espécie imposto, como é o caso do IR.

Deste modo, conheceu do recurso extraordinário, mas no mérito negou provimento.

O ministro Cesar Peluso havia feito pedido de vista após a apresentação do voto do relator, aquele veio a ser sucedido pelo ministro Teori Zavascki, a quem coube apresentar o voto-vista.

Após apresentar o histórico dos votos do relator e do ministro Marco Aurélio, que proferiu voto divergente, o ministro Teori acompanhou o voto do relator, conhecendo e negando provimento ao recurso, acrescentou que a CSLL é uma parte do lucro e que não constitui uma despesa operacional pois é uma contribuição apurada sobre o lucro líquido e em momento anterior à apuração do próprio Imposto de Renda, apontando para tanto o parágrafo único do inciso IX do art. 249 do Decreto 3.000/99, dispositivo que repete a previsão do art. 1º, parágrafo único, da Lei 9.316/96.

Entende também ausente violação à reserva de lei complementar, afirmando que a lei 9.316/96 não alterou a abrangência do conceito de renda previsto nos arts. 43 e 44 do Código Tributário Nacional.

Em seguida a Ministra Rosa Weber, pedindo vênia à divergência apresentada pelo ministro Marco Aurélio, acompanhou na íntegra o voto do relator.

No seu voto, que também acompanhou o relator, o Ministro Luiz Fux destacou que a jurisprudência do STF trabalha com o princípio da legalidade e com a ausência de limitação constitucional do poder de tributar. E que inexistindo ilegalidade presume-se legítima a tributação.

Apontou também que o STF já havia decidido sobre a constitucionalidade da CSLL e destacou que é uma característica do sistema brasileiro a possibilidade de tributo sobre tributo, citando o exemplo do ICMS que incide sobre uma base na qual já há cobrança do ICMS.

Registrou que o fato de a lei não permitir a exclusão da base de cálculo do Imposto de Renda não significa criação de tributo, mas sim uma colmatação feita pelo legislador ordinário da impossibilidade de se fazer uma dedução.

Por fim, concordou com a colocação feita pela Fazenda Nacional, para quem os conceitos de lucro e de renda são conceitos legais, pois dependem de diversas operações. Para ele, como o lucro que é tributável decorre de um comando legal, no caso em tela, dois princípios caros ao Direito Tributário foram obedecidos, o da legalidade e o da ausência da limitação constitucional do poder de tributar.

Mencionando a Constituição (art. 153, III) e os dispositivos infraconstitucionais (arts. 43 e 44 do CTN, art. 2º da lei 7.689/88 e o art. 1º da lei 9.316/96) que regem a matéria em análise, o Ministro Dias Toffoli concluiu pela inexistência de inconstitucionalidade ao dispositivo impugnado. Consignou que a Constituição não estipula expressamente um conceito para renda, que não há um conceito ontológico para renda e que a lei ora discutida adota conceito já existente no sistema jurídico, que define o lucro real tributável a partir das adições e exclusões do lucro líquido.

Negou provimento ao recurso, afirmando ainda entender que o valor devido a título de CSLL não constitui despesa operacional ou necessária, mas correspondente à parcela do lucro do contribuinte que é destinada aos cofres públicos em razão do seu dever fundamental de pagar tributo.

Adotando as mesmas razões do relator, a Ministra Cármen Lúcia votou negando provimento ao recurso extraordinário.

Por fim, o ministro Ricardo Lewandowski, votando pela negativa de provimento, afirmou entender que a CSLL não constitui despesa operacional e que o conceito de renda pode ser fixado por norma ordinária, infralegal, e que não há necessidade de lei complementar, inexistindo assim ofensa ao art. 146 da Carta Magna.

1.2.2 Voto Vencido

O Ministro Marco Aurélio abriu divergência ao voto do relator. Entendeu procedente o inconformismo do recorrente e demonstrou concordância com os argumentos trazidos pela parte quanto à necessidade de lei complementar, à possibilidade de dedução da contribuição social e à violação do princípio da capacidade contributiva.

Para o ministro, o art. 1º da lei 9.316/66, lei ordinária, implicou, em última análise, em alteração do art. 43 do Código Tributário Nacional, recepcionado pela Constituição de 1988 como lei complementar, que para ele, ao estabelecer como fato gerador de renda a disponibilidade econômica e jurídica, atendendo à exigência de lei complementar prevista no art. 146 da Carta Magna.

Afirmou também que a contribuição, ao se caracterizar como um ônus a ser suportado pelo contribuinte, não evidencia um acréscimo, uma vantagem, uma disponibilidade econômica e jurídica, que integra o patrimônio do sujeito passivo e que é capaz de ensejar a incidência do imposto sobre a renda.

Quanto ao argumento que sustenta violação à capacidade contributiva, o ministro, concordando com o recorrente, assevera que por se tratar de um ônus, não há aumento da capacidade contributiva do contribuinte, e que assim não pode este arcar com a incidência de tributo.

Em síntese, entende que a inovação trazida pelo art. 1º da lei 9.316/66 deveria vir através de lei complementar que promovesse alteração no CTN.

1.3 Análise Crítica

A relevância da matéria discutida justifica o reconhecimento da repercussão geral como feito pelo plenário virtual do STF. É indubitável que, ao tratar de tributo ao qual estão submetidos elevado número de contribuintes, a matéria discutida apresenta densidade constitucional que transcende o interesse das partes, estando presentes assim os requisitos para o reconhecimento.

Adentrando ao mérito da matéria, observa-se que os fundamentos dos votos trazidos tanto pelo relator quanto pelos ministros que o acompanharam não deixam dúvida quanto à fragilidade da tese esboçada pela recorrente.

Duas afirmações trazidas à luz pelo Ministro Luiz Fux são importantes para o deslinde do julgado. A primeira de que a tributação é legítima desde que inexista ilegalidade e ausência de limitação constitucional do poder de tributar. E a segunda, de que é uma característica do sistema brasileiro o tributo sobre tributo.

Não há um conceito constitucional de renda. Este, juntamente com o conceito de lucro, são conceitos legais. Ou seja, decorrem de um comando legal, que no presente caso já existe no sistema jurídico, e segundo o qual o lucro real é definido a partir das adições e exclusões do lucro líquido, que obedecem à legalidade e à ausência da limitação ao poder de tributar.

O conceito de renda previsto no art. 43 do Código Tributário Nacional, recepcionado pela Constituição de 1988 como Lei Complementar, não foi alterado pelo art. 1º da lei 9.316/96, de maneira que não há que se falar em violação à exigência de lei complementar, visto que a matéria tratada pelo dispositivo é formalmente ordinária, não havendo assim desrespeito ao art. 146, inciso III, alínea "a" da Carta Magna.

Por outro lado, não se pode aceitar a dedutibilidade da CSLL, sob o argumento de que é uma despesa operacional. Como afirmado por vários ministros, o tributo não é insumo da cadeira produtiva. Não há previsão legal reconhecendo a CSLL como despesa operacional, ela é parte do lucro do contribuinte, e representa renda deste.

Assim, não é correto o entendimento de que a não dedução da CSLL afeta o princípio da capacidade contributiva, pois o valor pago a título da contribuição representa renda para o contribuinte. A proibição da dedução não leva à tributação de outra grandeza que não seja renda.

Importante lembrar ainda que a Contribuição Social sobre o Lucro Líquido se destina aos cofres públicos por decorrência do dever fundamental de pagar tributos.

Quanto à observância do princípio da anterioridade, cabe uma reflexão. Apesar de não se aplicar a caso concreto discutido no presente Recurso Extraordinário, já que o período discutido pelo contribuinte extrapola o prazo de anterioridade constitucionalmente previsto, a depender dos efeitos interpretativos do dispositivo impugnado duas conclusões podem ser cabíveis.

Caso se entenda que a vedação à dedução da CSLL apenas explicita uma regra que já deveria ser observada anteriormente, ou seja, a de que a CSLL representa uma parte da renda e, portanto, já era tributada, não há que se falar em violação ao princípio da anterioridade.

Por outro lado, caso a dedução fosse permitida e o dispositivo impugnado inovasse no ordenamento jurídico proibindo-a, haveria por consequência o alargamento da base de cálculo do imposto sobre a renda, e uma majoração indireta do tributo. Neste caso, entende-se necessária a observância do princípio da anterioridade.

Em face dos argumentos apresentados em seus votos pelos ministros, entende-se que o acórdão proferido está devidamente fundamento, em consonância com a Constituição Federal e dotado de lógica jurídica com rigidez capaz de refutar a tese construída pelo recorrente.

Capítulo XVI
Recurso Extraordinário nº 606.107

Renato Porto da Silva

1. Recurso Extraordinário nº 606.107 [1]

Relator: Ministra Rosa Weber
Voto Vencedor: Ministra Rosa Weber
Data de julgamento: 22 de maio de 2013.

1.1 Ementa

RECURSO EXTRAORDINÁRIO. ONSTITUCIONAL. TRIBUTÁRIO. IMUNIDADE. HERMENÊUTICA. CONTRIBUIÇÃO AO PIS E COFINS. NÃO INCIDÊNCIA. TELEOLOGIA DA NORMA.BEMPRESA EXPORTADORA. CRÉDITOS DE ICMS TRANSFERIDOS A TERCEIROS. I – Esta Suprema Corte, nas inúmeras oportunidades em que debatida a questão da hermenêutica constitucional aplicada ao tema das imunidades, adotou a interpretação teleológica do instituto, a emprestar lhe abrangência maior, com escopo de assegurar à norma supralegal má-

[1] BRASIL. Supremo Tribunal Federal. **Recurso Extraordinário nº 606.107,** Relator(a): Min. Rosa Weber, Tribunal Pleno, julgado em 22/05/2013, ACÓRDÃO ELETRÔNICO REPERCUSSÃO GERAL – MÉRITO DJe-231 DATA DE PUBLICAÇÃO DJE 25/11/2013 – ATA Nº 180/2013, divulgado em 22/11/2013. Disponível em: http://portal.stf.jus.br/processos/detalhe.asp?incidente=3799336 . Acesso em: 25 de out. de 2018.

xima efetividade. II – A interpretação dos conceitos utilizados pela Carta da República para outorgar competências impositivas (entre os quais se insere o conceito de "receita" constante do seu art. 195, I, "b") não está sujeita, por óbvio, à prévia edição de lei. Tampouco está condicionada à lei a exegese dos dispositivos que estabelecem imunidades tributárias, como aqueles que fundamentaram o acórdão de origem (arts. 149, § 2º, I, e 155, § 2º, X,*"a"*, da CF). Em ambos os casos, trata-se de interpretação da Lei Maior voltada a desvelar o alcance de regras tipicamente constitucionais, com absoluta independência da atuação do legislador tributário. III – A apropriação de créditos de ICMS na aquisição de mercadorias tem suporte na técnica da não cumulatividade, imposta para tal tributo pelo art. 155, § 2º, I, da Lei Maior, a fim de evitar que a sua incidência em cascata onere demasiadamente a atividade econômica e gere distorções concorrenciais. IV – O art. 155, § 2º, X, "a", da CF – cuja finalidade é o incentivo às exportações, desonerando as mercadorias nacionais do seu ônus econômico, de modo a permitir que as empresas brasileiras exportem produtos, e não tributos –, imuniza as operações de exportação e assegura "*a manutenção e o aproveitamento do montante do imposto cobrado nas operações e prestações anteriores*". Não incidem, pois, a COFINS e a contribuição ao PIS sobre os créditos de ICMS cedidos a terceiros, sob pena de frontal violação do preceito constitucional. V – O conceito de receita, acolhido pelo art. 195, I, "b", da Constituição Federal, não se confunde com o conceito contábil. Entendimento, aliás, expresso nas Leis 10.637/02 (art. 1º) e Lei 10.833/03 (art. 1º), que determinam a incidência da contribuição ao PIS/PASEP e da COFINS não cumulativas sobre o total das receitas, "*independentemente de sua denominação ou classificação contábil*". Ainda que a contabilidade elaborada para fins de informação ao mercado, gestão e planejamento das empresas possa ser tomada pela lei como ponto de partida para a determinação das bases de cálculo de diversos tributos, de modo algum subordina a tributação. A contabilidade constitui ferramenta utilizada também para fins tributários, mas moldada nesta seara pelos princípios e regras próprios do Direito Tributário. Sob o específico prisma constitucional, receita bruta pode ser definida como o ingresso financeiro que se integra no patrimônio na condição de elemento novo e positivo, sem reservas ou condições. VI – O aproveitamento dos créditos de ICMS por ocasião da saída imune para o exterior não gera receita tributável. Cuida-se de mera recuperação do ônus econômico advindo do ICMS, assegurada expressamente pelo art.

155, § 2º, X, "a", da Constituição Federal. VII – Adquirida a mercadoria, a empresa exportadora pode creditar-se do ICMS anteriormente pago, mas somente poderá transferir a terceiros o saldo credor acumulado após a saída da mercadoria com destino ao exterior (art. 25, § 1º, da LC 87/1996). Porquanto só se viabiliza a cessão do crédito em função da exportação, além de vocacionada a desonerar as empresas exportadoras do ônus econômico do ICMS, as verbas respectivas qualificam-se como decorrentes da exportação para efeito da imunidade do art. 149, § 2º, I, da Constituição Federal. VIII – Assenta esta Suprema Corte a tese da inconstitucionalidade da incidência da contribuição ao PIS e da COFINS não cumulativas sobre os valores auferidos por empresa exportadora em razão da transferência a terceiros de créditos de ICMS. IX – Ausência de afronta aos arts. 155, § 2º, X, 149, § 2º, I, 150, § 6º, e 195, *caput* e inciso I, "b", da Constituição Federal. **Recurso extraordinário conhecido e não provido**, aplicando-se aos recursos sobrestados, que versem sobre o tema decidido, o art. 543-B, § 3º, do CPC.

1.1.1 Especificação do Caso e Razões da Submissão à Repercussão Geral

No estudo do Recurso extraordinário nº 606.107 Rio Grande do Sul será analisado a constitucionalidade, ou não, da exigência de que o valor correspondente às transferências de créditos do Imposto sobre Circulação de Mercadorias e Serviços – ICMS pela empresa contribuinte exportadora seja integrado à base de cálculo das contribuições Programa de Integração Social – PIS e Contribuição para o Financiamento da Seguridade Social – COFINS não-cumulativas. Tudo com fundamentos dos artigos 149, § 2º, I; 150, § 6º; 155, § 2º, X, a; e 195, caput, I, b, da Constituição Federal.

Neste sentido para a União as Leis 10.637/02 (art. 1º) e Lei 10.833/03 (art. 1º) do Governo Federal, dispõem sobre o pagamento do ICMS pelos contribuintes. Essas normas em comento determinam a incidência da contribuição ao PIS/PASEP e da COFINS não cumulativas sobre o total das receitas do mês pela pessoa jurídica, "*independentemente de sua denominação ou classificação contábil*". Por essa razão, a procuradoria da Fazenda Nacional afirma que não há previsão de exclusão dos valores transferidos a terceiros a titulo de ICMS ou crédito presumido. Assim, inexistiria previsão legal a exclusão da base de cálculo do PIS\COFINS de valores transferidos para terceiros a título de aproveitamento de crédito de ICMS.

Por outro lado, a parte autora do Mandado de Segurança(MS), Schmidt irmãos Calçados LTDA, afirmou que os créditos de ICMS recolhidos nas operações anteriores não compõem o patrimônio da empresa nem constituem receita própria ou faturamento, enquanto meras receitas escriturais que reverterão após aos cofres dos Públicos, neste caso, Estados e Distrito Federal.

A recorrida informou no Mando de Segurança com pedido liminar que a jurisprudência do Eg. Tribunal Regional Federal da 4º Região já tinha Jurisprudência farta sobre o tema (AI200504010064045, Rel. Desembargador Federal Dirceu de Almeida- DJU 04.052015; MAS 20057108001693,Rel. Desembargador Federal Vilson Dorás entre outros). Dessa forma, as transferências de créditos de ICMS, para a recorrida, não estavam sujeitas a incidência de PIS e COFINS pelas razões a seguir: a) O eventual resultado da transferência de créditos de ICMS não se constituem receita, mas mera recuperação de impostos pagos anteriormente, b) porque a tributação desse resultado (recuperação) restringiria a regra da imunidade delineada no artigo 149 § 2º, inc. I e artigo 155 § 2º, inciso X "a" da Constituição da República de 1988.

O juízo da primeira Vara Federal de Novo Hamburdo deferiu a medida liminar para determinar que a autoridade impetrada se abstivesse de exigir a COFINS e contribuição para o PIS sobre os valores recebidos pela impetrante em decorrência de transferência de créditos do ICMS, bem como para determinar o afastamento das glosas nos pedidos de ressarcimento\compensação formuladas a partir do ajuizamento da ação motivada na não inclusão de receitas em créditos de ICMS transferidos para terceiros em medidas na base de cálculo da contribuição para PIS e da COFINS.

Vale ressaltar, que o Ministério Público Federal emitiu parecer e opinou pela concessão da segurança.

Na sentença de mérito do MS nº 2007.71.08.004110-2\RS o juízo "a quo" fundamentou a decisão enfatizando que na edição da EC nº 33\01, o contribuinte derivado estabeleceu a imunidade das contribuições sociais e de intervenção no domínio econômico sobre as receitas decorrentes de exportação nos termos do 149 § 2º, inc. I da CF\88. Neste mesmo sentido, haveria uma incongruência se a Receita tentasse incluir na base de incidência do PIS e da COFINS, os valores recebidos pela empresa exportadora a título de ressarcimento em dinheiro dos credores que, apurados na forma do artigo 3º da Lei 10.637\02 e 10.833\03, não poderiam ser utilizados pela pessoas jurídica no final de cada trimestre do ano civil, conforme autorizam os artigos 5º §§ 1º e 2º, da lei 10.637\02 e 6º §§ 1º e 2º, da Lei 10.833\03.

Assim, entendeu o juízo que se o objetivo da lei foi desonerar toda receita decorrente da exportação, não poderia o Fisco interpretá-la no sentido de excluir do campo de abrangência da imunidade o crédito de ICMS decorrente dessa mesma exportação.

A União pela Procuradoria da Fazenda apelou ao Tribunal Regional da 4º Região pedindo cumprimento das Leis 10.637/02 (art. 1º) e Lei 10.833/03 (art. 1º) do Governo Federal, pois essas dispõem sobre o pagamento do ICMS pelos contribuintes. As leis em comento determinam a incidência da contribuição ao PIS/PASEP e da COFINS não cumulativas sobre o total das receitas do mês pela pessoa jurídica, "*independentemente de sua denominação ou classificação contábil*".

A recorrida apresentou contra-razões a segunda turma do Tribunal Regional da 4º Região(TRF-4) pelos fatos já trazidos ao presente trabalho. A Procuradoria Regional da República ratificou o entendimento apresentado pelo procurador de primeiro grau, onde opinou pela concessão da segurança, para que nos pedidos vindouros de ressarcimento de crédito, seja excluído da base de cálculo do PIS e da COFINS os valores com transferência de créditos de ICMS a terceiros.

A segunda turma do Tribunal Regional Federal da 4ª Região (TRF-4) fundamentou a decisão do pedido pela constitucionalidade do artigo 3º § 2º, inciso I da lei 9718\98. Assim, informou que o Superior Tribunal de Justiça (STJ) estava pacifico quanto a questão do artigo em comento e citou a Súmula 68 do STJ "a parcela relativa ao ICMS inclui-se na base de cálculo do PIS.

Neste mesmo sentido, informou que a Presidência da República havia proposto em 10.10.2007, Ação Direta de Constitucionalidade (ADC18), com a pretensão de ver declarada a validade formal e material da norma contida no artigo 3º § 2º, inciso I da lei 9718\98. Isto a fim de legitimar a cobrança do PIS e da COFINS inclusive sobre o ICMS, pedido de liminar estava pendente de julgamento, com o que poderia alterar no STF o panorama que estava se delineando.

Dessa forma, a segunda turma do TRF-4, em nome da segurança jurídica reformou a denegação da segurança, mas permitiu a aplicação da exclusão com fundamento no artigo 155,II e § 2º, X da CF\88.

As partes do processo apresentaram Embargos de Declaração (artigo 535 do CPC\73). Elas alegaram que o acordão havia julgado questão diversa da discutida nos autos. A saber: a inclusão da parcela do ICMS na base de cálculo do PIS\COFINS . A relatora acolheu os embargos de declaração para fins de prequestionamento, pois houve entendimento do TRF-4 que em relação a não inclusão da base de cálculo do PIS e COFINS do valor referentes à transferência de ICMS a terceiros deveria aplicar o contido no artigo 155,II e § 2º, X da CF\88, que trata da não incidência do ICMS sobre a operação de exportação.

Inconformada, a recorrente interpôs recurso extraordinário juntamente com recurso especial. O Recurso Especial foi negado pois não havia jurisprudência favorável ao recorrente, todavia o Recurso Extraordinário foi admitido em 27 de fevereiro de 2009. O TRF-4 admitiu o recurso pelo cumprimento dos requisitos legais e constitucionais de admissibilidade.

No que se refere ao reconhecimento de repercussão geral para o RE em análise, cumpre esclarecer que a posição da Ministra-Relatora, Rosa Weber, foi no sentido de adotar interpretação teleológica do instituto, a emprestar-lhe abrangência maior, com escopo de assegurar à norma supralegal, a Constituição da República, máxima efetividade.

1.1.2 Critério de Conhecimento da Repercussão Geral

O RE nº 606.107 foi interposto pela União contra acórdão da 2ª Turma do Egrégio Tribunal Regional Federal da 4ª Região que, em Mandado de Segurança impetrado contra ato do Delegado da Receita Federal em Novo Hamburgo/RS, no qual concedida a ordem para assegurar à impetrante o direito de excluir da base de cálculo do PIS e da COFINS o valor relativo aos créditos de ICMS transferidos a terceiros, desproveu a apelação e o recurso de ofício sob o fundamento de que as contribuições PIS e COFINS "*não incidem sobre os créditos de ICMS obtidos em razão do benefício fiscal de que trata o art. 25 da LC 87/96, porquanto não constituíam receitas, mas custo recuperável sob a forma de compensação ou restituição*". Configurada, portanto, a hipótese do art. 102, III, "a", da Constituição da República. Os dispositivos constitucionais que a União repudiou violados – arts. 155, § 2º, X, 149, § 2º, I, 150, § 6º, e 195, *caput* e inciso I, "b" –, foram objeto de exame durante a discussão do feito nas instâncias anteriores. Logo, satisfeito o requisito do prequestionamento.

A repercussão geral da matéria, por sua vez, não apenas foi suscitada em preliminar no recurso extraordinário que foi levado ao julgamento, como restou reconhecida pelo Supremo Tribunal Federal no âmbito do Plenário Virtual, em 1º de julho de 2010. Estavam presentes os requisitos extrínsecos de admissibilidade, o recurso estava apto a ter o seu mérito analisado. A União buscava reverter o acolhimento da pretensão do contribuinte, empresa exclusivamente exportadora, de não ter de lançar, na base de cálculo da COFINS e da contribuição ao PIS não cumulativas, o valor obtido na transferência de créditos de ICMS a terceiros.

Nas razões do recurso extraordinário (RE nº 606.107), defendeu-se a integração, à base de cálculo da COFINS e da contribuição ao PIS não-cumulativas, do valor correspondente às transferências de créditos de ICMS a terceiros pela empresa contribuinte. Destacou-se que: i) como as operações de transferência de créditos de ICMS configuram espécie de alienação (cessão de créditos), seu resultado, por força do art. 195, I, "b", da CF, deveria ser incluído na base de cálculo das contribuições PIS/COFINS, nos termos da legislação de regência; ii) era inaplicável ao caso a imunidade consagrada no art. 149, § 2º, da Carta Constitucional, por restringir às contribuições previstas no seu *caput*, em que não incluídas a COFINS e a contribuição ao PIS, previstas respectivamente nos arts. 195 e 239 da CF; e iii) o art. 150, § 6º, da Magna Carta subordinava o reconhecimento de crédito presumido à existência de lei específica e, portanto, ao princípio da legalidade. E ainda: as exonerações interpretativas afrontavam o comando constitucional (art. 195, *caput*) de que a atividade (seguridade social) será financiada por toda a sociedade.

Por essa razão, propugnava-se a legitimidade da "*inclusão na base das contribuições ao PIS/COFINS das quantias decorrentes da transferência do saldo credor de ICMS a terceiros*" (fl. 194), nos termos dos arts. 155, § 2º, X; 149, § 2º, I; 150, § 6º; e 195, *caput* e I, "b", da Constituição da República.

Lado outro, a recorrida, Schmidt irmãos Calçados LTDA, nas contrarrazões ao recurso extraordinário, pontuou que a controvérsia dizia respeito a "*inexigibilidade da COFINS sobre a transferência a terceiros de créditos de ICMS apurados em operações de exportação*", e que, enquanto o TRF4 concluiu que o PIS e a COFINS não incidem sobre os créditos de ICMS obtidos em razão do benefício fiscal de que trata o art. 25 da LC 87/96, a recorrente se limita a defender a tese contrária forte no princípio da legalidade e na compreensão de que as exonerações interpretativas afrontam o comando constitucional de que a seguridade social será financiada por toda a sociedade, com mera reprodução, quanto ao art. 155, § 2º, X, "a", da Lei Maior, das "informações prestadas pela Delegacia da Receita Federal em Novo Hamburgo/RS. Daí reputar incólumes praticamente todos os fundamentos esgrimidos no acórdão recorrido, a atrair, deficiente a fundamentação, as Súmulas 283 e 284/STF.

Quanto ao mérito recursal, pugnou-se pelo desprovimento do extraordinário, na esteira da jurisprudência uníssona no âmbito da 4ª Região, afirmando incólumes os preceitos constitucionais invocados. Inadmitido na origem o recurso especial, foi negado provimento pelo STJ ao agravo interposto. Admitido o recurso extraordinário, os autos foram enviados para o STF. A antecessora da Relatora, Ministra Ellen Gracie, manifestou-se pela existência de repercussão geral da matéria, reconhecida pela Corte.

Vale ressaltar, que o Ministério Público Federal, em parecer da lavra do Subprocurador-Geral da República Rodrigo Janot Monteiro de Barros, oficia no sentido do **não provimento do recurso.** Apontou que "*ao definir a base de cálculo das contribuições para o PIS/COFINS, a Constituição adotou conceitos técnicos contábeis (receita ou faturamento), o que não autoriza ao legislador federal extrapolá-lo, dentro de sua competência tributária, com o fim de ampliar a conceituação de institutos constitucionais, para neles fazer inserir elementos destinados a lhe propiciar maior arrecadação*". Registrou que "*a EC nº 20/98, ao ampliar a base de incidência do PIS/COFINS no art. 195, I, b, da Constituição Federal, para abranger a receita, não significou deva tributar todo lançamento independentemente da classificação contábil*", sustentando que em qualquer hipótese a receita e o faturamento, para serem tributados, devem constituir riquezas reveladoras de capacidade contributiva, e que os créditos de ICMS recolhidos nas operações anteriores não compõem o patrimônio da empresa nem constituem receita própria ou faturamento, enquanto meras receitas escriturais que reverterão aos cofres dos Estados e do Distrito Federal.

Ressaltou-se ainda a peculiaridade de a mercadoria, na espécie, ser destinada ao exterior: "*Nesse caso, o art. 155, § 2º, X, 'a', da CF, com a redação conferida pela EC nº 42/2003, consagra o princípio do país de destino que regula, em matéria de tributos indiretos, as operações internacionais de bens e serviços, com a finalidade de que a tributação ocorra no país importador, exonerando-se, portanto, as imposições no país de origem, para que não haja 'exportação de impostos'.*"

Pelas razões discutidas, o Supremo Tribunal Federal reconheceu a Repercussão Geral ao Recurso em questão.

1.1.3 Mérito da Decisão

O Recurso Extraordinário nº 606.107, foi julgado em 22 de maio de 2013, em sessão plenária presidida pelo Ministro Joaquim Barbosa, onde estavam presentes os Ministros Celso de Mello, Marco Aurélio, Gilmar Mendes, Ricardo Lewandowski, Cármen Lúcia, Rosa Weber, Teori Zavascki, Dias Toffoli e Luiz Fux. Recurso conhecido e provido, por maioria dos votos, nos termos do voto da relatora Ministra Rosa Weber. O voto divergente foi do Ministro Dias Toffoli.

1.1.4 Voto Condutor

O voto condutor foi exarado pela Ministra Rosa Weber. Em seu voto, a Ministra aponta que o ponto controvertido do RE é a o fundamento de que as contribuições PIS e COFINS "*não incidem sobre os créditos de ICMS obtidos em razão do benefício fiscal de que trata o art. 25 da LC 87/96, porquanto não constituem receitas, mas custo recuperável sob a forma de compensação ou restituição*". Configurada, portanto, a hipótese do art. 102, III, "a", da Constituição da República.

Para União, a recorrente, disse que foram violados os dispositivos dos artigos 155, § 2º, X, 149, § 2º, I, 150, § 6º, e 195, *caput* e inciso I, "b" da Carta Constitucional. Esses foram objeto de exame durante a discussão do feito nas instâncias anteriores.

Ressalta a relatora, dita pretensão foi acolhida nas instâncias anteriores por mais de um fundamento, a saber: i) pelos limites do conceito de receita; ii) pela imunidade das receitas decorrentes de exportação frente às contribuições sociais e interventivas; e iii) pela própria imunidade das operações de exportação perante o ICMS. Houve, efetivamente, diversos enfoques para o deslinde da controvérsia, sendo que todos convergiram para a mesma solução. Nenhum deles, contudo, diz respeito à concessão de benefícios fiscais, que tratou de afastar da discussão, de modo não se ensejou a invocação do art. 150, § 6º, da Carta de 1988, que preceitua, *verbis*:

> Art.150. Sem prejuízo de outras garantias asseguradas ao contribuinte, é vedado à União, aos Estados, ao Distrito Federal e aos Municípios:

> [...] § 6º Qualquer subsídio ou isenção, redução de base de cálculo, concessão de crédito presumido, anistia ou remissão, relativas a impostos, taxas ou contribuições, só poderá ser concedido mediante lei específica, ederal, estadual ou municipal, que regule exclusivamente as matérias acima enumeradas ou o correspondente tributo ou contribuição, sem prejuízo do disposto no artigo 155, § 2º, XII, *g*." (Redação dada pela Emenda Constitucional nº 3, de 17/03/93)

Segundo a Relatora, a União buscava reverter o acolhimento da pretensão do contribuinte, **empresa exclusivamente exportadora,** de não ter de lançar, na base de cálculo da COFINS e da contribuição ao PIS não cumulativas, o valor obtido na transferência de créditos de ICMS a terceiros.

Em seu brilhante voto, a Ministra Rosa Weber, lembrou que esse dispositivo (Art.150 § 6º CF\88) se aplica à concessão de benefícios fiscais, o que pressupõe a disposição, pelo ente político, do poder de tributar. Não diz respeito à delimitação do poder impositivo, fruto da interpretação dos dispositivos que atribuem competências tributárias e daqueles que estabelecem imunidades. A interpretação dos conceitos utilizados pela Carta da República para outorgar competências impositivas (entre os quais se insere o conceito de "receita" constante do seu art. 195, I, "b") não está sujeita, por óbvio, à prévia edição de lei. Tampouco está condicionada à lei a exegese dos dispositivos que estabelecem imunidades tributárias, como aqueles que fundamentaram o acórdão de origem (arts. 149, § 2º, I, e 155, § 2º, X, "a", da CF). Em ambos os casos, trata-se de interpretação da Lei Maior voltada a desvelar o alcance de regras tipicamente constitucionais, com absoluta independência da atuação do legislador tributário. Descabida, portanto, a invocação do 150, § 6º, da Carta de 1988.

A relatora fez questão de lembrar que nesse tema, a Suprema Corte, nas inúmeras oportunidades em que foi debatida a questão da hermenêutica constitucional aplicada ao tema das imunidades, adotou a interpretação teleológica do instituto, a emprestar-lhe abrangência maior, com escopo de assegurar à norma supralegal máxima efetividade.

A fim de corroborar com o entendimento que defendia, a Ministra trouxe vários precedentes, a saber : recurso extraordinário nº 217233, no âmbito da 1ª Turma do STF, recurso extraordinário nº 474132, julgado por este Tribunal Pleno do STF, agravo regimental no recurso extraordinário nº 327414 entre outros.

A Ministra deixou ratificado que é uníssona compreensão de que, às imunidades constitucionais, aplicável a sistemática teleológica, firma-se na STF jurisprudência pela adoção de modelo interpretativo que, ao perquirir sobre a abrangência do instituto, maximize a eficácia da norma constitucional.

Em seu voto condutor a relatora informou que a apropriação de créditos de ICMS na aquisição de mercadorias tem suporte na técnica da não cumulatividade, imposta para tal tributo pelo art. 155, § 2º, I, da Lei Maior, a fim de evitar que a sua incidência em cascata onere demasiadamente a atividade econômica e gere distorções concorrenciais. Relembrou a dicção do preceito constitucional: "Art. 155. Compete aos Estados e ao Distrito Federal instituir impostos sobre: (...) § 2º O imposto previsto no inciso II atenderá ao seguinte: I – será não-cumulativo, compensando-se o que for devido em cada operação relativa à circulação de mercadorias ou prestação de serviços com o montante cobrado nas anteriores pelo mesmo ou outro Estado ou pelo Distrito Federal".

Assim, nos termos do art. 155, § 2º, II, "b", da Carta Constitucional, a não incidência e a isenção nas operações de saída implicam a anulação do crédito relativo às operações anteriores. Mas, para as exportações – o que aqui sobreleva –, o tratamento é distinto. O art. 155, § 2º, X, "a", da CF, a um só tempo, imuniza as operações de exportação e assegura "*a manutenção e o aproveitamento do montante do imposto cobrado nas operações e prestações anteriores*"

Para a relatora, finalidade desse dispositivo não é evitar a incidência cumulativa do ICMS, mas incentivar as exportações, desonerando, por completo, as mercadorias nacionais do seu ônus econômico e permitindo, dessa forma, que as empresas brasileiras exportem produtos, e não tributos. Nessa linha, sujeitar à incidência do PIS e da COFINS os valores auferidos pela transferência dos créditos de ICMS a terceiros significaria vilipendiar a letra e o escopo da imunidade estampada no art. 155, § 2º, X, "a", da Carta Constitucional. Violar-se-ia a sua letra porque se estaria obstaculizando o integral "*aproveitamento do montante do imposto cobrado nas operações e prestações anteriores*", mediante a expropriação parcial dos créditos, na parcela correspondente à carga tributária advinda da incidência das contribuições citadas. Ofender-se-ia o seu escopo porque se estaria chancelando a exportação de tributos, nomeadamente do PIS e da COFINS incidentes sobre os créditos de ICMS cedidos a terceiros, cujo ônus econômico fatalmente teria de ser acrescido ao valor das mercadorias oferecidas à venda pelas empresas exportadoras, abalando-se, assim, a sua competitividade no âmbito internacional e lesando-se, por consequência, a finalidade última do art. 155, § 2º, X, "a", da Carta Constitucional: garantir o desenvolvimento nacional e erradicar a pobreza, objetivos fundamentais da República Federativa do Brasil, nos termos do art. 3º, II e III, da Lei Fundamental.

A Ministra fez questão de lembrar o que assinalou a Juíza Federal Vânia Hack de Almeida no voto condutor do acórdão recorrido, a inclusão do valor do ICMS na base de cálculo das contribuições "*retiraria da imunidade seu pleno alcance [...] estarse-ia dando com uma mão e retirando com a outra*". Inviável, portanto, a incidência da COFINS e do PIS sobre os créditos de ICMS cedidos a terceiros, sob pena de frontal violação do art. 155, § 2º, X, "a", da Constituição de 1988.

Para ministra o conceito constitucional de receita, acolhido pelo art. 195, I, "b", da CF, não se confunde com o conceito contábil. Isso, aliás, está claramente expresso nas Leis 10.637/02 (art. 1º) e Lei 10.833/03 (art. 1º), que determinam a incidência da contribuição ao PIS/PASEP e da COFINS não cumulativas sobre o total das receitas, "*independentemente de sua denominação ou classificação contábil*". Não há, assim, que buscar equivalência absoluta entre os conceitos contábil e tributário.

O aproveitamento dos créditos de ICMS por ocasião da saída imune para o exterior não gera, de modo algum, receita tributável. Cuida-se de mera recuperação do ônus econômico advindo do ICMS, assegurada expressamente pelo art. 155, § 2º, X, "a", da Constituição Federal.

A relatora foi enfática quando disse que ainda que os valores do ICMS acumulado e transferido a terceiros fossem enquadrados como receita, não poderiam ser considerados na base de cálculo das contribuições PIS e COFINS porque o art. 149, § 2º, I, da Constituição Federal, aplicável a todas as contribuições sociais, inclusive às de seguridade social, imuniza as receitas decorrentes de exportação, nestes termos:

> Art.149. Compete exclusivamente à União instituir contribuições sociais, de intervenção no domínio econômico e de interesse das categorias profissionais ou econômicas, como instrumento de sua atuação nas respec-

tivas áreas, observado o disposto nos arts. 146, III, e 150, I e III, e sem prejuízo do previsto no art. 195, § 6º, relativamente às contribuições a que alude o dispositivo.

[...] Parágrafo incluído pela Emenda Constitucional nº 33, de 11/12/2001:

§ 2º As contribuições sociais e de intervenção no domínio econômico de que trata o caput deste artigo:

I – não incidirão sobre as receitas decorrentes de exportação;

Neste contexto, para Ministra as receitas advindas da cessão a terceiros, por empresa exportadora, de créditos do ICMS são imunes, por se enquadrarem como "receitas decorrentes de exportação". Com efeito, adquirida a mercadoria, a empresa exportadora pode creditar-se do ICMS anteriormente pago, mas somente poderá transferir a terceiros o saldo credor acumulado após a saída da mercadoria com destino ao exterior (art. 25, § 1º, da LC 87/1996, *verbis*: "Art. 25. Para efeito de aplicação do disposto no art. 24, os débitos e créditos devem ser apurados em cada estabelecimento, compensando-se os saldos credores e devedores entre os estabelecimentos do mesmo sujeito passivo localizados no Estado. (Redação dada pela LCP nº 102, de 11.7.2000) § 1º Saldos credores acumulados a partir da data de publicação desta Lei Complementar por estabelecimentos que realizem operações e prestações de que tratam o inciso II do art. 3º e seu parágrafo único podem ser, na proporção que estas saídas representem do total das saídas realizadas pelo estabelecimento: I – imputados pelo sujeito passivo a qualquer estabelecimento seu no Estado; II – havendo saldo remanescente, transferidos pelo sujeito passivo a outros contribuintes do mesmo Estado, mediante a emissão pela autoridade competente de documento que reconheça o crédito").

Como a cessão do crédito só se viabiliza em função da exportação e, além disso, está vocacionada a desonerar as empresas exportadoras do ônus econômico do ICMS, as verbas respectivas devem ser qualificadas como decorrentes da exportação para fins de aplicação da imunidade do art. 149, § 2º, I, da Constituição Federal. Este, aliás, foi um dos fundamentos da sentença concessiva da segurança prolatada pela Juíza Federal Karine da Silva Cordeiro, que afirmou: ... "*a efetiva alteração patrimonial positiva da empresa se dá no momento da exportação, pois é nesse momento que ela adquire o direito de dispor do crédito de ICMS nas formas preconizadas no art. 25 da LC 87/96. Após, ao transferir o crédito para terceiros, o seu patrimônio permanecerá inalterado, porquanto não haverá ingresso de novos recursos, mas, tão-somente, a realização do crédito. [...] o direito de manter e aproveitar o crédito de ICMS trata-se de exceção conferida às operações de exportação"* (fl. 85).

Conclui-se que, ao reconhecer a ilegitimidade da incidência das contribuições PIS e COFINS não cumulativas sobre os valores recebidos pela transferência a terceiros de créditos de ICMS, o acórdão recorrido de modo algum ofende os artigos 149, § 2º, I, 155, § 2º, X, "a", e 195, *caput* e inciso I, "b", da Constituição. Está, sim, dando-lhes aplicação, razão pela qual deve ser mantido. Isso posto, conheceu do recurso extraordinário da União, mas nego-lhe provimento, assentando a tese da inconstitucionalidade da incidência da contribuição ao PIS e da COFINS não cumulativas sobre os valores recebidos por empresa exportadora em razão da transferência a terceiros de créditos de ICMS.

Por todo o exposto, a Ministra Rosa Weber conheceu o recurso e negou-lhe provimento.

1.1.5 Voto Vencido

Na matéria objeto Recurso Extraordinário nº 606.107/RS julgado em 22 de maio de 2013, houve um voto vencido do Ministro Dias Toffoli.

Para o Ministro a controvérsia se verificaria pela possibilidade de se fazer incidir a COFINS sobre valores recebidos a título de créditos escriturais de ICMS cedidos onerosamente a terceiros, acumulados em operações e prestações anteriores e não repassados, em razão de a operação seguinte – a destinação de mercadorias para o exterior – ser imune, conforme o art. 155, X, **a,** da Constituição Federal.

Neste contexto, para evitar que o contribuinte não suporte a repercussão do imposto proveniente de valores repassados por outros entes da cadeia anterior, os fiscos dos Estados, autorizados na forma prevista pela LC nº 87/96, regulam formas alternativas de aproveitamento desses créditos acumulados.

O Ministro afirma que a forma mais comum de se viabilizar o aproveitamento desses créditos acumulados é a cessão onerosa. Ao vender os títulos emitidos (cessão de direitos) o comerciante aufere valores que são contabilizados como valores resgatáveis, ou "a recuperar". Dessa forma, a importância entra no caixa sem transitar pela conta de receita, conforme já reconhecido na origem. Daí a impossibilidade, no entender do julgado, nesse primeiro momento, de se fazer incidir a COFINS.

Neste mister, o Ministro Dias Toffoli divergiu das conclusões externadas pela Eminente Ministra Rosa Weber. Neste contexto, em primeiro lugar, vislumbrou uma problemática na adoção conjunta dos dois fundamentos discutidos pela relatora. Se o importe recebido com a venda dos créditos cedidos a terceiros não é receita, constituindo-se mera recuperação de créditos, como pode estar inserido no conceito de "receita de exportação" e ser, consequentemente, imune à COFINS, na forma do art. 149, § 2º, I, da Constituição Federal? Questionou o Ministro. Ou bem tais valores traduzem um ganho e são receitas e, a partir dessa premissa, podemos discutir se são receitas de exportação e, portanto, imunes às contribuições em tela; ou bem não são receitas e não podemos avançar na defesa da tese da imunidade. Feita esta distinção, avançou sobre o argumento que respaldaria a não incidência, consistente em verificar se os valores auferidos traduzem tão somente um ressarcimento, de modo que, na operação de alienação dos créditos, não se apura um ganho, não havendo, a partir de tal premissa, receita em sentido jurídico. A partir desse entendimento, o valor obtido com a venda seria a recuperação do imposto pago que não era próprio do exportador e, sim, daquele ou daqueles que o antecederam na cadeia.

Para esse Ministro, em nenhum momento o contribuinte registra a perda. A não cumulatividade não utilizada se desloca para o preço. No ato da venda são simultâneos a perda e o resgate. Quando parte para a alienação, o contribuinte já está no equilíbrio e o que sobrevier é lucro. Agora temos ganho, temos receita e temos COFINS. Se não houver o que recuperar, se entrar em caixa, é porque se acresceu um valor ao patrimônio. O resultado da **cessão onerosa** é receita no sentido jurídico da acepção, uma vez que chega aos cofres do comerciante como acréscimo e pelo exercício de seu objeto social.

Assim, para o Ministro Dias Toffoli embora as operações possam ser consideradas como correlacionadas, pelo menos indiretamente, na medida em que só haverá crédito a ser cedido se não houver imposto na saída, as receitas adquiridas com a venda dos créditos não são receitas de exportação, ou seja, não são "**ingressos provenientes de uma operação de exportação de bem ou serviço" (RE 564.413)**. Note-se que, se houver imposto devido, não haverá crédito a alienar. Imagine um exportador que pratique vendas internas e vendas ao exterior. Os créditos obtidos com as vendas ao exterior poderão ser aproveitados nas saídas internas. Teremos, nesse caso, um exportador que não aliena créditos, pois não haverá o que ceder, eis que os valores foram lançados como amortização das saídas que se operarem no território nacional. **Temos uma operação que se inicia e se exaure no mercado interno**.

1.2 Análise Crítica

Em relação a matéria tratada no Recurso Extraordinário nº 606.107/RS em que foi discutido a constitucionalidade, ou não, da exigência de que o valor correspondente às transferências de créditos do Imposto sobre Circulação de Mercadorias e Serviços – ICMS pela empresa contribuinte seja integrado à base de cálculo das contribuições Programa de Integração Social – PIS e Contribuição para o Financiamento da Seguridade Social – COFINS não-cumulativas foram trazidos conceitos extremamente relevantes para o direito tributário e para os contribuinte.

A Jurisprudência que vinha sendo construída nos últimos anos apontava para exclusão da do ICMS da base de cálculo do PIS e da COFINS. Nesse RE foi analisado à luz dos artigos 149, § 2º, I; 150, § 6º; 155, § 2º, X, a; e 195, caput, I, b, da Constituição Federal os conceitos de receita, imunidade, não-incidência, faturamento entre outros.

Dessa forma, no art. 195, I, "b", da Constituição Federal, encontra-se o conceito de receita e faturamento. Pelo analise trazida na decisão, esses não podem ser confundidos com o conceito contábil. Entendimento expresso nas Leis 10.637/02 (art. 1º) e Lei 10.833/03 (art. 1º), que determinam a incidência da contribuição ao PIS/PASEP e da COFINS não cumulativas sobre o total das receitas, "*independentemente de sua denominação ou classificação contábil*". A União defendeu a tese que essa norma autorizaria a inclusão do ICMS na base de cálculo para cobrança de outros tributos (PIS\COFINS) questão controversa resolvida pelo Voto condutor da Ministra Rosa Weber.

Neste contexto, ainda que a contabilidade elaborada para fins de informação ao mercado, gestão e planejamento das empresas possa ser tomada pela lei como ponto de partida para a determinação das bases de cálculo de diversos tributos, de modo algum subordina a tributação. A contabilidade constitui ferramenta utilizada também para fins tributários, mas moldada nesta seara pelos princípios e regras próprios do Direito Tributário.

Vale ressaltar que no recurso extraordinário interposto pela União contra acórdão da 2ª Turma do Egrégio Tribunal Regional Federal da

4ª Região que, em Mandado de Segurança impetrado contra ato do Delegado da Receita Federal em Novo Hamburgo/RS, no qual concedida a ordem para assegurar à impetrante o direito de excluir da base de cálculo do PIS e da COFINS o valor relativo aos créditos de ICMS transferidos a terceiros, proveu a apelação e o recurso de ofício sob o fundamento de que as contribuições PIS e COFINS "*não incidem sobre os créditos de ICMS obtidos em razão do benefício fiscal de que trata o art. 25 da LC 87/96, porquanto não constituem receitas, mas custo recuperável sob a forma de compensação ou restituição*".

Aqui cabe uma observação, com exceção da União, todos tinham a mesma opinião. Neste contexto, o Juízo da 2ª Federal de Novo Hamburgo, e o Procurador da República de primeiro grau, a 2ª turma do TRF-4, o procurador no segundo grau, a Ministra relatora, Rosa Weber e o Subprocurador-Geral da República Rodrigo Janot Monteiro de Barros. Todos concordaram com os fundamentos trazidos ao processo. A saber: 1) pelos limites do conceito de receita (art. 195, I, "b" da CF\88); 2) pela imunidade das receitas decorrentes de exportação frente às contribuições sociais e interventivas (art. 149, § 2º, I da CF\88); e 3) pela própria imunidade das operações de exportação perante o ICMS (*art. 155, § 2º, X, 'a', da CF*).

Dessa forma, a analise da Ministra relatora ratificou que o PIS e COFINS não incidem sobre os créditos de ICMS obtidos em razão do benefício fiscal de que trata o art. 25 da LC 87/96, porquanto não constituem receitas, mas custo recuperável sob a forma de compensação ou restituição. Além da imunidade estampada no art. 155, § 2º, X, "a", da Carta Constitucional.

Embora o Ministro Dias Toffoli tenha aberto divergência ao dizer que em nenhum momento o contribuinte registra a perda. Neste sentido informou que a não cumulatividade não utilizada se desloca para o preço. No ato da venda são simultâneos a perda e o resgate. Quando parte para a alienação, o contribuinte já está no equilíbrio e o que sobrevier é lucro. Neste momento o contribuinte teria ganho, receita e teria que pagar COFINS sobre esse valor. Todavia, se não houvesse o que recuperar, se entrar em caixa, é porque se acresceu um valor ao patrimônio. Dessa forma, seria o resultado uma **cessão onerosa**, e por isso, receita no sentido jurídico da acepção, uma vez que chegaria aos cofres do comerciante como acréscimo e pelo exercício de seu objeto social.

Todavia, Supremo Tribunal Federal, no Recurso Extraordinário nº 606.107/RS em analise, pelo voto condutor da Ministra Rosa Weber, decidiu em sede de repercussão geral que não incidem PIS e COFINS sobre a cessão de créditos de ICMS acumulados em decorrência de exportação, por vários fundamentos, entre eles, o fundamento de que tal ingresso não se amoldaria ao conceito constitucional de receita já demonstrado linhas acima.

Diante do precedente do STF, não há como validar juridicamente a tributação pelo PIS/COFINS do valor da cessão de créditos de ICMS, qualquer que seja a causa do seu acúmulo, inclusive o diferimento. Se o ingresso correspondente à cessão não se amolda ao conceito constitucional de receita para fins de incidência do PIS e da COFINS, tampouco pode compor a renda tributável do contribuinte. Esse raciocínio exposto pode ser acolhido em decisões administrativas, como por exemplo, pelo Conselho Administrativo de Recursos Fiscais - CARF e pelos Tribunais do Brasil.

Vale ressaltar, que os impostos e as questões tributárias têm maior impacto coletivo, por essa razão temas como esse analisado facilidade para que elas sejam reconhecidas como de repercussão geral.

Dentro do estudo de repercussão geral, o STF apresentou no dia 30/06/17, durante a reunião plenária, o primeiro relatório analítico das atividades da instância máxima do Judiciário brasileiro. O relatório Supremo em Ação é uma boa fonte de pesquisa e pode ser encontrado na plataforma *on-line* (rsa.cnj.jus.br/stf/). Este trabalho inédito elaborado a pedido pelo Departamento de Pesquisas Judiciárias (DPJ) do CNJ, engloba temas como litigiosidade, recursos humanos, despesas e receitas, além de retratar tendências de atuação do Tribunal ao longo do tempo[2].

A título de exemplo, no ano de 2016, o STF proferiu 117.426 decisões, sendo que 95.276 delas foram terminativas (81%), maior valor dos oito anos pesquisados, o que mostra um incremento da produtividade no último ano. Entre as 22.150 decisões não terminativas, estão consideradas as de caráter liminar, em sede de recurso interno, em sobrestamento, interlocutórias e de repercussão geral. Entre os temas com maior quantidade de processos sobrestados nas instâncias inferiores – que aguardam julgamento no STF por serem matéria de repercussão geral – estão os expurgos inflacionários e planos econômicos.

Entre os 10 temas com maior número de processos sobrestados estudados pelo CNJ, que atingem a mais de 950 mil causas, mais de 487 mil, ou 51% do total, são referentes a diferentes planos econômicos e expurgos inflacionários que se repetiram na história recente (figura abaixo).

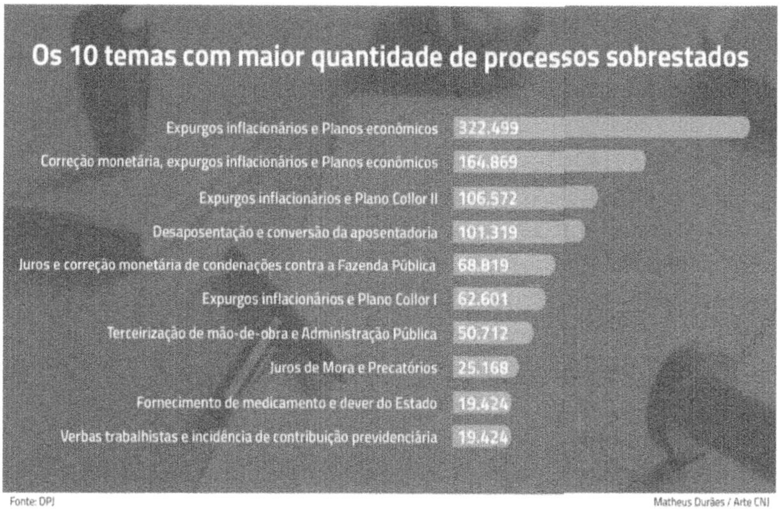

Fonte CNJ (rsa.cnj.jus.br/stf/)

Durante o julgamento do RE nº 606.107/RS, o Ministro Teori Zavascki acompanhou o voto da relatora Ministra Rosa Weber. Informou que já havia analisados o esse assunto. Portanto, do ponto de vista infraconstitucional, não havia nenhuma ilegalidade no entendimento de que o aproveitamento do crédito de ICMS, nessas circunstâncias, não era receita decorrente de operação sujeita à incidência do PIS e COFINS.

Assim, olhando a questão do ponto de vista constitucional, ele chegava à mesma conclusão. A interpretação dada pelo acórdão recorrido não ofende qualquer norma da Constituição. Pelo contrário, dá concretude à cláusula constitucional do artigo 155, § 2º, inciso X, que assegura ao exportador o direito a aproveitamento do montante do ICMS cobrado nas operações anteriores a da exportação, aproveitamento que se dá, entre outros modos, mediante transferência dos correspondentes créditos a terceiros, a outros sujeitos passivos do mesmo Estado, segundo a Lei Complementar nº 87/96, artigo 25, § 1º, inciso II.

O Ministro Luiz Fux disse que restaria muito pouco a dizer diante do brilhantismo do voto da Ministra Rosa Weber, que havia esgotado o tema, com bastante singularidade. Não é do desconhecimento de quem quer que atue no âmbito tributário que o regime de exportação tem um tratamento privilegiado. No Superior Tribunal de Justiça nós tivemos, durante anos, exatamente uma discussão sobre o denominado crédito-prêmio do IPI. E havia também, com relação a esse crédito-prêmio, algumas inserções nesse tema do aproveitamento.

O Ministro lembrou que a pretensão do particular encontra previsão expressa na Constituição, em dois dispositivos específicos: no artigo 149, § 2º, que exime as receitas de exportação da incidência das contribuições sociais; e no artigo 155, inciso X, "*a*", que, num sistema de integração normativa – relembrado pelo Ministro Teori Zavascki –, as informações faram ao encontro exatamente da Lei Complementar nº 87/96, que, no seu artigo 25, complementa o inciso X, alínea "*a*" – que regula exatamente as operações que se destinam ao exterior –, ressaltando que é assegurada a manutenção e o aproveitamento do montante do imposto cobrado nas operações e prestações anteriores.

O Ministro Dias Toffoli abriu divergência ao fundamentar sobre a cessão onerosa de crédito. Todavia a Ministra relatora deixou claro que o Estado não pode dar com uma das mãos e tirar com a outra. A relatora concluiu que ter-se-á que caminhar para a glosa, ante a pecha de inconstitucional, da lei que resultou da Medida Provisória nº 451/2008, da Lei nº 11.941/2009, no que, para Rosa Weber, no campo estritamente pedagógico e esclarecedor da matéria, afastou a incidência do PIS/COFINS sobre esses valores decorrentes da transferência do crédito.

A Ministra Cármem Lúcia acompanhou o voto da Ministra Rosa Weber e parabenizou pelo brilhantíssimo voto, no qual fez levantamento e trouxe à rememoração de todos nós as decisões, a doutrina e as decisões do STF, na linha tratando essa matéria.

O Ministro Ricardo Lewandowski acompanhou o vota da Ministra e lembrou o "custo Brasil" que é integrado não apenas por ônus de natureza fiscal, mas também outros tipos de gravames que pesam sobre a indústria nacional, e que impedem que ela se desenvolva e que se torne um empreendimento nacional, à altura dos países desenvolvidos. Dentro deste "custo Brasil", como têm apontado os especialistas, encontra-se, exatamente, o gravame que pesa sobre as exportações, e que onera sobremaneira este setor da atividade empresarial nacional.

No mesmo contexto, o Ministro Gilmar Mendes acompanhou as doutas lições exauridas do voto da Ministra Rosa Weber, que, e disse que a havia proferido um voto antológico sobre a matéria.

Assim o fez o Ministro Marco Aurélio também acompanhou o voto condutor e acrescentou que a Lei Complementar nº 87/96, em plena harmonia com a imunidade constitucional, presentes as importadoras, e versou a compensação de saldos credores, contemplando várias situações jurídicas: aquela em que possa haver transferência para estabelecimento diverso da empresa, a que a empresa, além das exportações, atua no mercado interno – para o Ministro o STF deveria entender que, não atuando, há a incidência do PIS/COFINS sobre essa recuperação, o que adentraria no campo do tratamento diferenciado, sem uma justificativa plausível, socialmente aceitável –, e o caso em que somente ocorrem as exportações. A não se concluir, como concluiu a ministra Rosa Weber, ter-se-á que caminhar para a glosa, ante a pecha de inconstitucional, da lei que resultou da Medida Provisória nº 451/2008, da Lei nº 11.941/2009, no que, para Marco Aurélia, no campo estritamente pedagógico e esclarecedor da matéria, afastou a incidência do PIS/ /COFINS sobre esses valores decorrentes da transferência do crédito.

O Ministro Joaquim Barbosa, como Presidente da Corte, votou por último e acompanhou o voto da relatora.

O tema do ICMS fora da base de cálculo do PIS/COFINS está longe de ser resolvido. A Receita Federal e a Procuradoria da Fazenda Nacional tem feito vários questionamentos para não permitir qualquer exclusão do ICMS da base de cálculo do PIS e da Cofins. A discussão é bilionária. Por essa razão, o tema renasce no Judiciário em razão da mesma controvérsia: perda de arrecadação do estado.

Particularmente e considerando o objetivo maior da Repercussão Geral – uniformizar a interpretação constitucional sem exigir que o STF decida múltiplos casos idênticos sobre a mesma questão constitucional – parece ser adequado a fixação da tese em questão, bem como o reconhecimento da Repercussão Geral.

Em síntese, ficou assentada a tese da inconstitucionalidade da incidência da contribuição ao PIS e da COFINS não cumulativas sobre os valores recebidos por empresa exportadora em razão da transferência a terceiros de créditos de ICMS.

As normas de competência tributária, que conferem aos entes políticos a opção para instituir tributos, ao indicarem as possíveis materialidades e incidência sobre as contribuições sociais materialidades e incidências sobre as contribuições sociais não podem criar ou inovar fora da Constituição da República de 1988. Há limites constitucionais que não devem ultrapassados, como exemplo, o de imunidade tributária. Essa é uma função negativa, visto que exclui o próprio fato gerador (artigo 149 §2º, inciso I, CF\88).

A rigidez constitucional e a hierarquia normativa do ordenamento jurídico acarretam a impossibilidade de conceito. Assim, o conceito de faturamento e receita do artigo 195, inciso I da CF\88 não pode ser modificado pela legislação infraconstitucional, seja essa ordinária ou complementar. Dessa forma, acertou o STF no julgamento trazendo ao país segurança jurídica.

Capítulo XVII
Recurso Extraordinário nº 627.815

Denise Magalhães da Silva Quirino

1. Recurso Extraordinário nº 627.815[1] – Paraná

Relator: Ministra Rosa Weber
Voto vencedor: Ministra Rosa Weber
Data de julgamento: 23 de maio de 2013.

1.1 Ementa

> **RECURSO EXTRAORDINÁRIO. CONSTITUCIONAL. TRIBUTÁRIO. IMUNIDADE. HERMENÊUTICA. CONTRIBUIÇÃO AO PIS E COFINS. NÃO INCIDÊNCIA. TELEOLOGIA DA NORMA. VARIAÇÃO CAMBIAL POSITIVA. OPERAÇÃO DE EXPORTAÇÃO.**
> I – Esta Suprema Corte, nas inúmeras oportunidades em que debatida a questão da hermenêutica constitucional aplicada ao tema das imunidades, adotou a interpretação teleológica do instituto, a emprestar-lhe abrangência maior, com escopo de assegurar à norma supralegal máxima efetividade.

[1] BRASIL. Supremo Tribunal Federal. **RECURSO EXTRAORDINÁRIO nº 627.815.** Relator(a): Min. Rosa Weber, Tribunal Pleno, julgado em 23/05/2013. Disponível em: http://portal.stf.jus.br/processos/detalhe.asp?incidente=3925409. Acesso em 09 de jun. de 2019.

II – O contrato de câmbio constitui negócio inerente à exportação, diretamente associado aos negócios realizados em moeda estrangeira. Consubstancia etapa inafastável do processo de exportação de bens e serviços, pois todas as transações com residentes no exterior pressupõem a efetivação de uma operação cambial, consistente na troca de moedas.
III – O legislador constituinte – ao contemplar na redação do art. 149, § 2º, I, da Lei Maior as "receitas decorrentes de exportação" – conferiu maior amplitude à desoneração constitucional, suprimindo do alcance da competência impositiva federal todas as receitas que resultem da exportação, que nela encontrem a sua causa, representando consequências financeiras do negócio jurídico de compra e venda internacional. A intenção plasmada na Carta Política é a de desonerar as exportações por completo, a fim de que as empresas brasileiras não sejam coagidas a exportarem os tributos que, de outra forma, onerariam as operações de exportação, quer de modo direto, quer indireto.
IV – Consideram-se receitas decorrentes de exportação as receitas das variações cambiais ativas, a atrair a aplicação da regra de imunidade e afastar a incidência da contribuição ao PIS e da COFINS.
V – Assenta esta Suprema Corte, ao exame do *leading case,* a tese da inconstitucionalidade da incidência da contribuição ao PIS e da COFINS sobre a receita decorrente da variação cambial positiva obtida nas operações de exportação de produtos.
VI – Ausência de afronta aos arts. 149, § 2º, I, e 150, § 6º, da Constituição Federal. **Recurso extraordinário conhecido e não provido**, aplicando-se aos recursos sobrestados, que versem sobre o tema decidido, o art. 543-B, § 3º, do CPC.

1.1.1 Especificação do Caso e Razões da Submissão à Repercussão Geral

O *leading case* trata-se de recurso extraordinário interposto pela União, em face de acórdão do Tribunal Regional da 4ª Região, que negou provimento à apelação e à remessa oficial em mandado de segurança impetrado pela Incepa Revestimentos Cerâmicos Ltda, com o intuito de resguardar direito à desoneração do recolhimento do PIS e da COFINS, incidentes sobre receitas oriundas de variação cambial em operações de exportação.

O Tribunal Regional Federal da 4ª Região entendeu que a isenção do PIS e da COFINS advindos de exportação foi elevada ao *status* de imunidade, por força da emenda constitucional nº 33/2001[2], o que, do mesmo modo, alcança a variação cambial desses importes.

A União em seu recurso extraordinário alegou ofensa aos artigos 149, §2º, I e 150, § 6º [3]da Constituição Federal.

Opinou o Ministério Público, conforme parecer do Subprocurador--Geral da República, Dr. Wagner de Castro Mathias Netto pelo não provimento do recurso. Na oportunidade, apontou que o fato gerador da contribuição do PIS e da COFINS se funda na percepção de receitas, todavia quando oriundas de exportação de mercadorias e serviços não se sujeitam a incidência das contribuições em exame, por estarem abrangidas pela imunidade do art. 149, §2º, I da Carta Constitucional.

1.1.2 Critério de Conhecimento da Repercussão Geral

A repercussão geral do tema foi reconhecida em outubro de 2010.

1.2 Mérito da Decisão

O Recurso Extraordinário nº 627.815 PR foi julgado em 23 de maio de 2013, em sessão presidida pelo Ministro Joaquim Barbosa, presentes os

[2] Art. 1º O Art. 149 da Constituição Federal passa a vigorar acrescido dos seguintes parágrafos, renumerando-se o atual parágrafo único para § 1º:
"Art. 149. ....
§ 2º As contribuições sociais e de intervenção no domínio econômico de que trata o *caput* deste artigo:
I - não incidirão sobre as receitas decorrentes de exportação;
3 Art. 149. Compete exclusivamente à União instituir contribuições sociais, de intervenção no domínio econômico e de interesse das categorias profissionais ou econômicas, como instrumento de sua atuação nas respectivas áreas, observado o disposto nos arts. 146, III, e 150, I e III, e sem prejuízo do previsto no art. 195, § 6º, relativamente às contribuições a que alude o dispositivo.
§ 2º As contribuições sociais e de intervenção no domínio econômico de que trata o *caput* deste artigo: (Incluído pela Emenda Constitucional nº 33, de 2001)
I - não incidirão sobre as receitas decorrentes de exportação; (Incluído pela Emenda Constitucional nº 33, de 2001)
Art. 150. Sem prejuízo de outras garantias asseguradas ao contribuinte, é vedado à União, aos Estados, ao Distrito Federal e aos Municípios:
§ 6º Qualquer subsídio ou isenção, redução de base de cálculo, concessão de crédito presumido, anistia ou remissão, relativos a impostos, taxas ou contribuições, só poderá ser concedido mediante lei específica, federal, estadual ou municipal (Redação dada pela Emenda Constitucional nº 3, de 1993)ipal, que regule exclusivamente as matérias acima enumeradas ou o correspondente tributo ou contribuição, sem prejuízo do disposto no art. 155, § 2º, XII, g.

Ministros Marco Aurélio, Gilmar Mendes, Ricardo Lewandowski, Cármen Lúcia, Dias Toffoli, Luiz Fux, Rosa Weber e Teori Zavascki. Ausente justificadamente o Ministro Celso de Mello. Recurso conhecido e improvido por unanimidade e nos termos do voto do relator.

1.2.1 Voto Condutor

A Ministra Rosa Weber iniciou seu voto com digressões acerca do RE 474.132. O julgamento concluiu que a imunidade do art. 149, §2º, I da Constituição Federal não abarca a CSLL e a extinta CPMF e o caso trouxe, ainda que de forma reflexa, a controvérsia acerca da imunidade advinda de variações cambiais.

Nada obstante, o Supremo Tribunal Federal no mandado de segurança em que interposto o RE 474.132, ao indeferir a petição do impetrante não enfrentou a imunidade das receitas cambiais ativas, uma vez que o debate se deu quanto à oposição da imunidade do art. 149, §2º, no que atine a CSLL e CPMF e não quanto ao aspecto material da imunidade atrelado ao conceito de receitas decorrentes de exportação.

A matéria em exame no presente recurso extraordinário em análise é justo se as receitas das variações cambiais ativas podem ser consideradas receitas advindas de exportação, de forma a incidir a imunidade e afastar a incidência do PIS e da COFINS.

O entendimento da Relatora se deu no sentido afirmativo. Para a Ministra:

> **Variações cambiais constituem atualizações de obrigações ou de direitos estabelecidos em contratos de câmbio.** Estão compreendidas entre dois grandes marcos: a contratação (fechamento) do câmbio, com a venda, para uma instituição financeira, por parte do exportador, da moeda estrangeira que resultará da operação de exportação; e a liquidação do câmbio, com a entrega da moeda estrangeira à instituição financeira e o consequente pagamento, ao exportador, do valor equivalente em moeda nacional, à taxa de câmbio acertada na data do fechamento do contrato de câmbio. No âmbito tributário, as variações cambiais dizem-se: **i) ativas, quando são favoráveis ao contribuinte, gerando-lhe receitas;** e ii) passivas, quando o desfavorecem, implicando perdas. **As variações cambiais ativas originam, mais precisamente, receitas financeiras,** incluindo-se no lucro operacional das empresas, nos termos do art. 18 do Decreto-Lei 1.598/1977:

> **Variações Monetárias**
> Art 18 – Deverão ser incluídas no lucro operacional as contrapartidas das variações monetárias, em função da taxa de câmbio ou de índices ou coeficientes aplicáveis, por disposição legal ou contratual, dos direitos de crédito do contribuinte, assim como os ganhos cambiais e monetários realizados no pagamento de obrigações. [grifo nosso]

No entendimento da Ministra, em seu voto como relatora, restou consignado que o contrato de câmbio tem natureza de negócio atrelado à exportação, tendo correlação direta com os negócios realizados em moeda estrangeira.

Como consignou:

> **Consubstancia etapa inafastável do processo de exportação de bens e serviços, pois todas as transações com residentes no exterior pressupõem a efetivação de uma operação cambial, consistente na troca de moedas**: o exportador vende a divisa estrangeira que receberá do comprador à instituição financeira autorizada a operar com câmbio, a fim de receber o pagamento em moeda nacional.
> Noutras palavras, o exportador está obrigado a celebrar o contrato de câmbio, pois não se permite que receba o pagamento em moeda estrangeira. [grifo nosso]

Com efeito, o Ministro Gilmar Mendes, ao relatar o RE 474.132, em seu voto entendeu pela imunidade das receitas oriundas de variações cambiais ativas. Para o Ministro são sempre atreladas à exportação.

A Ministra Rosa Weber trouxe a baila ainda a posição frequente do Supremo Tribunal Federal em fazer uso da interpretação teleológica, quando o assunto em questão são as imunidades, de modo a permitir que a norma constitucional tenha máxima efetividade.

O Relator Ministro Gilmar Mendes do Recurso Extraordinário 474132, de igual modo ressaltou a tendência do Supremo quanto à interpretação teleológica, quando assunto é a hermenêutica constitucional em casos de imunidade tributária.

Para a Ministra o adjetivo "decorrente" presente no texto constitucional implica maior alcance à desoneração constitucional. Demonstra-se a intenção da Carta Magna de desoneração das exportações por inteiro de forma que as empresas nacionais não sejam coagidas a exportarem os tributos que, de outro modo, onerariam as exportações de modo direto ou indireto.

O voto fora concluído com a afirmação de que "a variação da taxa de câmbio entre o fechamento e a liquidação do contrato configura receita decorrente de exportação, sempre que seja favorável ao exportador, sendo assim as variações cambiais ativas atinentes à exportação estão acobertadas pela imunidade do art. 149, §2º, I do texto constitucional".

1.2.2 Votos Vencidos

Inexistentes. O Recurso extraordinário em questão foi conhecido e improvido por unanimidade e nos termos do voto do relator.

1.3 Análise Crítica

Prefacialmente é preciso compreender que a desoneração quanto à tributação de bens destinados à exportação sempre tratou-se de uma providência, com o intuito de tornar competitivos os produtos nacionais, de forma a privilegiar a balança comercial brasileira, propiciando o ingresso de divisas[4].

Neste cenário, a Lei Complementar nº 70/1991 (COFINS) e a Lei nº 7.714/1988 (PIS) dispuseram acerca de isenção dessas contribuições no que se refere as receitas decorrentes de exportação. A cognominada desoneração de receitas decorrentes de exportação continuou a vigorar no universo tributário como forma de isenção, MP nº 2.158-35-2001 e, posteriormente, como hipóteses de não incidência, conforme as Leis nº 10.637/2002 e 10.833/2003[5].

A Emenda Constitucional nº 33/2001 (EC nº 33/2001) por sua vez que, dentre outras determinações, alterou o art. 149 para instituir, em relação às contribuições sociais, a imunidade para as receitas decorrentes de exportação. Por certo, houve uma elevação no *status* e consequente natureza da desoneração.

[4] DOMINGO, Luiz Roberto. **Pis/Cofins. Receitas Decorrentes De Exportação. Imunidade Ou Isenção?** Disponível em: < https://www.ibet.com.br/pis-cofins-receitas-decorrentes-de-exportacao-imunidade-ou-isencao-por-luiz-roberto-domingo/>. Acesso em: 15 de março de 2019.

[5] DOMINGO, Luiz Roberto. **Pis/Cofins. Receitas Decorrentes De Exportação. Imunidade Ou Isenção?** Disponível em: <https://www.ibet.com.br/pis-cofins-receitas-decorrentes-de-exportacao-imunidade-ou-isencao-por-luiz-roberto-domingo/>. Acesso em: 15 de março de 2019.

Por sua vez, a Lei n. 9.718/1998 foi e é responsável por alterar a legislação tributária federal e dispor acerca do PIS/PASEP, COFINS, IR e IOF.

O §1º do art. 3º do mencionado diploma legal expandiu o conceito de receita bruta para abarcar a totalidade das receitas auferidas por pessoas jurídicas, independente da atividade executada e da classificação contábil adotada.[6]

Nada obstante, o Supremo Tribunal Federal reconheceu a inconstitucionalidade do dispositivo no RE 390.840, Rel. Min. Marco Aurélio, DJU 15/08/06, p. 25; permanecendo inalterado o art. 2º da lei[7].

O art. 3º sofreu alteração em virtude de redação dada pela Lei n. 12.973 de 2014, tendo o seguinte texto "Art. 3º O faturamento a que se refere o art. 2º compreende a receita bruta de que trata o art. 12 do Decreto-Lei nº 1.598, de 26 de dezembro de 1977"[8].

Nesse contexto, o art. 9 da Lei nº 9718/1998 disciplina que as variações monetárias dos direitos de crédito e das obrigações do contribuinte, em razão de taxa de câmbio ou índices ou coeficientes aplicáveis por disposição de natureza legal ou contratual serão considerados como receitas ou despesas financeiras, para fins da legislação de IR, CSLL, PIS/PASEP e COFINS. Entretanto, a Corte Suprema em razão da imunidade prevista no art. 149, § 2º, I da Carta Magna, em sede de recursos repetitivos, decidiu pela não incidência das contribuições no que se refere à variação cambial positiva, oriunda de contratos de câmbio firmados para viabilizar exportações[9].

O texto constitucional estabelece uma imunidade, qual seja a do resguardo quanto a não incidência das contribuições sociais e de inter-

[6] **PIS/COFINS. Variação cambial positiva decorrente de contrato de mútuo em moeda estrangeira.** Disponível em: <https://www.ibet.com.br/50364-2/>. Acesso em: 13 de março de 2019.

[7] Art. 2º As contribuições para o PIS/PASEP e a COFINS, devidas pelas pessoas jurídicas de direito privado, serão calculadas com base no seu faturamento, observadas a legislação vigente e as alterações introduzidas por esta Lei. (Vide Medida Provisória nº 2.158-35, de 2001)

[8] BRASIL. Lei 9.718/1998, de 27 de novembro de 1998. Altera a legislação tributária federal. Disponível em: < http://www.planalto.gov.br/ccivil_03/leis/L9718.htm>. Acesso em 13 de março de 2019.

[9] **PIS/COFINS. Variação cambial positiva decorrente de contrato de mútuo em moeda estrangeira.** Disponível em: <https://www.ibet.com.br/50364-2/ >. Acesso em: 13 de março de 2019.

venção no domínio econômico, de que tratam o *caput* do artigo, sobre as receitas decorrentes de exportação.

Da análise do dispositivo constitucional que dispõe acerca da imunidade, objeto da discussão, percebe-se que está voltada às receitas que sejam oriundas de uma operação ou relação jurídica que tenha como objeto a exportação[10].

É perceptível uma abrangência genérica no texto constitucional, que Luiz Roberto Domingo descreve:

> **Trata-se de uma configuração abrangente e genérica, que não especifica a forma pela qual as receitas ingressam no patrimônio do contribuinte ou a materialidade das relações jurídicas que estabelecem o vínculo entre a receita e a exportação, devendo apenas aquela "decorrer" desta. O objeto da imunidade é a receita de exportação,** assim entendido o ingresso de divisas para o País, que pode ser verificada direta ou indiretamente, mas que decorra da exportação de bens e serviços. [grifo nosso]

No julgamento do Recurso Extraordinário 627.815 Paraná, objeto deste estudo, conhecido e improvido por unanimidade nos termos do voto da relatora, reconheceu-se que as receitas oriundas das variações cambiais ativas são consideradas receitas decorrentes da exportação e logo são abarcadas pela imunidade hábil a afastar a incidência do PIS/COFINS.

O julgado em análise é de extrema relevância, uma vez que pôs fim a qualquer discussão no que atine a imunidade aplicável a variações cambiais ativas decorrentes de operações de exportação.

Entretanto, curioso é que a administração tributária permaneceu aplicando a desoneração na forma superficial de isenção com fulcro na própria MP nº 2.158-35/2001, sem sopesar as modificações da legislação ordinária[11].

[10] Domingo, Luiz Roberto. **Pis/Cofins. Receitas Decorrentes De Exportação. Imunidade Ou Isenção?** Disponível em: <https://www.ibet.com.br/pis-cofins-receitas-decorrentes-de-exportacao-imunidade-ou-isencao-por-luiz-roberto-domingo/>. Acesso em: 15 de março de 2019.

[11] Domingo, Luiz Roberto. **Pis/Cofins. Receitas Decorrentes De Exportação. Imunidade Ou Isenção?** Disponível em: <https://www.ibet.com.br/pis-cofins-receitas-decorrentes-de

Todavia, esse cenário parece ter se modificado, conforme demonstra julgado da máxima recenticidade do CARF[12]:

> **Acórdão:** 9303-007.873
> **Número do Processo:** 10830.007979/2007-11 **Data de Publicação:** 01/03/2019
> **Contribuinte:** LUCENT TECHNOLOGIES DO BRASIL, INDUSTRIA E COMERCIO LTDA. **Relator(a):** Vanessa Marini Cecconello
> **Ementa:** Assunto: Contribuição para o PIS/Pasep Período de apuração: 01/10/2002 a 31/12/2003 PIS/PASEP. NÃO-CUMULATIVO. **RECEITAS DE VARIAÇÃO CAMBIAL ATIVA. IMUNIDADE. As receitas das variações cambiais ativas integram as receitas decorrentes de exportação, atraindo, assim, a regra da imunidade do art. 149, §2º, inciso I, da Constituição Federal para afastar a incidência do PIS/Pasep não-cumulativo.**
> **Decisão:** Vistos, relatados e discutidos os presentes autos. Acordam os membros do Colegiado, por unanimidade de votos, em conhecer do Recurso Especial e, no mérito, em dar-lhe provimento. (assinado digitalmente) Rodrigo da Costa Pôssas – Presidente em Exercício (assinado digitalmente) Vanessa Marini Cecconello – Relatora Participaram do presente julgamento os Conselheiros Andrada Márcio Canuto Natal

Seguem as ementas do processo que originou o acórdão 9303-007.873:

> Processo: 10830.007979/2007-11
> Assunto: Contribuição para o PIS/Pasep Período de apuração: 01/10/2002 a 31/12/2003 PIS/PASEP. NÃO-CUMULATIVO. RECEITAS DE VARIAÇÃO CAMBIAL ATIVA. IMUNIDADE. As receitas das variações cambiais ativas integram as receitas decorrentes de exportação, atraindo, assim, a regra da imunidade do art. 149, §2º, inciso I, da Constituição Federal para afastar a incidência do PIS/Pasep não-cumulativo. TRIBUNAIS SUPERIORES. REPERCUSSÃO GERAL. NECESSIDADE DE REPRODUÇÃO DAS DECISÕES PELO CARF. Nos termos do art. 62, §1º, inciso II, alínea

-exportacao-imunidade-ou-isencao-por-luiz-roberto-domingo/>. Acesso em: 15 de março de 2019.

[12] Conselho Administrativo De Recursos Fiscais – CARF. Acórdão Disponível em: <http://carf.fazenda.gov.br/sincon/public/pages/ConsultarJurisprudencia/consultarJurisprudenciaCarf.jsf>. Acesso em: 15/03/2019.

"b" e §2º, do Regimento Interno do Conselho Administrativo de Recursos Fiscais, aprovado pela Portaria MF nº 343/2015, os membros do Conselho devem observar as decisões definitivas do Supremo Tribunal Federal ou do Superior Tribunal de Justiça, em sede de julgamento realizado nos termos dos arts. 543-B e 543-C da Lei nº 5.869, de 1973, ou dos arts. 1.036 a 1.041 da Lei nº 13.105, de 2015 – Código de Processo Civil, na forma disciplinada pela Administração Tributária.

Assunto: Contribuição para o Financiamento da Seguridade Social – Cofins
Período de apuração: 01/10/2002 a 31/12/2003 PIS/PASEP. NÃO-CUMULATIVO. RECEITAS DE VARIAÇÃO CAMBIAL ATIVA. IMUNIDADE. As receitas das variações cambiais ativas integram as receitas decorrentes de exportação, atraindo, assim, a regra da imunidade do art. 149, §2º, inciso I, da Constituição Federal para afastar a incidência do PIS/Pasep não--cumulativo.
TRIBUNAIS SUPERIORES. REPERCUSSÃO GERAL. NECESSIDADE DE REPRODUÇÃO DAS DECISÕES PELO CARF. Nos termos do art. 62, §1º, inciso II, alínea "b" e §2º, do Regimento Interno do Conselho Administrativo de Recursos Fiscais, aprovado pela Portaria MF nº 343/2015, os membros do Conselho devem observar as decisões definitivas do Supremo Tribunal Federal ou do Superior Tribunal de Justiça, em sede de julgamento realizado nos termos dos arts. 543-B e 543-C da Lei nº 5.869, de 1973, ou dos arts. 1.036 a 1.041 da Lei nº 13.105, de 2015 – Código de Processo Civil, na forma disciplinada pela Administração Tributária[13].

O cenário atual não comporta mais discussões quanto a desoneração das variações cambiais ativas decorrentes de operação de exportação. O desencargo já era fundamentado em legislação infraconstitucional, configurando isenção e sua elevação ao *status* constitucional, logo imunidade, colocou termo a qualquer debate em sentido contrário.

Como asseverado, o Supremo Tribunal Federal quando o tema é imunidade, tem dado azo à interpretação teleológica, com o fito de preservar certos valores consagrados e caros ao texto constitucional.

[13] Conselho Administrativo De Recursos Fiscais – CARF. Ementas. Disponível em: <http://carf.fazenda.gov.br/sincon/public/pages/ConsultarJurisprudencia/listaJurisprudenciaCarf.jsf>. Acesso em: 15/03/2019.

Capítulo XVIII
Recurso Extraordinário nº 628.122

Beijanicy Ferreira da Cunha Abadia Valim

1. Recurso Extraordinário nº 628122[1] – São Paulo

Relator: Ministro Gilmar Mendes
Voto vencedor: Ministro Gilmar Mendes
Data de julgamento: 19 de junho de 2013.

1.1 Ementa

Recurso extraordinário. Repercussão geral da questão constitucional reconhecida. 2. Direito Constitucional e Tributário. 3. FINSOCIAL. Natureza jurídica de imposto. Incidência sobre o faturamento. 4. Alcance da imunidade prevista no art. 150, VI, d, da Constituição Federal, sobre livros, jornais, periódicos e papel destinado a sua impressão. Imunidade objetiva. Incidência sobre o objeto tributado. Na hipótese, cuida-se de tributo de incidente sobre o faturamento. Natureza pessoal. Não alcançado pela imunidade objetiva prevista no art. 150, VI, d, da Constituição Federal. 5. Recurso extraordinário a que se nega provimento.

[1] BRASIL. SUPREMO TRIBUNAL FEDERAL. **RECURSO EXTRAORDINÁRIO nº 628122.** Relator(a): Min. Gilmar Mendes, Tribunal Pleno, julgado em 19/06/2013 Disponível em: http://portal.stf.jus.br/processos/detalhe.asp?incidente=3929411. Acesso em 09 de jun de 2019.

1.1.1 Especificação do Caso e Razões da Submissão à Repercussão Geral

Com base no voto do Relator Ministro Gilmar Mendes, a controvérsia dos autos gira em torno da extensão da imunidade tributária prevista no art. 150, VI, alínea "d", da Constituição Federal, para livros, jornais, periódicos e o papel destinado a sua impressão.

A tese principal descrita pela Recorrente (Lex Editora S/A) na ação declaratória que foi julgada improcedente pelo Juízo *a quo* objetivava o reconhecimento da inexigibilidade do FINSOCIAL e a consequente repetição do indébito, aduzindo que a imunidade prevista no art. 150, VI, "d", da Constituição Federal de 1988 incide sobre o tributo em discussão, ante a sua natureza de imposto.

A Recorrente alega a necessidade de serem analisadas duas questões: a primeira que consiste em saber a natureza jurídica do FINSOCIAL; e a segunda, relativa à discussão sobre a incidência da imunidade, tendo em vista a atividade a que se dedica a Recorrente (impressão e comercialização de livros), e que as empresas que se dedicam à produção e comercialização de livros, jornais e periódicos estão imunes ao pagamento do FINSOCIAL, pois a imunidade deve ser compreendida dentro da finalidade de fomentar a liberdade de opinião, criação e a difusão de ideias, devendo se estender até a fase de comercialização.

Entretanto, este argumento foi contestado pelo Recorrido (União, através do Procurador-Geral da Fazenda Nacional) que sustenta pelo não provimento do recurso, ante a circunstância do acórdão recorrido estar em conformidade com a jurisprudência do Supremo Tribunal Federal, que afirma que "a imunidade constitucional prevista para os livros, jornais e periódicos, não abrange o FINSOCIAL, sejam os fatos geradores anteriores ou posteriores à Constituição Federal de 1988", confirmando os Precedentes do Supremo Tribunal Federal: RE 170.717-8-PR; RE 215.436-RS e RE 252.132-9-SP.

Assim, o Recurso Extraordinário foi interposto, com fundamento na alínea "a", do inciso III, do artigo 102 da CF/88, pela Lex Editora S/A contra acórdão prolatado pela Quarta Turma do Tribunal Regional Federal da 3ª Região que manteve a sentença de Primeiro Grau que havia julgado improcedente o pedido a repetição do indébito relativamente ao FINSOCIAL, formulado sob o argumento de que o referido tributo tem natureza jurídica de imposto.

Importante mencionar, que inicialmente o Extraordinário contra o referido acórdão recorrido não foi admitido porque não se reconheceu a imunidade pretendida pela Recorrente pelo fato deste estar em consonância com a jurisprudência do STF. Porém, ao ser interposto o agravo de instrumento contra a decisão, este foi encaminhado ao Supremo e teve a repercussão geral reconhecida por iniciativa do Relator na época, Ministro César Peluso.

Assim, o Ministro Gilmar Mendes ao ser designado como Relator do feito em substituição, deu provimento ao agravo de instrumento e o converteu em recurso extraordinário em 28/05/2010, ante o atendimento dos pressupostos de admissibilidade.

Entretanto, o eminente Min. Relator Gilmar Mendes, ao trazer o feito a julgamento na sessão plenária de 19 de junho de 2013, proferiu voto no sentido de negar provimento ao Recurso Extraordinário, o que foi acompanhado pela maioria dos Ministros, vencido o Ministro Marco Aurélio. Ausente, justificadamente, o Ministro Celso de Mello.

1.1.2 Critério de Conhecimento da Repercussão Geral

Sobre a repercussão geral, no primeiro julgamento, a Desembargadora Vice-Presidente do Tribunal Regional Federal da 3° Região, Suzana Camargo, em 18 de fevereiro de 2009 analisou o Recurso Extraordinário interposto pela Lex Editora S/A com fulcro no artigo 102, III alínea "a" da Constituição Federal contra acórdão do Tribunal de Justiça daquele Estado, que não reconheceu a imunidade incidente sobre o FINSOCIAL, conforme ementa colacionada:

> DIREITO CONSTITUCIONAL E TRIBUTÁRIO – IMUNIDADE DE LIVROS, JORNAIS E PERIÓDICOS – FINSOCIAL – FATOS GERADORES ANTERIORES E POSTERIORES À CONSTITUIÇÃO FEDERAL DE 1988 – LEGITIMIDADE DA EXIGÊNCIA. 1. A imunidade constitucional prevista para os livros, jornais e periódicos, não abrange o FINSOCIAL, sejam os fatos geradores anteriores ou posteriores à Constituição Federal de 1988. 2. Precedentes do Supremo Tribunal Federal: RE 170.7178-PR; RE 215.436 e RE 252.132-9-SP. 3. Apelação improvida.

O Recurso Extraordinário foi fundamentado no inciso III, alínea "a" do permissivo constitucional, onde o a empresa Lex Editora S/A sustentou que o acórdão recorrido teria contrariado o disposto do Artigo 150, VI, alínea "d" da Constituição Federal de 1967.

Sustentou ainda a Recorrente a existência da repercussão geral devido à relevância da questão no aspecto jurídico, pois ultrapassaria os interesses subjetivos das partes da causa.

Em contrapartida, o Recorrido (União representada pela Fazenda Nacional) sustenta que as receitas decorrentes da distribuição e comercialização de livros não são abrangidas pela imunidade prevista no art. 150, IV, alínea "d" da CF/88 e, portanto, não alcançaria a contribuição para o FINSOCIAL, tanto na CF/67, quanto na CF/88.

Destarte, na primeira decisão referente ao Recurso Extraordinário fundamentou a Relatora que estavam preenchidos os requisitos genéricos de admissibilidade do recurso, passando assim a análise da hipótese constitucional, onde foi verificado que não existia a multiplicidade de recursos com fundamento em idêntica controvérsia para que fosse autorizada a aplicação do artigo 543-B do Código de Processo Civil (Lei nº 7.869/73) introduzido pela Lei nº 11.672/2008, afirmando que o recurso não deveria ser admitido porque a jurisprudência do STF era no sentido de não haver contrariedade à Constituição Federal, fundamentando o entendimento de seu voto na jurisprudência do STF para não admitir o Recurso Extraordinário.

Ao ser interposto o Agravo de Instrumento contra a decisão da Desembargadora do TRF da 3ª Região que não admitiu o extraordinário, este foi encaminhado ao STF que reconheceu a repercussão geral por iniciativa do Relator Ministro Cesar Peluso, conforme ementa colacionada:

> RECURSO. Extraordinário. Tributo. FINSOCIAL. Imunidade tributária de livros, jornais e periódicos. Fatos geradores anteriores e posteriores à Constituição Federal de 1988. Relevância. Repercussão geral reconhecida. Apresenta repercussão geral o recurso extraordinário que verse sobre a imunidade tributária de livros, jornais e periódicos, relativamente ao FINSOCIAL".

Assim, o Ministro Gilmar Mendes na data de 28 de maio de 2010 foi designado Relator em substituição do Ministro Cezar Peluso, admitindo a discussão do tema na via estreita do extraordinário, sustentando que ante o atendimento dos pressupostos de admissibilidade seria dado provimento ao Agravo de Instrumento, convertendo-o em Recurso Extraordinário.

1.2 Mérito da Decisão

O Recurso Extraordinário nº 628.122 foi julgado em 19 de junho de 2013, em sessão plenária presidida pelo Ministro Joaquim Barbosa, onde estavam presentes os Ministros Marco Aurélio, Gilmar Mandes, Ricardo Lewandowski, Carmen Lúcia, Dias Toffoli, Luiz Fux, Rosa Weber e Teori Zavascki. Falou pela Recorrida o Dr. Bruno de Medeiros Arcoverde, Procurador da Fazenda Nacional. Presente o Procurador-Geral da República, Dr. Roberto Monteiro Gurgel Santos. Votou o Presidente Ministro Joaquim Barbosa. Ausente, justificadamente, o Senhor Ministro Celso de Mello. Recurso Extraordinário que se negou provimento, por maioria dos votos e nos termos do voto do Relator Gilmar Mendes.

1.2.1 Voto Condutor

Em seu voto, o Relator Ministro Gilmar Mendes assevera que é antiga a jurisprudência do STF sobre a natureza jurídica do FINSOCIAL, pois desde a Constituição Federal de 1967/69 se tratava de imposto de competência residual da União incidente sobre o faturamento.

Assim, o Ministro Gilmar Mendes em seu voto, fazendo referência ao voto condutor do Ministro Cordeiro Guerra em debate com o Ministro Oscar Corrêa durante o julgamento do RE 103.778 ocorrido em 13.12.1985, sustenta que o Decreto-Lei nº 1.940 que instituiu o FINSOCIAL não se destina a atender diretamente a União no custeio e também não se destina a proteger interesse de categorias profissionais e nem intervenção do domínio econômico prevista no artigo 163 da CF de 1967/69, tratando-se, portanto, de um tributo novo (imposto), que não ofende o imposto sobre serviço, nem o imposto sobre a circulação de mercadorias, podendo ser cobrado para assistência social no intuito de ajudar a todos com a melhor das intenções, submetendo-se este tributo aos princípios da legalidade, igualdade e anualidade.

Discorre em seu voto o Relator que se trata de tributo novo, ou adicional do Imposto de Renda, que deve se submeter ao princípio da anualidade, sustentando seu fundamento do voto com referência a inúmeros julgados do STF que afirmam que a natureza tributária do FINSOCIAL é de imposto.

Sustenta o Ministro Gilmar Mendes que o entendimento da Corte é no sentido de discutir se o FINSOCIAL é alcançado pela imunidade tributária do art. 19, III, alínea "d" da CF de 1967/69 e no atual e equivalente art. 150, VI, alínea "d" da CF/88, incidente sobre livros, jornais, periódicos e o papel destinado a sua impressão, sendo que o STF durante a construção de seu entendimento, inicialmente se posicionou no sentido de que a imunidade deveria abarcar o FINSOCIAL, incidente sobre o faturamento, em virtude de sua finalidade de tutelar a liberdade de opinião e difusão de ideias em decorrência da circulação dos livros, jornais, periódicos e papel destinado a sua impressão.

Entretanto, o posicionamento do STF foi alterado ao se fixar a imunidade objetiva, afirmando que tal imunidade prevista no artigo 150, VI, alínea "d" da CF/88 não abarca o FINSOCIAL, que é um tributo incidente sobre o faturamento, uma vez que possui caráter pessoal e que não protege receita bruta da empresa, pois embora o mesmo seja produto de sua comercialização, não repercute sobre o preço da venda e também não se confunde com a circulação das publicações, as quais, estas sim são imunes.

Colaciona-se o teor artigo 150, VI, alínea "d" da CF/88, *in verbis*:

> Art. 150. Sem prejuízo de outras garantias asseguradas ao contribuinte, é vedado à União, aos Estados, ao Distrito Federal e aos Municípios:
>
> ...
>
> VI – instituir impostos sobre:
>
> ...
>
> d) livros, jornais, periódicos e o papel destinado a sua impressão.

Sustenta em seu voto o Relator, citando os dizeres do doutrinador Luís Eduardo Schoueri[2] em seu artigo publicado em 1988, que deve ser observada a diferenciação das imunidades objetivas, que são previstas em razão do objeto tributado, visando a não afetação da capacidade contributiva dos consumidores dos produtos protegidos, e as imunidades subjetivas, as quais são previstas em razão das pessoas, consagrando o princípio da capacidade contributiva do contribuinte, protegendo o próprio contribuinte da tributação.

[2] SCHOUERI, Luís Eduardo. Incidem as Contribuições Sociais sobre o Faturamento das Empresas de Energia Elétrica, Telecomunicações, Derivados de Petróleo, Combustíveis e Minerais do País (CF art. 155 § 3º)?, in Grandes Questões do Direito Tributário, 2º Vol. Coordenador Valdir de Oliveira Rocha, Dialética, São Paulo: 1998, pp. 241-242.

Assim, a imunidade objetiva alcança apenas as operações com os bens protegidos, não se estendendo a fatos do próprio contribuinte, abarcando sim a incidência do imposto de renda sobre os lucros das editoras e livrarias, tendo em vista o caráter pessoal dos tributos sobre o faturamento, não se deverá incluir estes na imunidade objetiva.

O Relator ressalta que a contribuição para o FINSOCIAL possuía desde a CF de 1967/69 natureza tributária de imposto, bem como que a imunidade tributária sobre livros, jornais, periódicos e o papel destinado a sua impressão, por ser de natureza objetiva, não abrangendo a tributação sobre o faturamento das empresas que comercializam tais produtos, pois o tributo sobre o faturamento é de natureza pessoal, imunidades subjetivas, portanto não abarcado pela imunidade objetiva, a qual protege o objeto tributado e não o contribuinte propriamente dito.

Finaliza o Ministro, destacando ainda que a imunidade em exame não abrange a renda das empresas que sejam comercializadoras de livros porque a contribuição para o FINSOCIAL é tributo pessoal e, assim, não leva em consideração a capacidade contributiva do comprador de livros, mas a do vendedor, ou seja, o que é imune é o livro (objeto tributado) e não o livreiro ou a editora, podendo, portanto, haver a tributação sobre o faturamento por meio da contribuição para o FINSOCIAL.

Diante do exposto, após a apresentação de todos argumentos e fundamentos, o Relator negou provimento ao Recurso Extraordinário, concluindo que a contribuição para o FINSOCIAL, incidente sobre o faturamento das empresas, não está abrangida pela imunidade objetiva prevista no art. 150, VI, "d", da Constituição de 1988, da mesma forma que seu equivalente art. 19, III, "d", da Carta de 1967/69.

1.2.2 Voto Vencido

O Ministro Marco Aurélio fez seu pronunciamento no Recurso Extraordinário fundamentando seu entendimento no sentido de que a dicotomia entre a imunidade objetiva e subjetiva não deve impressionar, uma vez que a imunidade deve beneficiar o contribuinte, tendo-se o envolvimento do aspecto subjetivo, quer se trate de pessoa natural, quer de pessoa jurídica.

Aduz o Ministro acerca da natureza jurídica do FINSOCIAL, que não se deve confundir imposto sobre a renda, propriamente dita, sobre a renda líquida, e imposto sobre a renda bruta, ou seja, a qualificação deste imposto seria aquele cobrado sobre a receita bruta, e, portanto, estaria abrangida pela imunidade do artigo 150, VI, "d" da CF.

Transcrevendo o entendimento do Recurso Extraordinário nº 174.476--6/SP julgado em 26 de setembro de 1996 e o Recurso Extraordinário nº 109.484-2/PR julgado em 22 de abril de 1988, o Ministro Marco Aurélio sustenta que a razão de ser da imunidade prevista na Constituição é o interesse da sociedade em ver afastados procedimentos, mesmo que normatizados, que possam ser capazes de inibir a produção material e intelectual de livros, jornais e periódicos, ou seja, o benefício constitucional deve alcançar não só o papel utilizado diretamente na confecção dos bens referidos, como também insumos nela consumidos como são os filmes e papéis fotográficos, devendo sua interpretação ser integrativa, e não literal, não podendo estar a imunidade somente sobre a confecção dos bens, mas também na distribuição para que não haja o esvaziamento da regra constitucional que disciplina o tema da maneira mais ampla possível, preservando-se a liberdade de expressão e o acesso à informação.

Nesse sentido, ainda com fundamento nos julgamentos acima colacionados, afirma o Ministro em seu voto divergente que a distribuição dos livros, jornais e periódicos também está abrangida pela imunidade tributária, sob pena de se desconhecer o objetivo precípuo da norma constitucional, que é o estímulo à veiculação de ideias e notícias, inerentes ao próprio Estado Democrático de Direito, devendo a imunidade ser ampliada para abarcar não somente o livro pronto, mas todo o conjunto de serviços que nele se realiza, incluindo os componentes de sua produção, tais como, a redação, a editoração, a composição, a correção, a revisão da obra e sua comercialização, em virtude da necessidade de ampla proteção constitucional à educação, cultura, liberdade de comunicação e de pensamento.

O Ministro Marco Aurélio finaliza seu voto discorrendo que não há como estabelecer distinção para se enquadrar o FINSOCIAL, pois este imposto está apanhado pela imunidade prevista no artigo 150, inciso VI, alínea "d", da Constituição Federal, devendo ser analisado com maior ampliação em decorrência do objetivo previsto na Carta da República, ou seja, que o FINSOCIAL está alcançado pela imunidade prevista no artigo 150, VI, alínea "d", da CF/88.

1.2.3 Voto Vencido

O Tribunal acompanhou o voto do Relator Gilmar Mendes que conheceu, mas negou provimento ao Recurso Extraordinário, reafirmando a jurisprudência dominante da Corte sobre o Tema, vencido o Ministro Marco Aurélio.

1.3 Análise Crítica

O Agravo de Instrumento foi interposto pela Lex Editora S/A contra decisão que inadmitiu o Recurso Extraordinário no qual se discute o reconhecimento da inexigibilidade do FINSOCIAL e a repetição de indébito, com base na imunidade prevista no artigo 150, VI, alínea "d", da CF/88.

Assim, o Agravo de Instrumento foi convertido em Recurso Extraordinário, para reafirmação da jurisprudência, na qual se discute a inconstitucionalidade da cobrança de tributação da Contribuição do FINSOCIAL sobre o faturamento da editora.

Conforme se extrai do Recurso Extraordinário 628.122, o Tribunal, por maioria e nos termos do voto do Relator, Ministro Gilmar Mendes, negou provimento ao recurso extraordinário no qual se discute a inconstitucionalidade da cobrança de tributação do FINSOCIAL sobre o faturamento decorrente de livros, revistas, periódicos e o papel destinado a impressão, os quais possuem a imunidade prevista no art. 150, VI, alínea "d" da CF/88, uma vez que não se trata de apenas mais uma fase decorrente da feitura de tais produtos imunes porque a previsão constitucional da imunidade abarca os impostos e não contribuições sociais, cerne da discussão em comento, sendo o FINSOCIAL uma contribuição para a seguridade social que escapa à imunidade prevista no artigo 150, inciso VI, "d", da Carta Federal.

O Tribunal reconheceu a existência de Repercussão Geral, mas no mérito reafirmou a jurisprudência dominante que entende que não estão abrangidos pela imunidade do artigo 150, VI, alínea "d", da CF/88 a fase que resulta da comercialização dos produtos imunes, que geram proveito econômico, pois a imunidade neste caso é objetiva, podendo ser tributada a receita bruta que aufere por ser esta de caráter pessoal, não podendo ser ampliada a imunidade tributária constitucional, pois o que se busca é impedir a tributação dos produtos, mas não a receita da empresa que os produzem e distribuem.

Nesse diapasão, tem-se como acertada a decisão, que por maioria dos votos seguindo o Relator no Recurso Extraordinário analisado, decidiu que a contribuição para o FINSOCIAL é tributo pessoal, de caráter subjetivo incidente sobre o faturamento e destinada ao custeio social, ou seja, é viável a tributação, e portanto, constitucional a cobrança porque esta não está contemplada pela imunidade do art. 150, VI, "d" da CF/88, por ser a imunidade constitucional de caráter objetivo, válida apenas para impostos, não podendo ser alargadas através de meras interpretações.

Capítulo XIX
Recurso Extraordinário nº 568.503

Carlos Eduardo de Sousa Martins
Ricardo Victor Ferreira Bastos

1. Recurso Extraordinário nº 568.503[1]

Relator: Ministra Cármen Lúcia
Voto Vencedor: Ministra Cármen Lúcia
Data de Julgamento: 12 de fevereiro de 2014.

1.1 Ementa

EMENTA: TRIBUTÁRIO. CONTRIBUIÇÃO SOCIAL. § 6º DO ART. 195, DA CONSTITUIÇÃO DA REPÚBLICA: APLICAÇÃO À CONTRIBUIÇÃO AO PIS. LEI DE CONVERSÃO DE MEDIDA PROVISÓRIA. DISPOSITIVO SUSCITADO AUSENTE DO TEXTO DA MEDIDA PROVISÓRIA: CONTAGEM DA ANTERIORIDADE NONAGESIMAL A PARTIR DA PUBLICAÇÃO DA LEI. 1. A contribuição ao PIS sujeita-se à regra do § 6o do art. 195 da Constituição da República. 2. Aplicação da

[1] BRASIL, Supremo Tribunal Federal. **Recurso Extraordinário nº 568.503,** Relatora: Min. Carmén Lúcia, Tribunal Pleno, julgado em 12/02/2014, ACÓRDÃO ELETRÔNICO REPERCUSSÃO GERAL - MÉRITO DJe - DIVULGADO 13/03/2014 PUBLICADO 14/03/2014. Disponível em: <http://portal.stf.jus.br/processos/detalhe.asp?incidente=2570196>. Acesso em: 23 de fev. 2019.

anterioridade nonagesimal à majoração de alíquota feita na conversão de medida provisória em lei. 3. Recurso extraordinário ao qual se nega provimento.

1.1.1 Especificação do Caso e Razões da Submissão à Repercussão Geral

Trata-se de Recurso Extraordinário interposto pela União em face da decisão proferida pela 2ª Turma do Tribunal Regional Federal da 4ª Região, que entendeu que artigo 50 da Lei 10.865/04 é inconstitucional, e que a majoração da alíquota do PIS incidente sobre a agua mineral contida na referida lei, não produz efeitos antes do dia 30 de julho de 2004, visto que a contribuição ao PIS se submete a anterioridade nonagesimal prevista no art. 195, § 6º da Constituição da República.

A lei sobredita é fruto de conversão da Medida Provisória 164/04. Segundo os Desembargadores do TRF 4, ao converter a Medida Provisória em Lei, foi realizada alteração em seu texto, mais especificamente no art. 21, o que resultou na majoração da alíquota do PIS sobre a água mineral, razão pela qual o dispositivo alterado somente produzirá efeitos após o decurso de noventa dias contados a partir da publicação da lei, devendo ser desconsiderado o disposto no art. 50 da Lei 10.865/04.

Irresignada com a decisão, a Fazenda Nacional alega que – indevidamente –, o acórdão recorrido deixou de aplicar o art. 50 da lei supracitada, violando o art. 195, § 6º da Constituição da República, posto que a regra da anterioridade nonagesimal estampada neste artigo não se aplica ao PIS, pois se destina as contribuições previstas no art. 195, e de acordo com a recorrente, a contribuição ao PIS não foi recepcionada por este dispositivo, mas sim pelo art. 239 da CF. Assim sendo, a recorrente defende que o art. 50 da Lei 10.865/04 deve ser observado e que seu artigo 21, que altera o art. 49 da Lei 10.833/03, majorando a alíquota da água mineral, deve produzir efeitos imediatamente após sua publicação.

Devido a importância que a temática possuí por tratar da aplicação de legislação tributária no tempo, e atendendo aos preceitos do art. 1.035, § 1º do Código de Processo Civil, a questão teve sua Repercussão Geral reconhecida no dia 14 de maio de 2010, através do plenário virtual, vencido o Ministro Cezar Peluso, que votou em sentido contrário.

1.2 Mérito da Decisão

O Recurso Extraordinário nº 568.503 foi julgado em 12 de fevereiro de 2014, em sessão plenária presidida pelo Ministro Joaquim Barbosa, onde estavam presentes os Ministros Marco Aurélio, Gilmar Mendes, Ricardo Lewandowski, Cármen Lúcia, Dias Toffoli, Luiz Fux, Rosa Weber, Teori Zavascki e Roberto Barroso. Ausente justificadamente, o Ministro Celso de Mello. Foi negado provimento ao recurso por unanimidade, nos termos do voto da relatora Ministra Carmén Lúcia.

1.2.1 Voto condutor

O Voto condutor foi proferido pela Ministra Cármen Lúcia, ora relatora, que iniciou suas considerações expondo as razões do recurso interposto pela União, em face da decisão proferida pela 2ª Turma do Tribunal Regional Federal da 4ª Região, deixando explícitos os fundamentos pelos quais a recorrente defendia que a decisão deveria ser reformada, fundamentos esses que passaram a ser analisados pela relatora.

Fazendo um breve apontamento histórico, a Ministra Carmén Lúcia explica que as contribuições para o Programa de Integração Social PIS e Programa de Formação do Patrimônio do Servidor Público – PASEP, em um primeiro momento, encontraram previsão nas Leis Complementares nº 7 e 8 de 1970. Em 1974, através da Lei Complementar nº 19, os recursos advindos do PIS e do PASEP, passaram a ser aplicados de forma unificada, e visavam preferencialmente, o custeio dos programas especiais de investimentos elaborados e revistos periodicamente segundo as diretrizes e prazos de vigências dos Planos Nacionais de Desenvolvimento. Com o advento da Constituição de 1988, estes recursos passaram a financiar o programa de seguro desemprego e o abono salarial, conforme preconiza o art. 239.

Feitos os apontamentos acima, a Relatora passa a apreciar a alegação da União de que o TRF 4, ao decidir que o art. 50 da Lei 10.865/04 é inconstitucional, e que o PIS incidente sobre a agua mineral com a alíquota majorada pela lei a acima, somente poderia ser exigido a partir do dia 30 de julho de 2004, em observância ao que dispõe o art. 195, § 6º da CRFB, estaria na verdade violando o referido dispositivo constitucional, pois este não se aplicaria a contribuição ao PIS/PASEP, dado que esta contribuição não estaria inclusa nas contribuições a que se refere o art. 195.

De acordo com a Ministra, o PIS/PASEP é uma espécie de contribuição social, e o fato do art. 239 dispor sobre sua utilização como fonte do financiamento de determinados programas, não afasta sua submissão ao art. 195, § 6º da Constituição, de modo que a regra da anterioridade nonagesimal nele contida (compreendida como a necessidade de esperar o decurso de noventa dias a partir da publicação da lei que institui ou majora tributo) é perfeitamente aplicável ao PIS. Afirma ainda que este é o entendimento da Suprema Corte, citando o Agravo Regimental no Recurso Extraordinário 550.376 de relatoria do Ministro Ricardo Lewandowski, e o Agravo Regimental no Recurso Extraordinário 443.283 de Relatoria do Ministro Gilmar Mendes, nos quais chegou-se a mesma conclusão.

A Relatora afirma que no caso em tela, o Fisco não poderia realizar a cobrança do PIS com a alíquota majorada sobre a água mineral antes do decurso dos noventa dias posteriores a publicação da Lei 10.865/2004, tendo em vista que esta lei resulta da conversão da Medida Provisória 164/2004, e que o art. 50 da referida lei, trouxe modificações ao texto original da medida, que resultaram na majoração do tributo sobredito sobre a água mineral.

Consequentemente, o acórdão proferido pelo Tribunal Federal Regional da 4º Região estaria em concordância com a jurisprudência da Suprema Corte, que ao julgar o Recurso Extraordinário 169.740, de relatoria do Ministro Moreira Alves, firmou o entendimento de que a instituição ou modificação de contribuição social não prevista na medida provisória objeto da conversão em lei só pode ser exigida noventa dias após sua publicação.

Frente a isso, a Ministra Relatora votou pelo desprovimento do Recurso Extraordinário, sob o argumento de que se aplica o art. 195, § 6º da CRFB á contribuição ao PIS, devendo ser observada a anterioridade nonagesimal quando houver instituição de contribuição ou majoração de alíquota durante conversão de medida provisória em lei.

1.2.2 Votos Vencidos

Como dito anteriormente, no presente caso não houveram votos vencidos quanto ao mérito do Recurso, tendo em vista que foi negado provimento por unanimidade. Entretanto, na votação sobre a existência de Repercussão Geral, não houve consenso entre todos os Ministros, sendo vencido o voto do Ministro Cezar Peluzo.

1.3 Análise Crítica

A Medida Provisória nº 164/04, trouxe diversas alterações a legislação tributária, dentre elas, seu art. 21 modifica o art. 49 da Lei 10.833 de

2003, que dispõe sobre as alíquotas do PIS/PASEP e da COFINS devidas pelos importadores e pelas pessoas jurídicas que realizarem a industrialização dos produtos classificados nas posições 22.01, 22.02, 22.03 (ex. cerveja de malte) e no código 2106.90.10 (preparações compostas, não alcoólicas para elaboração de bebida refrigerante), previstos na TIPI aprovada pelo Decreto nº 4.542/02.

O texto inicial do art. 49 da Lei 10.833/03 previa a incidência do PIS/PASEP e da COFINS com alíquotas de 1,4% e de 6,6% incidentes sobre a receita bruta decorrente da venda dos produtos apontados acima. Consoante a redação da Medida Provisória, o artigo em questão passaria a prever alíquotas de 2,5% e 11,9%. Se tratando dos produtos previstos no código 22.02 da TIPI, que abrange diversas bebidas não alcoólicas, estas alíquotas somente seriam aplicadas aos refrigerantes, conforme assenta o § 1º também acrescido ao art. 49 pela Medida Provisória.

Ao converter a Medida Provisória na Lei 10.865 de 2004, foram realizadas alterações em seu texto originário, mais especificamente no art. 21, que dispõe sobre a alteração do texto do art. 49 da Lei 10.833/03. Com isso, o § 1º do referido artigo, passou a prever a aplicação das alíquotas ali previstas também a água mineral e a cerveja sem álcool.

A questão em análise, diz respeito a aplicação do principio da anterioridade nonagesimal ao dispositivo da medida provisória que teve modificação em seu texto originário quando houve sua conversão em lei, e que resultou em majoração da alíquota do PIS sobre a água mineral. Tal discussão se assenta, pois nos termos do art. 50 da Lei 10.865/2004, a nova redação do art. 49 da Lei 10.833/03 passaria a produzir efeitos a partir do dia 1º de maio de 2004, data da publicação da lei que alterou seu texto.

Segundo o Tribunal Regional Federal da 4º região, o art. 50 da Lei 10.865/04 é inconstitucional, e a contribuição ao PIS/PASEP sobre a água mineral com as alíquotas majoradas, somente poderia ser exigida a partir do dia 30 de julho de 2004, pois deveria ser observada a noventena prevista no art. 195, § 6º da CRFB.

Em sentido oposto, a Fazenda Nacional afirma haver *error in judicando* no acórdão proferido pelo TRF 4, pois ao afastar a aplicação do art. 50 da Lei 10.865/04 com base no art. 195, § 6º da Constituição da República, o tribunal estaria na verdade desrespeitando o dispositivo constitucional, pois estaria o aplicando a um caso no qual não é aplicável, uma vez que nos termos do § 6º, apenas as contribuições sociais previstas no art. 195 se submetem a anterioridade nonagesimal, e segundo a recorrente, a contribuição ao PIS/PASEP foi recepcionada pelo art. 239, e não pelo art. 195 da CRFB.

Conforme explica a Relatora, a contribuição ao PIS foi instituída pela Lei Complementar nº 7/70, tendo seu fundamento de validade no art. 21, inciso I, § 2º da Constituição de 1967. Posteriormente, a contribuição foi recepcionada pela Constituição da República de 1988, já que observados os ditames do art. 195, § 4º, que dispõe sobre a competência residual da União para a criação de novas contribuições sociais.

Desse modo, não há de se falar que o PIS não se submete ao que dispõe o art. 195, que trata das contribuições sociais, sendo que é uma das modalidades de contribuição destinada a custear a seguridade social, conforme elucida o Ministro Carlos Velloso em seu voto, no julgamento do Recurso Extraordinário nº 138.284, de sua relatoria, citado no voto da Ministra Carmén Lúcia, *in verbis:*

> As contribuições sociais, falamos, desdobram-se em a.1 contribuições da seguridade social: estão disciplinadas no art. 195, I, II e III, da Constituição. São as contribuições previdenciárias, as contribuições do FINSOCIAL, as da Lei 7.698, o PIS e o PASEP (CF, 239)

Como bem explica a Relatora, o fato do art. 239 da CRFB dispor que os recursos obtidos através do PIS/PASEP serão utilizados para financiar o programa de seguro desemprego e o abono salarial, não afasta de qualquer forma sua submissão as regras previstas no art. 195, de sorte que devem se respeitar a anterioridade nonagesimal prevista em seu § 6º.

Assim como o a anterioridade do exercício, prevista no art. 150, inciso III, alínea "b" da CRFB, o principio da anterioridade nonagesimal, contido no art. 195, § 6º, compõe os princípios da não surpresa, destinados a evitar que o contribuinte seja surpreendido com cobranças de tributos superiores ao que se espera, e que com isso se garanta a previsibilidade, elemento essencial da segurança jurídica.

Nos termos do artigo 195, § 6º, as contribuições sociais de que se trata o caput do artigo, somente poderão ser exigidas após decorridos noventa dias da data da publicação da lei que as houver instituído ou modificado, não lhes aplicando o disposto no art. 150, III, "b", que trata da anterioridade do exercício.

A regra geral prevista na CRFB, é que sendo instituído um tributo, ou havendo sua majoração, deverá ser observado o princípio da anterioridade do exercício segundo a qual o tributo somente poderá ser exigido no exercício financeiro seguinte. Existem algumas exceções no texto constitucional, uma delas diz respeito as contribuições sociais, que não se submetem a esta regra.

Porém, o constituinte originário atento aos riscos inerentes a atividade tributária, garantiu ao contribuinte o mínimo de proteção contra exigências tributárias inesperadas, trazendo no § 6º do art. 195 a imposição de que o fisco observe a regra da noventena.

No caso do Recurso Extraordinário em análise, houve a majoração da alíquota do PIS incidente sobre a água mineral, haja vista que o texto original da Medida Provisória 164/04 não previa este aumento, que surgiu apenas com a conversão da Medida Provisória, na Lei 10.865/04.

Levando em consideração que a modificação que resultou em maior oneração ao contribuinte surgiu com a conversão da medida provisória em lei, resta evidente que deve haver observância ao principio da anterioridade nonagesimal, não podendo a nova alíquota do PIS incidente sobre a agua mineral ser cobrada logo após a publicação da lei que a majorou, mas sim, após o decurso de noventa dias, conforme preceitua o art. 195, § 6º da CRFB.

Desse modo, ao julgar o caso em tela, a Suprema Corte aplicou com excelência os ditames constitucionais, afastando o disposto no art. 50 da Lei 10.865/04, que determinava que a alteração na alíquota do PIS sobre a água mineral, feitas no texto do art. 49 da Lei 10.833/03 produziria efeito a partir de sua publicação, e com isso reconhecendo a inconstitucionalidade da cobrança do referido tributo antes da defluência da noventena.

Com isso foi fixada a tese segundo a qual a contribuição ao PIS está sujeita ao principio da anterioridade nonagesimal previsto no art. 195, § 6º da Constituição Federal. E havendo majoração da alíquota na conversão da medida provisória em lei, a contribuição apenas poderá ser exigida após noventa dias da publicação da lei de conversão.

Ressalta-se que mesmo que fosse verdadeira a afirmação da Fazenda Nacional de que o PIS não se submeteria a regra do art. 195, § 6º da

Constituição Federal, a noventena deveria ser observada do mesmo jeito, uma vez que na data em que houve a conversão da Medida Provisória 164/04 na Lei 10.865/04, já havia sido acrescido ao texto constitucional (através da Emenda nº 42) a alínea "c", do inciso III do art. 150 da CRFB, que impõe a observância da noventena quando houver majoração ou instituição de tributos. Sendo assim, não só as contribuições sociais estariam sujeitas a anterioridade nonagesimal, mas sim, os tributos em geral, ressalvadas as exceções previstas na própria Constituição.

Capítulo XX
Recurso Extraordinário nº 636.941

Thaís Soares de Oliveira Almeida

1. Recurso Extraordinário nº 636.941[1] – Rio Grande do Sul

Relator: Ministro Luiz Fux
Data de julgamento: 13 de fevereiro de 2014
Data da Publicação: 04 de abril de 2014

1.1 Ementa

TRIBUTÁRIO. RECURSO EXTRAORDINÁRIO. REPERCUSSÃO GERAL. REPERCUSSÃO GERAL CONEXA. RE 566.622. IMUNIDADE AOS IMPOSTOS. ART. 150, VI, C, CF/88. IMUNIDADE ÀS CONTRIBUIÇÕES. ART. 195, § 7º, CF/88. O PIS É CONTRIBUIÇÃO PARA A SEGURIDADE SOCIAL (ART. 239 C/C ART. 195, I, CF/88). A CONCEITUAÇÃO E O REGIME JURÍDICO DA EXPRESSÃO "INSTITUIÇÕES DE ASSISTÊNCIA SOCIAL E EDUCAÇÃO" (ART. 150, VI, C, CF/88) APLICA-SE POR ANALOGIA À EXPRESSÃO "ENTIDADES BENEFICENTES DE ASSITÊNCIA SOCIAL" (ART. 195, § 7º, CF/88). AS LIMI-

[1] BRASIL. SUPREMO TRIBUNAL FEDERAL. **RECURSO EXTRAORDINÁRIO nº 636.941.** Relator(a): Min. Luiz Fux, Tribunal Pleno, julgado em 13/02/2014. Disponível em: http://portal.stf.jus.br/processos/detalhe.asp?incidente=4046759. Acesso em 09 de jun de 2019.

TAÇÕES CONSTITUCIONAIS AO PODER DE TRIBUTAR SÃO O CONJUNTO DE PRINCÍPIOS E IMUNIDADES TRIBUTÁRIAS (ART. 146, II, CF/88). A EXPRESSÃO "ISENÇÃO" UTILIZADA NO ART. 195, § 7º, CF/88, TEM O CONTEÚDO DE VERDADEIRA IMUNIDADE. O ART. 195, § 7º, CF/88, REPORTA-SE À LEI Nº 8.212/91, EM SUA REDAÇÃO ORIGINAL (MI 616/SP, Rel. Min. Nélson Jobim, Pleno, DJ 25/10/2002). O ART. 1º, DA LEI Nº 9.738/98, FOI SUSPENSO PELA CORTE SUPREMA (ADI 2.028 MC/DF, Rel. Moreira Alves, Pleno, DJ 16-06-2000). A SUPREMA CORTE INDICIA QUE SOMENTE SE EXIGE LEI COMPLEMENTAR PARA A DEFINIÇÃO DOS SEUS LIMITES OBJETIVOS (MATERIAIS), E NÃO PARA A FIXAÇÃO DAS NORMAS DE CONSTITUIÇÃO E DE FUNCIONAMENTO DAS ENTIDADES IMUNES (ASPECTOS FORMAIS OU SUBJETIVOS), OS QUAIS PODEM SER VEICULADOS POR LEI ORDINÁRIA (ART. 55, DA LEI Nº 8.212/91). AS ENTIDADES QUE PROMOVEM A ASSISTÊNCIA SOCIAL BENEFICENTE (ART. 195, § 7º, CF/88) SOMENTE FAZEM JUS À IMUNIDADE SE PREENCHEREM CUMULATIVAMENTE OS REQUISITOS DE QUE TRATA O ART. 55, DA LEI Nº 8.212/91, NA SUA REDAÇÃO ORIGINAL, E AQUELES PREVISTOS NOS ARTIGOS 9º E 14, DO CTN. AUSÊNCIA DE CAPACIDADE CONTRIBUTIVA OU APLICAÇÃO DO PRINCÍPIO DA SOLIDARIEDADE SOCIAL DE FORMA INVERSA (ADI 2.028 MC/DF, Rel. Moreira Alves, Pleno, DJ 16-06-2000). INAPLICABILIDADE DO ART. 2º, II, DA LEI Nº 9.715/98, E DO ART. 13, IV, DA MP Nº 2.158-35/2001, ÀS ENTIDADES QUE PREENCHEM OS REQUISITOS DO ART. 55 DA LEI N º 8.212/91, E LEGISLAÇÃO SUPERVENIENTE, A QUAL NÃO DECORRE DO VÍCIO DE INCONSTITUCIONALIDADE DESTES DISPOSITIVOS LEGAIS, MAS DA IMUNIDADE EM RELAÇÃO À CONTRIBUIÇÃO AO PIS COMO TÉCNICA DE INTERPRETAÇÃO CONFORME À CONSTITUIÇÃO. EX POSITIS, CONHEÇO DO RECURSO EXTRAORDINÁRIO, MAS NEGO-LHE PROVIMENTO CONFERINDO EFICÁCIA ERGA OMNES E EX TUNC. 1. A imunidade aos impostos concedida às instituições de educação e de assistência social, em dispositivo comum, exsurgiu na CF/46, verbis: Art. 31, V, "b": À União, aos Estados, ao Distrito Federal e aos Municípios é vedado (...) lançar imposto sobre (...) templos de qualquer culto, bens e serviços de partidos políticos, instituições de educação e de assistência social, desde que as suas rendas sejam aplicadas integralmente no país para os respectivos fins. 2. As CF/67 e CF/69 (Emenda Constitucional nº 1/69) reiteraram a imunidade no disposto no art. 19, III, "c", *verbis*: É vedado à União, aos Estados, ao Distrito Federal e aos Municípios (...) instituir imposto sobre (...) o patrimônio, a renda ou os serviços dos partidos políticos e de instituições de educação ou de assistência social, observados os requisitos da lei. 3. A CF/88 traçou arquétipo com contornos ainda mais claros, *verbis*: Art. 150. Sem prejuízo de outras garantias asseguradas ao contribuinte, é vedado à União, aos Estados, ao Distrito Federal e aos Municípios: (...) VI. instituir impostos sobre: (...) c) patrimônio, renda ou serviços dos partidos políticos, inclusive suas fundações, das entidades sindicais dos trabalhadores, das instituições de educação e de assistência social, sem fins lucrativos, atendidos os requisitos da lei;(...) § 4º. As vedações expressas no inciso VI, alíneas "b" e "c", compreendem somente o patrimônio, a renda e os serviços, relacionados com as finalidades essenciais das entidades nelas mencionadas; Art. 195. A seguridade social será financiada por toda a sociedade, de forma direta e indireta, nos termos da lei, mediante recursos provenientes dos orçamentos da União, dos Estados, do Distrito Federal e dos Municípios, e das seguintes contribuições sociais: (...) § 7º. São isentas de contribuição para a seguridade social as entidades beneficentes de assistência social que atendam às exigências estabelecidas em lei. 4. O art. 195, § 7º, CF/88, ainda que não inserido no capítulo do Sistema Tributário Nacional, mas explicitamente incluído topograficamente na temática da seguridade social, trata, inequivocamente, de matéria tributária. Porquanto *ubi eadem ratio ibi idem jus*, podendo estender-se às instituições de assistência *stricto sensu*, de educação, de saúde e de previdência social, máxime na medida em que restou superada a tese de que este artigo só se aplica às entidades que tenham por objetivo tão somente as disposições do art. 203 da CF/88 (ADI 2.028 MC/DF, Rel. Moreira Alves, Pleno, DJ 16-06-2000). 5. A seguridade social prevista no art. 194, CF/88, compreende a previdência, a saúde e a assistência social, destacando-se que as duas últimas não estão vinculadas a qualquer tipo de contraprestação por parte dos seus usuários, a teor dos artigos 196 e 203, ambos da CF/88. Característica esta que distingue a previdência social das demais subespécies da seguridade social, consoante a jurisprudência desta Suprema Corte no sentido de que seu caráter é contributivo e de filiação obrigatória, com espeque no art. 201, todos da CF/88. 6. O PIS, espécie tributária singular contemplada no art. 239,

CF/88, não se subtrai da concomitante pertinência ao "gênero" (plural) do inciso I, art. 195, CF/88, *verbis*: Art. 195. A seguridade social será financiada por toda a sociedade, de forma direta e indireta, nos termos da lei, mediante recursos provenientes dos orçamentos da União, dos Estados, do Distrito Federal e dos Municípios, e das seguintes contribuições sociais: I – do empregador, da empresa e da entidade a ela equiparada na forma da lei, incidentes sobre: (Redação dada pela Emenda Constitucional nº 20, de 1998) a) a folha de salários e demais rendimentos do trabalho pagos ou creditados, a qualquer título, à pessoa física que lhe preste serviço, mesmo sem vínculo empregatício; (Incluído pela Emenda Constitucional nº 20, de 1998) b) a receita ou o faturamento; (Incluído pela Emenda Constitucional nº 20, de 1998) c) o lucro; (Incluído pela Emenda Constitucional nº 20, de 1998). II – do trabalhador e dos demais segurados da previdência social, não incidindo contribuição sobre aposentadoria e pensão concedidas pelo regime geral de previdência social de que trata o art. 201; (Redação dada pela Emenda Constitucional nº 20, de 1998). III – sobre a receita de concursos de prognósticos. IV – do importador de bens ou serviços do exterior, ou de quem a lei a ele equiparar. (Incluído pela Emenda Constitucional nº 42, de 19.12.2003)... 7. O Sistema Tributário Nacional, encartado em capítulo próprio da Carta Federal, encampa a expressão "instituições de assistência social e educação" prescrita no art. 150, VI, "c", cuja conceituação e regime jurídico aplica-se, por analogia, à expressão "entidades beneficentes de assistência social" contida no art. 195, § 7º, à luz da interpretação histórica dos textos das CF/46, CF/67 e CF/69, e das premissas fixadas no verbete da Súmula nº 730. É que até o advento da CF/88 ainda não havia sido cunhado o conceito de "seguridade social", nos termos em que definidos pelo art. 203, inexistindo distinção clara entre previdência, assistência social e saúde, a partir dos critérios de generalidade e gratuidade. 8. As limitações constitucionais ao poder de tributar são o conjunto de princípios e demais regras disciplinadoras da definição e do exercício da competência tributária, bem como das imunidades. O art. 146, II, da CF/88, regula as limitações constitucionais ao poder de tributar reservadas à lei complementar, até então carente de formal edição. 9. A isenção prevista na Constituição Federal (art. 195, § 7º) tem o conteúdo de regra de supressão de competência tributária, encerrando verdadeira imunidade. As imunidades têm o teor de cláusulas pétreas, expressões de direitos fundamentais, na forma do art. 60, § 4º, da CF/88, tornando controversa a possibilidade de sua regulamentação através do poder constituinte derivado e/ou ainda mais, pelo legislador ordinário. 10. A expressão "isenção" equivocadamente utilizada pelo legislador constituinte decorre de circunstância histórica. O primeiro diploma legislativo a tratar da matéria foi a Lei nº 3.577/59, que isentou a taxa de contribuição de previdência dos Institutos e Caixas de Aposentadoria e Pensões às entidades de fins filantrópicos reconhecidas de utilidade pública, cujos membros de sua diretoria não percebessem remuneração. Destarte, como a imunidade às contribuições sociais somente foi inserida pelo § 7º, do art. 195, CF/88, a transposição acrítica do seu conteúdo, com o viés do legislador ordinário de isenção, gerou a controvérsia, hodiernamente superada pela jurisprudência da Suprema Corte no sentido de se tratar de imunidade. 11. A imunidade, sob a égide da CF/88, recebeu regulamentação específica em diversas leis ordinárias, a saber: Lei nº 9.532/97 (regulamentando a imunidade do art. 150, VI, "c", referente aos impostos); Leis nº 8.212/91, nº 9.732/98 e nº 12.101/09 (regulamentando a imunidade do art. 195, § 7º, referente às contribuições), cujo exato sentido vem sendo delineado pelo Supremo Tribunal Federal. 12. A lei a que se reporta o dispositivo constitucional contido no § 7º, do art. 195, CF/88, segundo o Supremo Tribunal Federal, é a Lei nº 8.212/91 (MI 616/SP, Rel. Min. Nélson Jobim, Pleno, DJ 25/10/2002). 13. A imunidade frente às contribuições para a seguridade social, prevista no § 7º, do art. 195, CF/88, está regulamentada pelo art. 55, da Lei nº 8.212/91, em sua redação original, uma vez que as mudanças pretendidas pelo art. 1º, da Lei nº 9.738/98, a este artigo foram suspensas (ADI 2.028 MC/DF, Rel. Moreira Alves, Pleno, DJ 16-06-2000). 14. A imunidade tributária e seus requisitos de legitimação, os quais poderiam restringir o seu alcance, estavam estabelecidos no art. 14, do CTN, e foram recepcionados pelo novo texto constitucional de 1988. Por isso que razoável se permitisse que outras declarações relacionadas com os aspectos intrínsecos das instituições imunes viessem regulados por lei ordinária, tanto mais que o direito tributário utiliza-se dos conceitos e categorias elaborados pelo ordenamento jurídico privado, expresso pela legislação infraconstitucional. 15. A Suprema Corte, guardiã da Constituição Federal, indicia que somente se exige lei complementar para a definição dos seus limites objetivos (materiais), e não para a fixação das normas de constituição e de funcionamento das entidades imunes (aspectos formais ou subjetivos), os quais podem ser veiculados por lei ordinária, como sois ocorrer com o art. 55, da Lei nº 8.212/91, que pode estabelecer requisitos formais para o gozo da imunidade sem caracterizar ofensa ao art. 146, II, da Constituição Federal, ex vi dos incisos I e II, *verbis*: Art. 55. Fica isenta das contribuições de que tratam os arts. 22 e 23 desta Lei a entidade beneficente de assistência social que atenda aos seguintes requisitos cumulativamente: (Revogado pela Lei nº 12.101, de 2009) I – seja reconhecida como de utilidade pública federal e estadual ou do Distrito Federal ou municipal; (Revogado pela Lei nº 12.101, de 2009); II – seja portadora do Certificado e do Registro de Entidade de Fins Filantrópicos, fornecido pelo Conselho Nacional de Assistência Social, renovado a cada três anos; (Redação dada pela Lei nº 9.429, de 26.12.1996).... 16. Os limites objetivos ou materiais e a definição quanto aos aspectos subjetivos ou formais atende aos princípios da proporcionalidade e razoabilidade, não implicando significativa restrição do alcance do dispositivo interpretado, ou seja, o conceito de imunidade, e de redução das garantias dos contribuintes. 17. As entidades que promovem a assistência social beneficente, inclusive educacional ou de saúde, somente fazem jus à concessão do benefício imunizante se preencherem cumulativamente os requisitos de que trata o art. 55, da Lei nº 8.212/91, na sua redação original, e aqueles prescritos nos artigos 9º e 14, do CTN. 18. Instituições de educação e de assistência social sem fins lucrativos são entidades privadas criadas com o propósito de servir à coletividade, colaborando com o Estado nessas áreas cuja atuação do Poder Público é deficiente. Consectariamente, *et pour cause*, a constituição determina que elas sejam desoneradas de alguns tributos, em especial, os impostos e as contribuições. 19. A *ratio* da supressão da competência tributária funda-se na ausência de capacidade contributiva ou na aplicação do princípio da solidariedade de forma inversa, vale dizer: a ausência de tributação das contribuições sociais decorre da colaboração que estas entidades prestam ao Estado. 20. A Suprema Corte já decidiu que o artigo 195, § 7º, da Carta Magna, com relação às exigências a que devem atender as entidades beneficentes de assistência social para gozarem da imunidade aí prevista, determina apenas a existência de lei que as regule; o que implica dizer que a Carta Magna alude genericamente à "lei" para estabelecer princípio de reserva legal, expressão que compreende tanto a legislação ordinária, quanto a legislação complementar (ADI 2.028 MC/DF, Rel. Moreira Alves, Pleno, DJ 16-06-2000). 21. É questão prejudicial, pendente na Suprema Corte, a decisão definitiva de controvérsias acerca do conceito de entidade de assistência social para o fim da declaração da imunidade discutida, como as relativas à exigência ou não da gratuidade dos serviços prestados ou à compreensão ou não das instituições beneficentes de clientelas restritas. 22. *In casu*, descabe negar esse direito a pretexto de ausência de regulamentação legal, mormente em face do acórdão recorrido que concluiu pelo cumprimento dos requisitos por parte da recorrida à luz do art. 55, da Lei nº 8.212/91, condicionado ao seu enquadramento no conceito de assistência social delimitado pelo STF, mercê de suposta alegação de que as prescrições dos artigos 9º e 14 do Código Tributário Nacional não regulamentam o § 7º, do art. 195, CF/88. 23. É insindicável na Suprema Corte o atendimento dos requisitos estabelecidos em lei (art. 55, da Lei nº 8.212/91), uma vez que, para tanto, seria necessária a análise de legislação infraconstitucional, situação em que a afronta à Constituição seria apenas indireta, ou, ainda, o revolvimento de provas, atraindo a aplicação do verbete da Súmula nº 279. Precedente. AI 409.981-AgR/RS, Rel. Min. Carlos Velloso, 2ª Turma, DJ 13/08/2004. 24. A pessoa jurídica para fazer jus à imunidade do § 7º, do art. 195, CF/88, com relação às contribuições sociais, deve atender aos requisitos previstos nos artigos 9º e 14, do CTN, bem como no art. 55, da Lei nº 8.212/91, alterada pelas Lei nº 9.732/98 e Lei nº 12.101/2009, nos pontos onde não tiveram sua vigência suspensa liminarmente pelo STF nos autos da ADI 2.028 MC/DF, Rel. Moreira Alves, Pleno, DJ 16-06-2000. 25. As entidades beneficentes de assistência social, como consequência, não se submetem ao regime tributário disposto no art. 2º, II, da Lei nº 9.715/98, e no art. 13, IV, da MP nº 2.158-35/2001, aplicáveis somente àquelas outras entidades (instituições de caráter filantrópico, recreativo, cultural e científico e as associações civis que prestem os serviços para os quais houverem sido instituídas e os coloquem à disposição do grupo de pessoas a que se destinam, sem fins lucrativos) que não preenchem os requisitos do art. 55 da Lei nº 8.212/91, ou da legislação superveniente sobre a matéria, posto não abarcadas pela imunidade constitucional. 26. A inaplicabilidade do art. 2º, II, da Lei nº 9.715/98, e do art. 13, IV, da MP nº 2.158-35/2001, às entidades que preenchem os requisitos do art. 55 da Lei nº 8.212/91, e legislação superveniente, não decorre do vício da inconstitucionalidade desses dispositivos legais, mas da imunidade em relação à contribuição ao PIS como técnica de interpretação conforme à Constituição. 27. *Ex positis*, conheço do recurso extraordinário, mas nego-lhe provimento conferindo à tese assentada repercussão geral e eficácia *erga omnes* e *ex tunc*. Precedentes. RE 93.770/RJ, Rel. Min. Soares Muñoz, 1ª Turma, DJ 03/04/1981. RE 428.815-AgR/AM, Rel. Min. Sepúlveda Pertence, 1ª Turma, DJ 24/06/2005. ADI 1.802-MC/DF, Rel. Min. Sepúlveda Pertence, Pleno, DJ 13-02-2004. ADI 2.028 MC/DF, Rel. Moreira Alves, Pleno, DJ 16-06-2000.

1.1.1 Especificação do Caso e Razões da Submissão à Repercussão Geral

A questão posta em debate, no RE 636.941/RS, refere-se à imunidade tributária das entidades filantrópicas em relação à contribuição destinada ao Programa de Integração Social – PIS, no qual foi discutida a natureza jurídica dessa exação e a extensão da imunidade prevista no art. 195, § 7º, da CF/88 sobre ela, bem como a regulamentação legal dos requisitos a serem atendidos pelas entidades beneficentes de assistência social para fazerem *jus* ao benefício, em razão de a norma constitucional, que regula a imunidade, caracterizada como limitação ao poder de tributar, é de eficácia limitada e exigiria lei complementar para sua regulamentação, conforme 146, II, da CF/88.

A competente ação foi proposta pela Associação Pró-Ensino em Santa Cruz do Sul – APESC que, demonstrando ser uma instituição reconhecida como sem fins lucrativos, de utilidade pública federal, estadual e municipal, promover assistência social, educacional e de saúde, não ter proprietários, não remunerar os membros de sua Diretoria pelo exercício específico de suas funções, não distribuir lucros, vantagens ou bonificações a dirigentes, associados ou mantenedores, sob nenhuma forma, aplicando integralmente suas rendas, recursos e eventual resultado operacional na manutenção e desenvolvimento de sues objetivos institucionais, em conformidade com o art. 14, do CTN, c/c art. 150, VI e art. 195, § 7º, ambos da CF/88, pleiteou a imunidade quanto ao recolhimento da contribuição para o PIS, bem como a inconstitucionalidade do art. 2º, II, da Lei 9.715/98[2].

Por outro lado, a União sustentou que o PIS não é alcançado pela imunidade insculpida no art. 195, § 7º, da CF/88, bem como afirmou a inexistência de lei prevendo os requisitos para a concessão da imunidade para as entidades beneficentes de assistência social, em relação à contribuição para o PIS, como exigido pela norma constitucional supra-

[2] Art. 2º A contribuição para o PIS/PASEP será apurada mensalmente.

mencionada, caracterizada como sendo de eficácia limitada. Nesse sentido, defende que não poderia ser invocada a aplicabilidade do art. 55, da Lei 8.212/91 à espécie discutida, que demandaria a regulamentação específica dos requisitos, pautada na edição de lei complementar, para a fruição da imunidade sobre essa contribuição.

O Acórdão da 1ª Turma do Tribunal Regional Federal da 4ª Região, no julgamento da Apelação nº 2004.71.11.004496-2/RS, objeto do Recurso Extraordinário interposto pela União, foi assim ementado:

> CONTRIBUIÇÃO PARA SEGURIDADE SOCIAL. ENTIDADE FILANTRÓPICA. IMUNIDADE DO ART. 195, § 7º, DA CONSTITUIÇÃO FEDERAL. ART. 55 DA LEI Nº 8.212/91. ART. 1º DA LEI Nº 9.738/98, INAPLICABILIDADE DO CTN. LEI COMPLEMENTAR. DESNECESSIDADE. ARGUIÇÃO DE INCONSTITUCIONALIDADE REJEITADA. REQUISITOS CUMULATIVOS. IMUNIDADE RECONHECIDA.

Referido Acórdão reconheceu a imunidade prevista no art. 195, § 7º, da CF/88, relativamente à contribuição ao PIS, condicionada ao cumprimento dos requisitos do art. 55, da Lei 8.212/91, em sua redação original, não se aplicando à entidade beneficiária o disposto no art. 13, IV, da MP 2.158-35/2001, aplicável, tão-somente, às outras entidades (instituições de caráter filantrópico, recreativo, cultural e científico e as associações civis que prestem os serviços para os quais houverem sido instituídas e os coloquem à disposição do grupo de pessoas a que se destinam, sem fins lucrativos), que não preencham os requisitos do art. 55, da Lei 8.212/91.

Nesse sentido, o Tribunal *ad quem* entendeu não se tratar de inconstitucionalidade do art. 13, IV, da MP 2.158-35/2001[3], mas de sua inaplicabilidade para as entidades que, observando os requisitos do art. 55, da Lei 8.212/91, são declaradas imunes em relação ao PIS, realizando interpretação conforme a Constituição.

Participaram, na condição de *amicus curiae*, a Confederação das Santas Casas de misericórdia, Hospitais e Entidades Filantrópicas – CMB e Associação Beneficente Ouro Branco, do Hospital de Caridade de

[3] Arguição de Inconstitucionalidade do inciso IV, do artigo 13, da MP 2.158-35/2001 levantada pela APAE – ASSOCIAÇÃO DE PAIS E AMIGOS DOS EXCEPCIONAIS DE JANDAIA DO SUL, na qualidade de *amicus curiae*, perante o TRF4.

Crissiumal, da Sociedade Beneficente Hospital Candelária e da Associação Hospital de Caridade Nossa Senhora dos Navegantes.

Em decisão da Corte Suprema, foi reconhecida a repercussão geral pelo Ministro Cezar Peluso, que destacou a reprodução do debate em inúmeros processos submetidos ao Judiciário, afirmando a relevância política e jurídica, que extrapola os interesses subjetivos da causa.

1.1.2 Critério de Conhecimento da Repercussão Geral

Ao tratar da repercussão geral da matéria, o Ministro Cezar Peluso apontou como razões para o seu reconhecimento, a relevância política e jurídica da resolução da questão no âmbito do STF, além da importância econômica, em razão do impacto negativo ao erário. Apontou que a discussão transcende os limites subjetivos da causa, produzindo reflexos em proporção geral, mormente quando existe jurisprudência consolidada[4] no âmbito da Suprema Corte, que reconhece a imunidade das entidades filantrópicas em relação ao PIS, desde que cumpridas as exigências previstas na Lei 8.212/91.

Em pronunciamento sobre o reconhecimento da repercussão geral sobre o tema, o Ministro Marco Aurélio reafirma sua existência, entendendo que a matéria reclama a manifestação do STF, de modo a pacificar sua jurisprudência.

1.2 Mérito da Decisão

O Recurso Extraordinário nº. 636.941/RS foi julgado em 13 de fevereiro de 2014, em sessão plenária presidida pelo Joaquim Barbosa. O Tribunal, por maioria, conheceu do Recurso Extraordinário, sendo vencido o Ministro Marco Aurélio, que entendeu ser a questão estritamente legal. No mérito, a Corte Suprema, por unanimidade e nos termos do voto do Relator, Ministro Luiz Fux, negou provimento ao Recurso Extraordinário. Votou o Presidente, Ministro Joaquim Barbosa. Ausentes, justificadamente, o Ministro Celso de Mello e o Ministro Gilmar Mendes. Estavam presentes à sessão os Senhores Ministros Marco Aurélio, Ricardo

[4] O Ministro Cezar Peluso fez referência ao RE 593.522 AgR-ED/RS, Min. Rel. Joaquim Barbosa, DJe de 06/05/2010 e RE 570.773/RS, Min. Rel. Ricardo Lewandowski, DJe de 06/08/2008.

Lewandowski, Cármen Lúcia, Dias Toffoli, Luiz Fux, Rosa Weber, Teori Zavascki e Roberto Barroso.

1.2.1 Voto Condutor

O voto condutor foi exarado pelo Ministro Luiz Fux.

A análise pautou-se em verificar a i. natureza jurídica da contribuição para o PIS para determinar a sua abrangência pela imunidade prevista pelo art. 195, § 7º, da CF/88; ii. se o cumprimento dos requisitos previstos no art. 9º e art. 14, ambos do CTN e, originariamente, no art. 55, da Lei 8.212/91, ora regulados pela Lei 12.101/2009, são suficientes para o reconhecimento da imunidade prevista constitucionalmente, que exige a complementação legal; iii. a inaplicabilidade do art. 2º, II, da Lei 9.715/98 e art. 13, IV da MP 2.158-35/2001 às entidades filantrópicas que atendem as exigências legais para fruírem da imunidade quanto ao PIS.

O STF firmou o seu entendimento que a contribuição ao PIS tem natureza de contribuição para a seguridade social e pautando-se em espécie tributária singular contemplada no art. 239, da CF/88[5], que destinou o produto da sua arrecadação ao financiamento do programa do seguro-desemprego, pertencente à previdência social (art. 201, IV, da CF/88), não se subtrai da concomitante pertinência ao gênero do art. 195, I, da CF/88[6], de contribuições sociais.

Nesse sentido, expressou o julgamento da AC 271-QO/PR, 1ª Turma, julgado pelo Ministro Carlos Brito, DJe 11/02/2005 e o RE 469.079-ED/

[5] Art. 239. A arrecadação decorrente das contribuições para o Programa de Integração Social, criado pela Lei Complementar nº 7, de 7 de setembro de 1970, e para o Programa de Formação do Patrimônio do Servidor Público, criado pela Lei Complementar nº 8, de 3 de dezembro de 1970, passa, a partir da promulgação desta Constituição, a financiar, nos termos que a lei dispuser, o programa do seguro-desemprego e o abono de que trata o § 3º deste artigo.

[6] Art. 195. A seguridade social será financiada por toda a sociedade, de forma direta e indireta, nos termos da lei, mediante recursos provenientes dos orçamentos da União, dos Estados, do Distrito Federal e dos Municípios, e das seguintes contribuições sociais:
I – do empregador, da empresa e da entidade a ela equiparada na forma da lei, incidentes sobre:
a) a folha de salários e demais rendimentos do trabalho pagos ou creditados, a qualquer título, à pessoa física que lhe preste serviço, mesmo sem vínculo empregatício;
b) a receita ou o faturamento;
c) o lucro.

SP, 2ª Turma, de Relatoria do Ministro Gilmar Mendes, DJ 16/06/2006, respectivamente, *in verbis*:

> (...) "No julgamento plenário do RE 148.754, destacam-se as seguintes passagens do voto do Relator do Ministro Carlos Velloso:
> 'O PIS e o PASEP passam, por força do disposto no art. 239 da Constituição, a ter destinação previdenciária. Por tal razão, as incluímos entre as contribuições de seguridade social (...) **O que acontece é que a Constituição de 1988, no art. 239, recepcionou o PIS tal como o encontrou em 5.10.88, dando-lhe, aliás, feição, conforme acentuei, neste Plenário, por ocasião do julgamento do RE nº 138.284-CE, de contribuição de seguridade social, já que lhe deu destinação previdenciária.**' (grifo nosso)
>
> Em outras palavras, é equivocada a leitura da agravante, a partir dos precedentes do Pleno desta Corte, no sentido de que "cada uma das contribuições é exigida com fundamento em normas constitucionais de competência distintas". **Em realidade, toda a jurisprudência do Tribunal, na matéria, está orientada no sentido de que a pertinência do PIS à "espécie" (singular) do art. 239 não lhe subtrai da concomitante pertinência ao "gênero" (plural) do inciso I do art. 195.** (grifo nosso)

Ultrapassada a questão se a imunidade insculpida no art. 195, § 7º, da CF/88, abrange a contribuição para o PIS, considerada, portanto, como contribuição social, passa-se à discussão a respeito da regulamentação legal que veicula os requisitos para fruição do benefício, conforme exigido pelo dispositivo constitucional, *ipsis litteris*:

> Art. 195. A seguridade social será financiada por toda a sociedade, de forma direta e indireta, nos termos da lei, mediante recursos provenientes dos orçamentos da União, dos Estados, do Distrito Federal e dos Municípios, e das seguintes contribuições sociais:
> **§ 7º São isentas[7] de contribuição para a seguridade social as entidades beneficentes de assistência social que atendam às exigências estabelecidas em lei.** (grifo nosso)

[7] Cabe destacar que o dispositivo constitucional, não obstante mencionar a palavra isenção, consiste numa hipótese de imunidade tributária, tendo em vista que as hipóteses constitucionais que afastam a tributação não veiculam isenção. Assim, à luz do art. 175, I do CTN,

O Tribunal Pleno, no julgamento do MI 232/RJ, Relator Ministro Moreira Alves, DJ 27/03/1992, entendeu que o direito à imunidade, garantido pelo art. 195, § 7º, da CF/88, é anterior à regulamentação legal, declarando a inércia do Congresso Nacional e fixando o prazo de seis meses para as medidas legislativas exigidas, sob pena de ser reconhecida a imunidade, caso vencido o prazo sem providência. Assim, o Plenário concluiu que se tratava de norma de eficácia limitada, demandando, necessariamente, a atuação legislativa para completar-lhe o conteúdo normativo.

Nesse contexto, a imunidade foi regulamentada pelas leis ordinárias: Lei 9.532/97 (referente aos impostos – art. 150, VI, c, da CF/88); Lei 8.212/91, Lei 9.732/98 e Lei 12.101/09 (refrente às contribuições – art. 195, § 7º, da CF/88), entendidas pelo STF como suficientes para complementar o texto constitucional e veicular os requisitos exigidos para fruição do benefício.[8]

Isso porque a Constituição Federal somente impõe a edição de lei complementar para a definição dos limites objetivos (materiais) da imunidade, conforme determina o art. 146, II, da CF/88, e não para fixação das normas de constituição e de funcionamento das entidades imunes (aspectos formais e subjetivos), que podem ser reguladas por lei ordinária, tal como o faz o art. 55, da Lei 8.212/91 (revogado pela Lei 12.101/2009, que traz em seu âmbito os requisitos a serem cumpridos).

A distinção entre os limites objetivos (materiais) e os requisitos formais (normas reguladoras da constituição e funcionamento das entidades beneficentes de assistência social) da imunidade, circunscrevendo a reserva de lei complementar, tão-somente, a regulamentação dos limites objetivos, foi tratada na ADI 1.802, Relator Ministro Sepúlveda Pertence, Tribunal Pleno, DJ 13/02/2004, *in verbis*:

> I. Ação direta de inconstitucionalidade: Confederação Nacional de Saúde: qualificação reconhecida, uma vez adaptados os seus estatutos ao molde legal das confederações sindicais; pertinência temática concorrente no

isenção tributária consiste numa hipótese de exclusão do credito tributário: uma dispensa legal do pagamento do tributo.

[8] É importante destacar o decidido no julgamento do RE 566.622, bem como nas ADI'S 2036, 2228, 2621 que abordou a discussão acerca da exigência de lei complementar para estabelecer requisitos que restringem o gozo da imunidade pelas entidades beneficentes.

caso, uma vez que a categoria econômica representada pela autora abrange entidades de fins não lucrativos, pois sua característica não é a ausência de atividade econômica, mas o fato de não destinarem os seus resultados positivos à distribuição de lucros.
II. Imunidade tributária (CF, art. 150, VI, c, e 146, II):
"instituições de educação e de assistência social, sem fins lucrativos, atendidos os requisitos da lei": delimitação dos âmbitos da matéria reservada, no ponto, à intermediação da lei complementar e da lei ordinária: análise, a partir daí, dos preceitos impugnados (L. 9.532/97, arts. 12 a 14): cautelar parcialmente deferida.
1. Conforme precedente no STF (RE 93.770, Muñoz, RTJ 102/304) e na linha da melhor doutrina, o que a Constituição remete à lei ordinária, no tocante à imunidade tributária considerada, é a fixação de normas sobre a constituição e o funcionamento da entidade educacional ou assistencial imune; não, o que diga respeito aos lindes da imunidade, que, quando susceptíveis de disciplina infraconstitucional, ficou reservado à lei complementar. (grifo nosso)
2. À luz desse critério distintivo, parece ficarem incólumes à eiva da inconstitucionalidade formal argüida os arts. 12 e §§ 2º (salvo a alínea f) e 3º, assim como o parág. único do art. 13; ao contrário, é densa a plausibilidade da alegação de invalidez dos arts. 12, § 2º, f; 13, caput, e 14 e, finalmente, se afigura chapada a inconstitucionalidade não só formal mas também material do § 1º do art. 12, da lei questionada.
3. Reserva à decisão definitiva de controvérsias acerca do conceito da entidade de assistência social, para o fim da declaração da imunidade discutida – como as relativas à exigência ou não da gratuidade dos serviços prestados ou à compreensão ou não das instituições beneficentes de clientelas restritas e das organizações de previdência privada: matérias que, embora não suscitadas pela requerente, dizem com a validade do art. 12, caput, da L. 9.532/97 e, por isso, devem ser consideradas na decisão definitiva, mas cuja delibação não é necessária à decisão cautelar da ação direta.

Ademais, foi esposado o entendimento de que a imunidade insculpida no art. 195, § 7º, da CF/88 não está subordinada de maneira absoluta ao conceito de assistência social, compreendido no art. 203, da CF/88 (prestação de serviço à comunidade em geral e sem fins lucrativos) e, portanto, não restringe sua aplicação às instituições de assistência *stricto sensu* de educação, saúde e previdência social, pois, embora a referida norma não tenha sido incluída no Sistema Tributário Nacional, mas na temática de seguridade social, trata, inequivocadamente, de matéria tributária, restando delineadas importantes balizas quanto ao conceito, amplitude e objeto destas entidades beneficentes, por ocasião do julgamento da ADI 2.028-MC/DF, Relator Ministro Moreira Alves, Tribunal Pleno, DJ 16/06/2000, *in verbis*:

> (...) Com efeito, a Constituição, ao conceder imunidade à entidades beneficentes de assistência social, o fez para que fosse a União, os Estados, o Distrito Federal e os Municípios auxiliados nesse terreno de assistência aos carentes por entidades que também dispusessem de recurso para tal atendimento gratuito, estabelecendo que a lei determinaria as exigências necessárias para que as entidades pudessem ser consideradas beneficentes de assistência social. É evidente que tais entidades, para serem beneficentes, teriam de ser filantrópicas (por isso, o inciso II do artigo 55 da Lei 8.212/91, que continua em vigor, exige que a entidade "seja portadora do Certificado ou do Registro de Entidade de fins Filantrópicos, fornecido pelo Conselho Nacional de Serviço Social, renovado a cada três anos"), mas não exclusivamente filantrópica, até porque as que o são não o são para o gozo de benefícios fiscais, e esse benefício concedido pelo § 7º do artigo 195 não foi para estimular a criação de entidades exclusivamente filantrópicas, mas sim, das que, também sendo filantrópicas sem o serem integralmente, atendesse às exigências legais para que se impedisse que qualquer entidades, desde que praticasse atos de assistência filantrópica a carentes, gozasse da imunidade, que é total de contribuição para a seguridade social ainda que não fosse reconhecida como de utilidade pública, seus dirigentes tivessem remuneração ou vantagens, ou se destinassem elas a fins lucrativos. Aliás, são essas entidades – que, por não serem exclusivamente filantrópicas, têm melhores condições de atendimento aos carentes que o prestam- que devem ter sua criação estimulada para o auxílio ao Estado nesse setor, máxime em época em que, como a atual, são escassas as doações para a manutenção das que se dedicam exclusivamente à filantropia.
>
> De outra parte, no tocante às entidades sem fins lucrativos educacionais e de prestação de serviços de saúde que não pratiquem de forma exclusiva e gratuita atendimento a pessoas carentes, a própria extensão da imunidade foi restringida, pois só gozarão desta "na proporção o valor das vagas cedi-

das integral e gratuitamente a carentes, e do valor do atendimento à saúde de caráter assistencial", o que implica dizer que a imunidade para a qual a Constituição não estabelece limitação em sua extensão o é por lei.

Assim, a definição de limites objetivos e subjetivos por lei ordinária, em atendimento ao princípio da proporcionalidade e razoabilidade, pode ser mais rígida para o reconhecimento da imunidade das contribuições das entidades de assistência social, como a emissão de Certificado de Entidade Beneficente de Assistência Social – CEBAS (exigido pelos art. 55, da Lei 8.212/91, ora regulado pela Lei 12.101/2009), sem que isso implique restrição do alcance do conceito de imunidade e redução das garantias dos contribuintes.

Perfilhando todos os fundamentos levantados, o julgado assim concluiu:

> A pessoa jurídica para fazer jus à imunidade do art. 195, § 7º, CF/88, com relação às contribuições sociais, deve atender aos requisitos previstos nos artigos 9º e 14, do CTN, bem como no art. 55, da Lei nº 8.212/91, alterada pelas Lei nº 9.732/98 e Lei nº 12.101/2009, nos pontos onde não tiveram sua vigência suspensa liminarmente pelo STF nos autos da ADIN 2.208-5.
> As entidades beneficentes de assistência social, como consequência, não se submetem ao regime tributário disposto no art. 2º, II, da Lei nº 9.715/98, e no art. 13, IV, da MP nº 2.158-35/2001, aplicáveis somente àquelas outras entidades (instituições de caráter filantrópico, recreativo, cultural e científico e as associações civis que prestem os serviços para os quais houverem sido instituídas e os coloquem à disposição do grupo de pessoas a que se destinam, sem fins lucrativos) que não preencherem os requisitos do art. 55, da Lei nº 8.212/91, ou da legislação superveniente sobre a matéria, posto não abarcadas pela imunidade constitucional.
> A inaplicabilidade do art. 2º, II, da Lei nº 9.715/98, e do art. 13, IV, da MP º 2.158-35/2001, às entidades que preenchem os requisitos do art. 55 da Lei nº 8.212/91, e legislação superveniente, não decorre do vício da inconstitucionalidade desses dispositivos legais, mas da imunidade em relação à contribuição ao PIS como técnica de interpretação conforme à Constituição.

Com base em todos os fundamentos, foi negado provimento ao Recurso Extraordinário, reconhecendo a imunidade das entidades beneficentes de assistência social em relação à contribuição para o PIS, desde que cumpram os requisitos do art. 55, da Lei 8.212/91, ou da legislação superveniente.

1.2.2 Votos Vencidos

O voto vencido do Ministro Marco Aurélio cingiu-se apenas na divergência quanto ao conhecimento do Recurso Extraordinário, consignando que a matéria é de cunho estritamente legal. Quanto ao mérito, o não provimento do Recurso Extraordinário foi unânime.

1.3 Análise Crítica

A contribuição para o PIS, conforme determina o art. 239, da CF/88, apresenta natureza jurídica de contribuição social, prevista no art. 195, I, da CF/88. Sendo assim, as entidades beneficentes de assistência social, não somente as que têm atividade pertinente à seguridade social, gozam da imunidade prevista no art. 195, § 7º da CF/88, desde que cumpridos os requistos legais. O referido preceito constitucional é norma de eficácia limitada que demanda a regulamentação infraconstitucional, fazendo referência apenas a lei.

Conforme assentado no âmbito do STF, isso implica dizer que a Constituição Federal indica, genericamente, a lei para estabelecer princípio de reserva lega, que abrange tanto a legislação ordinária, quanto a complementar. Nesse sentido, a Constituição restringe à lei complementar a demarcação do objeto material da limitação ao poder de tributar, ou seja, da imunidade. Entretanto, remete à lei ordinária as normas de constituição e funcionamento da entidade educacional ou assistencial imune.

Nesse caso, a lei a que se refere a norma constitucional é a Lei 8.212/91, alterada pela Lei 9.732/98 e a Lei 12.101/2009, que determinam os requisitos a serem cumpridos para a utilização do benefício constitucional, conforme se depreende do julgamento do MI 616/SP, Relator Ministro Nelson Jobim, DJ 25/10/2002, cuja ementa, segue transcrita:

> CONSTITUCIONAL. ENTIDADE CIVIL, SEM FINS LUCRATIVOS. PRETENDE QUE LEI COMPLEMENTAR DISPONHA SOBRE A IMUNIDADE À TRIBUTAÇÃO DE IMPOSTOS E CONTRIBUIÇÃO PARA A SEGURIDADE SOCIAL, COMO REGULAMENTAÇÃO DO ART. 195,

> § 7º DA CF. A HIPÓTESE É DE ISENÇÃO. A MATÉRIA JÁ FOI REGULAMENTADA PELO ART. 55 DA LEI Nº 8.212/91, COM AS ALTERAÇÕES DA LEI 9.732/98. PRECEDENTE. IMPETRANTE JULGADA CARECEDORA DA AÇÃO.

Nessa seara, a entidade, reconhecida como entidade filantrópica sem fins lucrativos, para fazer *jus* à imunidade da cobrança das contribuições sociais, deve atender os requisitos da lei ordinária.

Desse modo, concordando com o entendimento do STF no julgamento do RE 636.941/RS, entende-se ser devida a imunidade das entidades beneficentes de assistência social quanto à contribuição para o PIS, tendo em vista que a supressão da competência tributária (imunidade) fundamenta-se na falta de capacidade contributiva, desonerando-as do pagamento de impostos e contribuições, e tem como finalidade a aplicação do princípio da solidariedade, reconhecendo a importância das atividades desenvolvidas por essas instituições, em auxílio ao Poder Público, para atender aos interesses da coletividade.

Capítulo XXI
Recurso Extraordinário nº 595.838

Ricardo Lima de Oliveira

1. Recurso Extraordinário nº 595.838[1] – São Paulo

Relator: Ministro Dias Toffoli
Voto vencedor: Ministro Dias Toffoli
Data de julgamento: 23 de abril de 2014

1.1 Ementa

EMENTA RECURSO EXTRAORDINÁRIO. TRIBUTÁRIO. CONTRIBUIÇÃO PREVIDENCIÁRIA. ARTIGO 22, INCISO IV, DA LEI Nº 8.212/91, COM A REDAÇÃO DADA PELA LEI Nº 9.876/99. SUJEIÇÃO PASSIVA. EMPRESAS TOMADORAS DE SERVIÇOS. PRESTAÇÃO DE SERVIÇOS DE COOPERADOS POR MEIO DE COOPERATIVAS DE TRABALHO. BASE DE CÁLCULO. VALOR BRUTO DA NOTA FISCAL OU FATURA. TRIBUTAÇÃO DO FATURAMENTO. BIS IN IDEM. NOVA FONTE DE CUSTEIO. ARTIGO 195, § 4º, CF. 1. O FATO GERADOR QUE ORIGINA A OBRIGAÇÃO DE RECOLHER

[1] BRASIL. SUPREMO TRIBUNAL FEDERAL. **RECURSO EXTRAORDINÁRIO nº 595.838.** Relator(a): Min. Dias Toffoli, Tribunal Pleno, julgado em 18/12/2014. Disponível em: http://portal.stf.jus.br/processos/detalhe.asp?incidente=2651722. Acesso em 09 de jun de 2019.

A CONTRIBUIÇÃO PREVIDENCIÁRIA, NA FORMA DO ART. 22, INCISO IV DA LEI Nº 8.212/91, NA REDAÇÃO DA LEI 9.876/99, NÃO SE ORIGINA NAS REMUNERAÇÕES PAGAS OU CREDITADAS AO COOPERADO, MAS NA RELAÇÃO CONTRATUAL ESTABELECIDA ENTRE A PESSOA JURÍDICA DA COOPERATIVA E A DO CONTRATANTE DE SEUS SERVIÇOS. 2. A EMPRESA TOMADORA DOS SERVIÇOS NÃO OPERA COMO FONTE SOMENTE PARA FINS DE RETENÇÃO. A EMPRESA OU ENTIDADE A ELA EQUIPARADA É O PRÓPRIO SUJEITO PASSIVO DA RELAÇÃO TRIBUTÁRIA, LOGO, TÍPICO "CONTRIBUINTE" DA CONTRIBUIÇÃO. 3. OS PAGAMENTOS EFETUADOS POR TERCEIROS ÀS COOPERATIVAS DE TRABALHO, EM FACE DE SERVIÇOS PRESTADOS POR SEUS COOPERADOS, NÃO SE CONFUNDEM COM OS VALORES EFETIVAMENTE PAGOS OU CREDITADOS AOS COOPERADOS. 4. O ART. 22, IV DA LEI Nº 8.212/91, COM A REDAÇÃO DA LEI Nº 9.876/99, AO INSTITUIR CONTRIBUIÇÃO PREVIDENCIÁRIA INCIDENTE SOBRE O VALOR BRUTO DA NOTA FISCAL OU FATURA, EXTRAPOLOU A NORMA DO ART. 195, INCISO I, A, DA CONSTITUIÇÃO, DESCARACTERIZANDO A CONTRIBUIÇÃO HIPOTETICAMENTE INCIDENTE SOBRE OS RENDIMENTOS DO TRABALHO DOS COOPERADOS, TRIBUTANDO O FATURAMENTO DA COOPERATIVA, COM EVIDENTE BIS IN IDEM. REPRESENTA, ASSIM, NOVA FONTE DE CUSTEIO, A QUAL SOMENTE PODERIA SER INSTITUÍDA POR LEI COMPLEMENTAR, COM BASE NO ART. 195, § 4º - COM A REMISSÃO FEITA AO ART. 154, I, DA CONSTITUIÇÃO. 5. RECURSO EXTRAORDINÁRIO PROVIDO PARA DECLARAR A INCONSTITUCIONALIDADE DO INCISO IV DO ART. 22 DA LEI Nº 8.212/91, COM A REDAÇÃO DADA PELA LEI Nº 9.876/99.

1.1.1 Especificação do Caso e Razões da Submissão à Repercussão Geral

O presente Recurso Extraordinário, ora em análise, trata da inconstitucionalidade do inciso IV do art. 22 da Lei Federal nº 8.212/91 – com redação dada pela Lei Federal nº 9.876/99, que dispõe sobre a organização da Seguridade Social.

O recurso foi interposto por Etel Estudos Técnicos LTDA – empresa situada em São Paulo – em face da União Federal, fundamentado no art. 102, inciso III, alínea 'a' da Constituição Federal, e questionou o Acórdão proferido pela 5ª Turma do Tribunal Regional Federal da 3ª Região.

O recorrente alegou que a alteração no art. 22 da Lei Federal nº 8.212/91, feito pela Lei Federal nº 9.876/99, criou uma nova fonte de custeio para a Seguridade Social, violando os seguintes artigos da Constituição Federal: 146, inciso III, alínea 'c'; 150, inciso II; 154, inciso I; 174, §2º e 195, §4º.

A Procuradoria-Geral da República manifestou-se pelo conhecimento e provimento do Extraordinário.

Em 14 de maio de 2009, o Ministro Menezes Direito reconheceu a Repercussão Geral suscitada, acompanhado pelos Ministros Ricardo Lewandowski e Marco Aurélio.

Não se manifestaram, na repercussão geral, as Ministras Cármen Lúcia e Ellen Gracie.

Em 23 de abril de 2014, o STF, por unanimidade, conheceu e deu provimento ao Recurso Extraordinário, ora em estudo.

1.1.2 Critério de Conhecimento da Repercussão Geral

Segundo informações do sítio do Supremo Tribunal Federal, "a Emenda Constitucional nº 45/2004 incluiu a necessidade de a questão constitucional trazida nos recursos extraordinários possuir repercussão geral para que fosse analisada pelo Supremo Tribunal Federal. O instituto foi regulamentado mediante alterações no Código de Processo Civil e no Regimento Interno do Supremo Tribunal Federal".

Tal instituto – Repercussão Geral – foi inserido na Carta Magna brasileira pela referida Emenda Constitucional, que acrescentou o §3º ao inciso III do artigo 102.

A exigência, para que seja reconhecida a Repercussão Geral, compete ao recorrente, que deve demonstrar as questões relevantes do ponto de vista econômico, político, social ou jurídico, que ultrapassem os interesses subjetivos da causa.

No Recurso Extraordinário nº 595.838 de São Paulo, o STF reconheceu a Repercussão suscitada, como assim se depreende do voto do Relator, Ministro Menezes Direito, que assim argumentou:

> Considero presente a repercussão geral da matéria suscitada no apelo extremo mormente porque, conforme destacou a recorrente, a constitucionalidade do artigo 22, inciso IV da Lei nº 8.212/91, com a redação implementada pela Lei nº 9.876/99, é objeto da ADI nº 2.594/DF, Relator o Ministro Cesar Peluzo, proposta pela Confederação Nacional da Indústria

> – CNI, onde a Procuradoria-Geral da República ofertou parecer pela procedência do pedido. Entendo que a existência de ação objetivando o controle concentrado da constitucionalidade da norma impugnada conduz, em regra, à caracterização da repercussão da matéria constitucional.

O Supremo Tribunal Federal, pelos votos dos Ministros Menezes Direito, Ricardo Lewandowski e Marco Aurélio, reconheceu a existência de repercussão geral da questão constitucional suscitada, pelos critérios da relevância jurídica e econômica do tema. Não se manifestaram as Ministras Cármen Lúcia e Ellen Gracie.

1.2 Mérito da Decisão

O Recurso Extraordinário nº 595.838/SP foi julgado em 23 de abril de 2014, em sessão plenária presidida pelo Ministro Joaquim Barbosa, onde estavam presentes à sessão os Senhores Ministros Celso de Mello, Marco Aurélio, Ricardo Lewandowski, Cármen Lúcia, Dias Toffoli, Luiz Fux, Rosa Weber, Teori Zavascki e Roberto Barros. Ausente o Senhor Ministro Gilmar Mendes, licenciado.

Nos termos do voto do Relator, deu provimento ao recurso de Etel Estudos Técnicos Ltda, por unanimidade, reconhecendo a inconstitucionalidade do inciso IV, do art. 22 da Lei 8.212/91.

1.2.1 Voto Condutor

O Relator, do presente Recurso Extraordinário em estudo, Ministro Dias Toffoli, em seu voto, assentou que a questão central era verificar se a contribuição previdenciária prevista no inciso IV, do art. 22 da Lei 8.212/91, com redação dada pela Lei Federal nº 9.876/99, tinha permissão do inciso I, letra 'a' do artigo 195 da Constituição Federal ou se configuraria nova fonte de custeio, pois, se configurasse, somente poderia ser instituída por Lei Complementar, como determina o §4º do artigo 195 da Carta Magna. Vejam-se os dispositivos envolvidos, *in verbis*:

> Art. 195. A seguridade social será financiada por toda a sociedade, de forma direta e indireta, nos termos da lei, mediante recursos provenientes dos orçamentos da União, dos Estados, do Distrito Federal e dos Municípios, e das seguintes contribuições sociais: (...)
>
> I – do empregador, da empresa e da entidade a ela equiparada na forma da lei, incidentes sobre: (Redação dada pela Emenda Constitucional nº 20, de 1998)

> a) a folha de salários e demais rendimentos do trabalho pagos ou creditados, a qualquer título, à pessoa física que lhe preste serviço, mesmo sem vínculo empregatício; (Incluído pela Emenda Constitucional nº 20, de 1998)
> (...)
> § 4º A lei poderá instituir outras fontes destinadas a garantir a manutenção ou expansão da seguridade social, obedecido o disposto no art. 154, I.
>
> Art. 154. A União poderá instituir:
> I – mediante lei complementar, impostos não previstos no artigo anterior, desde que sejam não-cumulativos e não tenham fato gerador ou base de cálculo próprios dos discriminados nesta Constituição;

Segundo o Relator, a incidência de contribuições previdenciárias sobre a remuneração de trabalhadores sempre foi alvo de controvérsias no âmbito da Suprema Corte brasileira.

Ressaltou também a existência da Lei Complementar nº 84 de 1996 que, instituiu em seu artigo 1º, inciso II, contribuição previdenciária a cargo das cooperativas no percentual de 15% do total das importâncias pagas, distribuídas ou creditadas a seus cooperados, a título de remuneração pelos serviços que prestem a pessoas jurídicas por seu intermédio. Veja-se, então, o dispositivo atacado no Lei 8.212/91, in verbis:

> Art. 22. A contribuição a cargo da empresa, destinada à Seguridade Social, além do disposto no art. 23, é de:
> (...)
> IV – quinze por cento sobre o valor bruto da nota fiscal ou fatura de prestação de serviços, relativamente a serviços que lhe são prestados por cooperados por intermédio de cooperativas de trabalho.

Depreende-se, portanto, que a vontade do legislador, foi instituir contribuição previdenciária a cargo de empresas que contratam serviços de cooperados por intermédio de cooperativas de trabalho.

O Ministro afirma que, o principal argumento para se enquadrar a exação em tela no disposto do art. 195, I, 'a' da Constituição é o de que o serviço contratado pelas empresas junto às cooperativas seria, na realidade, prestado por pessoas físicas. Todavia, tal argumento não mereceu prosperar.

Segundo o Ministro, a relação entre cooperativa e cooperados não é de mera intermediação, tratando-se de alternativa de agrupamento em regime de solidariedade, conforme os artigos 3º e 4º da Lei nº 5.764/71, que dispõe sobre Define a Política Nacional de Cooperativismo e institui o regime jurídico das sociedades cooperativas.

Sendo assim, os terceiros interessados em tais serviços os pagam diretamente à cooperativa, que, posteriormente, repassa aos cooperados as parcelas relativas às respectivas remunerações.

Outro tópico abordado pelo voto do Relator, foi a base de cálculo adotada pelo inciso IV do art. 22 da Lei 8.212/91, qual seja, o valor da fatura de prestação de serviços.

Segundo o Ministro Dias Toffoli, a base de cálculo não poderia ser outra senão o valor da remuneração do serviço, o que é diferente do valor da fatura, pois, este, engloba não só os rendimentos do trabalho, mas também outras despesas que integram o preço contratado, como, por exemplo, a taxa de administração.

Diante desses dois principais argumentos, o Ministro Relator concluiu seu voto, reconhecendo que houve extrapolação da base econômica no art. 195, I, 'a', da Constituição. Houve também violação ao Princípio da Capacidade Contributiva, estampado no art. 145, §1º da Carta Magna, pois os pagamentos feitos aos cooperados não se confundem com os pagamentos feitos pelos terceiros às cooperativas.

Nesse caso, segundo o voto relator, ocorreria *bis in idem* em face do faturamento da Cooperativa, configurando, então, o art. 22, inciso IV da Lei 8.212/91 como nova fonte de custeio.

1.2.2 Votos Vencidos

No caso em tela, o provimento ao Extraordinário, foi unânime.

1.3 Análise Crítica

O julgamento do Recurso Extraordinário nº 595.838/SP não suscitou grandes debates entre os senhores Ministros do STF.

Por certo, o grande debate acerca do tema foi a criação de uma nova fonte de custeio para a Seguridade Social por meio de Lei Ordinária, violando frontalmente a Constituição Federal, que exige Lei Complementar.

Em acréscimo, também foi debatida a base de cálculo da referida fonte de custeio criada pelo art. 22, inciso IV da Lei 8.212/91. Nos termos do voto do Ministro Relator, a base de cálculo é definida como o valor bruto da nota fiscal ou da fatura de prestação de serviços, englobando, assim, não só os rendimentos do trabalho que são repassados aos cooperados, mas também despesas outras que integram o preço contratado, como, por exemplo, a taxa de administração.

No caso da contribuição previdenciária examinada neste Extraordinário, cujo critério material pretende ser o da prestação do serviço, a base de cálculo não poderia, nem deveria ser outra que não o valor da remuneração desse serviço. Ou seja, por certo que a base de cálculo há de ser representada pelo tanto de serviço prestado pelo cooperado, sob pena de haver frontal agressão ao texto constitucional na hipótese de se calcular a contribuição com base em valores pagos a qualquer outro título.

A declaração de inconstitucionalidade do referido dispositivo legal, baseada na análise de diversos princípios de Direito Tributário, que existem para limitar o poder de tributar do Estado, protegeu o Contribuinte da ganância arrecadatória estatal. Coube ao STF fazer valer a proteção constitucional no caso concreto.

Certo é, que na análise deste Extraordinário, ficou evidente a violação do art. 195, I, a, da Constituição, ao se instituir contribuição sobre a folha ou sobre outros rendimentos do trabalho.

O princípio da capacidade contributiva, um dos pontos centrais do Sistema Tributário Nacional, disposto no art. 145, § 1º, da Constituição, seria frontalmente violado caso a incidência ocorresse sobre os pagamentos efetuados por terceiros às cooperativas de trabalho, em face de serviços prestados por seus associados.

Nos termos do voto condutor, restou evidente que o legislador ordinário acabou por descaracterizar a contribuição hipoteticamente incidente sobre os rendimentos do trabalho dos cooperados, tributando o faturamento da cooperativa, com evidente *bis in idem*.

Sendo assim a declaração da inconstitucionalidade do inciso IV do art. 22 da Lei nº 8.212/91, com a redação dada pela Lei nº 9.876/99 foi medida de justiça fiscal proferida pela Corte máxima brasileira.

Capítulo XXII
Recurso Extraordinário nº 569.441

Renata Andréa Joner Parry

1. Recurso Extraordinário nº 569.441[1]

Relator: Ministro Dias Toffoli
Voto Vencedor: Ministro Teori Zavascki
Data de julgamento: 30.10.2014

1.1 Ementa

EMENTA: CONSTITUCIONAL E PREVIDENCIÁRIO. PARTICIPAÇÃO NOS LUCROS. NATUREZA JURÍDICA PARA FINS. TRIBUTÁRIOS. EFICÁCIA LIMITADA DO ART. 7º, XI, DA CONSTITUIÇÃO FEDERAL. INCIDÊNCIA DA CONTRIBUIÇÃO PREVIDENCIÁRIA SOBRE ESSA ESPÉCIE DE GANHO ATÉ A REGULAMENTAÇÃO DA NORMA CONSTITUCIONAL.1. Segundo afirmado por precedentes de ambas as Turmas desse Supremo Tribunal Federal, a eficácia do preceito veiculado pelo art. 7º, XI, da CF – inclusive no que se refere à natureza jurídica dos valores pagos a trabalhadores sob a forma de participação nos lucros para

[1] BRASIL. Supremo Tribunal Federal. Recurso Extraordinário nº 569.441, Relator Min. Dias Toffoli. Relator para acórdão Min. Teori Zavascki, Tribunal Pleno, Brasília, DF, em 30.10.2014. Disponível em: http://portal.stf.jus.br/processos/detalhe.asp?incidente=2572351. Acesso em 09 de jun. de 2019.

fins tributários – depende de regulamentação. 2. Na medida em que a disciplina do direito à participação nos lucros somente se operou com a edição da Medida Provisória 794/94 e que o fato gerador em causa concretizou-se antes da vigência desse ato normativo, deve incidir, sobre os valores em questão, a respectiva contribuição previdenciária. 3. Recurso extraordinário a que se dá provimento.

1.1.1 *Especificação do Caso e Razões da Submissão à Repercussão Geral*

O cerne da controvérsia discutida no Recurso Extraordinário nº 569.441/ /RS diz respeito à incidência (ou não) de contribuição previdenciária sobre as verbas pagas pelos empregadores a seus empregados a título de participação nos lucros, especificamente no período compreendido entre a promulgação da Constituição Federal de 1988 e a entrada em vigor da Medida Provisória nº 794/94.

Diante da desvinculação entre o pagamento da remuneração e o pagamento de participação nos lucros nos lucros fixada pelo artigo 7º, inciso XI, da CF/88 e da expressão "conforme definido em lei", contida na parte final do citado dispositivo, examinou-se, assim, se a não incidência da contribuição previdenciária sobre a participação nos lucros dependeria de regulamentação.

Isso porque, somente em 29 de dezembro de 1994, com o advento da Medida Provisória 749 foi disciplinado o direito à participação nos lucros e resultados, instaurando-se o debate sobre a natureza de tais verbas no período que antecedeu a regulamentação para fins de composição da base de cálculo da contribuição previdenciária.

O Instituto Nacional de Seguro Social – INSS sustentou a legitimidade da cobrança de contribuição previdenciária sobre participação nos lucros e resultados no período anterior MP 749/94, por entender que antes de tal regulamentação todos os valores pagos aos empregados teriam natureza salarial e, portanto, integrariam a base de cálculo fixada no artigo 195, inciso I, da CF/88.

Segundo o INSS, a natureza salarial da verba decorreria da interpretação jurisprudencial do Supremo Tribunal Federal no sentido de que o direito assegurado pelo artigo 7º, inciso XI, da CF/88 apenas poderia ser exercido após a edição de lei que delimitasse os limites e o caráter jurídico do benefício.

A empresa Recorrida, por sua vez, argumentou que tanto a primeira parte do artigo 7º, inciso XI, da CF/88 (que contempla a expressa desvinculação da participação dos lucros da remuneração do empregado) é autoaplicável que o legislador ordinário sequer poderia inovar em relação ao seu conteúdo.

A Recorrida defendeu ainda que a necessidade de regulamentação diz respeito somente à participação na gestão da empresa, de modo que a distinção acerca da natureza das verbas (remuneração e participação nos lucros) produziu efeitos imediatamente.

Ao examinar o tema a Primeira Turma do Tribunal Regional Federal da Quarta Região, por unanimidade, negou provimento à apelação do INSS por entender que as verbas recebidas a título de participação nos lucros da empresa após a promulgação da Constituição Federal de 1988 não deverão integrar o salário-de-contribuição para fins de apuração de contribuição previdenciária.

O voto condutor do acórdão, proferido pelo Desembargador Federal Vilson Darós, indicou como razões de decidir precedentes do Superior Tribunal de Justiça e do próprio Tribunal Regional Federal da Quarta Região, no sentido de que mesmo antes da edição da MP nº 794/94, a desvinculação entre participação nos lucros e resultados e remuneração já seria plenamente eficaz e suficiente para afastar a incidência da contribuição previdenciária.

1.1.2 O Critério de Conhecimento da Repercussão Geral

Em 19.11.2010 o RE 569.441/RS foi submetido ao Plenário Virtual pelo Relator, Ministro Dias Toffoli, tendo sido encerrada análise da repercussão geral em 09.12.2010.

O Relator se manifestou pela existência de repercussão geral da questão envolvendo a eficácia do artigo 7º, inciso XI, da CF/88, no que concerne à desvinculação entre os valores pagos ao trabalhador a título de remuneração, para fins de definição sobre a incidência de contribuição previdenciária no período anterior à MP 794/94, por entender que além de se tratar de matéria constitucional, a questão estaria a merecer uma posição definitiva no âmbito do STF.

Manifestaram-se expressamente pela existência de questão constitucional e repercussão geral os Ministros Marco Aurélio, Ricardo Lewandowski, Gilmar Mendes, Ayres Brito.

Os Ministros Celso de Mello, Ellen Gracie, Cezar Peluso, Joaquim Barbosa e Cármen Lúcia não se manifestaram, conforme se extrai da planilha abaixo, divulgada no sítio eletrônico do STF.

1.2 Tema 344 – Incidência de Contribuição Previdenciária sobre a Participação nos Lucros da Empresa.

Classe: **RE**
Número: **569441**
Data de Início: **19/11/2010**
Data Prevista Fim: **09/12/2010**
Relator: Min. DIAS TOFFOLI
Manifestação/Voto

Ministro	Questão Constitucional	Repercussão Geral	Reafirmação de Jurisprudência
MIN. DIAS TOFFOLI	Há	Há	-
MIN. MARCO AURÉLIO	Há	Há	-
MIN. RICARDO LEWANDOWSKI	Há	Há	-
MIN. GILMAR MENDES	Há	Há	-
MIN. AYRES BRITTO	Há	Há	-
MIN. CELSO DE MELLO	-	-	-
MIN. ELLEN GRACIE	-	-	-
MIN. CEZAR PELUSO	-	-	-
MIN. JOAQUIM BARBOSA	-	-	-
MIN. CÁRMEN LÚCIA	-	-	-

Interessante notar que nessa oportunidade nenhum dos Ministros indicou que a afetação do tema à sistemática da repercussão geral deveria conduzir à reafirmação da jurisprudência da Corte.

1.3 Mérito da Decisão

O julgamento caso foi iniciado na assentada de 25 de setembro de 2014, oportunidade em que após o voto do Ministro Dias Toffoli, negando provimento ao recurso extraordinário interposto pelo INSS, foi proferido voto divergente pelo Ministro Teori Zavascki, este último acompanhado dos votos dos Rosa Weber, Marco Aurélio e Luiz Fux. Nessa ocasião o julgamento foi suspenso por indicação do Relator.

Em 30 de outubro de 2014 o julgamento foi retomado. Após o voto da Ministra Cármen Lúcia, foi proclamado o resultado no sentido do provimento do recurso extraordinário do INSS. Por conseguinte, restou definido o tema 344 da Repercussão Geral. Não participaram do julgamento o Ministro Roberto Barroso, em virtude de impedimento e o Ministro Ricardo Lewandowski, ausente.

1.3.1 Voto do Relator

O Ministro Dias Toffoli relembrou, inicialmente, que as Constituições de 1946 e 1967 também contemplavam o direito à participação nos lucros da empresa pelo trabalhador, sendo que somente a primeira delas fixou a obrigatoriedade do referido direito. Nesse período, em face do disposto no artigo 457, § 1º, da CLT, tanto a doutrina quanto a jurisprudência consentiam com a natureza salarial de tal verba.

Destacou que somente a Constituição Federal de 1988 trouxe de forma expressa a desvinculação de tais valores da remuneração, consoante o disposto no artigo 7º, inciso IX.

Contudo, em virtude de constar na parte final da norma o comando "conforme previsto em lei", a interpretação sobre o alcance do artigo 7º, inciso IX, da CF/88 resultou na formação de 03 correntes sobre os efeitos da norma, quais sejam:

> (i) Primeira Corrente: seria necessária de prévia regulamentação tanto da participação nos lucros ou resultados, como também da participação na gestão da empresa para que o preceito.
> (ii) Segunda Corrente: somente a primeira parte do art. 7º, XI, CF/88 que trata da participação dos lucros e resultados seria autoaplicável. A participação na gestão da empresa dependeria de regulamentação.
> (iii) Terceira Corrente: a parte do dispositivo que trata da participação nos lucros ou resultados é autoaplicável apenas no que diz respeito à desvinculação da remuneração.

Filiando-se à terceira corrente o Ministro Dias Toffoli concluiu que tal interpretação seria a que melhor se compatibilizaria com a finalidade pretendida pelo legislador constitucional a partir do texto do artigo 7º, inciso XI, da CF/88.

Segundo o Ministro Toffoli não seria compatível com o objetivo da norma a exigência de regulamentação para se reconhecer a eficácia desvinculação da participação dos lucros e resultados da remuneração recebida pelo empregado, tendo fundamentado que tais conclusões estão amparadas na análise dos debates realizados na Assembleia Nacional Constituinte, expostos na obra Arnaldo Sussekind, que apontam no sentido de que a objetivo do Constituinte foi a edição de norma que contemplasse a existência de um direito autoaplicável.

Dessa forma, caberia à Lei regulamentar tão somente a forma para implementação dos pagamentos a título de participação nos lucros e resultados, de modo que a ausência de lei regulamentadora não alteraria a circunstância de que a participação deverá ser desvinculada, para todos os fins, de forma dissociada da remuneração.

Além disso, fazendo referência ao voto do Min. Ayres Brito no RE nº 398.284, o Min. Dias Toffoli aponta, ainda, que a interpretação do artigo 7º, inciso XI, da CF/88 também deverá considerar o disposto no § 1º do artigo 5º, que comtempla o princípio da máxima eficácia da Constituição, segundo qual as "normas definidoras dos direitos e garantias fundamentais têm aplicação imediata."

Em complemento a esse argumento, transcreveu também passagem do voto do Min. Ricardo Lewandowski no sentido de que o artigo 7º, inciso XI, da CF/88 fixa expressamente que a participação nos lucros e resultados não integra a remuneração, motivo pelo qual não seria possível considerar a edição posterior de uma norma regulamentar teria "modificado este núcleo semântico essencial deste comando constitucional" (voto do Min. Ricardo transcrito no Voto do Min. Dias Toffoli) para contemplar direito antes inexistente.

Para o Min. Dias Toffoli, a ausência de regulamentação da forma como seria implementada a participação nos lucros e resultados da empresa não poderia alterar a premissa já expressa no texto constitucional no sentido de que tal grandeza deveria ser dissociada da remuneração para todos os fins, especialmente para a incidência de contribuição previdenciária.

Seguindo essa lógica, portanto, concluiu que a ausência de regulamentação não autorizaria a equiparação da remuneração e da participação dos lucros e resultados para fins de incidência de contribuição previdenciárias à luz do artigo 7º, XI, da CF/88.

Por fim, o Relator destacou que entendimento em sentido diverso significaria "apenar" as empresas que efetivaram o direito contido no artigo 7º, XI, da CF/88 mediante acordo coletivo ou convenção.

À vista disso, o Ministro Dias Toffoli votou no sentido de negar provimento ao Recurso Extraordinário do INSS, para manter integralmente o acórdão proferido pelo Tribunal Regional Federal da 4º Região e fixar a não incidência de contribuição previdenciária sobre participação nos lucros e resultados, inclusive em relação aos valores pagos antes da regulamentação estabelecida pela Medida Provisória nº 794/94.

1.3.2 Voto Condutor do Acórdão Proferido pelo Ministro Teori Zavascki. Ao divergir do Relator o Min. Teori Zavascki destacou apenas a circunstância de que, a despeito da existência de controvérsia acerca do tema no passado, a celeuma já havia sido superada, porquanto a orientação jurisprudencial do Supremo Tribunal Federal já havia sido definida no sentido da incidência de contribuição previdenciária sobre a participação nos lucros no período anterior à edição da Medida Provisória nº 794/94, embora tenha reconhecido a ausência de acórdão proferido pelo Plenário do E. STF.

Nesse sentido citou os acórdãos dos RREE nºs 398.284 e 393.764, da Primeira e Segunda Turmas, respectivamente, apontando que esses julgados sempre orientaram a jurisprudência dos tribunais. Com base nessas razões apontou que em seu sentir não seria justificável a alteração da jurisprudência, que teria como resultado atingir apenas situações passadas, com pouquíssima eficácia concreta. Nesse contexto, votou no sentido de dar provimento ao recurso extraordinário do INSS.

Por ocasião do julgamento do RE 398.284/RJ, após intensos debates prevaleceu a posição defendida pelo Min. Menezes Direito, no sentido de que o exercício do direito contido no artigo 7º, inciso IX, da CF/88 "começa com a edição da lei prevista no dispositivo para regulamentá-lo, diante da imperativa necessidade de integração".[2]

Isto é, para que a desvinculação entre participação nos lucros e remuneração fixada no artigo 7º, inciso IX, da CF/88 possa afastar a incidência de contribuição previdenciária seria necessária a existência de lei, que nas palavras do próprio Ministro Menezes Direito, teria o condão de "regulamentar o exercício do direito de participação nos lucros, dando consequência à necessária estipulação da natureza jurídica dessa participação para fins tributários e para fins da própria previdência social."[3]

Em relação ao outro precedente citado pelo Min. Teori em suas razões de decidir, contudo, o voto condutor do acórdão do RE 393.764/RS[4], da lavra da Ministra Ellen Gracie não contempla fundamentação

[2] BRASIL. Supremo Tribunal Federal. RE 398284. Relator Min. Menezes Direito. Primeira Turma, Brasília, DF, em 23.09.2008, DJe de 19.12.2008.

[3] BRASIL. Supremo Tribunal Federal. RE 398284. Relator Min. Menezes Direito. Primeira Turma, Brasília, DF, em 23.09.2008, DJe de 19.12.2008.

[4] BRASIL. Supremo Tribunal Federal. RE 393764. Relatora Min. Ellen Gracie, Brasília, DF, em 25.11.2008, DJe de 19.12.2008. DIREITO CONSTITUCIONAL E TRIBUTÁRIO.

detalhada, se limitando a fazer referência aos acórdãos proferidos no RE 351.506/RS, da Relatoria do Ministro Eros Grau e no RE 380.636/SC, em que foi Relator o Ministro Gilmar Mendes. No caso não foram registrados votos divergentes ou debates.

1.3.3 Os Debates e Demais Votos Proferidos

Após o voto do Ministro Teori, por ocasião dos debates, o Ministro Dias Toffoli registrou que a despeito dos precedentes das turmas sobre a matéria, a discussão jamais havia sido levada ao exame do Pleno do STF.

Nessa mesma oportunidade, o Ministro Marco Aurélio, antecipou as razões de seu voto para consignar que sua posição seria no sentido de que a não incidência de contribuição previdenciária sobre participação nos lucros teria natureza de isenção, isenção essa que só veio a ser concedida pela regulamentação exposta na lei, motivo pelo qual não poderia atingir fatos geradores pretéritos.

Para o Ministro Marco Aurélio, a alteração promovida pela Constituição Federal de 1988 apenas permitiu que o legislador estipulasse a não incidência de contribuição previdenciária apenas quando a participação nos lucros ou resultados observasse os requisitos fixados na lei.

Na sequência, os votos proferidos pelos Ministros Rosa Weber, Luiz Fux, Cármen Lúcia e Celso de Mello se limitaram a acompanhar a divergência instaurada pelo Min. Teori sem apresentarem fundamentação própria.

Percebendo a formação de maioria em sentido contrário ao proposto em seu voto, o Min. Dias Toffoli apresentou também uma solução alternativa, de que ao menos fosse reconhecida a não incidência de contribuição previdenciária nos casos em que o pagamento participação nos lucros foi efetuado observando as convenções coletivas celebradas entre patrões e empregados. Contudo, tal proposição foi igualmente rejeitada pelos demais membros do Plenário.

CONTRIBUIÇÃO PREVIDENCIÁRIA SOBRE A PARTICIPAÇÃO NOS LUCROS. ART. 7º, XI, DA CONSTITUIÇÃO FEDERAL. MP 794/94. 1. A regulamentação do art. 7º, inciso XI, da Constituição Federal somente ocorreu com a edição da Medida Provisória 794/94. 2. Possibilidade de cobrança da contribuição previdenciária em período anterior à edição da Medida Provisória 794/94.

1.4 Análise Crítica

A solução para a *quaestio iuris* exposta no *leading case* (incidência de contribuição previdenciária sobre participação nos lucros no período compreendido entre a promulgação da CF/88 e a MP nº 794/94) envolveu a interpretação do artigo 7º, XI, da CF/88 e sua aptidão para produzir efeitos jurídicos imediatos, a partir da classificação proposta José Afonso da Silva, para quem as normas constitucionais podem entendidas como normas de eficácia plena, de eficácia contida e de eficácia limitada ou reduzida.[5]

Vale dizer, as normas constitucionais de eficácia plena são aquelas que desde o início da vigência das Constituição Federal "produzem todos os seus efeitos essenciais (ou tem a possibilidade de produzi-los) todos os objetivos visados pelo legislador constituinte".[6]

As normas constitucionais de eficácia limitada, por sua vez, são aquelas que "não receberam do constituinte normatividade suficiente para sua aplicação, o qual deixou ao legislador ordinário a tarefa de completar a regulamentação das matérias nelas traçadas em princípio ou esquema."[7]

A despeito disso Barroso nos lembra que as normas de eficácia limitada não estão completamente destituídas de efeitos, tanto é assim que podem inclusive provocar a revogação de normas com elas incompatíveis, uma vez que são dotadas "conteúdo material para a interpretação das demais normas que compõe o sistema constitucional."[8]

Por fim, as normas de eficácia contida são "aquelas em que o legislador constituinte regulou suficientemente os interesses relativos a determinada matéria, mas deixou margem à atuação restritiva por parte da competência discricionária do Poder Público, nos termos que a lei estabelecer ou nos termos de conceitos gerais nelas enunciados."[9]

[5] SILVA, José Afonso da. **Aplicabilidade das normas constitucionais**. 4. ed. São Paulo: Malheiros, 2000, p. 82.

[6] SILVA, José Afonso da. **Aplicabilidade das normas constitucionais**. 4. ed. São Paulo: Malheiros, 2000, p. 82.

[7] BARROSO, Luís Roberto. **Curso de direito constitucional contemporâneo**. 4. ed. São Paulo: Saraiva, 2013, p. 237.

[8] BARROSO, Luís Roberto. **Curso de direito constitucional contemporâneo**. 4. ed. São Paulo: Saraiva, 2013, p. 237.

[9] SILVA, José Afonso da. **Aplicabilidade das normas constitucionais**. 4. ed. São Paulo: Malheiros, 2000, p. 116.

Diante das referidas características, resta saber se o artigo 7º, XI, da CF/88 deve ser classificado como norma de eficácia plena, contida ou limitada, e se tal característica afeta a delimitação da base de cálculo da contribuição previdenciária prevista no artigo 195, inciso I, da CF/88.

Ao consignar em sua parte final "conforme definido em lei", o dispositivo em exame atrai a interpretação de que estamos diante de uma norma de eficácia limitada. Daí a conclusão acerca da necessidade de edição de norma regulamentar para reger os termos em que será implementada a participação nos lucros e resultados e a participação na gestão da empresa. Não se pode negar que a ausência de lei regulamentadora possibilita até mesmo distorções nos pagamentos realizados pelos empregadores aos seus empregados, já que não existem parâmetros claros e objetivos envolvendo participação nos lucros. Não há dúvidas, portanto, acerca da necessidade de edição de lei para regulamentar o pagamento de participação nos lucros e resultados.

Resta saber se o pagamento de valores a esse título antes da regulamentação poderá ser desvinculado da remuneração para fins de não incidência da contribuição previdenciária. Ou seja, ponto crucial da discussão é saber se a desvinculação da remuneração delineada no artigo 7º, XI, da CF/88 poderia produzir efeitos independente da regulamentação envolvendo a operacionalização da participação nos lucros.

Para o Ministro Dias Toffoli, relator do RE nº 569.441/RS, a análise sobre a eficácia do artigo 7º, XI, da CF/88 deveria ser realizada a partir do contexto histórico e teleológico que resultou em sua edição, para lhe conferir a máxima eficácia.

Segundo ele, ao retirar de forma expressa a natureza salarial dos valores pagos a título de participação nos lucros, o Constituinte de 1988 inovou em relação aos textos das Constituições anteriores com o objetivo claro de estimular as empresas a adotarem planos de participação nos lucros em favor de seus empregados. O Relator lembrou também que o direito à participação nos lucros e resultados já havia sido contemplado em textos constitucionais anteriores, mas que deixou de ser implementado justamente em virtude dos encargos sociais incidentes sobre tais verbas.

Tais afirmações são endossadas pela doutrina de Sérgio Pinto Martins, que ao descrever o contexto histórico que envolveu a escolha da redação do artigo 7º, XI, da CF/88, enfatizou esse objetivo[10]:

[10] MARTINS, Sergio Pinto. **Manual do FGTS**. 4. ed. São Paulo: Atlas, 2010, p. 151.

> A Constituição de 1988 eliminou, portanto, o caráter salarial da participação nos lucros, determinando que tal prestação vem a ser totalmente desvinculada da remuneração. O objetivo foi realmente este: o de possibilitar que o empregador concedesse a participação nos lucros a seus empregados, mas em contrapartida não tivesse nenhum encargo a mais com tal ato. O empregador não tinha interesse em conceder um benefício gratuitamente e ainda suportar os encargos sociais sobre tal valor. Foi uma forma de estimular o empregador a conceder a participação nos lucros, pois se utilizássemos da orientação da antiga Súmula 251 do TST, que considerava de natureza salarial a referida participação, o empregador não a iria conceder, porque haveria de pagar outros encargos sobre ela, como FGTS, previdência social etc. Assim, o constituinte entendeu por bem continuar a conferir a participação nos lucros aos empregados, porém desvinculada da remuneração, como forma de estimular o empregador a concedê-la, já que não mais teria qualquer encargo incidente sobre tal parcela, ou seja, não haveria incidência de FGTS, nem da contribuição previdenciária. É a interpretação teleológica da norma e também histórica dos debates constituintes, pois a viabilidade da concessão da participação nos lucros dependeria de sua desvinculação da remuneração.

Tal raciocínio parte da premissa de que apesar da indicação do constituinte pela necessidade de regulamentação, não pareceria adequado afirmar que as diretrizes fixadas no artigo 7º, XI, da CF/88 acerca da desvinculação da participação nos lucros da remuneração demandariam a edição de norma regulamentar para produzirem efeitos.

No mesmo sentido, são as razões expostas no voto Ministro Carlos Britto, proferido no RE 398.284/RJ, por meio do qual, após demonstrar que para a solução da controvérsia também deveria ser levado em conta o disposto no § 1º do artigo 5º da Constituição, segundo o qual deverão ter aplicação imediata das normas definidoras de direitos e garantias individuais, expôs o seguinte:

> "A Constituição confere ao trabalhador participação nos lucros, ou resultados, da empresa, mas uma participação que ela mesma, a Constituição, aparta, desvinculada da remuneração, de sorte a impedir a lei que o faça.
> (...)
> Como como tem aplicação imediata? Penso que o constituinte nos deu ou ela mesma, a Constituição – se quisermos raciocinar objetivamente – o

> seguinte: "têm aplicação imediata seja porque a Constituição já contem em si todos os elementos definidores dos direitos, seja porque, embora não trazendo em si todos os elementos definidores dos direitos, ela, a constituição, viabilizou o gozo deles, quaisquer deles, por dois modos: primeiro: mandado de injunção; segundo, no caso dos direito sociais, os direitos trabalhistas propriamente ditos (...) convenções e acordos coletivos. A Constituição trouxe a possibilidade de voluntária e espontaneamente empregadores e empregados ajustarem as pautas do seu relacionamento jurídico mediante a celebração de acordo e convenção sem precisar de lei."

Essa interpretação se apresenta ainda mais sedutora se considerarmos que as normas constitucionais de eficácia limitada podem ser classificadas ainda como: (i) normas definidoras de princípio institutivo ou organizativo e (ii) normas definidoras de princípio programático.[11]

As diferenças entre as normas institutivas e programáticas são extraídas de seus respectivos conteúdos e finalidades. Isto é, as normas programáticas "envolvem um conteúdo social e objetivam a interferência do Estado na ordem econômico-social, mediante prestações positivas, a fim de propiciar a realização do bem comum, através da democracia social."[12]

Por outro lado, as denominadas institutivas "têm conteúdo organizativo e regulativo de órgãos e entidades, respectivas atribuições e relações. (...); sua função primordial é a de esquematizar a organização, criação ou instituição dessas entidades ou órgãos[13], tais com os artigos 33, 88 e 90, § 2º, os quais preceituam o seguinte:

> Art. 33. A lei disporá sobre a organização administrativa e judiciária dos Territórios.
> Art. 88. A lei disporá sobre a criação e extinção de Ministérios e órgãos da administração pública.
> Art. 90. Compete ao Conselho da República pronunciar-se sobre:
> (...)

[11] SILVA, José Afonso da. **Aplicabilidade das normas constitucionais**. 4. ed. São Paulo: Malheiros, 2000, p. 118.
[12] SILVA, José Afonso da. **Aplicabilidade das normas constitucionais**. 4. ed. São Paulo: Malheiros, 2000, p. 125.
[13] SILVA, José Afonso da. **Aplicabilidade das normas constitucionais**. 4. ed. São Paulo: Malheiros, 2000, p. 125.

§ 2º A lei regulará a organização e o funcionamento do Conselho da República.

É possível perceber que a função das normas acima transcritas é exclusivamente organizacional e regulamentar, diversamente do que se extrai do o artigo 7º, XI, da CF/88, deve ser entendido como uma norma constitucional de eficácia limitada, declaratória de princípio programático.

As normas programáticas foram inseridas no texto constitucional com o objetivo de definir "os princípios para serem cumpridos pelos seus órgãos (legislativos, executivos, jurisdicionais e administrativos), como programas das respectivas atividades, visando à realização dos fins sociais do Estado"[14]. Em virtude de seu conteúdo, contemplam caráter vinculativo, tendo em vista que:

> Ora, se elas impõem certos limites à autonomia de determinados sujeitos, privados ou públicos, se ditam comportamentos públicos em razão dos interesses a serem regulados, nisso claramente se encontra seu caráter imperativo – imperatividade que se afere nos limites de sua eficácia, mas sempre imperatividade. Por outro lado, esses comportamento e comando, delas resultantes, criam uma situação não apenas de expectativa, mas de vantagem efetiva, ainda que diminuta, em favor de todos aqueles sujeitos que se acham em condições de se beneficiar com a vantagem de sua aplicação e observância. Decorre disso um vínculo jurídico inequívoco, que constitui o enlace entre os sujeitos da relação nelas fundada, caracterizando a bilateralidade atributiva essencial a toda regra de direito. [15]

Por essas razões é que a interpretação das normas programáticas deve observar os fins aos quais a norma se destina, sendo certo que quando tais normas são instituidoras de direitos sociais "vinculam os órgãos estatais, de tal sorte que 'o Poder Legislativo não pode emanar leis contra estes direitos e, por outro lado, está vinculado à adoção das medidas necessárias à sua concretização". [16] Também no que diz respeito

[14] SILVA, José Afonso da. **Aplicabilidade das normas constitucionais**. 4. ed. São Paulo: Malheiros, 2000, p. 138.

[15] SILVA, José Afonso da. **Aplicabilidade das normas constitucionais**. 4. ed. São Paulo: Malheiros, 2000, p. 154.

[16] SILVA, José Afonso da. **Aplicabilidade das normas constitucionais**. 4. ed. São Paulo: Malheiros, 2000, p. 160.

ao Poder Judiciário, impõe vedação para que "seja através de elementos processuais, seja nas próprias decisões judiciais, prejudicar a consistência de tais direito."[17]

No mesmo sentido são as lições de Maria Helena Diniz, para quem, embora as normas programáticas não comtemplem regulamentação específica acerca dos direitos por elas assegurados, tais normas fixam "princípios a serem cumpridos pelos poderes públicos (Legislativo, Executivo e Judiciário) como programas das respectivas atividades, pretendendo unicamente a consecução dos fins sociais pelo Estado."[18]

Tal compreensão não deixa dúvidas até mesmo as normas programáticas podem ter aplicabilidade imediata, direta e vinculante, independentemente da edição de lei, tal como explicitado por José Afonso da Silva, que enumera tais situações, dentre as quais se destaca os casos em que "constituem sentido teleológico para a interpretação, integração e aplicação das normas jurídicas" e "criam situações jurídicas subjetivas, de vantagem ou desvantagem". [19]

Dessa forma, ao fixar a participação nos lucros e resultados desvinculada da remuneração o artigo 7º, XI, da CF/88, embora dependesse de regulamentação, contém eficácia impositiva para a atuação discricionária do legislativo.

Conferir a máxima efetividade ao artigo 7º, XI, da CF/88 é reconhecer a sua qualidade de norma programática e também a necessidade de regulamentação para que eventuais pagamentos realizados sejam aptos à assumirem uma natureza de participação nos lucros, uma vez que, sem a norma regulamentar "(...) Não se sabe, por exemplo, como vai ser apurado o lucro, como será distribuído esse lucro: de maneira igual para todos os empregados, ou os cargos superiores terão uma participação maior."[20]

Isto é, se o comando constitucional expressamente desvincula a participação nos lucros das demais verbas pagas pela empresa ao traba-

[17] SILVA, José Afonso da. **Aplicabilidade das normas constitucionais**. 4. ed. São Paulo: Malheiros, 2000, p. 160.

[18] DINIZ, Maria Helena. **Norma constitucional e seus efeitos**. 7. ed. São Paulo: Saraiva, 2006, p. 119.

[19] SILVA, José Afonso da. **Aplicabilidade das normas constitucionais**. 4. ed. São Paulo: Malheiros, 2000, p. 164.

[20] MARTINS, Sergio Pinto. **Manual do FGTS**. 4. ed. São Paulo: Atlas, 2010, p. 154.

lhador, mas também é expresso ao fixar a exigência de lei, assim o fez para que sejam conhecidos os limites para o pagamento da referida participação com o objetivo de evitar a distorção do instituto.

Ainda que em certa medida pareça injusto que os pagamentos realizados pelos empregadores aos seus funcionários no período compreendido entre a promulgação da CF/88 e a MP nº 794/94 sofra a incidência de contribuição previdenciária diante da expressa desvinculação da remuneração delineada no artigo 7º, XI, da CF/88 e do objetivo claro do legislador constitucional de estimular as empresas a adotarem planos de participação nos lucros em favor de seus empregados, não se pode desconsiderar que a ausência de parâmetros objetivos para o pagamento de tais benefícios, também exigida expressamente pelo texto constitucional, inviabilizou a completa produção de efeitos da norma.

Nesse contexto, o artigo 7º, XI, da CF/88 é classificado para fins didáticos como norma de eficácia limitada, uma vez que exige a edição de lei para complementar seu alcance. A referida classificação não afeta o seu conteúdo declaratório de princípio programático e vinculante da parte que expressa a sua desvinculação da remuneração, para fins de delimitação da base de cálculo da contribuição previdenciária prevista no artigo 195, inciso I, da CF/88, mas limita a sua eficácia enquanto não editada a lei regulamentar.

Capítulo XXIII
Recurso Extraordinário nº 599.362

Carlos Eduardo de Sousa Martins
Ricardo Victor Ferreira Bastos

1. Recurso Extraordinário nº 599.362[1]

Relator: Ministro Dias Toffoli
Voto Vencedor: Ministro Dias Toffoli
Data de Julgamento: 06 de novembro de 2014.

1.1 Ementa

Recurso extraordinário. Repercussão geral. Artigo 146, III, c, da Constituição Federal. Adequado tratamento tributário. Inexistência de imunidade ou de não incidência com relação ao ato cooperativo. Lei nº 5.764/71. Recepção como lei ordinária. PIS/PASEP. Incidência. MP nº 2.158-35/2001. Afronta ao princípio da isonomia. Inexistência. 1. O adequado tratamento tributário referido no art. 146, III, c, CF é dirigido ao ato cooperativo. A norma constitucional concerne à tributação do ato cooperativo, e não

[1] BRASIL, Supremo Tribunal Federal. **Recurso Extraordinário nº 599.362,** Relator: Min. Dias Toffoli, Tribunal Pleno, julgado em 06/11/2014, ACÓRDÃO ELETRÔNICO REPERCUSSÃO GERAL - MÉRITO DJe - DIVULGADO 07/11/2016 PUBLICADO 08/11/2016. Disponível em: <http://www.stf.jus.br/portal/processo/ verProcessoDetalhe.asp?incidente=2673369>. Acesso em: 07 de fev. 2019.

aos tributos dos quais as cooperativas possam vir a ser contribuintes. 2. O art. 146, III, c, CF pressupõe a possibilidade de tributação do ato cooperativo ao dispor que a lei complementar estabelecerá a forma adequada para tanto. O texto constitucional a ele não garante imunidade ou mesmo não incidência de tributos, tampouco decorre diretamente da Constituição direito subjetivo das cooperativas à isenção. 3. A definição do adequado tratamento tributário ao ato cooperativo se insere na órbita da opção política do legislador. Até que sobrevenha a lei complementar que definirá esse adequado tratamento, a legislação ordinária relativa a cada espécie tributária deve, com relação a ele, garantir a neutralidade e a transparência, evitando tratamento gravoso ou prejudicial ao ato cooperativo e respeitando, ademais, as peculiaridades das cooperativas com relação às demais sociedades de pessoas e de capitais. 4. A Lei nº 5.764/71 foi recepcionada pela Constituição de 1988 com natureza de lei ordinária e o seu art. 79 apenas define o que é ato cooperativo, sem nada referir quanto ao regime de tributação. Se essa definição repercutirá ou não na materialidade de cada espécie tributária, só a análise da subsunção do fato na norma de incidência específica, em cada caso concreto, dirá. 5. Na hipótese dos autos, a cooperativa de trabalho, na operação com terceiros – contratação de serviços ou vendas de produtos – não surge como mera intermediária de trabalhadores autônomos, mas, sim, como entidade autônoma, com personalidade jurídica própria, distinta da dos trabalhadores associados. 6. Cooperativa é pessoa jurídica que, nas suas relações com terceiros, tem faturamento, constituindo seus resultados positivos receita tributável. 7. Não se pode inferir, no que tange ao financiamento da seguridade social, que tinha o constituinte a intenção de conferir às cooperativas de trabalho tratamento tributário privilegiado, uma vez que está expressamente consignado na Constituição que a seguridade social "será financiada por toda a sociedade, de forma direta e indireta, nos termos da lei" (art. 195, caput, da CF/88). 8. Inexiste ofensa ao postulado da isonomia na sistemática de créditos conferida pelo art. 15 da Medida Provisória 2.158-35/2001. Eventual insuficiência de normas concedendo exclusões e deduções de receitas da base de cálculo da contribuição ao PIS não pode ser tida como violadora do mínimo garantido pelo texto constitucional. 9. É possível, senão necessário, estabelecerem-se diferenciações entre as cooperativas, de acordo com as características de cada segmento do cooperativismo e com a maior ou a menor necessidade de fomento dessa ou daquela atividade econômica. O que não se admite são as diferenciações arbitrárias, o que não ocorreu no caso concreto. 10. Recurso extraordinário ao qual o Supremo Tribunal Federal dá provimento para declarar a incidência da contribuição ao PIS/PASEP sobre os atos (negócios jurídicos) praticados pela impetrante com terceiros tomadores de serviço, objeto da impetração.

1.2 Especificação do Caso e Razões da Submissão à Repercussão Geral

Trata-se de Recurso Extraordinário interposto pela União em face do acórdão proferido pelo Tribunal Regional Federal da Segunda Região, nos autos do processo em que contende com Uniway – Cooperativa de profissionais liberais LTDA., no qual o tribunal de segunda instância entendeu não incidir PIS sobre os atos cooperativos citados no art. 79 da Lei nº 5.764/71, sob o argumento de que os mesmos não geram receita nem faturamento.

Segundo a recorrida, o referido tributo não seria devido, pois, nos termos do art. 79 da lei 5.764/71, os atos cooperativos não constituem atos de mercado, e por consequência, não proporcionariam as cooperativas a obtenção de receita, que é fato gerador do PIS, e mesmo que assim não fosse, os valores obtidos pelas cooperativas em decorrência de negócios jurídicos celebrados com terceiros, não seriam receita da cooperativa, mas sim dos cooperados, tendo em vista que eram integralmente repassados a eles. Afirma ainda a recorrida que o art. 146, III, alínea "c" da Constituição Federal justifica tal entendimento, uma vez que prevê tratamento adequado a ser dispensado as cooperativas.

Noutro giro, o art. 146, III, alínea "c" da Constituição Federal, é utilizado como argumento no recurso interposto pela União em face do acórdão proferido pelo Tribunal Regional Federal da Segunda Região. Segundo a Fazenda Nacional, o artigo em questão é uma norma de eficácia limitada, e depende da edição de lei complementar, o que ainda não ocorreu. Além disso, o entendimento de que mesmo celebrando negócios jurídicos com terceiros não cooperados, as cooperativas não possuem receita, e por isso não seriam contribuintes do PIS/PASEP, viola diretamente o dispositivo sobredito, bem como o art. 239 da Constituição Federal.

Outra questão discutida no julgamento do Recurso Extraordinário em análise, diz respeito ao art. 15 da Medida Provisória nº 2.158-35/2001, que ao desonerar algumas receitas de determinados segmentos cooperativistas, estaria supostamente violando a isonomia, tendo em vista que tal benesse não se aplicaria a todos os tipos de cooperativas.

A matéria teve sua Repercussão Geral reconhecida por unanimidade no dia 21 de outubro de 2010, através do Plenário Virtual, haja vista que a questão possuí relevância do ponto de vista econômico, social e jurídico, conforme determina o art. 1.035, § 1º do Código de Processo Civil, visto que o cooperativismo é comumente utilizado no Brasil.

1.3 Mérito da Decisão

O Recurso Extraordinário nº 599.362 foi julgado em 06 de novembro de 2014, em sessão plenária presidida pelo Ministro Ricardo Lewandoswki, onde estavam presentes os Ministros Celso de Mello, Gilmar Mendes, Cármen Lúcia, Dias Toffoli, Luiz Fux, Rosa Weber, Teori Zavascki e Roberto Barroso. Ausente o Ministro Marco Aurélio em decorrência de sua participação no 7º Colóquio Internacional sobre o Direito e a Governança da Sociedade de Informação, na Universidade de Paris, França. Recurso conhecido e provido, por unanimidade, nos termos do voto do relator Dias Toffoli.

1.3.1 Voto Condutor

O Voto condutor foi brilhantemente proferido pelo Ministro Dias Toffoli, que iniciou suas considerações delimitando a controvérsia, a fim de evitar que o debate fosse direcionado para outras questões alheias a que se propunha naquele momento, restringindo a apreciação especificamente sobre a temática da incidência ou não do PIS sobre os atos praticados entre as cooperativas e terceiros não cooperados.

O Relator chama a atenção para o fato de que ao decidir que é indevida a contribuição ao PIS/PASEP sobre os atos cooperativos próprios, o Tribunal Regional Federal da Segunda Região não especificou o que seria este ato cooperativo próprio, e que com isso, acabou dando a entender que os atos praticados pelas cooperativas, inclusive aqueles firmados entre estas e terceiros, não seriam passíveis da incidência da referida contribuição.

Com isso, inicia-se a análise do ato cooperativo a luz do art. 146, III, alínea "c" da Constituição Federal, que atribuí a Lei complementar dispor sobre o adequado tratamento tributário conferido ao ato cooperativo praticado pelas sociedades cooperativas.

Segundo o Relator, o adequado tratamento tributário previsto no dispositivo supracitado é dirigido ao ato cooperativo, e não a cooperativa, de modo que ao praticar atos não cooperativos, há sobre estes, incidência normal dos demais tributos. Além de tudo, o próprio ato cooperativo é um ato tributável, uma vez que só é possível conferir adequado tratamento a ele, se assim o for, razão pela qual não se pode extrair do dispositivo em questão, que a constituição federal conferiu as cooperativas, imunidade ou direito subjetivo a isenção.

O ministro Dias Toffoli ressalta que apesar do fomento a criação de organizações cooperativistas, existe também no texto constitucional um regime universalista de financiamento da seguridade social, que pode observado no art. 195, I, alínea "b", segundo o qual a seguridade social será financiada por toda a sociedade, inclusive pelas empresas ou entidades a elas equiparadas, através de contribuições incidentes sobre a receita ou faturamento.

Quanto ao adequado tratamento tributário a ser dispensado as cooperativas, o Relator explica que segundo a melhor doutrina, este tratamento será aquele que atenda as peculiaridades das sociedades cooperativas enquanto praticam atos cooperativos, e embora não exista ainda a lei complementar a que se refere o comando constitucional, sua eficácia mínima impede que seja dado um tratamento gravoso ou prejudicial ao ato cooperativo, a fim de evitar que as cooperativas suportem ônus fiscais maiores do que aqueles aplicáveis as demais formas de organização societária.

Ao definir o que seria o ato cooperativo, o Relator apresenta o entendimento de diversos doutrinadores, concluindo que a acepção mais adotada é extraída do art. 79 da Lei 5.764/71, que define o ato cooperativo como os atos praticados entre as cooperativas e seus associados, entre estes e aquelas e pelas cooperativas entre si quando associadas, para a consecução dos objetivos sociais. Explica ainda, que a lei 5.764/71 não foi recepcionada como lei complementar, de modo que o art. 79 tem o papel apenas de definir o que seria o ato cooperativo.

Diante das considerações a respeito do ato cooperativo, o Relator explica que os negócios jurídicos firmados entre as cooperativas e terceiros, a fim de oferecer os serviços de seus cooperados, não configuram ato cooperativo próprio, e que nessas situações, a cooperativa não surge apenas como intermediária de trabalhadores, mas sim, como entidade autônoma, com personalidade jurídica própria, distinta dos trabalhadores que se associam a ela. Além do mais, ao praticar tais atos, as cooperativas obtêm receitas próprias, o que configura o fato gerador do PIS/ /PASEP, e o fato de existir posteriormente o repasse desses valores aos cooperados, não afasta a incidência da contribuição sobredita.

Sobre o art. 15 da Medida Provisória 2.158-35/2001, o Ministro Relator entende não haver qualquer ofensa a isonomia, pois não obstante existam privilégios a alguns segmentos cooperativos contidos neste dispositivo, os mesmos se justificam, visto que determinadas áreas abrangidas pelas cooperativas dependem de maior fomento do que as outras. Além do mais, as cooperativas de produção agropecuária, que são as que mais se beneficiam com o sistema de deduções de base de cálculo e de créditos do PIS/PASEP, se sujeitam ao regime não cumulativo, o que faz com que elas se sujeitem à alíquota de 1,65%, enquanto as cooperativas de serviços contribuem apenas com 0,65%, pois participam do regime cumulativo de contribuição. Destaca ainda, que de acordo com a IN nº 635/06, diversas receitas são excluídas da base de cálculo da contribuição ao PIS realizada pelas cooperativas de trabalho.

Diante disso, o Relator dá provimento ao recurso extraordinário da União, declarando a incidência da contribuição ao PIS/PASEP sobre os atos praticados pelas cooperativas de serviços, com terceiros tomadores de serviço, resguardadas as exclusões e deduções legalmente previstas.

1.3.2 Votos Vencidos

No caso em tela, não houveram votos vencidos, tendo em vista que foi dado provimento ao recurso por unanimidade. Entretanto, houve discussão entre os ministros sobre a tese que seria firmada em decorrência da decisão da repercussão geral.

O Relator, propôs a fixação da seguinte tese: incide o PIS/PASEP sobre atos (negócios jurídicos), praticados pela impetrante com terceiros tomadores de serviço, objeto da impetração, resguardadas as exclusões e deduções legalmente previstas.

O Ministro Roberto Barroso, acompanhou o voto do Relator, entretanto, propôs a fixação de uma tese mais ampla, segundo a qual PIS/ /COFINS incidem sobre os atos das cooperativas de serviços.

Conforme explica o Relator, caso esta segunda tese fosse fixada, surgiria espaço para diversas interpretações, que incluiriam questões alheias ao objeto do recurso extraordinário, o qual buscou-se delimitar desde o inicio do julgamento.

Em consonância com o que foi dito pelo ministro Dias Toffoli, os ministros optaram por fixar a primeira tese, apresentada pelo Relator, por ser minimalista, a fim de evitar compreensões distorcidas sobre o que foi debatido nos autos, limitando o alcance da Súmula extraída do julgamento aos atos praticados pelas cooperativas de serviços com os tomadores de serviço.

1.3.3 Embargos de Declaração

Após o julgamento do Recurso Extraordinário, a Uniway – Cooperativa de Profissionais Liberais Ltda., opôs Embargos de Declaração contra o acórdão proferido pelo Supremo Tribunal Federal, alegando que ao julgar o caso em tela, a Corte tratou especificamente do ato externo praticado pelas cooperativas de trabalho, concluindo que sobre tais atos, incidem o PIS, por isso, deveria ser retirada da ementa qualquer menção a tributação dos atos cooperativos, que segundo seu entendimento estariam nos itens 2 a 4 da ementa. Argumenta ainda que o acórdão conclui que os atos externos das cooperativas seriam não cooperativos, e da a entender que as cooperativas de trabalho sequer praticam atos cooperativos. Por fim, afirma que o acórdão foi omisso quanto á pratica dos atos cooperativos (atos cooperativos próprios), limitando o debate aos atos externos, e que ao seu entender, os atos cooperativos (internos) não são tributáveis, pois configuram receita do cooperado e não das cooperativas.

Frente ao exposto, requereu que fosse sanada a obscuridade e a contradição em relação ao objeto do julgamento, reconhecendo que o objeto da lide se limitava aos atos externos praticados pelas cooperativas, e que fosse julgado no mesmo feito a incidência da contribuição sobre o ato interno praticado pelas cooperativas, uma vez que a questão já estaria afetada aos RE's 597.315 e 672.215 de relatoria do Ministro Roberto Barroso.

Os Embargos de Declaração foram admitidos por unanimidade, com o único fim de prestar esclarecimentos, sem efeitos infringentes. O entendimento constante no acórdão embargado foi reafirmado, esclarecendo que fora tratado apenas dos atos externos, e que a análise dos atos cooperativos não era questão central, mas sim a ocorrência do fato gerador. Quanto as demais questões relacionadas ao adequado tratamento tributário, estas ficaram para ser apreciadas nos autos do RE nº 672.215/CE, de relatoria do Ministro Roberto Barroso. Foi fixada então a seguinte tese, proposta pelo Ministro Relator: "A receita auferida pelas cooperativas de trabalho decorrente dos atos (negócios jurídicos) firmados com terceiros se insere na materialidade da contribuição ao PIS/PASEP".

1.4 Análise Crítica

A Constituição de 1988 é incisiva ao incentivar o cooperativismo, e isso pode ser extraído do art. 174, § 2º, que atribui ao Estado o dever de apoiar e estimular a formação de cooperativas. Levando em consideração as peculiaridades das cooperativas, o art. 146, III, alínea "c", prevê que caberá a lei complementar dispor sobre o adequado tratamento tributário a ser dispensado ao ato cooperativo praticado por estas sociedades. A partir desses preceitos constitucionais, é necessário fazer a análise do alcance dessas normas, a fim de descobrir se há ou não a incidência do PIS/PASEP sobre a receita auferida pelas cooperativas, advinda de suas operações com terceiros não cooperados.

A lei complementar a que se refere o art. 146, III, "c", da Constituição, ainda não foi editada, não sendo possível aferir com propriedade o que seria o dito tratamento adequado ao ato cooperativo. Não obstante seja uma norma de eficácia limitada, existe um comando mínimo a ser extraído dela, segundo o qual não se pode conferir ao ato cooperativo, tratamento tributário mais oneroso do que seria aplicado as demais espécies societárias, visto que isso inviabilizaria o cooperativismo.

Fato é que não se pode extrair do dispositivo citado acima, que se buscou garantir às cooperativas um tratamento tributário privilegiado, tornando seus atos não passíveis de sofrer tributação, ou concedendo imunidade ou direito subjetivo a isenção. Nesse ponto, o Ministro Dias Toffoli explica com excelência, que na verdade, o artigo em questão deixa claro que o ato cooperativo é tributável, tanto que prevê que será conferido a ele um tratamento adequado, citando o Ministro Luiz Fux, que possuí o mesmo entendimento, *in verbis:*

> Tratamento tributário adequado é fazer incidir o tributo em consonância com as peculiaridades estruturais, sociais e econômicas das cooperativas. Adequado, portanto, não é sinônimo de desonerado. Adequado é sinônimo de conforme, ou seja, correlato às peculiaridades que são próprias à modalidade societária. Significa que o sujeito passivo receberá do direito

tributário um tratamento diferente, consentâneo com suas diferenças. Essencialmente, o que se busca impedir é que o direito tributário venha a punir o associativismo.

Para que se entenda a decisão do Supremo Tribunal Federal, é necessário ter em mente que a cooperativa é uma pessoa jurídica e que não se confunde com seus cooperados, estando inclusive obrigada a manter escrituração regular e possuindo livros fiscais e contábeis, conforme elucida o Ministro Relator. Enquanto pessoa jurídica, a cooperativa pratica dois tipos de atos, os atos cooperativos, também intitulados atos cooperativos próprios, e os atos não cooperativos ou atos cooperativos impróprios.

Os atos cooperativos próprios são aqueles cuja definição está presente no art. 79 da lei 5.764/71, e consistem em atos internos, praticados entre a cooperativa e seus cooperados (e vice-versa), ou entre duas ou mais cooperativas para a consecução de objetivos sociais.

Noutro giro, os atos não cooperativos (ou atos cooperativos impróprios), são atos externos, praticados entre uma cooperativa, enquanto pessoa jurídica autônoma, e terceiros não cooperados, no caso em análise, terceiros tomadores de serviço. O parágrafo único do art. 79 da Lei das cooperativas, deixa evidente que os atos cooperativos próprios, não configuram operação de mercado, nem contrato de compra e venda de produtos, porém, o mesmo não pode ser dito quanto aos atos não cooperativos, tendo em vista que estes, são verdadeiros negócios jurídicos, e resultam em obtenção de receita por parte das cooperativas, configurando o fato gerador do PIS/PASEP. Eis aqui a necessidade de diferenciar os atos supracitados: apenas a prática do ato não cooperativo pode fazer incidir a contribuição ao PIS/PASEP, como bem explicam os Ministros Luiz Fux e Ricardo Lewandoski durante os debates.

O Ministro Roberto Barroso é assertivo em seu voto, ao afirmar que embora as cooperativas não tenham como objetivo precípuo a obtenção de lucro, elas desempenham atividade econômica, em consonância com o art. 3º da Lei 5.764/71, e no cumprimento dessa atividade, auferem rendimento com a venda de mercadorias e prestação de serviços, obtendo receita, e que a percepção de receita é pressuposto de quem está no mercado, seja qual for sua finalidade social. Desse modo, não faz sentido algum, afirmar que a ausência de finalidade lucrativa, afastaria a ocorrência do fato gerador do PIS/PASEP, que é a obtenção de receita, e não de lucro.

Outro fator a ser observado, que reforça o que vem sendo dito até aqui, é que o art. 87 da Lei das cooperativas, trata especificamente sobre os atos praticados entre as cooperativas e terceiros, e dispõe que estes atos serão contabilizados em separado, de modo a permitir cálculo para incidência de tributos.

Estando caracterizado o fato imponível da contribuição sobredita, é correto que seja devido o referido tributo, e se assim não fosse, haveria violação a isonomia, haja vista que ao praticar atividade econômica, as cooperativas se portam como qualquer outra espécie societária, possuindo manifesta capacidade contributiva.

Ademais, conforme explica Pedro Einstein dos Santos Anceles, citado no voto condutor, a incidência do PIS/PASEP não se dá pela prática de um ato cooperativo, mas sim, por auferir receita, ou seja, o fato gerador da contribuição não é o ato praticado, mas sim o resultado deste ato. Por isso, no caso em análise, a diferenciação entre o ato cooperativo e o ato não cooperativo tem finalidade meramente didática, pois para a solução da questão o que importa é verificar se ocorreu ou não o fato gerador da exação, que no caso é a obtenção de receita.

Cumpre ressaltar que o art. 195 da Constituição Federal, atribuí a toda a sociedade o dever de financiar a seguridade social. Se o intuito do constituinte fosse retirar este ônus das cooperativas, teria conferido expressamente a elas imunidade, assim como fez com as entidades beneficentes de assistência social (art. 195, § 7º).

Desse modo, ao estabelecer que as sociedades cooperativas, assim como as demais pessoas jurídicas de Direito privado, deverão pagar a contribuição ao PIS/PASEP, o art. 2º, inciso I e § 1º da Lei 9.715/98, está em plena consonância com os preceitos constitucionais. Ressalta-se ainda que caso prevalecesse o entendimento de que as cooperativas não auferem receita, e que com isso fosse afastada a incidência da contribuição ao PIS/PASEP sobre os atos praticados entre as cooperativas e terceiros, haveria manifesta violação aos artigos 146, III, alínea "c", 195 e 239, ambos da Constituição Federal, bem como aos princípios da isonomia e da capacidade contributiva.

No que tange as desonerações de receitas previstas no art. 15 da Medida Provisória 2.158-/35, não há de se falar em violação a isonomia, uma vez que o que se busca é fomentar alguns segmentos do cooperativismo que demandam maiores incentivos e benefícios do que os demais. Na verdade, essa diferenciação demonstra a observância ao tratamento adequado a ser dispensado as cooperativas, previsto no texto constitucional, de sorte que está sendo levado em consideração as peculiaridades destes segmentos cooperativistas. Como bem explica o Ministro Relator, o que não se admite são as diferenciações arbitrárias, sem razão que as justifique.

Embora exista esse este tratamento diferenciado, é possível verificar que nem sempre os segmentos beneficiados pelo art. 15 da Medida Provisória 2.158/35 estão em posição privilegiada. As cooperativas de produção agropecuária, que são as que mais se beneficiam com as deduções da base de cálculo e de créditos do PIS/PASEP, se sujeitam ao regime não cumulativo, contribuindo com a alíquota de 1,65%. Em contrapartida, as cooperativas de mão de obra, contribuem apenas com 0,65%, pois se submetem ao regime cumulativo. Além do mais, a IN nº 635/06 excluí diversas receitas da base de cálculo da contribuição do PIS realizada pelas cooperativas de trabalho. Sendo assim, é possível verificar que não há uma situação de injustiça, mas sim um equilibro que se dá em decorrência das especificidades de cada tipo de cooperativa.

Por fim, saliento que tal entendimento aqui elucidado, se aplica especificamente as cooperativas de serviço, e referente aos atos praticados entre elas e terceiros tomadores de serviços. No decorrer do julgamento, houve enorme cuidado por parte dos ministros, em especial pelo Ministro Relator Dias Toffoli, em limitar este entendimento apenas as cooperativas de serviço enquanto praticam os atos sobreditos, evitando assim, que seja utilizado em casos distintos.

Capítulo XXIV
Recurso Extraordinário nº 566.007

Leidson Rangel Oliveira Silva

1. Recurso Extraordinário nº 566.007 – Rio Grande do Sul[1]

Relator: Ministra Cármen Lúcia
Voto Vencedor: Ministra Cármen Lúcia
Data de julgamento: 13 de novembro de 2014.
Recorrente: RODOVIÁRIO NOVA ERA LTDA
Recorrido: UNIÃO

1.1 Ementa

Ementa: DIREITOS CONSTITUCIONAL E TRIBUTÁRIO. REPERCUSSÃO GERAL. DESVINCULAÇÃO DE RECEITAS DA UNIÃO – DRU. ART. 76 DO ATO DAS DISPOSIÇÕES CONSTITUCIONAIS TRANSITÓRIAS. AUSÊNCIA DE CORRELAÇÃO ENTRE A ALEGADA INCONSTITUCIONALIDADE DA DRU E O DIREITO À DESONERAÇÃO TRIBUTÁRIA PROPORCIONAL À DESVINCULAÇÃO. ILEGITIMIDADE PROCESSUAL. AUSÊNCIA DE DIREITO LÍQUIDO E CERTO. RECURSO EXTRAORDINÁRIO AO QUAL SE NEGA PROVIMENTO.

[1] BRASIL. Supremo Tribunal Federal. Recurso Extraordinário nº 560.626, Relator: Min. Gilmar Mendes, Tribunal Pleno. Tribunal Pleno, julgado em 13/11/2014. Disponível em: http://portal.stf.jus.br/processos/detalhe.asp?incidente=2563761. Acesso em: 09 de jun de 2019.

> 1. A questão nuclear deste recurso extraordinário não é se o art. 76 do ADCT ofenderia norma permanente da Constituição da República, mas se, eventual inconstitucionalidade, conduziria a ter a Recorrente direito à desoneração proporcional à desvinculação das contribuições sociais recolhidas.
> 2. Não é possível concluir que, eventual inconstitucionalidade da desvinculação parcial da receita das contribuições sociais, teria como consequência a devolução ao contribuinte do montante correspondente ao percentual desvinculado, pois a tributação não seria inconstitucional ou ilegal, única hipótese autorizadora da repetição do indébito tributário ou o reconhecimento de inexistência de relação jurídico-tributária.
> 3. Não tem legitimidade para a causa o contribuinte que pleiteia judicialmente a restituição ou o não recolhimento proporcional à desvinculação das receitas de contribuições sociais instituída pelo art. 76 do ADCT, tanto em sua forma originária quanto na forma das alterações promovidas pelas Emendas Constitucionais n. 27/2000, 42/2003, 56/2007, 59/2009 e 68/2011. Ausente direito líquido e certo para a impetração de mandados de segurança.
> 4. Negado provimento ao recurso extraordinário.

1.1.1 Especificação do Caso e Razões da Submissão à Repercussão Geral

Trata-se de Recurso Extraordinário oriundo do Estado do Rio Grande do Sul, interposto por Rodoviário Nova Era Ltda em face de acórdão proferido pelo Tribunal Regional Federal da 4ª Região, o qual negou provimento à apelação apresentada contra sentença que julgou mandado de segurança decidindo pela improcedência do pedido e denegando a segurança

Assim como o fez na apelação e no mandado de segurança, a recorrente sustenta a inconstitucionalidade do art. 1º da Emenda Constitucional nº 27, de 2000, e do art. 2º da Emenda Constitucional nº 42, de 2003, que determinaram a desvinculação de 20% das receitas orçamentárias decorrentes de impostos e contribuições sociais da União, mecanismo conhecido pela sigla DRU.

Como consequência da inconstitucionalidade, pleiteia a autorização para não realização do recolhimento das contribuições relativas ao PIS, Cofins e CSLL, como também para reaver os pagamentos feitos nos últimos dez anos.

Em primeira instância o mandado de segurança foi julgado improcedente, tendo sido denegada a segurança. A recorrente apelou ao Tribunal Regional Federal da 4ª Região, no qual a apreciação foi feita pela 2ª Turma, que, por unanimidade, decidiu pela negativa de provimento, sub a justificativa de que "ainda que tecnicamente inadequada e inconveniente, a desvinculação do produto da arrecadação das contribuições sociais, tendo advindo das Emendas Constitucionais nº 27/00 e 42/03, são válidas e legítimas".

Do julgamento realizado pela 2ª Turma do TRF da 4ª Região, destaca-se argumento utilizado pelo relator da apelação, que votou pela negativa de provimento, segundo o qual não se tratava de desvinculação promovida por lei, mas sim por emenda constitucional, e que, embora descaracterizassem parcialmente as contribuições, teriam validade, face não ofenderem nenhuma cláusula pétrea, e ainda que não há vedação imposta ao ao Poder Constituinte Derivado quanto à alteração temporária de determinadas características dos tributos, como é o caso da afetação da receita.

Inconformada, a parte interpôs Recurso Extraordinário ao Supremo Tribunal Federal, com supedâneo no art. 102, III, a da Constituição Federal.

Alegou que o PIS, a Cofins e a CSLL são contribuições sociais instituídas pela Constituição Federal de 1988 e que sendo contribuições sociais possuem destinação específica por força do texto constitucional.

Defendeu ainda que, ao promoverem a desvinculação de 20% da receita das contribuições, as emendas constitucionais citadas tornaram as contribuições impostos inominados, matéria esta afeta à lei, uma vez que a Constituição Federal não cria tributos, mas sim, determina competências.

Quanto à definição da natureza jurídica dos tributos, sustentou que a previsão contida no art. 4º, inciso II do CTN, que não considera, na definição da natureza jurídica do tributo, a destinação legal do produto da sua arrecadação, foi superada pela Constituição Federal de 1988, que elegeu a destinação do tributo como elemento determinante da natureza jurídica deste.

Exemplifica, citando que foi a partir da destinação que as contribuições deixaram de ser classificadas pela doutrina como subespécies de outros tributos, de modo que, consequentemente, o desvio na destinação acarreta a desnaturação da sua natureza jurídica, tornando-a outra espécie que não a contribuição, que possuem destinação específica.

Em suas contrarrazões a União limitou-se a sustentar que o acórdão recorrido não padecia dos vícios ou equívocos asseverados pela parte, e que deste modo deveria ser mantido pelos seus próprios e jurídicos fundamentos.

1.1.2 Critério de Conhecimento da Repercussão Geral

A relatora do presente Recurso Extraordinário submeteu a questão ao rito da repercussão geral, manifestando-se pela recusa pois não identificava na causa transcendência necessária para admissão da existência de repercussão geral.

Acompanharam a relatora, manifestando-se pela recusa do recurso extraordinário, os Ministros Ricardo Lewandowski, Cezar Peluso, Dias Toffoli, Eros Grau, Celso de Mello e Ellen Gracie.

De outra parte, votaram pelo reconhecimento da repercussão geral da questão constitucional suscitada os Ministros Gilmar Mendes, Marco Aurélio e Ayres Britto.

Apesar de sete ministros terem votado pela recusa, reputou-se existente a repercussão geral da questão constitucional suscitada em virtude da ausência de votos necessários para a recusa, dois terços dos votos, tendo sido a repercussão geral reconhecida em 14/05/2010.

Desta forma este tema ficou cunhado como "Desvinculação do produto de arrecadação de contribuições sociais da União por Emenda Constitucional", constituindo-se o tema de número 277.

1.2 Mérito da Decisão

O julgamento do presente Recurso Extraordinário foi realizado pelo plenário do Supremo Tribunal Federal em 13 de novembro de 2013.

Naquela ocasião, a relatora, Min. Cármen Lúcia, proferiu voto pelo desprovimento do recurso, justificando que o contribuinte carecia de legitimidade para pleitear a restituição e o não recolhimento proporcional à desvinculação das receitas de contribuições sociais, além de não visualizar direito líquido e certo para a concessão de mandado de segurança.

A relatora foi acompanhada pelos Ministros Luís Roberto Barroso, Teori Zavascki, Rosa Weber, Luiz Fux, Marco Aurélio, Celso de Mello e Ricardo Lewandowski, de maneira que o tribunal, por unanimidade, decidiu o tema 277 da Repercussão Geral, negando provimento ao Recurso.

1.2.1 Voto Condutor

Em seu voto, a Ministra Cármen Lúcia, relatora do presente Recurso Extraordinário, fez breves considerações acerca do art. 76 do ADCT, que cuida da Desvinculação das Receitas da União – DRU, abordou aspectos relativos à legitimidade processual do recorrente, à existência de direito líquido e certo e aos precedentes da corte quanto à constitucionalidade da DRU.

De início, relembrou que a DRU foi instituída pela Emenda Constitucional nº 27, de 2000, consistindo na desvinculação, no período de 2000 a 2003, de 20% da arrecadação de impostos e contribuições sociais da União, os quais a constituição vinculou a órgão, fundo ou despesa. Apontou que a emenda excepcionou da desvinculação a repartição constitucional de receitas tributárias e a contribuição social do salário educação.

Citou que coube à Emenda Constitucional nº 42, de 2003, incluir também a desvinculação da arrecadação das contribuições de intervenção no domínio econômico, no mesmo percentual, além de também ter ampliado a desvinculação para os anos de 2003 a 2007, prazo este que fora mais uma vez estendido, agora para 31 de dezembro de 2011, por força da Emenda Constitucional nº 56, de 2007.

Em 2009, a Emenda Constitucional nº 59, dispôs que os recursos destinados à manutenção e ao desenvolvimento do ensino seriam desvinculados nos percentuais de 12,5% em 2009, 5% em 2010 e inexistente em 2011.

Registrou também que, além de prorrogar o prazo para 31 de dezembro de 2015, a Emenda Constitucional nº 68, de 2011 instituiu uma nova exceção aos recursos desvinculados, trata-se do previsto na alínea d do inciso I do art. 159 da Carta Magna.

Após esta revisão do instituto da DRU, a relatora teceu comentários acerca da classificação dos tributos, afirmou que os impostos são classificados como não-vinculados pois não há contraprestação específica do estado nem destinação predeterminada, apesar de alertar que a Constituição vinculou a arrecadação de alguns impostos a determinados fins.

Quanto às contribuições sociais e à contribuição de intervenção no domínio econômico, registrou que possuem arrecadação vinculada e que são alcançados pela DRU.

Relembrou do argumento da recorrente, para quem a desvinculação das contribuições sociais era inconstitucional pois acabaria por transformá-las em impostos inominados, e que por decorrência desta inconstitucionalidade teria direito à desoneração parcial do tributo.

A Ministra alertou em seu voto que a questão central do recurso extraordinário não era a inconstitucionalidade do art. 76 do ADCT, mas sim, se recorrente teria direito à desoneração proporcional à desvinculação das contribuições sociais recolhidas, caso fosse declarada a inconstitucionalidade do dispositivo.

Asseverou que apenas na hipótese de a tributação ser considerada inconstitucional ou ilegal é que haveria autorização para a repetição do indébito tributário ou o reconhecimento de inexistência de relação jurídico-tributária. Efeito que não decorreria da declaração de inconstitucionalidade da DRU, cuja consequência seria a vinculação prevista originariamente na Constituição.

Ante o presente raciocínio, a relatora concluiu que o recorrente carecia de legitimidade processual pois não seria beneficiado pela eventual declaração de inconstitucionalidade da DRU.

Ademais, afirmou que não haveria direito líquido e certo quanto ao não recolhimento de contribuições sociais no percentual da desvinculação, bem como comprovação de lesão de qualquer direito.

Apesar de considerar desnecessária a análise da Constitucionalidade da DRU, uma vez que a ausência de legitimidade e a inexistência de direito líquido e certo do recorrente seriam suficientes para dar o deslinde à questão, a relatora relembrou que a Segunda Turma do STF já havia julgado caso idêntico, o RE 537.610, no qual decidiu pela constitucionalidade da Desvinculação das Receitas da União, precedente reafirmado em diversas decisões monocráticas, dentre as quais citou o RE 614.184, o RE 602.367 e o RE 606.569.

Conclui votando pelo desprovimento do recurso por carência de legitimidade do contribuinte e por ausência de direito líquido e certo para conceder o mandado de segurança.

O Ministro Teori Zavascki acompanhou o voto da relatora, acrescentando que o STF já havia considerado a DRU constitucional. Além disso, afirmou também que se tratava de um típico caso de inépcia da inicial por falta de correlação lógica entre pedido e causa de pedir, vez que o pedido consistia na autorização para não recolher o percentual desvinculado e na restituição do montante recolhido nos últimos dez anos, ao passo que a causa de pedir seria a inconstitucionalidade da vinculação. Deste modo, o pedido do recorrente nunca poderia ser atendido, pois a inconstitucionalidade da desvinculação acarretaria a vinculação e não a restituição.

Acompanhando na íntegra o voto da relatora, o Ministro Luiz Fux destacou que não merecia prosperar o argumento do advogado da recorrente, segundo o qual, a desvinculação, por retirar recursos da seguridade social, influenciaria na repartição de receitas da União para os Estados e, por consequência, provocaria ruptura no pacto federativo.

O ministro apontou que não há alteração na base de cálculo das transferências, de modo que não haveria violação ao pacto federativo, nem de qualquer cláusula pétrea.

Para o Ministro Marco Aurélio, a desvinculação não alterou a natureza jurídica do tributo, e a aprovação das emendas que a instituiu e a prorrogou foram feitas como parte de uma opção política normativa constitucional. Com estes argumentos acompanhou o voto proferido pela relatora.

Recorrendo aos precedentes do STF, que decidiram pela constitucionalidade da desvinculação, o Ministro Celso de Mello apontou que, por tal motivo, ainda que fosse superada a falta de legitimidade do recorrente, este não lograria êxito. Assim, também votou acompanhando integralmente o voto da relatora.

Por fim, fechando o julgamento sem nenhum voto contrário, os ministros Luís Roberto Barroso, Rosa Weber e Ricardo Lewandowski acompanharam na íntegra o voto da relatora. O último afirmou que em precedentes da sua lavra também afirmou não ser inconstitucional a desvinculação e, corroborando com o voto do Ministro Marco Aurélio, que a instituição da DRU não altera a natureza jurídica do tributo.

1.3 Análise Crítica

A apreciação da repercussão geral pelos ministros já sinalizava o resultado do julgamento do recurso. Como visto, apesar de haver maioria dos votos para recusa da repercussão geral ela foi reconhecida graças à regra constitucional que determina a necessidade de dois terços do voto para a sua rejeição.

No mérito, a análise dos fundamentos adotados pela relatora do recurso extraordinário, que foi acompanhada por todos os demais ministros votantes, não deixa dúvidas quanto à fragilidade da tese elaborada pela recorrente, de modo que o desprovimento do recurso por ausência de legitimidade ativa bem demonstra a precariedade dos argumentos do recorrente.

Deste modo, entende-se que o acórdão está adequadamente fundamentado, consonante com a Constituição Federal e capaz de desaprovar a tese construída pelo recorrente.

No entanto, *ad argumentandum tantum* e somente por amor ao debate, cabe por um momento avaliar as consequências do julgamento na remota hipótese de ser reconhecida a inconstitucionalidade da Desvinculação de Receitas da União, cuja preponderante jurisprudência pela constitucionalidade foi a mola mestra do presente julgado.

Cumpre lembrar que, partindo da falsa premissa de que a DRU seria inconstitucional, o recorrente argumentou que ela alterava a natureza jurídica do tributo, em especial das contribuições, transformando-as em impostos inominados, fato que, dada a alegada diretriz constitucional de classificação dos tributos de acordo com a destinação da sua arrecadação, geraria uma inconstitucionalidade capaz de fazer surgir para o contribuinte o direito líquido e certa à restituição da parcela desvinculada e a desobrigação de pagá-la nas fatos geradores posteriores.

Esta tese é rebatida pela relatora de modo simples, porém firme. A Ministra sustentou que essa suposta inconstitucionalidade não geraria ao contribuinte o direito de receber de volta aquilo que pagou, visto que o contrário de desvincular é vincular, ou seja, declarada a inconstitucionalidade, ao invés de desvincular as receitas da União, estas estariam vinculadas e deste modo permaneceriam com a União, nas suas destinações originais, e não retornariam ao particular conforme defendido pelo recorrente.

O que se verifica é que, ainda que fosse correta a premissa adotada pelo recorrente, ainda assim não lograria êxito, uma vez que a vinculação dos recursos não redundaria em restituição ao contribuinte. A declaração de inconstitucionalidade da DRU não implicaria em inconstitucionalidade ou ilegalidade da tributação, única hipótese autorizadora da repetição do indébito tributário ou do reconhecimento de inexistência de relação jurídico-tributária.

Capítulo XXV
Recurso Extraórdinário nº 598.572

Gustavo Salústio da Costa Vargas

1. Recurso extraórdinário nº 598.572[1] – São Paulo

Relator: Ministro Edson Fachin
Data de julgamento: 30 de Março de 2016

1.1 Ementa

RECURSO EXTRAORDINÁRIO. REPERCUSSÃO GERAL. DIREITO TRIBUTÁRIO. DIREITO PREVIDENCIÁRIO. CONTRIBUIÇÃO PREVIDENCIÁRIA. FOLHA DE SALÁRIO. INSTITUIÇÕES FINANCEIRAS E ASSEMELHADAS. DIFERENCIAÇÃO DE ALÍQUOTAS. CONTRIBUIÇÃO ADICIONAL DE 2,5%. ART. 22, §1º, DA LEI 8.212/91. CONSTITUCIONALIDADE. 1. A jurisprudência do STF é firme no sentido de que a lei complementar para instituição de contribuição social é exigida para aqueles tributos não descritos no altiplano constitucional, conforme disposto no § 4º do artigo 195 da Constituição da República. A contribuição

[1] BRASIL. Supremo Tribunal Federal. **Recurso Extraordinário nº** 598.572, Relator(a): Min. Edson Fachin, Tribunal Pleno, julgado em 30/03/2016, REPERCUSSÃO GERAL – MÉRITO DJe-158 DIVULG 08/08/2016 PUBLIC 09/08/2016 DJE 166. Disponível em: http://redir.stf.jus.br/paginadorpub/paginador.jsp?docTP=TP&docID=11477117. Acesso em: 10 de outubro de 2018.

incidente sobre a folha de salários esteve expressamente prevista no texto constitucional no art. 195, I, desde a redação original. O artigo 22, § 1º, da Lei 8.212/91 não prevê nova contribuição ou fonte de custeio, mas mera diferenciação de alíquotas, sendo, portanto, formalmente constitucional. 2. Quanto à constitucionalidade material, a redação do art. 22, § 1º, da Lei 8.212 antecipa a densificação constitucional do princípio da igualdade que, no Direito Tributário, é consubstanciado nos subprincípios da capacidade contributiva, aplicável a todos os tributos, e da equidade no custeio da seguridade social. Esses princípios destinam-se preponderantemente ao legislador, pois nos termos do art. 5º, caput, da CRFB, apenas a lei pode criar distinções entre os cidadãos. Assim, a escolha legislativa em onerar as instituições financeiras e entidades equiparáveis com a alíquota diferenciada, para fins de custeio da seguridade social, revela-se compatível com a Constituição. 3. Fixação da tese jurídica ao Tema 204 da sistemática da repercussão geral: "É constitucional a previsão legal de diferenciação de alíquotas em relação às contribuições previdenciárias incidentes sobre a folha de salários de instituições financeiras ou de entidades a elas legalmente equiparáveis, após a edição da EC 20/98." 4. Recurso extraordinário a que se nega provimento.

1.1.1 Especificação do Caso e Razões da Submissão à Repercussão Geral

O Recurso Extraordinário em questão trata de um assunto bastante polêmico que envolveu dois princípios constitucionais, sendo um deles mais especificamente tributário. São os princípios da isonomia e da capacidade contributiva. Além disto, esteve em jogo a contribuição para o sistema previdenciário e o princípio da equidade no custeio da previdência social.

O caso em tela trata de uma alíquota diferenciada para instituições financeiras, mais especificadamente para os bancos comerciais, bancos de investimentos, bancos de desenvolvimento, caixas econômicas, sociedades de crédito, financiamento e investimento, sociedades de crédito imobiliário, sociedades corretoras, distribuidoras de títulos e valores mobiliários, empresas de arrendamento mercantil, cooperativas de crédito, empresas de seguros privados e de capitalização, agentes autônomos de seguros privados e de crédito e entidades de previdência privada abertas e fechadas.

Segundo o art. 22, §1º da Lei 8.212/91, tais instituições devem pagar um adicional de 2,5% sobre a contribuição previdenciária incidente na folha de salários, além dos 20% de regra. Foi sustentada a inconstitucionalidade deste artigo com base nos princípios acima ditos, e com isto o Supremo chegou a declarar a repercussão geral do caso na data de 17/09/2009.

1.1.2 Critério de Conhecimento da Repercussão Geral

Nas razões do conhecimento da repercussão geral foi delimitado que este tema apresenta relevância jurídica pois a resolução desta lide iria nortear a resolução de vários processos.

No que toca a repercussão econômica, a solução deste caso iria ter forte impacto no orçamento da previdência social e daqueles que contribuem. Por fim, foi reconhecida a Repercussão Geral, concluindo-se que esta questão ultrapassas os interesses subjetivos das partes.

1.2 Mérito da Decisão

O caso em tela gira em torno de um Mandado de Segurança impetrado pelo banco Dibens/SA, visando suspender a exigibilidade da cobrança da contribuição adicional de 2,5%, determinada pelo art. 22, §1º da Lei 8.212/91, incidente sobre a folha de salários. Basicamente o art. 22, I já define a contribuição patronal destinada à previdência social no patamar de 20%, e o §1º define um adicional para instituições ali definidas como financeiras.

A tese levantada pela empresa gira em torno de duas premissas. A primeira é que isto seria uma nova contribuição social, o que exigiria Lei Complementar, nos termos do art. 154,I da CF combinado com o art. 195, §4º.

A segunda premissa levantada pela empresa é o desrespeito ao princípio da isonomia e da capacidade contributiva, pois estaria de forma objetiva delimitando um adicional de alíquotas que seria desnecessária.

Processualmente, a sentença de primeira instância indeferiu a alegação da empresa, o que se seguiu uma apelação e decisão monocrática nos mesmos termos. Seguindo, o Tribunal Regional Federal da 3º região apreciou o caso, no que também teve um acórdão no mesmo sentido, e a empresa foi perdendo até se chegar no Supremo Tribunal Federal, em que o caso foi afetado à repercussão geral, e mais uma vez, indeferido, sendo que neste caso por unanimidade.

O referido adicional foi criado pela Lei 7.787/89, e repetido na Lei 8.212/91, encontrado em seu art. 22, §1º. O mérito da decisão girou em torno da maior capacidade contributiva das empresas listadas como instituições financeiras, por possuírem uma maior alavancagem de lucros. Além disto, foi entendido que pelos princípios da solidariedade e equidade do custeio, as instituições financeiras tem que contribuir mais, por ser o sistema previdenciário arcado por toda sociedade.

No mérito foi levantado o tema que diz respeito ao tema 470 da Repercussão Geral que ainda não foi decidido. Este tema tem relação com o art. 195, §9º, inserido pela Emenda Constitucional nº 20/1998, que autorizava alíquotas diferenciadas de acordo com a atividade exercida.

Aqui vale a pena um comentário, que não foi analisado a natureza jurídica tributária da contribuição previdenciária, e que a visão de entender por constitucional este adicional apenas pelo foco da capacidade contributiva é um tanto quanto limitada.

Foi entendido também no mérito da decisão que por ser um mero adicional de alíquota não necessitaria de se fazer por meio de lei complementar, nos termos do art. 154, I e art. 195, §4º.

1.2.1 Voto do Relator

O caso foi julgado por unanimidade, desta forma não tem voto vencido. Completando este raciocínio cabe fazer um comentário quanto a uma questão de ordem levantada pelo Ministro Marco Aurélio, que foi a limitação temporal da tese após a EC 20/1998, o que será melhor debatido mais à frente.

O voto do Relator Ministro Edson Fachin foi seguido por todos seus pares, no que só teve uma questão de ordem levantada pelo Ministro Marco Aurélio, e que foi aceita por todos. A linha do voto do relator foi pelo indeferimento total do Recurso Extraordinário, fundamentando em duas teses. A primeira a de que isto seria apenas um adicional de alíquota e não precisaria de lei complementar, o que já está sedimentado pelo Supremo. A segunda que não desrespeita o princípio da isonomia nem da capacidade contributiva, eis que de fato os aplica de forma concreta, pois empresas listadas como instituições financeiras teriam um lucro maior e deveriam arcar de forma mais onerosa com a previdência, de acordo também com o princípio da equidade no custeio.

Destrinchando o voto do Ministro Fachin, o primeiro ponto a ser tratado vai ser a necessidade de lei complementar. O Ministro Fachin fundamentou seu voto em posição já sedimentada o Supremo de que a necessidade de Lei Complementar só se dá em novas contribuições. Com base nisto, ele demonstrou que o art. 22, I, já instituiu a Contribuição previdenciária incidente sobre a folha de salários a cargo do empregador, e no §1º apenas acrescentou um adicional de alíquota.

Esta interpretação se resolve literalmente no que se pode ver do art. 22, §1º:

> § 1o No caso de bancos comerciais, bancos de investimentos, bancos de desenvolvimento, caixas econômicas, sociedades de crédito, financiamento e investimento, sociedades de crédito imobiliário, sociedades corretoras, distribuidoras de títulos e valores mobiliários, empresas de arrendamento mercantil, cooperativas de crédito, empresas de seguros privados e de capitalização, agentes autônomos de seguros privados e de crédito e entidades de previdência privada abertas e fechadas, além das contribuições referidas neste artigo e no art. 23, é devida a contribuição adicional de dois vírgula cinco por cento sobre a base de cálculo definida nos incisos I e III deste artigo. .[2]

Veja que a lei fala claramente em um adicional, o que foi entendido pelo Ministro Relator e seus pares que é um adicional de alíquota, não sendo uma nova contribuição que demandaria aplicação do art. 154, I. Aqui vale mais uma vez o comentário. Aqui se aplica uma interpretação literal.

No voto do Ministro Fachin, a ideia central é dizer a todo momento que as atividades listadas como de instituições financeiras tem um maior poder aquisitivo, e uma maior absorção de lucros, talvez só pelo motivo do nome "financeiro", que remete ao mercado financeiro.

Desta forma, o Ministro Fachin entendeu em seu voto, que por serem instituições que tem uma alta carga de lucro, seriam desta forma de acordo com o princípio da capacidade contributiva e da isonomia diferentes de outras instituições, e poderiam arcar com maior ônus nos encargos previdenciários. Completando este raciocínio, foi utilizado o princípio da equidade do custeio, da seara previdenciária, e chegando a mesma conclusão, que por serem instituições com uma maior alavancagem lucrativa deveriam sim arcar com uma alíquota adicional.

[2] BRASIL. Lei nº 8.212 de 24 de Julho de 1991. Dispõe sobre a organização da Seguridade Social, institui Plano de Custeio, e dá outras providências. Brasília, DF.

Interessante, é este comentário do professor Zambith, que demonstra qual seria a finalidade da norma em questão, que seria arcar com um maior ônus empresas desta atividade, pois seriam instituições com menor número de empregados e bastante lucrativa, o que decorreria que iriam contribuir menos com a previdência, e este adicional diminuiria esta diferença.

Quanto ao ponto da isonomia, vale transcrever um comentário encontrado no voto do Ministro Barroso em que ele cita o doutrinador Fábio Zambith Imbrhaim muito conhecido na área de direito previdenciário, demonstrando qual seria a fundamentação deste adicional de alíquota:

> Tal acréscimo visa atender ao princípio da isonomia, pois estas entidades, como regra, têm atividade altamente informatizada, reduzindo ao máximo a mão de obra empregada, o que traz como consequência a redução da arrecadação previdenciária em detrimento de outros segmentos econômicos. Buscando reduzir tal desigualdade, o legislador optou por cobrar adicional destas empresas, que, em vez de pagarem a alíquota básica de 20%, devem utilizar-se de alíquota equivalente a 22,5%.[3]

O ponto que foi levantado pelo Ministro Marco Aurélio, quanto a definição da tese após a EC 20/98, se refere ao §9º, inserido no art. 195, o qual define quatro hipóteses para uma tributação diferenciada: atividade econômica, utilização intensiva em mão de obra; o porte; e condição estrutural de trabalho.

Veja que no final a tese adotada pelo RE limitou a decisão para depois desta emenda, o que não confronta com o tema da repercussão geral 470, que vai decidir se esta alíquota adicional é constitucional mesmo antes da EC. Vê-se que a tese fundamental para indeferimento deste RE e aceitação da alíquota adicional foram os princípios da capacidade contributiva e da equidade no custeio, que já estavam insertos no ordenamento jurídico constitucional, e tal tese levantada após a EC 20/98 não vai ser limite para isto.

[3] Imbrahim. Fabio Zambitte. Curso de Direito Previdenciário, 2014, p. 248-249.

1.3 Análise Crítica

Para iniciar a análise crítica será aqui logo dita a conclusão a que esta pesquisa chegou após a leitura do Acórdão. Entende-se que tese principal do Supremo foi pela maior capacidade contributiva das instituições financeiras, pela sua alavancagem lucrativa, ou seja, o viés foi pela renda. Ainda foi adicionado o entendimento de que respeita a isonomia a alíquota adicional, visto que atividades como estas possuem uma alta alavancagem lucrativa, mesmo tendo poucos empregados, em tese.

O primeiro ponto a se tocar, é que foi adotado um critério econômico para definir um caráter desigual na tributação. Este ponto do critério econômico foi o padrão de discrímen. Eis que foi entendido que instituições financeiras tem uma maior alavancagem lucrativa, e que por este fato possuem capacidade contributiva maior que outras empresas, o que leva a entender por constitucional o tratamento desigual da alíquota adicional.

Os fundamentos principais da decisão foram a capacidade contributiva e a equidade para manutenção do sistema da seguridade, eis que pela maior alavancagem financeira e menor diminuição de custos, as instituições financeiras devem ter uma alíquota maior, para respeitar principalmente a isonomia. Os diferentes sendo tratados de forma diferenciada.

No entanto a análise crítica vai focar principalmente em um ponto, que é o da constitucionalidade superveniente da Lei, que foi meio que tratado às pressas no caso mas que deve ser bem explicado.

O tema 470 da repercussão geral trata da constitucionalidade superveniente do art. 195, §9º da Constituição, que inseriu dispositivo que trata das alíquotas ou base de cálculo diferenciadas em razão da atividade econômica ou da utilização intensiva de mão-de-obra.

Acontece que ocorreu aqui um caso de constitucionalidade superveniente, visto que a Constituição Federal só veio inserir este parágrafo pela Emenda Constitucional 20 de 1998, e a Lei que trata desta alíquota diferenciada é de 1991.

Vale trazer um trecho do Acórdão em que o Ministro Marco Aurélio levantou este ponto:

> O SENHOR MINISTRO MARCO AURÉLIO – Senhor Presidente, faço apenas uma ponderação, uma vez que temos encontro marcado com a

> controvérsia a respeito da incidência da contribuição de forma diferenciada, presente o período anterior à Emenda Constitucional 20/1998, quando discutiremos se é possível – e penso não ser, ante a jurisprudência do Tribunal – a constitucionalização superveniente da Lei 8.212/1991.[4]

Este ponto levantado pelo Ministro apenas trouxe para o caso concreto que a decisão valeria para depois da Emenda e o caso a ser decidido no período que seria antes da Emenda seria resolvido pelo tema 470 da Repercussão Geral. Veja que é um caso nítido de constitucionalidade superveniente, mesmo que se deixe para resolver em outro tema de repercussão geral.

Eis a tese firmada:

> É constitucional a previsão legal de diferenciação de alíquotas em relação às contribuições previdenciárias incidentes sobre a folha de salários de instituições financeiras ou de entidades a elas legalmente equiparáveis, após a edição da Emenda Constitucional nº 20/1998.[5]

Desta forma o Supremo não analisou de fato o caráter da constitucionalidade superveniente, deixando-o para outra decisão. E o que acontecerá quando a outra decisão for tomada e for reconhecida a constitucionalidade superveniente? Com certeza terá efeito nítido sobre esta.

Vale a pena trazer um trecho em que se demonstra a impossibilidade de constitucionalidade de um artigo no que se refere ao assunto de receita e faturamento, em que a Lei 9.718/98 veio antes da EC 20/98, que inseriu o conceito de faturamento como uma das fontes a ser tributada pela contribuição social:

> CONSTITUCIONALIDADE SUPERVENIENTE – ARTIGO 3º, § 1º, DA LEI Nº 9.718, DE 27 DE NOVEMBRO DE 1998 – EMENDA CONSTITUCIONAL Nº 20, DE 15 DE DEZEMBRO DE 1998. O sistema jurídico brasileiro não contempla a figura da constitucionalidade superveniente. TRIBUTÁRIO – INSTITUTOS – EXPRESSÕES E VOCÁBULOS – SENTIDO. A norma pedagógica do artigo 110 do Código Tributário Nacional ressalta a impossibilidade de a lei tributária alterar a definição, o conteúdo

[4] STF. RECURSO EXTRAORDINÁRIO: RE 598.572. Relator: Ministro Edson Fachin. DJ: 30/03/2016.

[5] Idem.

> e o alcance de consagrados institutos, conceitos e formas de direito privado utilizados expressa ou implicitamente. Sobrepõe-se ao aspecto formal o princípio da realidade, considerados os elementos tributários. CONTRIBUIÇAO SOCIAL – PIS – RECEITA BRUTA – NOÇAO – INCONSTITUCIONALIDADE DO § 1º DO ARTIGO 3º DA LEI Nº 9.718/98. A jurisprudência do Supremo, ante a redação do artigo 195 da Carta Federal anterior à Emenda Constitucional nº 20/98, consolidou-se no sentido de tomar as expressões receita bruta e faturamento como sinônimas, jungindo-as à venda de mercadorias, de serviços ou de mercadorias e serviços. É inconstitucional o § 1º do artigo 3º da Lei nº 9.718/98, no que ampliou o conceito de receita bruta para envolver a totalidade das receitas auferidas por pessoas jurídicas, independentemente da atividade por elas desenvolvida e da classificação contábil adotada.[6]

Desta forma, conclui-se que, o julgado em tela deve ser entendido não pelo viés da isonomia, ou pela capacidade contributiva, que são duas faces da mesma moeda, mas sim pela impossibilidade de constitucionalidade superveniente, pois o art. 195,§9º que inseriu alíquotas diferenciadas pela atividade econômica veio depois da Lei 8.212/91, ratificando ela.

A tese da inconstitucionalidade superveniente respeita o bom senso. Nunca uma Constituição deve ter por base um artigo de lei, isto vai contra toda teoria positivista, principalmente contra a tese piramidal da hierarquia das leis de Hans Kelsen.

[6] STF. RECURSO EXTRAORDINÁRIO: RE 346.084. Relator: Ministro Ilmar Galvão. DJ: 01/09/2006.

Capítulo XXVI
Recurso Extraordinário nº 848.353

Daniel Vicente Evaldt da Silva

1. Recurso Extraordinário nº 848.353 – São Paulo[1]

Relator: Ministro Teori Zavascky.
Recorrente: Banco Alvorada e Outros.
Recorrido: UNIÃO – Procuradoria-Geral da Fazenda Nacional
Data de julgamento: 12/05/2016

1.1 Ementa

EMENTA: TRIBUTÁRIO. RECURSO EXTRAORDINÁRIO. CONTRIBUIÇÃO AO PROGRAMA DE INTEGRAÇÃO SOCIAL (PIS). EMENDA CONSTITUCIONAL 17/1997. NECESSIDADE DE OBSERVÂNCIA AO PRINCÍPIO DA ANTERIORIDADE NONAGESIMAL (CF/88, ART. 195, § 6º). PRECEDENTES. **1.** A contribuição ao PIS só pode ser exigida, na forma estabelecida pelo art. 2º da EC 17/1997, após decorridos noventa dias da data da publicação da referida emenda constitucional. **2.** Recurso extraordinário a que se dá provimento, com o reconhecimento da repercussão geral do tema e a reafirmação da jurisprudência sobre a matéria.

[1] BRASIL. Supremo Tribunal Federal. **Recurso Extraordinário nº 848.353 – São Paulo.** Relator(a): Min. Teori Zavascki, Tribunal Pleno, julgado em 12/05/2016.

1.2 Relatório

Tratou o julgamento de controvérsia acerca da aplicabilidade do princípio da anterioridade nonagesimal à contribuição ao PIS instituída pelo art. 2º da EC 17/1997.

De acordo com o relatório do acórdão do julgamento, de lavra do saudoso ministro Teori Zavascki, o processo foi iniciado por um mandado de segurança preventivo impetrado em face do Delegado da Receita Federal em Osasco. Os impetrantes requeriam a concessão da segurança para calcular e recolher a contribuição ao PIS, em relação aos fatos geradores ocorridos no período entre 01.07.1997 e 22.02.1998 de acordo com a Lei Complementar nº 7/1970. Sustentaram que a cobrança retroativa do PIS por determinação da EC nº 17/1997, promulgada em 22 de novembro de 1997, mas com efeitos a partir de 1º/07/1997, violaria os princípios da irretroatividade e da anterioridade nonagesimal.

É que a Emenda Constitucional nº 17/1997, publicada em 25 de novembro de 1997, alterou a base de cálculo e a alíquota da referida contribuição para fatos geradores ocorridos a partir de 1º de julho de 1997.

Assim, na data da promulgação, a obrigação tributária seria regida pela Lei Complementar nº 7/1970, e até 90 dias após sua promulgação deveria ser cobrada na forma da referida lei, considerando-se a vigência por prazo determinado da Emenda Constitucional nº 10/1994.

A sentença de primeiro grau concedera a segurança, mas fora reformada pelo Tribunal Regional Federal da 3ª Região sob o fundamento de que "a Emenda Constitucional nº 17/1997 não ofendeu o prazo de anterioridade previsto no art. 195, § 6º, da Constituição Federal, que flui da data da publicação da medida provisória, que não perde a eficácia, se não convertida em lei, mas editado outro provimento da mesma espécie, dentro do prazo de validade de trinta dias".

Deste modo, foi interposto Recurso Extraordinário contra o acórdão do TRF3 que se ancorava na tese de que haveria desacerto das decisões do Supremo mencionadas no acórdão recorrido, por não ter sido considerado o fato de a Medida Provisória nº 1.537-45/1997 ser reedição da Medida Provisória nº 517-4/1994, cujo objeto era apenas regulamentar a base de cálculo prevista pelas Emendas Constitucionais nº 1/1994, nº 10/1996 e nº 17/1997, mas em período que estas não estavam mais em vigor.

Superadas as preliminares suscitadas, o mérito, então, deveria versar a respeito de três questões: 1 – a possibilidade de Medida Provisória regular a base de cálculo e a alíquota do PIS; 2 – a aplicação retroativa de regras tributárias mais onerosas ao contribuinte, inseridas por meio de Emenda Constitucional; 3 – Aplicação do Princípio da Anterioridade Nonagesimal às Emendas Constitucionais.

1.3 Julgamento

O Recurso Extraordinário teve seu julgamento realizado por meio do plenário virtual na sessão de 13/05/2016, na qual foi reconhecida a repercussão geral e julgado o mérito com reafirmação de jurisprudência, por unanimidade.

No mérito, por maioria, o Supremo reafirmou a jurisprudência dominante sobre a matéria, vencido o Ministro Marco Aurélio. Não se manifestaram os Ministros Gilmar Mendes, Cármen Lúcia e Rosa Weber. Ressalta-se que o Ministro Dias Toffoli se declarou impedido para o julgamento da questão.

A reafirmação de jurisprudência, conforme consta no voto do Ministro Teori Zavascki, consistiria em decisão em controvérsia semelhante no julgamento do RE 587.008 (Rel. Min. DIAS TOFFOLI, DJe de 6/5/2011), relativa à aplicabilidade do princípio da anterioridade nonagesimal à prorrogação, por emenda constitucional, de alíquota de contribuição cuja parcela do produto da arrecadação integrava o Fundo Social de Emergência (CSLL).

Conforme relatado, na ocasião, analisou-se especificamente a submissão ao princípio da anterioridade nonagesimal (art. 195, § 6º, da CF/88), do art. 72, III, do ADCT, na redação da EC nº 10/1996, que estendeu para o período de 1º/1/1996 a 30/6/1997 a alíquota da Contribuição Social sobre o Lucro Líquido (CSLL) que havia sido fixada em 30% (trinta por cento) apenas para os exercícios financeiros de 1994 e 1995, pela EC nº 1/1994.

Consignou-se, no voto condutor do mencionado acórdão, que a EC nº 10/1996, especialmente quanto ao inciso III do art. 72 das disposições constitucionais objeto de questionamento é um **novo texto e veicula nova norma**, não sendo mera prorrogação da emenda anterior, devendo, portanto, observância ao princípio da anterioridade nonagesimal, porquanto majorou a alíquota da CSLL para as pessoas jurídicas referidas no § 1º do art. 22 da Lei n. 8.212/91.

Assim, não haveria maiores necessidades de digressões, vez que o STF já considerou em diversos julgados que emenda constitucional em matéria tributária se sujeita ao princípio da anterioridade e que não há a possibilidade de considerar-se uma emenda como prorrogação de outra, sendo ela, inequivocamente, nova norma.

Foram colacionados ainda os precedentes de ambas as Turmas da Corte:

> DIREITO TRIBUTÁRIO. SEGUNDO AGRAVO REGIMENTAL EM RECURSO EXTRAORDINÁRIO. CONTRIBUIÇÃO AO PIS. EMENDA CONSTITUCIONAL Nº 17/1997. PRORROGAÇÃO DA ALÍQUOTA. SOLUÇÃO DE CONTINUIDADE. PRINCÍPIO DA ANTERIORIDADE NONAGESIMAL. APLICABILIDADE. 1. A nova redação da Emenda Constitucional nº 17/1997 somente entrou em vigor em 25.11.1997, ou seja, quase cinco meses após o término da vigência da Emenda Constitucional nº 10/1996, o que evidencia solução de continuidade na exigência do tributo. 2. Aplica-se ao caso a jurisprudência desta Corte no sentido de que a emenda constitucional que não se constitui por mera prorrogação do texto anterior deve observância ao princípio da anterioridade nonagesimal. 3. Homologada a desistência parcial do agravo regimental quanto à alegação de que a decisão agravada teria violado a coisa julgada. 4. Agravo regimental a que se nega parcial provimento. (RE 782.773-AgR-segundo, Rel. Min. Roberto Barroso, Primeira Turma, DJe de 13/10/2015).

> AGRAVO REGIMENTAL EM RECURSO EXTRAORDINÁRIO. TRIBUTÁRIO. CONTRIBUIÇÃO AO PIS. EMENDA CONSTITUCIONAL Nº 17/1997. FUNDO SOCIAL DE EMERGÊNCIA. OBSERVÂNCIA AO PRINCÍPIO DA ANTERIORIDADE. REGULAMENTAÇÃO VIA MEDIDA PROVISÓRIA. POSSIBILIDADE. 1. A Emenda Constitucional nº 17/1997, ao majorar a carga tributária relativa à incidência do PIS, deve observar o prazo de anterioridade nonagesimal previsto no art. 195, § 6º, da Constituição Federal. (...) 3. Agravo regimental a que se nega provimento. (RE500.283-AgR, Rel. Min. Roberto Barroso, Primeira Turma, DJe de 22/5/2015);

> AGRAVO REGIMENTAL NO RECURSO EXTRAORDINÁRIO. TRIBUTÁRIO. CONTRIBUIÇÃO PARA O PIS. EMENDA CONSTITUCIONAL 17/1997. PRORROGAÇÃO DA ALÍQUOTA. PRINCÍPIO DA ANTERIORIDADE NONAGESIMAL. APLICABILIDADE. MP 517/1994. FUNDO SOCIAL DE EMERGÊNCIA. BASE DE CÁLCULO. RECEITA BRUTA. CONCEITO INALTERADO. CONSTITUCIONALIDADE. AGRAVO

> PARCIALMENTE PROVIDO. I Aplicabilidade da anterioridade nonagesimal (art. 195, § 6º, da CF) à prorrogação da alíquota mantida pela Emenda Constitucional 17/1997. Precedentes. II A matéria disciplinada pela Medida Provisória 517/1994 exclusões e deduções na base de cálculo da contribuição para o PIS não diz respeito à regulação do Fundo Social de Emergência, não se aplicando a ela, portanto, a vedação prevista no art. 73 do ADCT. Conceito inalterado de receita bruta previsto no art. 72, V, do ADCT. Precedentes. III Agravo regimental parcialmente provido. (RE 550.376- AgR, Rel. Min. Ricardo Lewandowski, Segunda Turma, DJe de 29/11/2013)
>
> Agravo regimental no agravo de instrumento. Contribuição ao PIS. EC nº 17/97. Anterioridade mitigada. Irretroatividade. 1. Esta Suprema Corte entende que a solução de continuidade entre a vigência de determinada emenda constitucional e a entrada em vigor de nova emenda que majore ou institua tributo impede que se considere haver mera prorrogação do quanto estabelecido na emenda primitiva. O disposto na novel emenda somente será efetivo quando decorridos noventa dias, contados de sua publicação, não sendo possível sua retroação. Esse raciocínio jurídico, que se aplica ao presente caso, foi estabelecido no julgamento do RE nº 587.008/SP, de minha relatoria. 2. Agravo regimental não provido, com aplicação da multa prevista no art. 557, § 2º, do Código de Processo Civil. (AI 714.420-AgR, Rel. Min. Dias Toffoli, Primeira Turma, DJe de 21/3/2013).
>
> Embargos de declaração em agravo regimental em recurso extraordinário. 2. Tributário. PIS. EC n. 17/97. Prorrogação da alíquota. Princípio da anterioridade nonagesimal. Aplicabilidade. 3. Embargos de declaração acolhidos em parte. Recurso extraordinário parcialmente provido. (RE 443.283-AgRED, Rel. Min. Gilmar Mendes, Segunda Turma, DJe de 21/11/2012).

Ressaltou o voto condutor ainda as seguintes decisões Monocráticas do STF no mesmo sentido: RE 934.923, Rel. Min. Teori Zavascki, DJe de 18/4/2016; RE 943.861, Rel. Min. Celso de Mello, DJe de 14/3/2016; RE 929.587, Rel. Min. Luiz Fux, DJe de 16/2/2016; e RE 886.554, Rel. Min. Cármen Lúcia, DJe de 22/6/2015.

Desse modo, o STF reafirmou, com os efeitos da repercussão geral, a orientação de que a contribuição ao PIS só pode ser exigida na forma estabelecida pelo art. 2º da EC nº 17/1997 após decorridos noventa dias da data da publicação da referida emenda constitucional, dando provimento ao recurso extraordinário para restabelecer a sentença que julgou procedente o Mandado de Segurança.

1.4 Análise do Caso

O Supremo Tribunal Federal decidiu o complexo caso sem maiores análises. Isso porque o plenário virtual impede o debate de teses jurídicas que levariam a maior reflexão sobre o julgado e, consequentemente, ao desenvolvimento do Direito Brasileiro. Em que pesem nossas sérias reservas ao julgamento virtual na situação dos autos, inclusive declaradas neste caso pelo Ministro Marco Aurélio, a Corte encontrou nessa ferramenta instrumento importante para agilizar a entrega jurisdicional de um tribunal abarrotado.

Parece-nos, assim, que a reflexão importante diz respeito a esse aspecto: o mais alto tribunal do país, uma corte constitucional, decidindo milhares de casos ano a ano. Não há perspectivas de solução a curto ou médio prazo para esse problema. Então, o Plenário Virtual e o Robô Victor[2] devem ser objeto de nossa colaboração para que essas ferramentas não desmontem a prestação jurisdicional constitucional.

Dito isso, é importante mencionar que as informações sobre teses que poderiam influenciar o julgamento do RE 848353 ficam por conta dos argumentos trazidos aos autos pelas partes (de difícil acesso ao público em geral), pelo voto condutor exarado pelo saudoso ministro Teori Zavascki ou mesmo pelos casos paradigmas.

Pesa a favor do STF, no entanto, que a controvérsia sobre o caso trazido no julgamento do RE 848.353 já estava em vias de completar 20 anos, ou seja, as complicações trazidas pela EC nº 17/1997 ainda repercutiam no Judiciário brasileiro quase duas décadas após sua promulgação.

Aliás, esse contexto legislativo caótico, completado por uma celeuma judicial ímpar, parecer ser a armadilha brasileira para o progresso e para o desenvolvimento de nosso Direito, nossa rede de garantias e, consequentemente, nossa sociedade. Nada poderia representar melhor essa

[2] SUPREMO TRIBUNAL FEDERAL. Inteligência artificial vai agilizar a tramitação de processos no STF. Disponível em <http://www.stf.jus.br/portal/cms/verNoticiaDetalhe.asp?idConteudo=380038>, acessado em 11 fev 2019.

percepção do que o caso do RE 848.353. Vejamos, brevemente, o que o legislador fez, ou tentou fazer naquele período. Mas antes é preciso regressar algumas décadas e reconstruir o caminho do Programa de Integração Social, o PIS.

A Lei Complementar nº 07 de setembro de 1970 instituiu o Programa de Integração Social, destinado a promover a integração do empregado na vida e no desenvolvimento das empresas, por meio de formação de patrimônio e rede de proteção social. Após algumas alterações legislativas, em 1975, foi promulgada a Lei complementar nº 26, unificando, sob a denominação de PIS-PASEP, os fundos constituídos com os recursos do Programa de Integração Social (PIS) e do Programa de Formação do Patrimônio do Servidor Público (PASEP).

Como bem assinala Maria Emília Pureza[3], a celeuma inicia-se a partir da promulgação do Decreto-Lei nº 2.445, de 29 de junho de 1988, e do Decreto Lei nº 2.449, de 21 de julho de 1988, que reorganizaram alíquotas do programa. Mas por meio da Resolução do Senado nº 49, de 9 de outubro de 1995, ambos os decretos-lei foram declarados inconstitucionais, face ao posicionamento do Supremo Tribunal Federal de que a Constituição de 1969, vigente à época da edição daquelas normas, vedava a adoção de decretos-lei para dispor sobre matéria tributária.

A Constituição de 1988 modificou ainda o programa, quando em seu artigo 239 estabeleceu que as contribuições para o PIS e PASEP não seriam mais creditadas aos participantes. Assim, a partir de 1989, esses recursos passaram a ser direcionados para o FAT – Fundo de Amparo ao Trabalhador a fim de possibilitar o pagamento do seguro-desemprego e do abono salarial.

Mas a balbúrdia estava só começando. Com o caos fiscal que o país atravessava no início dos anos 1990, resultando numa inflação no ano de 1993 de inacreditáveis 2.477,15%[4], o governo logrou aprovar a Emenda Constitucional de Revisão nº 01 de 1º de março de 1994, acrescentando os artigo 71, 72 e 73 ao Ato das Disposições Constitucional Transitórias que, dentre outras, coisas criou o Fundo Social de Emergência. O inciso V do artigo 72 teria a seguinte redação:

[3] PUREZA, M. E. M. Histórico sobre a legislação do PIS/PASEP. Nota Técnica nº 17/2013. Consultoria de Orçamento da Câmara dos Deputados. Congresso Nacional, 2013.
[4] Fonte: BACEN. IPCA de 1993.

> V – a parcela do produto da arrecadação da contribuição de que trata a Lei Complementar nº 7, de 7 de setembro de 1970, devida pelas pessoas jurídicas a que se refere o inciso III deste artigo, a qual será calculada, nos exercícios financeiros de 1994 e 1995, mediante a aplicação da alíquota de setenta e cinco centésimos por cento sobre a receita bruta operacional, como definida na legislação do imposto sobre renda e proventos de qualquer natureza;

Como se vê, houve profunda modificação no PIS. Logo depois, mais especificamente em 31 de maio de 1994, às vésperas do plano real, o governo Itamar Franco Editou a Medida Provisória nº 517/1994 que deveria produzir efeitos a partir de 1º de junho de 1994 e regulava exatamente esse dispositivo constitucional, insculpido na ADCT da CF/1988.

Essa MP sofreu inúmeras reedições. Não cabe aqui traçar as batalhas entre o Poder Executivo e o Poder Legislativo naquele período, mas a MP foi reeditada, pasmem, 57 vezes até, finalmente, ser convertida, na Lei 9.701, de 17 de novembro de 1998.

Assim, o Poder Executivo, com as reedições da MP pretendia manter a cobrança da PIS no modo tratado. Durante a vigências destas MPs, aprovou-se a Emenda Constitucional nº 10, de 04 de março de 1996, que alterava, precisamente, o inciso V do artigo 72 da ADCT, assim:

> V – a parcela do produto da arrecadação da contribuição de que trata a Lei Complementar nº 7, de 7 de setembro de 1970, devida pelas pessoas jurídicas a que se refere o inciso III deste artigo, a qual será calculada, nos exercícios financeiros de 1994 e 1995, bem assim no período de 1º de janeiro de 1996 a 30 de junho de 1997, mediante a aplicação da alíquota de setenta e cinco centésimos por cento, sujeita a alteração por lei ordinária, sobre a receita bruta operacional, como definida na legislação do imposto sobre renda e proventos de qualquer natureza; e

Da leitura do dispositivo, constata-se que o Congresso Nacional deu novo termo para o regramento do PIS: 30/06/1997. E é aí que chegamos na EC nº 17/1997. Ela deveria ter sido promulgada antes do termo dado pela EC nº 10/1996. Ou, à luz de decisões do STF combinada com o artigo 196 da CF/88, 90 dias antes de seu termo final.

Mas a Emenda Constitucional nº 17/1997 só foi promulgada em 22 de novembro de 1997, prorrogando o prazo anterior para 31 de dezembro de 1999. Aí está a origem do problema versado nos autos do RE 848353. Como disse Antônio Carlos Jobim, o Brasil realmente não é para principiantes.

Ora, não houve a oportunidade, diga-se, nesse processo, de o STF debater todos os elementos, que culminaram nesse caos produzido por 3 emendas constitucionais e 57 medidas provisórias. Isso porque o caso foi resolvido no plenário virtual, em Recurso Extraordinária interposto em sede de Mandado de Segurança.

O fato, porém, é que o Supremo Tribunal Federal já havia decidido, quando do julgamento da histórica Ação Direta de Inconstitucionalidade nº 939/1993, que Emenda Constitucional que cria tributo se submete ao princípio da anterioridade.

Aliás, como ressaltou o Ministro Teori Zavascki em seu relatório, o STF também já havia debatido situação semelhante no julgamento do RE 587.008, relativa à aplicabilidade do princípio da anterioridade nonagesimal à prorrogação, por emenda constitucional, de alíquota de contribuição cuja parcela do produto da arrecadação integrava o Fundo Social de Emergência.

Portanto, o Supremo tinha razões para solucionar o tema posto no plenário virtual, se se aceitar que aplicar reafirmação de jurisprudência por meio de um julgamento virtual, (sem sustentações orais, sem debates entre ministros e sem "*amicus curiae*) é medida legal, constitucional e aceitável em nossa cultura jurídica.

Ao que nos parece, o caso trazido em 2016 ao STF se assemelhava bastante aos casos dos RE 782.773, RE 500.283, RE 550.376, AI 714.420 e RE 443.283, citados no relatório do Ministro Teori Zavascki e não haveria situação de *distinguishing*[5]. Aliás o fato de haver sólida jurisprudência do STF sobre o tema deixa claro que a ação adequada para tratar do tema era, exatamente, o Mandado de Segurança.

[5] *Distinguishing* ocorre quando há distinção entre o caso concreto (em julgamento) e o paradigma, quer seja porque não há coincidência entre os fatos fundamentais discutidos e aqueles que serviram de base à ratio decidendi (tese jurídica) constante no precedente, quer seja porque, a despeito de existir uma aproximação entre eles, algumas peculiaridades no caso em julgamento afasta a aplicação do precedente. DIDIER Jr., Fredie, BRAGA, Paula Sarno & OLIVEIRA, Rafael. Curso de Direito Processual Civil: teoria da prova, direito probatório, teoria do precedente, decisão judicial, coisa julgada e antecipação dos efeitos da tutela, v. 2, Salvador: Juspodivm.

Assim, o julgamento em tela realça a interpretação e extensão que o STF dá há décadas aos Princípios da Anterioridade e da Irretroatividade em matéria tributária, que não podem ser mitigados nem mesmo por emenda constitucional.

Trata-se de um corolário de nosso estatuto do contribuinte que, embora possa ser questionado sobre a perspectiva de indesejável rigidez constitucional, principalmente, em situações onde o campo fiscal esteja em voga, não deixa de ser uma garantia importante e, ainda, a exigir um cuidado maior imposto aos gestores públicos e aos legisladores.

Capítulo XXVII
Recurso Extraordinário nº 640.905

Gabriel Pestana de Castro

1. Recurso Extraordinário nº 640.905[1] – São Paulo

Relator: Ministro Luiz Fux
Voto vencedor: Ministro Luiz Fux
Data de julgamento: 15 de dezembro de 2016.

1.1 Ementa

RECURSO EXTRAORDINÁRIO. REPERCUSSÃO GERAL. CONSTITUCIONAL. TRIBUTÁRIO. COFINS. ART. 4º DA PORTARIA Nº 655/1993 DO MINISTÉRIO DA FAZENDA. PARCELAMENTO DE DÉBITOS. ADESÃO POR CONTRIBUINTE COM DEPÓSITO JUDICIAL. RESTRIÇÃO. NÃO CONFIGURAÇÃO DE ARBITRARIEDADE LEGISLATIVA. OFENSA AO PRINCÍPIO DA ISONOMIA E AO LIVRE ACESSO À JUSTIÇA. INOCORRÊNCIA. DEPÓSITO JUDICIAL DO VALOR DEVIDO PARA SUSPENDER A EXIGIBILIDADE DO CRÉDITO TRIBUTÁRIO. PRERROGATIVA DO CONTRIBUINTE QUE SE

[1] BRASIL. Supremo Tribunal Federal. **Recurso Extraordinário nº** 640.905, Relator(a): Min. Luiz Fux, Tribunal Pleno, julgado em 15/12/2016. Disponível em: http://portal.stf.jus.br/processos/detalhe.asp?incidente=4074267. Acesso em: 03 de jun. de 2019.

CONDICIONA AO TRÂNSITO EM JULGADO DA AÇÃO. RECURSO PROVIDO. O princípio da isonomia, refletido no sistema constitucional tributário (art. 5º c/c art. 150, II, CRFB/88) não se resume ao tratamento igualitário em toda e qualquer situação jurídica, mas, também, na implementação de medidas com o escopo de minorar os fatores discriminatórios existentes, impondo, por vezes, tratamento desigual em circunstâncias específicas e que militam em prol da igualdade. A isonomia sob o ângulo da desigualação reclama correlação lógica entre o fator de discrímen e a desequiparação procedida que justifique os interesses protegidos na Constituição (adequada correlação valorativa). 3. A norma revela-se antijurídica, ante as discriminações injustificadas no seu conteúdo intrínseco, encerrando distinções não balizadas por critérios objetivos e racionais adequados (fundamento lógico) ao fim visado pela diferenciação. 4. O princípio da inafastabilidade de jurisdição, insculpido no art. 5º, XXXV, CRFB/88, segundo o qual "a lei não excluirá da apreciação do Poder Judiciário lesão ou ameaça a direito" tem o intento de coibir iniciativas dos legisladores que possam impor obstáculos desarrazoados ao acesso à justiça, ao permitir o acesso plural e universal ao Poder Judiciário. Os contribuintes podem vindicar seus direitos e/ou resolver seus litígios sob os auspícios do Estado-Juiz, posto ser o sistema judiciário igualmente acessível a todos e apto a produzir resultados individual e socialmente justos. A norma que cria entraves ao acesso ao Poder Judiciário, ou que atenta contra os princípios e direitos fundamentais constitucionais, é inconstitucional, por isso que: "É inconstitucional a exigência de depósito prévio como requisito de admissibilidade de ação judicial na qual se pretenda discutir a exigibilidade de crédito tributário." (Súmula Vinculante 28).
5. O depósito do montante integral do crédito tributário impugnado judicialmente (art. 151, II, CTN) tem natureza dúplice, porquanto ao tempo em que impede a propositura da execução fiscal, a fluência dos juros e a imposição de multa, também acautela os interesses do Fisco em receber o crédito tributário com maior brevidade. A sua conversão em renda equivale ao pagamento previsto no art. 156 do CTN, encerrando modalidade de extinção do crédito tributário. O parcelamento tributário, concedido na forma e condição estabelecidas em lei específica, é causa suspensiva da exigibilidade do crédito tributário, que não dispensa o sujeito passivo dos encargos relativos à mora, à luz do disposto no artigo 151, VI, CTN, encerrando hipótese diversa do depósito judicial que, uma vez efetuado,

exonera o contribuinte dos acréscimos moratórios e demais encargos legais decorrentes do inadimplemento da obrigação tributária. O cerne da controvérsia sub examine consiste em suposta violação aos princípios da isonomia e do livre acesso à justiça pela Portaria nº 655/93 do Ministério da Fazenda que, ao dispor sobre o parcelamento de débitos inerentes à Contribuição para Financiamento da Seguridade Social – COFINS (LC nº 70/91), veda-o aqueles contribuintes que ingressaram em juízo e implementaram o depósito judicial do montante controvertido, como enunciado pelos artigos 1º e 4º, verbis: "Art. 1º Os débitos para com a Fazenda Nacional, decorrentes da Contribuição para o Financiamento da Seguridade Social COFINS, instituída pela Lei Complementar nº 70, de 30 de dezembro de 1991, vencidos até 30 de novembro de 1993, poderão ser objeto de parcelamento em até oitenta prestações mensais e sucessivas, se requerido até 15 de março de 1994. (...) Art. 4º Os débitos que forem objeto de depósito judicial não poderão ser parcelados." A concessão de parcelamento apenas aos contribuintes que não ingressaram em juízo ou aos que ajuizaram ações, mas não implementaram o depósito do crédito tributário controvertido, e a exceção aos contribuintes que ingressaram em juízo e realizaram o depósito judicial, não revela discriminação inconstitucional, porquanto obedece a todos os aspectos essenciais à observância da isonomia na utilização de critérios de desigualação. O discrímen adotado pela Portaria nº 655/93 aplica-se indistintamente a todos os contribuintes que optaram pela realização do depósito judicial. Ademais, diz respeito apenas aos valores objeto dos respectivos depósitos, e não aos contribuintes depositantes, além de guardar estrita pertinência lógica com o objetivo pretendido pela norma. O critério de desigualação está em consonância com os interesses protegidos pela Constituição Federal, porquanto prestigia a racionalização na cobrança do crédito público, consubstanciando solução administrativa que evita o ajuizamento de demandas desnecessárias e estimula o contribuinte em situação irregular ao cumprimento de suas obrigações. O regime jurídico do depósito judicial para suspensão da exigibilidade crédito tributário, como faculdade do contribuinte, impõe que o montante depositado no bojo da ação judicial se torne litigioso, permanecendo à sorte do resultado final da ação. Consectariamente, o montante depositado resta indisponível para ambas as partes enquanto durar o litígio, posto garantia da dívida sub judice. Os contribuintes que efetuaram depósitos em juízo de valores relativos a débitos da COFINS se equiparam aqueles que adimpliram as suas obrigações, efetuando o pagamento do crédito tributário, porquanto o montante depositado fica condicionado ao resultado final da ação. Com o julgamento da ADC nº 01/DF por esta Corte (Pleno, ADC nº 01/DF, Rel. Min. Moreira Alves, sessão de julgamento de 01/12/93, DJ de 16/06/95), restou assentada a legitimidade da exação, de modo que as ações ajuizadas pelos contribuintes para discussão de sua constitucionalidade encerrarão resultado favorável à Fazenda Pública, o que impossibilita de toda a forma o levantamento dos depósitos judiciais porventura realizados. Forçoso concluir que hipótese encartada neste ato normativo secundário não configura violação ao princípio da isonomia, pois distingue duas situações completamente diferentes: a do contribuinte que voluntariamente efetuou o depósito judicial do débito, ficando imune aos consectários legais decorrentes da mora, e a do contribuinte que se quedou inerte em relação aos débitos que possuía com o Fisco. Não há que se falar, igualmente, em ofensa ao livre acesso à justiça, porque não se impõe o depósito judicial para o ingresso em juízo, o que, acaso exigido, inevitavelmente atrairia o vício de inconstitucionalidade por ofensa ao art. 5º, XXXV, CRFB/88. Caso o contribuinte tenha entrado em juízo e realizado o depósito do montante que entendera devido, havendo eventual saldo a pagar, pode o mesmo aderir ao parcelamento para sua quitação, não havendo que se falar, portanto, em obstrução à garantia de acesso ao Judiciário. Tese firmada na Repercussão Geral: "Não viola o princípio da isonomia e o livre acesso à jurisdição a restrição de ingresso no parcelamento de dívida relativa à Contribuição para Financiamento da Seguridade Social – COFINS, instituída pela Portaria nº 655/93, dos contribuintes que questionaram o tributo em juízo com depósito judicial dos débitos tributários." 20. Recurso extraordinário PROVIDO.

1.1.1 Especificação do Caso e Razões da Submissão à Repercussão Geral

A Fazenda Nacional interpôs Recurso Extraordinário contra acórdão que declarou a inconstitucionalidade do artigo 4º da Portaria nº 655/1993, do Ministério da Fazenda,[2] enunciando que, ao contrário do consignado na decisão recorrida, não houve qualquer violação à isonomia, nem ao livre acesso à Justiça, quando tal Portaria excluiu os contribuintes que

[2] BRASIL. Lei Federal nº 9.718, de 27 de novembro de 1998. Altera a legislação tributária federal. Disponível em: <http://www.planalto.gov.br/ccivil_03/leis/l9718.htm>. Acesso em: 20 de mai. 2019.

realizaram depósito do montante integral em ação judicial do direito de parcelar débitos relativos à COFINS.

Para tanto, a Fazenda Nacional defendeu que a situação dos contribuintes os quais fizeram o depósito judicial seria distinta daqueles que não o realizaram, posto estes últimos continuarem incorrendo em acréscimos moratórios, ao passo que aqueles outros não estão suscetíveis a qualquer consequência moratória, justificando, então, o parcelamento exclusivamente aos débitos não depositados em juízo.

Em contrarrazões, a recorrida TECBRAF – Tecnologia de Produtos para Fundição LTDA propugnou a manutenção do acórdão, enunciando que houve, sim, por parte da referida Portaria, violação à isonomia, não havendo qualquer justificativa apta a ensejar o tratamento desigual entre os contribuintes relativamente a um mesmo tributo.

Finalmente, a recorrida aduziu ter ocorrido ofensa ao direito de acesso à Justiça, porquanto a mencionada exclusão dos débitos depositados em juízo para parcelamento significa vedação à discussão judicial da COFINS, já que, para parcelar, não poderia haver depósitos judiciais para a suspensão da exigibilidade.

1.1.2 Critério de Reconhecimento da Repercussão Geral

Foi unânime o reconhecimento da repercussão geral relativa à questão constitucional debatida nos autos, havendo relevância jurídica e econômica daquilo o que se discutia, qual seja, a constitucionalidade, ou não, do supracitado artigo 4º da Portaria nº 655/1993, do Ministério da Fazenda.

O Ministro relator, Luiz Fux, apenas ressaltou que nem seria necessária demonstração de repercussão geral, porque o Recurso Extraordinário fora interposto anteriormente à emenda Constitucional nº 45/2004, a qual inseriu disposição constitucional exigindo o requisito da repercussão geral. De qualquer forma, como dito, tal pressuposto de admissibilidade da via extraordinária foi reputado existente.

1.2 Mérito da Decisão

O Recurso Extraordinário nº 640.905/SP foi julgado em 15 de dezembro de 2016, em sessão plenária presidida pela Ministra Cármen Lúcia, por maioria, para prover o recurso da Fazenda Nacional, declarando a constitucionalidade do aludido artigo 4º da Portaria nº 655/1993, do

Ministério da Fazenda. Restaram vencidos os Ministros Edson Fachin, Rosa Weber, Ricardo Lewandowski, Gilmar Mendes e Marco Aurélio.

1.2.1 Voto Condutor

O relator Ministro Luiz Fux, cujo voto foi o condutor do acórdão, estabeleceu três premissas básicas para justificar a conclusão de prover o recurso.

A primeira consignou que o regime jurídico do depósito do montante ntegral não permite o levantamento dos valores antes do trânsito em julgado do processo nem para o contribuinte nem à Fazenda Pública, daí porque o sujeito passivo da obrigação tributária não poderia parcelar tais débitos em depósito.

A segunda enunciou que a Portaria em comento teve por escopo a regularização dos débitos de contribuintes que se encontravam em mora, razão pela qual essa situação de inadimplemento seria o elemento que autorizaria o tratamento desigual entre os contribuintes que realizaram o depósito judicial e aqueles que não o fizeram, vedando-se o direito de parcelar para os sujeitos passivos cujo débito constitui objeto de depósito judicial, eis que estes últimos não se encontram em mora.

Quanto à terceira, esta diz com o fato de que o ato normativo em questão não proibiu o parcelamento em face de quem havia ingressado com demanda judicial: apenas veda que os objetos de depósito judicial não poderiam integrar o direito de parcelar, concluindo-se que os contribuintes os quais ajuizaram ações e não depositaram nada poderiam, sim, fazer jus ao direito previsto na Portaria supracitada, não havendo que se falar em ofensa à garantia de acesso à Justiça.

A partir dessas citadas premissas, a conclusão do voto condutor foi de que não houve violação à isonomia, tampouco ao acesso à Justiça, sendo a Portaria supracitada plenamente legítima, merecendo o recurso da fazenda Nacional ser provido.

1.2.2 Votos Vencidos

Os aludidos Ministros cujos votos sucumbiram em face do voto condutor foram unissonos ao afirmar que a violação à isonomia era patente, posto que o parcelamento objeto do ato normativo emitido pelo Ministério da Fazenda trata de contribuintes de um mesmo tributo, sujeitos ao mesmo desgaste econômico.

Eis a síntese do pensamento divergente daquele defendido pelo relator, mediante o voto do Ministro Edson Fachin:

> [...] O fato de um ter depositado, e outro não, diz respeito a uma situação material e concreta que não os retira – como disse, no meu modo de ver, acertadamente, a decisão recorrida – do mesmo quadro da situação jurídica atinente àquela exação. Portanto, com todas as vênias, entendo que há uma ofensa ao princípio da isonomia aqui estabelecido.
> O fato de o contribuinte depositar e, com o depósito, obter a suspensão da exigibilidade do crédito tributário não lhe estabelece, para além de uma diferença, uma circunstância que se circunscreva a uma mera distinção; no meu modo de ver, estabelece uma discriminação, que ofende o princípio da isonomia.

Em relação à ofensa contra a garantia do acesso à Justiça, os votos sucumbentes foram no sentido de que a proibição do parcelamento dos débitos depositados em juízo implicam um entrave para o ingresso de ações judiciais, dado que só poderia parcelar quem não fizesse uso da ação judicial para depositar o montante a ser discutido.

Então, sem enfrentar a premissa da impossibilidade de levantamento de depósitos judiciais pelo contribuinte antes, ou após, a conversão em renda, os votos vencidos foram proferidos pelo consequente desprovimento do Recurso Extraordinário.

1.3 Análise Crítica

O voto do relator foi bem elaborado e fundamentado, apresentando total coerência entre as três premissas elencadas acima e a conclusão do julgado, conforme será melhor explicado a seguir.

Em que pesem as excelentes elucidações acerca do depósito do montante integral e do elemento (mora) que justificaria o tratamento desigual entre contribuintes que efetuaram o depósito em juízo e aqueles não depositantes, há algumas informações acerca da figura jurídica do parcelamento que passaram despercebidas pelo eminente Ministro, as quais certamente poderiam alterar a conclusão.

Parte da doutrina explica que o parcelamento constitui espécie do gênero moratória,[3] podendo-se pensar que toda norma enunciativa do

[3] CARVALHO, Paulo de Barros. *Direito tributário linguagem e método.* 6 ed. São Paulo: Noeses, 2015. p. 560 e 561.

direito de parcelar se referiria, apenas, àqueles contribuintes em mora com a Fazenda Pública.

De toda sorte, o fato é que o Código Tributário Nacional é silente quanto à possiblidade de parcelamento de créditos até mesmo inexigíveis, tendo, a exemplo do artigo 15 do Decreto-Lei nº 82/1966 (dispõe sobre o sistema tributário do Distrito Federal),[4] as legislações locais previsto a possibilidade de recolher tributos em parcelas em vez de o fazer à vista.

Ainda, a realidade dos parcelamentos revela diversas funções extrafiscais das normas que instituem tal benefício, conforme se pode constatar da exposição de motivos do recente Programa Especial de Regularização Tributária – PERT (Lei Federal nº 13.496/2017),[5] cujo trecho vem à colação:

Excelentíssimo Senhor Presidente da República,

> Submeto à apreciação de Vossa Excelência proposta de Medida Provisória que institui o Programa Especial de Regularização Tributária – PERT perante a Secretaria da Receita Federal do Brasil – RFB e a Procuradoria-Geral da Fazenda Nacional – PGFN.
>
> 2. O PERT tem como objetivos a prevenção e a redução de litígios administrativos ou judiciais relacionados a créditos tributários e não tributários, bem como a regularização de dívidas tributárias exigíveis, parceladas ou com exigibilidade suspensa.
>
> 3. Levantamento efetuado pela RFB em 31/03/2017 demonstra que somente no âmbito da RFB o total dos créditos ativos (devedores, parcelados e com exigibilidade suspensa por litígios administrativo ou judicial) ultrapassa o montante de R$ 1,67 trilhão. Desses, 63,4%, equivalentes a R$ 1,06 trilhão, estão com sua exigibilidade suspensa em decorrência de pro-

[4] Art. 15 – Far-se-á o lançamento, anualmente, exigido o imposto de uma só vez ou em parcelas, conforme dispuser o Regulamento". BRASIL. Decreto-Lei nº 82, de 26 de dezembro de 1966. Regula o Sistema Tributário do Distrito Federal e dá outras providências. Disponível em:
<http://www.fazenda.df.gov.br/aplicacoes/legislacao/legislacao/TelaSaidaDocumento.cfm?txtNumero=82&txtAno= 1966&txtTipo=90&txtParte=.>. Acesso em: 05 de jun. 2019.

[5] BRASIL. Exposição de motivos da Medida Provisória nº 783, de 31 de maio de 2017. Institui o Programa Especial de Regularização Tributária junto à Secretaria da Receita Federal do Brasil e à Procuradoria-Geral da Fazenda Nacional. Disponível em: <https://www2.camara.leg.br/legin/fed/medpro/2017/medidaprovisoria-783-31-maio2017-784999-exposicaodemotivos-152944-pe.html>. Acesso em: 05 de jun. 2019.

cesso administrativo e 15,8%, equivalentes a R$ 264,12 bilhões, estão com exigibilidade suspensa em decorrência de processo judicial, ou seja, R$ 1,33 trilhão estão suspensos por litígio administrativo ou judicial. No âmbito da PGFN, para a mesma data, havia cerca de R$ 1,8 trilhão de débitos inscritos em Dívida Ativa da União. Desse montante, R$ 1,4 trilhão eram exigíveis, enquanto que R$ 400 bilhões estavam parcelados, garantidos ou suspensos por decisão judicial. Objetiva-se com a proposta a redução desses litígios e o consequente aumento na arrecadação tão necessária nesse momento do País.
4. Quanto à regularização de dívidas exigíveis, a proposta justica-se pela necessidade de proporcionar às empresas condições de enfrentarem a crise econômica atual por que passa o País, permitindo que voltem a gerar renda e empregos e a arrecadar seus tributos [...]".

Somente do trecho elencado acima, verificam-se, pelo menos, três funções extrafiscais do referido Programa Especial: promover a regularização dos contribuintes em mora, prevenir litígios judicial ou administrativo e conceder um maior fluxo de caixa para as pessoas jurídicas, de modo que possam ter condições de contratar mão-de-obra e gerar empregos.

Note-se que, no supracitado Programa Especial, não há qualquer restrição para adesão pelos sujeitos passivos ainda em mora, ou não, eis que todos podem ser parcelados, inclusive os valores objeto de discussão judicial (sem haver condicionamento em relação a depósitos judiciais).[6]

No caso da Portaria nº 655/1993, do Ministério da Fazenda, não havia qualquer justificativa econômica, social ou histórica que pudesse segregar os contribuintes que fizeram depósito judicial daqueles os quais não realizaram.

Isto porque tal ato normativo não mencionou o porquê de a Portaria ter, supostamente, restringido os sujeitos passivos destinatários dos

[6] "Art. 1º Fica instituído o Programa Especial de Regularização Tributária (Pert) na Secretaria da Receita Federal do Brasil e na Procuradoria-Geral da Fazenda Nacional, nos termos desta Lei.
§ 2º O Pert abrange os débitos de natureza tributária e não tributária, vencidos até 30 de abril de 2017, inclusive aqueles objeto de parcelamentos anteriores rescindidos ou ativos, em discussão administrativa ou judicial, ou provenientes de lançamento de ofício efetuados após a publicação desta Lei, desde que o requerimento seja efetuado no prazo estabelecido no § 3º deste artigo [...]".

comandos normativos. Com isso, verifica-se que, além da finalidade extrafiscal de promover a regularização perante a União, havia a função de fomentar a melhora do fluxo de caixa das pessoas jurídicas, função esta que não foi afastada pelo ato normativo objeto de análise do acórdão em questão.

E ressalte-se que essa última característica extrafiscal (propiciar melhor fluxo de caixa) não foi afastada quando da edição da Portaria aludida, razão pela qual não havia motivos para segregar sujeitos passivos relativos a um mesmo tributo, no caso, a COFINS.

Assim, tanto as empresas as quais fizeram depósito judicial, quanto aquelas que deixaram de depositar, não possuem o fator de justificação para um tratamento desigual: ambas estão amparadas pela benesse da melhoria do fluxo de caixa, decorrente da Portaria citada alhures.

Com o devido respeito e acatamento à decisão do relator, o ato normativo objeto do acórdão aqui analisado é inconstitucional em face do princípio da isonomia, haja vista que o mencionado diploma infralegal não se aplica, apenas, aos devedores em mora, porém tem aplicação àqueles que afastaram a mora mediante o depósito judicial, pois estes últimos também podem ser beneficiados com a melhora do fluxo de caixa ocasionada pelo parcelamento.

Quanto ao suposto desrespeito à garantia do acesso à Justiça, as elucidações contidas no voto condutor são consentâneas com essa garantia fundamental, porquanto os sujeitos que ingressaram em juízo, por si só, não foram excluídos do parcelamento enunciado pelo ato normativo infralegal aludido acima.

O só fato de ajuizar uma demanda não implica o afastamento da mora, razão pela qual não houve ofensa alguma à norma constitucional do acesso à Justiça.

Por fim, conclui-se que o recurso da Fazenda Nacional deveria ter sido parcialmente provido, para declarar a inconstitucionalidade da Portaria mencionada em face do princípio da isonomia, bem como para enunciar a compatibilidade do ato infralegal mencionado com a garantia do acesso à Justiça.

Capítulo XXVIII
Recurso Extraordinário nº 574.706

Maria das Graças Patrocínio Oliveira
Marcos Aurélio Pereira Valadão

1. Recurso Extraordinário nº 574.706[1]

Recorrente: Imcopa Importação, Exportação e Indústria de Óleos Ltda
Recorrido: União
Relator: Ministra Cármen Lúcia
Votação: Maioria
Data de julgamento: 15 de março de 2017

1.1 Ementa

RECURSO EXTRAORDINÁRIO COM REPERCUSSÃO GERAL. EXCLUSÃO DO ICMS NA BASE DE CÁLCULO DO PIS E COFINS. DEFINIÇÃO DE FATURAMENTO. APURAÇÃO ESCRITURAL DO ICMS E REGIME DE NÃO CUMULATIVIDADE. RECURSO PROVIDO. 1. Inviável a apuração do ICMS tomando-se cada mercadoria ou serviço e a correspondente cadeia, adota-se o sistema de apuração contábil. O montante

[1] BRASIL. Supremo Tribunal Federal. Recurso Extraordinário nº 574.706, Relatora: Min. Cármen Lúcia, Tribunal Pleno, julgado em 15.03.2017, Repercussão Geral, DJe-223, Divulg. 29.09.2017, Public. 2.10.2017.

de ICMS a recolher é apurado mês a mês, considerando-se o total de créditos decorrentes de aquisições e o total de débitos gerados nas saídas de mercadorias ou serviços: análise contábil ou escritural do ICMS. 2. A análise jurídica do princípio da não cumulatividade aplicado ao ICMS há de atentar ao disposto no art. 155, § 2º, inc. I, da Constituição da República, cumprindo-se o princípio da não cumulatividade a cada operação. 3. O regime da não cumulatividade impõe concluir, conquanto se tenha a escrituração da parcela ainda a se compensar do ICMS, não se incluir todo ele na definição de faturamento aproveitado por este Supremo Tribunal Federal. O ICMS não compõe a base de cálculo para incidência do PIS e da COFINS. 3. Se o art. 3º, § 2º, inc. I, *in fine*, da Lei nº 9718/1998 excluiu da base de cálculo daquelas contribuições sociais o ICMS transferido integralmente para os Estados, deve ser enfatizado que não há como se excluir a transferência parcial decorrente do regime de não cumulatividade em determinado momento da dinâmica das operações.4. Recurso provido para excluir o ICMS da base de cálculo da contribuição ao PIS e da COFINS.

1.1.1 Especificação do Caso e Razões da Submissão à Repercussão Geral

Trata-se de Recurso Extraordinário interposto pela empresa Imcopa Importação, Exportação e Indústria de Óleos Ltda contra o seguinte acórdão do Tribunal Regional Federal da 4ª Região:

> TRIBUTÁRIO – ICMS – INCLUSÃO NA BASE DE CÁLCULO DA CONTRIBUIÇÃO PARA O PIS E DA COFINS. O ICMS integra a base de cálculo da contribuição para o PIS e da COFINS.

Na origem, trata-se de mandado de segurança preventivo impetrado na 8ª Vara Federal Cível de Curitiba em face do Delegado da Receita Federal em Curitiba/PR, no qual se requer a concessão da segurança para fins de "excluir da base de cálculo do PIS e da Cofins os valores correspondentes ao Imposto sobre Operações relativas à Circulação de Mercadorias e Prestação de Serviços de Transporte Interestadual e Intermunicipal e de Comunicação – ICMS, impedindo que a autoridade coatora venha a lançar e exigir o presente tributo em relação à referida base de cálculo, assim como reconhecer o direito à compensação/restituição dos valores pagos indevidamente, e a reconstituição da conta gráfica quanto a saldos credores após a não-cumulatividade do PIS e Cofins devidamente atualizados pela Selic, observada a prescrição".

A juíza de primeira instância julgou procedente o pedido, com base em maioria formada no RE 240.785, de relatoria do Ministro Marco Aurélio, julgado no Plenário do Supremo Tribunal Federal. Após, em apelação e remessa necessária, deu-se procedência ao recurso, por maioria, no sentido de reformar a sentença de mérito e assentar que o ICMS integra a base de cálculo das contribuições para o PIS/Cofins, como se depreende da ementa supracitada.

Nas razões recursais sustenta a recorrente a impossibilidade de parcela do ICMS compor a base de cálculo da contribuição ao PIS e da Cofins; que a natureza do ICMS vai de encontro ao conceito de faturamento, logicamente nele não se enquadrando. Argui que a parcela relativa ao ICMS não constitui patrimônio ou riqueza da empresa, tratando-se, única e exclusivamente, do ônus fiscal ao qual está sujeita.

1.1.2 Critério de Conhecimento da Repercussão Geral

A Relatora, Ministra Cármen Lúcia submeteu a questão à análise de existência da repercussão geral, ressaltando que a matéria constitucional discutida no Recurso Extraordinário nº 574.706 também era objeto do Recurso Extraordinário nº 240.785, Relator o Ministro Marco Aurélio, pendente à época, de conclusão de julgamento no Plenário do Supremo Tribunal Federal em razão de pedido de vista do Ministro Gilmar Mendes. Quando do pedido de vista, contavam-se naquele julgamento seis votos no sentido do seu provimento, tendo havido o pedido de vista pelo Ministro Gilmar Mendes. A afetação daquele recurso, cujo objeto é a inclusão do ICMS na base de cálculo da Cofins e da contribuição ao PIS ao Plenário daquele Corte pareceu à Ministra ser inegável repercussão jurídica, econômica e social de que se reveste o tema, todavia, ressaltou a Ministra Cármen Lúcia, seria insuficiente a finalização do julgamento do RE nº 240.785 sem a qualificadora constitucional da repercussão geral, que, uma vez reconhecida, oferece solução definitiva sobre a matéria e impede a repetição processualmente indevida e socialmente onerosa de outros processos com identidade de objetos e efeitos.

O Supremo Tribunal Federal reconheceu a repercussão geral da questão constitucional da matéria objeto do presente julgamento em

24.04.2008. Não se manifestaram os Ministros Gilmar Mendes e Ellen Gracie. Eis a ementa da decisão:

> Ementa: Reconhecida a repercussão geral da questão constitucional relativa à inclusão do ICMS na base de cálculo da COFINS e da contribuição ao PIS. Pendência de julgamento no Plenário do Supremo Tribunal Federal do Recurso Extraordinário nº 240.785.

1.2 Mérito da Decisão

O Recurso Extraordinário nº 574.706 foi julgado em 15 de março de 2017, em sessão plenária presidida pela Ministra Cármen Lúcia. Recurso conhecido e provido, por maioria de votos. Além da presidente do STF e relatora, votaram pelo provimento do recurso a ministra Rosa Weber e os ministros Luiz Fux, Ricardo Lewandowski, Marco Aurélio e Celso de Mello. Ficaram vencidos os ministros Edson Fachin, que inaugurou a divergência, Luís Roberto Barroso, Dias Toffoli e Gilmar Mendes.

1.2.1 Voto Condutor

A Relatora, Ministra Cármen Lúcia, ao votar pela exclusão do ICMS na base do PIS e da Cofins, utilizou como principal argumento o fato de o ICMS não ser uma receita própria, mas um valor repassado ao Estado. Por conta disso, não seria possível incluir o imposto no conceito de faturamento, que é a base de cálculo das referidas contribuições.

A Ministra Cármen Lúcia analisou os precedentes da casa que trataram dos conceitos de faturamento e receita, citou trechos do voto do Ministro Cezar Peluzo, proferido nos RE 346.084, 358.273, 357.950 e 390.840, e concluiu que o ICMS não pode ser entendido como um ingresso do contribuinte, ou seja, não se trata de receita. No entendimento da Ministra, o fato de o ICMS ser escriturado é indiferente, já que tais valores são destinados à Fazenda Pública, e não à pessoa jurídica que efetuou a venda da mercadoria. A tese de repercussão geral fixada foi a de que "O ICMS não compõe a base de cálculo para fins de incidência do PIS e da Cofins".

Seu entendimento foi acompanhado pela Ministra Rosa Weber, que fundamentou seu voto no precedente sobre PIS/Cofins-Importação de sua relatoria (RE nº 606.107). Seguiu também a relatora o Ministro Luiz Fux, que ressaltou em seu voto que a discussão não se refere à incidência de tributo sobre tributo, mas sim à interpretação dos conceitos de faturamento/receita, que devem ser buscados por meio de conceitos de outros ramos do direito. Seguiram ainda o entendimento da Ministra Cármen Lúcia os Ministros Ricardo Lewandowski, Marco Aurélio e Celso de Mello, que reconheceram que a receita pressupõe definitividade do ingresso.

Conforme consignado em alguns votos do julgamento em questão, no recurso extraordinário (RE) nº 240.785/MG, de relatoria do Ministro Marco Aurélio, por maioria de votos, o STF decidiu que o ICMS não compõe a base de incidência da Cofins[2]. Ressalte-se que nesse caso, como não havia ainda o instituto da repercussão geral, a decisão vale apenas para as partes envolvidas no processo. Esse recurso extraordinário ficou assim ementado:

> TRIBUTO – BASE DE INCIDÊNCIA – CUMULAÇÃO – IMPROPRIEDADE. Não bastasse a ordem natural das coisas, o arcabouço jurídico constitucional inviabiliza a tomada de valor alusivo a certo tributo como base de incidência de outro.
> COFINS – BASE DE INCIDÊNCIA – FATURAMENTO – ICMS. O que relativo a título de Imposto sobre a Circulação de Mercadorias e a Prestação de Serviços não compõe a base de incidência da Cofins, porque estranho ao conceito de faturamento. (RE 240.785, Rel. Ministro Marco Aurélio, Tribunal Pleno, DJe 16.12.2014).

1.2.2 Votos Vencidos

Ficaram vencidos os Ministros Edson Fachin, que inaugurou a divergência, Luis Roberto Barroso, Dias Toffoli e Gilmar Mendes, que votaram pela constitucionalidade da inclusão do imposto estadual na base de cálculo do PIS e da Cofins.

Para o Ministro Edson Fachin, o valor do ICMS destacado na nota, devido e recolhido pela sociedade empresária, compõe seu faturamento, submetendo-se à tributação pelas contribuições ao PIS e à Cofins, por ser integrante do conceito de receita bruta, base de cálculo das referidas exações.

Asseverou esse Ministro que a receita bruta significa uma oscilação patrimonial nova e positiva, e não um incremento no patrimônio do

[2] Aliás, cumpre lembrar que parte desses Ministros já possuíam votos no RE nº 240.785, como é o caso do Ministro Marco Aurélio.

contribuinte, uma vez que há receita também em casos de venda com prejuízo.

Dessa forma, concluiu que o valor do ICMS destacado e recolhido referente a uma operação integrará a receita efetiva do contribuinte, pois gerará oscilação patrimonial positiva, independentemente da motivação do surgimento da obrigação tributária ou da destinação final desse numerário ao Estado.

Diante disso, negou provimento ao recurso extraordinário, propondo a fixação da seguinte tese:

> O valor do ICMS, destacado na nota, devido e recolhido pela sociedade empresária, compõe seu faturamento, submetendo-se à tributação pelas contribuições ao PIS e à COFINS, por ser integrante do conceito de receita bruta, base de cálculo das referidas exações.

O Ministro Roberto Barroso acompanhou a divergência, destacando que o constituinte originário fez uma opção constitucional, ao eleger o faturamento como uma das bases de cálculo das contribuições sociais. Poderia ter escolhido, por exemplo, a receita líquida, mas não o fez.

Afirmou que caso se extraia do faturamento tudo aquilo que for considerado despesa, estar-se-á tributando o lucro.

O recorrente não é um mero arrecadador e repassador para o Erário, como quis fazer crer, porque o ICMS, no caso, não é retido na fonte. Diversos poderiam ser os destinos para a verba recebida a título de ICMS, como, por exemplo, o investimento no mercado financeiro até o seu efetivo recolhimento.

Finalizou sustentando que o conceito constitucional de faturamento é aberto e que o fato de o ICMS compor a base de cálculo da Cofins não ofende o art. 195, inciso I, da Constituição.

O Ministro Dias Toffoli também acompanhou a divergência. Inicialmente afastou o argumento de que o ICMS não é faturamento nem receita.

Asseverou que, embora o adquirente possa arcar com o ônus financeiro do ICMS e de outros gastos próprios da exploração da atividade econômica – como o custo da mão de obra e o da energia elétrica –, desembolsa importe que juridicamente não é tributo, mas sim preço, o qual decorre de uma relação contratual firmada com a vendedora ou com a prestadora de serviços. As vendedoras ou prestadoras, por sua vez, não exercem nem fazem intermediação do exercício do jus imperii relativo ao imposto sobre o adquirente, mas sim auferem receita ou faturamento originários da aludida relação contratual.

E concluiu que: "o ônus financeiro do ICMS transferido, por meio do preço convencionado da mercadoria ou do serviço, para dentro da receita ou do faturamento está abrangido pela materialidade do PIS/ /COFINS".

O Ministro Gilmar Mendes acompanhou a divergência e negou provimento ao RE. Segundo ele, a redução da base de cálculo implicará aumento da alíquota do PIS e da Cofins ou, até mesmo, a majoração de outras fontes de financiamento sem que isso represente mais eficiência. Para esse ministro, o esvaziamento da base de cálculo dessas contribuições sociais, além de resultar em perdas para o financiamento da seguridade social, representará a ruptura do próprio sistema tributário.

1.2.3 Embargos de Declaração Pendentes de Julgamento

Em 20.10.2017, a União opôs Embargos de Declaração, requerendo ao Supremo Tribunal Federal que se manifeste sobre o alcance da decisão, buscando a modulação dos efeitos do acórdão[3] e defendendo regras específicas para a restituição dos valores de PIS/Cofins indevidos. Tentando provar erro material e omissão no acórdão, a Fazenda Nacional alega que ao analisar o art. 187 da Lei nº 6.404/76 (do qual se extraiu o conceito de faturamento), o STF desconsiderou o art. 12 do Decreto-Lei nº 1.598/77, que versa sobre a receita bruta. Segundo a União, ainda que a questão conste dos votos vencidos dos ministros Dias Toffoli e Gilmar Mendes, e tenha sido levantada nos debates em plenário, os argumentos vencedores não seriam suficientes para afastar a questão relativa ao referido art. 12. Neste ponto, fica nítida a intenção da Fazenda de rediscutir a matéria, e não apenas esclarecer suposto erro material ou omissão no julgado.

[3] A possibilidade de modulação dos efeitos de decisão que declara a inconstitucionalidade de lei ou ato normativo está prevista no artigo 27 da Lei nº 9.868/99, *verbis*: Art. 27. Ao declarar a inconstitucionalidade de lei ou ato normativo, e tendo em vista razões de segurança jurídica ou de excepcional interesse social, poderá o Supremo Tribunal Federal, por maioria de dois terços de seus membros, restringir os efeitos daquela declaração ou decidir que ela só tenha eficácia a partir de seu trânsito em julgado ou de outro momento que venha a ser fixado.

Outro ponto levantado pela Procuradoria-Geral da Fazenda Nacional (PGFN) foi que, no seu entender, a corrente vencedora encontra-se em contradição com o RE 212.209 e com o RE 582.461-RG, nos quais se decidiu que os valores de ICMS se incluem em sua própria base de cálculo. Nessa linha, a embargante requer que o Supremo Tribunal Federal se manifeste sobre o alcance do seu pronunciamento, considerando o risco de que outros tributos também tenham afetada a quantificação de suas bases de cálculo, esclarecendo ainda se foi superado o entendimento firmado nos referidos recursos extraordinários.

Nos Embargos Declaratórios a PGFN também questionou o que efetivamente deve ser descontado da base de cálculo do PIS e da Cofins: se cada contribuinte da cadeia deverá descontar a integralidade do imposto ou se o desconto se limita à parcela do ICMS a ser recolhida em cada etapa da cadeia de circulação, como resultado do cálculo escritural. A Fazenda afirma que a decisão dá espaço para ambas as interpretações, mas que apenas a segunda alternativa é possível, sob pena de se permitir deduções cumulativas em relação a um tributo recolhido de modo não cumulativo.

A PGFN também reiterou o pedido para modulação de efeitos (que devem ser prospectivos), ao fundamento de que o acórdão do STF tem potencial revolucionário, já que promove profundas alterações no sistema tributário brasileiro, além do impacto financeiro e orçamentário. Ao defender tal modulação, a Fazenda afirma que os efeitos da decisão seriam, na prática, desfavoráveis aos contribuintes em geral e à seguridade social, beneficiando, sobretudo, "setores específicos da economia, que estejam em posição privilegiada para se apropriar das vantagens decorrentes da redução da base de cálculo do tributo, e aqueles que produzem bens supérfluos e prejudiciais à saúde, os quais receberão maiores créditos", já que nestes casos o ICMS cobrado é maior.

Ainda no âmbito da discussão sobre a operacionalização dos efeitos da decisão, a União afirmou também que a Receita Federal não dispõe de dados para aplicar a decisão de forma puramente retroativa, já que na apuração do ICMS, na sistemática de débito e crédito, não se segrega os valores a recolher por tipo de receita e diferentes contribuintes recolhem a contribuição ao PIS e à Cofins de diversas maneiras, conforme a classificação do tipo de receita definida na legislação de regência. Nessa linha, a União afirmou que seria necessário o estabelecimento de regra "que guardasse proporcionalidade entre o valor do ICMS a recolher e os diversos tipos de classificação de receitas definidos na legislação das contribuições sociais" e solicitou ao STF que reconheça a possibilidade da Receita Federal instituir "regras gerais, obviamente neutras" para a realização retroativa do decote, "ainda que de forma imperfeita".

1.3 Análise Crítica

Preliminarmente, convém ressaltar que em 05.09.2018 o Ministro Celso de Mello julgou prejudicada a ADC nº 18, que tem idêntico objeto ao tema aqui abordado.

A questão discutida no RE de que se trata centra-se na possibilidade jurídica de se incluir o valor do ICMS na base de cálculo do PIS e da Cofins, ou seja, se aquele imposto integra o conceito de faturamento.

Observa-se que o pronunciamento definitivo do acórdão em questão se escorou na jurisprudência do Supremo Tribunal Federal firmada nos acórdãos RE 150.755, RE 150.764, ADC nº 1, RE 357.950 e, mais recentemente reiterada no RE 240.785, considerado *leading case* sobre o conceito constitucional de faturamento.

Para melhor compreensão da matéria, convém transcrever o art. 195, inciso I, da Constituição Federal de 1988:

> Art. 195. A seguridade social será financiada por toda a sociedade, de forma direta e indireta, nos termos da lei, mediante recursos provenientes dos orçamentos da União, dos Estados, do Distrito Federal e dos Municípios, e das seguintes contribuições sociais:
> I – do empregador, da empresa e da entidade a ela equiparada na forma da lei, incidentes sobre:
> (...)
> b) a receita ou o faturamento;
> (...)

Não existe qualquer vedação em nosso texto Constitucional de que uma exação faça parte da base de cálculo de outra.

Ademais, por se tratar de tributo indireto, o ICMS compõe o preço da mercadoria ou serviço e, por isso, integra o seu faturamento. Esse entendimento foi consagrado em nossa jurisprudência quando da análise da possibilidade de inclusão do valor do ICMS na sua própria base de cálculo. O voto do Ministro Ilmar Galvão, quando do julgamento do RE 212.209, cujo principal trecho se transcreve a seguir, evidencia a forma de tributação levada a efeito pelo legislador federal, que não afronta a Constituição Federal.

> Em votos anteriores, tenho assinalado que o sistema tributário brasileiro não repele a incidência de tributo sobre tributo. **Não há norma constitucional ou legal que vede a presença, na formação da base de cálculo de qualquer imposto, de parcela resultante do mesmo ou de outro tributo**, salvo a exceção, que é a única, do inciso XI do parágrafo 2º do art. 155 da Constituição, onde está disposto que o ICMS não compreenderá, em sua base de cálculo, o montante do imposto sobre produtos industrializados, quando a operação, realizada entre contribuintes e relativa a produto destinado à industrialização ou à comercialização, configure fato gerador dos dois impostos." (os destaques não constam do original)

A receita bruta engloba a totalidade dos recursos auferidos pela empresa com a operação de venda. Em virtude de a receita não se confundir com o lucro, é indevida a dedução dos custos que devem ser suportados pela empresa em razão da venda, inclusive dos custos tributários, dentre os quais se insere o ICMS.

Este o raciocínio que permeou a interpretação da legislação tributária, constitucional e infraconstitucional, por décadas. Dessa forma, não se comunga da tese esposada no RE 574.706.

Com relação ao Embargos de Declaração opostos pela União, requerendo ao Supremo Tribunal Federal que se manifeste sobre o alcance da decisão, buscando a modulação dos efeitos do acórdão e defendendo regras específicas para a restituição dos valores de PIS/Cofins indevidos, não resta dúvida de que a Fazenda Nacional tenta em alguns pontos rediscutir a matéria, e não apenas esclarecer suposto erro material ou omissão no julgado, objetivo ao qual os embargos declaratórios não se prestam. Nesse sentido, são as alegações sobre o art. 187 da Lei nº 6.404/76 (do qual a relatora do acórdão extraiu o conceito de faturamento), e a desconsideração, pela maioria dos julgadores, do disposto no art. 12 do Decreto-Lei nº 1.598/77, que versa sobre a receita bruta.

Quanto ao pedido da modulação dos efeitos para que sejam prospectivos, caso acolhidos, significa que o tributo indevidamente recolhido não seria restituído/compensado. Embora improvável[4], é possível que ocorra modulação nesse sentido. Não se pode esquecer que o Supremo Tribunal Federal já atribuiu efeitos prospectivos a julgamento de matéria tributária[5].

Cumpre ressaltar que no RE nº 574.706/PR discutiu-se a exclusão do ICMS da base de cálculo do PIS/Pasep e da Cofins, não abrangendo a exclusão de outros tributos. Porém, não se pode ignorar o impacto deste julgado em relação a outras teses que discutem a incidência de tributos sobre o faturamento, conforme ressaltado nos Embargos de Declaração, uma vez que as mesmas razões que serviram para embasar o acolhimento da tese vencedora se aplicam no pleito da exclusão de exações que incidem sobre o faturamento: o Imposto Sobre Serviços – ISS e a Contribuição Previdenciária sobre a Receita Bruta – CPRB.

Com relação ao ISS, o STF, na decisão que reconheceu a repercussão geral do debate envolvendo a inclusão desse imposto na base de cálculo

[4] Decisões anteriores do STF, em casos tributários de relevante repercussão, demonstram que o Tribunal, ordinariamente, não considera que impacto no caixa do ente tributante ou impacto orçamentário, configurem excepcional situação de interesse social ou segurança jurídica (art. 27 da Lei nº 9.868/99). Nesse sentido, cumpre mencionar o julgamento do Recurso Extraordinário 559.937, no qual se julgou inconstitucional a inclusão do ICMS na base de cálculo do PIS e Cofins Importação. Também naquele caso, a Fazenda Nacional requereu em Embargos de Declaração a modulação dos efeitos da decisão de forma prospectiva, para alcançar apenas as situações ocorridas após o julgamento, fundamentando o seu pedido exclusivamente com base no impacto financeiro da decisão para a União. Tal requerimento foi indeferido de forma unânime pelos Ministros, nos termos do voto do Relator: "A pretendida modulação dos efeitos da declaração de inconstitucionalidade é, no entanto, medida extrema, que somente se justifica se estiver indicado e comprovado gravíssimo risco irreversível à ordem social. As razões recursais não contêm qualquer indicação concreta, nem específica, desse risco. **A mera alegação de perda de arrecadação não é suficiente para comprovar a presença do excepcional interesse social a justificar a modulação dos efeitos da declaração de inconstitucionalidade na forma pretendida**. Note-se que modular os efeitos, no caso dos autos, importaria em negar o próprio direito ao contribuinte de repetir o indébito de valores que eventualmente tenham sido recolhidos." BRASIL. Supremo Tribunal Federal. Embargos de Declaração no Recurso Extraordinário 559.939-RS, Relator Ministro Dias Toffoli, Julgado em 17.09.2014.

[5] A situação ocorreu no julgamento que originou a Súmula Vinculante nº 08, quando o STF determinou que somente os contribuintes que já tinham ajuizado medidas judiciais contra a aplicação do prazo decadencial e/ou prescricional de 10 anos para as contribuições devidas à seguridade social poderiam se beneficiar dos efeitos da declaração de inconstitucionalidade.

do PIS e da Cofins – RE 592.616, asseverou que tal matéria tange o conceito de receita bruta.

O Supremo Tribunal Federal proferiu decisões vinculando os processos que tratavam da contribuição previdenciária incidente sobre a receita bruta – CPRB, instituída pela Lei nº 12.546/2011, no julgamento do RE 574.706. Nesse sentido cumpre destacar os ministros relatores e os recursos extraordinários:

a) Ministra Rosa Weber (RE 1.004.609/PR);
b) Ministro Ricardo Lewandowski (RE 1.103.041/SP, RE 1.044.194/SC, RE 1.034.004/SC e RE 1.070.936/RS, RE 1.117.095/SC);
c) Ministro Marco Aurélio (RE 1.015.286/RS);
d) Ministro Edson Fachin (RE 1.017.483/SC, RE 1.021.180/SC e 1.088.880/ /RN);
e) Ministro Roberto Barroso (RE 1.066.784/SP, RE 901.783/SC, RE 1.017.317/SC e RE 1.076.156/SC);
f) Ministro Alexandre de Moraes (RE 1.066.786/SP, RE 922.623/RS; RE 1.102.633/RS),
g) Ministro Celso de Mello (RE 1.089.608/SC e RE 997.121/SC);
h) Ministro Dias Toffoli (RE 943.804/RS e RE 1.105.567); e
i) Ministro Luiz Fux (RE 967.623/RS).

Revela-se indiscutível a importância do tema objeto desse estudo, não só pelo impacto financeiro que trará aos cofres da União, mas, principalmente, pelos reflexos relevantes em outras matérias afins, conforme demonstrado. No entanto, a análise definitiva da questão pelo Supremo Tribunal Federal se alonga demasiadamente, comprometendo a segurança jurídica.

Por fim, cumpre consignar que, embora o precedente firmado no julgamento do RE nº 574.706 ainda não tenha transitado em julgado – visto que ainda pendente de apreciação dos embargos de declaração opostos pela Fazenda Nacional –, a decisão proferida produz, desde logo, todos os efeitos próprios de tal julgamento, devendo, por isso mesmo, os demais órgãos do Poder Judiciário fazer a aplicação imediata da diretriz consagrada no tema em questão, consoante entendimento jurisprudencial prevalecente no âmbito da Suprema Corte. Por essa razão, a Receita, a Receita Federal, mediante a Solução de Consulta Interna Cosit nº 13, de 2018, ao interpretar os votos dos Ministros formadores da tese vencedora no RE aqui analisado, manifestou-se no sentido de que a parcela a ser excluída da base de cálculo mensal das contribuições é o valor mensal do ICMS a recolher.

Reputa-se equivocada a decisão do STF pelas razões expostas nos votos divergentes proferidos no Acórdão, que se entende apontarem no sentido da melhor solução do problema, somadas às perplexidades que ensejaram o embargo (ainda pendente), e que indicam no sentido contrário da decisão. As normas tributárias devem ser inseridas e interpretadas no contexto da eficiência e da praticidade. Isto porque, eventualmente um tributo fazer parte da base de cálculo de outro pode simplificar o tratamento da matéria – e isto não é inconstitucional *per se*, a não ser que a própria Constituição tivesse disciplinado a matéria, o que não fez no caso em análise.[6] Até porque se a disputa é pelo montante do tributo a ser pago, basta que haja uma lei aumentando a alíquota restabelecendo a arrecadação nos patamares anteriores, independentemente de o ICMS estar ou não na base de cálculo do PIS/COFINS.

Ademais, os efeitos dessa decisão para os contribuintes pode ser uma fonte de preocupações adicionais. Isto porque se o ICMS for considerado à parte do faturamento, sendo considerado o montante do tributo nas mãos no contribuinte como já pertencente ao Estado, o seu não recolhimento implicaria crime de apropriação indébita, corroborando decisões na esteira da linha adotada pelo STJ no julgamento do HC 399.109/SC[7], ou mesmo do crime previsto no art. 2º, II, da Lei nº 8.137/1990. O tema está pendente de julgamento no STF, a ser decidido no HC 163.334/SC. Decidir pela inexistência do crime, implicará negar o efeito da decisão tomada no RE nº 574.706/PR, aqui objeto de análise. O Direito é um sistema de vasos comunicantes, as decisões com base no mesmo ordenamento jurídico não podem ser contraditórias, mormente quando tomadas pela mesma Corte. Esses aspectos de difícil enfretamento que afloram da decisão tomada no RE nº 574.706/PR corroboram o desacerto da decisão.

[6] Veja-se, por exemplo, a norma constitucional que exclui expressamente o IPI da base de cálculo do ICMS, em situações específicas, conforme dispõe o Art. 155, § 2º, inciso XI, da CF.

[7] STJ – Habeas Corpus nº 399.109 – SC, decidido em 22 de agosto de 2018. Disponível em https://ww2.stj.jus.br/processo/revista/documento/mediado/?componente=ITA&sequencial=1680819&num_registro=201701067980&data=20180831&formato=PDF

Capítulo XXIX
Recurso Extraordinário nº 565160

Renata Andréa Joner Parry

1. Recurso Extraodrinário nº. 565.160[1] – SANTA CATARINA

Relator: Marco Aurélio
Voto Vencedor: Marco Aurélio
Data de julgamento: 29.03.2017

1.1 Ementa

CONTRIBUIÇÃO – SEGURIDADE SOCIAL – EMPREGADOR. A contribuição social a cargo do empregador incide sobre ganhos habituais do empregado, a qualquer título, quer anteriores, quer posteriores à Emenda Constitucional nº 20/1998 – inteligência dos artigos 195, inciso I, e 201, § 11, da Constituição Federal.

1.1.1 Especificação do Caso e Razões da Submissão à Repercussão Geral

No Recurso Extraordinário nº 565.160/RS discutiu-se o recolhimento de contribuição previdenciária a cargo do empregador sobre o total de remunerações pagas ou creditadas a qualquer título, na forma do artigo

[1] BRASIL. Supremo Tribunal Federal. Recurso Extraordinário nº 565.160, Relator Min. Marco Aurélio. Tribunal Pleno, Brasília, DF, em 29.03.2017, DJe de 23.08.2018.

22, inciso I, da Lei nº 8.212/91, à luz do conceito de folha de salários, fixado no artigo 195, inciso I, da Constituição Federal de 1988, como a base de cálculo da aludida contribuição.

A questão examinada abarcou a interpretação do artigo 195, inciso I, da CF/88 tanto antes quanto após a edição da EC n º 20/98, que alterou a sua redação.

A Constituição Federal, em sua redação original, definiu no artigo 195, I, que as fontes de custeio para a seguridade social a cargo dos empregadores seriam a folha de salários, o faturamento e o lucro, nos seguintes termos:

> Art. 195. A seguridade social será financiada por toda a sociedade, de forma direta e indireta, nos termos da lei, mediante recursos provenientes dos orçamentos da União, dos Estados, do Distrito Federal e dos Municípios, e das seguintes contribuições sociais:
> I – dos empregadores, incidente sobre a folha de salários, o faturamento e o lucro;

Com o objetivo de regulamentar o referido dispositivo foi editada a Lei nº 8.212, de 24 de julho de 1991, que acerca da contribuição previdenciária a cargo do empregador dispôs em seu artigo 22, inciso I, a incidência da alíquota de 20% (vinte por cento) sobre "o total das remunerações pagas ou creditadas, a qualquer título, no decorrer do mês, aos segurados empregados, empresários, trabalhadores avulsos e autônomos que lhe prestem serviços".

Nesse período, a interpretação firmada no E. Supremo Tribunal Federal sobre as bases de incidência das contribuições previstas no artigo 195, da CF/88, à exemplo do julgamento do Recurso Extraordinário nº 166.772/RS, conforme se extrai do voto condutor do acórdão proferido pelo Ministro Marco Aurélio, era no sentido de que o dispositivo abarca "rol inegavelmente numerus clausus, exaustivo, e não simplesmente exemplificativo" [2] de modo que "fora das hipóteses explicitamente contempladas, obstaculizou-se a possibilidade de – repito – via lei ordinária, serem estabelecidas novas contribuições"[3].

[2] BRASIL. Supremo Tribunal Federal. RE 166772. Relator Min. Marco Aurélio. Tribunal Pleno, Brasília, DF, em 12.05.1994, DJe de 16.12.1994.

[3] BRASIL. Supremo Tribunal Federal. RE 166772. Relator Min. Marco Aurélio. Tribunal Pleno, Brasília, DF, em 12.05.1994, DJe de 16.12.1994.

Seguindo esse raciocínio, foi examinada a extensão da expressão "folha de salários", contida no inciso I, do artigo 195 da CF/88, para entender que não se confunde com "remuneração" e nem com "folha de pagamentos", devendo ser interpretada como "conjunto de valores remuneratórios pagos pela empresa às pessoas que lhe prestam serviços com vincule de subordinação jurídica"[4], para ao final declarar a inconstitucionalidade do inciso I do artigo 3º da Lei nº 7.787/1989 e afastar a incidência de contribuição sobre a remuneração dos administradores e trabalhadores autônomos, porquanto não amparada pelas fontes descritas no artigo 195, inciso I, da CF/88.

A mesma orientação foi adotada no julgamento do RE nº 177.296/RS, de Relatoria do Ministro Moreira Alves para declarar a inconstitucionalidade, respectivamente, da expressão "autônomos e administradores" e, de forma mais ampla, da expressão "avulsos, autônomos e administradores", mencionadas no inc. I do art. 3º da Lei nº 7.787/1989.

Ato contínuo, o Senado Federal suspendeu a execução das expressões "avulsos, autônomos e administradores" contidas na Lei nº 7.787/1989, pela Resolução nº 15 de 19.04.1995, em virtude do que restou decidido no RE 177.296/RS.

Em seguida, no julgamento das Ações Diretas de Inconstitucionalidade nº 1.102 1.108 e 1.116, todas da relatoria do Relator Ministro Maurício Corrêa também foi reconhecida a inconstitucionalidade dos termos "empresários" e "autônomos", havidos no inc. I do art. 22 da Lei n. 8.212/1991, sob o fundamento de ausência de vínculo empregatício com o sujeito passivo do tributo.

Não por coincidência, em março de 1995 foi enviada para o Congresso Nacional a posposta de Emenda Constitucional que resultou na EC nº 20 de 1998, e dentre outras providências, alterou o artigo 195 da CF/88, para ampliar as fontes de financiamento da seguridade social. Confira-se:

> Art. 195. A seguridade social será financiada por toda a sociedade, de forma direta e indireta, nos termos da lei, mediante recursos provenientes dos orçamentos da União, dos Estados, do Distrito Federal e dos Municípios, e das seguintes contribuições sociais:

[4] BRASIL. Supremo Tribunal Federal. RE 166772. Relator Min. Marco Aurélio. Tribunal Pleno, Brasília, DF, em 12.05.1994, DJe de 16.12.1994.

> **I – do empregador**, da empresa e da entidade a ela equiparada na forma da lei, **incidentes sobre**:
> **a) a folha de salários e demais rendimentos do trabalho pagos ou creditados, a qualquer título, à pessoa física que lhe preste serviço, mesmo sem vínculo empregatício**. (incluído pela Emenda Constitucional nº 20, de 1998) (g.n.)

Também por essa razão, o artigo 22, inciso I, da Lei nº 8.212/1991 foi alterado pela Lei nº 9.528/1997 e pela Lei 9.876/1999, passando a prever a incidência de contribuição previdenciária sobre

> o total das remunerações pagas, devidas ou creditadas a qualquer título, durante o mês, aos segurados empregados e trabalhadores avulsos que lhe prestem serviços, destinadas a retribuir o trabalho, qualquer que seja a sua forma, inclusive as gorjetas, os ganhos habituais sob a forma de utilidades e os adiantamentos decorrentes de reajuste salarial, quer pelos serviços efetivamente prestados, quer pelo tempo à disposição do empregador ou tomador de serviços, nos termos da lei ou do contrato ou, ainda, de convenção ou acordo coletivo de trabalho ou sentença normativa.

Diante desse contexto, na ação de onde se originou Recurso Extraordinário nº 565.160/RS a Empresa Nossa Senhora da Glória buscou afastar exigência contida no artigo 22, inciso I, da Lei nº 8.212/91, com as alterações promovidas pela Lei 9.876/1999, que estabeleceu a incidência de contribuição previdenciária sobre o total das remunerações pagas, devidas ou creditadas a qualquer título aos empregados, excluindo-se da base de cálculo da contribuição todos os valores que não estivessem abarcados pelo conceito de "folha de salários".

Com base nessas razões, o Contribuinte buscou afastar a incidência de contribuição previdenciária sobre valores pagos a seus funcionários a partir de abril de 1995, a título de (i) adicional de periculosidade, (ii) adicional de insalubridade, (iii) gorjetas, (iv) prêmios, (v) adicionais noturnos, (vi) ajudas de custo e (vii) diárias de viagem (excedentes a 50% do salário recebido), bem como as (viii) comissões e (ix) quaisquer outras parcelas pagas **habitualmente**, sob o fundamento de que tais verbas teriam natureza **indenizatória e não salarial**.

A sentença julgou improcedentes os pedidos e foi mantida pelo Tribunal Regional Federal da 4ª Região, em acórdão assim ementado:

TRIBUTÁRIO. CONTRIBUIÇÃO PREVIDENCIÁRIA PATRONAL SOBRE A FOLHA DE SALÁRIOS. ABRANGÊNCIA DO CONCEITO DE SALÁRIO EM SEDE CONSTITUCIONAL. NATUREZA JURÍDICA DAS VERBAS. ART. 22, I, LEI 8.212/91. CONSTITUCIONALIDADE. VERBAS SALARIAIS.

1. O constituinte originário valeu-se de conceito abrangente de salário, análogo ao de remuneração, para fins de incidência de contribuição previdenciária patronal, tendo em vista o disposto no art. 201, § 4º, da CF, atualmente § 11, no sentido de determinar a incorporação dos ganhos habituais do empregado, percebidos a qualquer título, à base econômica tributável.

2. Tanto os valores pagos diretamente pelo empregador ao empregado, os quais constituem o "salário", como aqueles alcançados por terceiros, ambos consubstanciando a "remuneração", servem como contraprestação ao trabalho e à disponibilidade do empregado.

Evidencia-se, assim, o caráter salarial das verbas, o qual constitui elemento necessário e suficiente para legitimar a incidência da exação.

3. Constitucional o art. 22,1, da Lei na 8.212/91, na parte em que instituiu contribuição social patronal incidente sobre "o total das remunerações pagas ou creditadas a qualquer título aos empregados" com fulcro na previsão constitucional originária do art. 195, I, de incidência da exação sobre a "folha de salários".

4. As verbas assinaladas pela parte autora não se revestem de natureza indenizatória, mas, sim, salarial, porquanto não se prestam à reparação de dano ou à compensação pela perda ou abdicação de um direito, tampouco se desvinculam da prestação de serviços pelo empregado e das obrigações ordinárias inerentes ao contrato de trabalho.

Segundo o Tribunal Regional Federal da 4ª Região, mesmo diante da redação original do artigo 195, inciso I, a própria Constituição Federal de 1988, em seu artigo 201, § 4º (atual § 11), autoriza a incorporação de ganhos habituais do empregado percebidos a qualquer título em razão do vínculo empregatício, à base de cálculo da contribuição previdenciária, por entender que:

O próprio constituinte originário, portanto, valeu-se, normativamente, do conceito abrangente de salário, análogo ao de remuneração, para fins de incidência de contribuição previdenciária. Legitimou, assim, a atuação do

> legislador infraconstitucional no sentido de tributar não apenas uma noção estrita de salário, mas qualquer valor percebido habitualmente pelo trabalhador em razão do vínculo empregatício e, dessa forma, o total da remuneração por ele percebida.

Em sede de recurso extraordinário a Empresa reiterou as razões acima, apontando que nem todos os valores pagos aos empregados constituem **salário**, grandeza que se difere do conceito de **remuneração**, em especial no tocante as verbas com natureza indenizatória, motivo pelo qual disposto no artigo 22, I, da Lei nº 8.212/91, tanto em sua redação original quanto na redação dada pela Lei nº 9.876/99, resultou em violação aos artigos 146, 149, 154 e 195, inciso I e § 4º, da CF/88, persistindo a incompatibilidade com o texto constitucional mesmo após a ampliação promovida pela EC nº 20/1998.

O Instituto Nacional de Seguro Social – INSS sustentou a legitimidade da cobrança de contribuição previdenciária nos moldes delineados pelo artigo 22, I, da Lei nº 8.212/91, ao argumento de que a expressão **salário** adotada no artigo 195, inciso I, da CF/88, possui acepção mais abrangente do que a adotada no direito do trabalho, não comportando a diferenciação entre **salário e remuneração**.

Para o INSS o salário "é a contraprestação devida pelo empregador ao empregado pelos serviços que lhe são prestados e sob esta ética, para que não pairasse dúvida, o legislador enumerou nos arts. 457, 458 e 459 da CLT."

Por fim, o INSS salientou que a alteração do disposto no artigo 195, inciso I, "a" da CF/88 promovida pela Emenda Constitucional nº 20/1998 apenas esclareceu o que sempre nele esteve contido, não configurando ampliação da base de cálculo anteriormente fixada.

1.1.2 O critério de Conhecimento da Repercussão Geral

Em 23.11.2007 o RE 565.160/SC foi submetido ao Plenário Virtual pelo Relator, Ministro Marco Aurélio.

Em sua manifestação, o Relator se limitou a expor de forma breve os contornos da lide, apontar os dispositivos constitucionais apontados como violados no Recurso Extraordinário e indicar a existência de repercussão geral sob o fundamento de que seria recomendável "o pronunciamento do Plenário do Supremo sobre a questão, elucidando-se o alcance da expressão folha de salários, contida no artigo 195, inciso I, da Constituição Federal".

Manifestaram-se expressamente pela existência de repercussão geral os Ministros Ellen Gracie, Menezes Direito, Gilmar Mendes, Eros Grau, Celso de Mello, Ayres Brito, Joaquim Barbosa, Ricardo Lewandowski. Cármen Lúcia e Cezar Peluso, confira-se:

Tema
20 – Alcance da expressão "folha de salários", para fins de instituição de contribuição social sobre o total das remunerações.
Classe: **RE**
Número: **565160**
Data de Início: **23/11/2007**
Data Prevista Fim: **13/12/2007**
Relator: MIN. MARCO AURÉLIO
Manifestação/Voto

Ministro	**Questão Constitucional**	**Repercussão Geral**	**Reafirmação de Jurisprudência**
MIN. MARCO AURÉLIO	-	Há	-
MIN. ELLEN GRACIE	-	Há	-
MIN. MENEZES DIREITO	-	Há	-
MIN. GILMAR MENDES	-	Há	-
MIN. EROS GRAU	-	Há	-
MIN. CELSO DE MELLO	-	Há	-
MIN. AYRES BRITTO	-	Há	-
MIN. JOAQUIM BARBOSA	-	Há	-
MIN. RICARDO LEWANDOWSKI	-	Há	-
MIN. CÁRMEN LÚCIA	-	Há	-
MIN. CEZAR PELUSO	-	Há	-

1.2 Mérito da Decisão

O julgamento do recurso extraordinário nº 565.160/SC foi iniciado e concluído na sessão de 29 de março de 2017 pelo Plenário do E. STF. Foi conhecido e desprover o recurso extraordinário interposto pela Empresa Nossa Senhora da Glória, por unanimidade, nos termos do voto do Relator, Ministro Marco Aurélio.

Diante do resultado, também foi acolhida a tese proposta pelo Relator, segundo a qual: "A contribuição social a cargo do empregador incide sobre ganhos habituais do empregado, quer anteriores ou posteriores à Emenda Constitucional nº 20/1998".

Embora não tenham sido proferidos votos divergindo da orientação proposta pelo Relator, foram apresentados votos escritos pelos Ministros Edson Fachin, Roberto Barroso, Rosa Weber, Luiz Fux, Ricardo Lewandowski, Gilmar Mendes e Cármen Lúcia, os quais destacaram, sobretudo, a circunstância de que a orientação jurisprudencial adotada no caso ora em exame não estaria em descompasso com o que decidido nos RREE 166.772/RS e 177.296/RS, porquanto nos referidos precedentes não houve delimitação dos conceitos de salário ou remuneração no âmbito da relação empregatícia.

Tais votos são relevantes na medida em que todos eles trazem elementos para a melhor compreensão das conclusões expostas no voto do Relator, bem como para a delimitação do alcance da prestação jurisdicional.

Não participaram do julgamento os Ministros Celso de Mello e Dias Toffoli, ausentes justificadamente.

1.2.1 Voto do Relator

Em um voto bastante conciso, o Ministro Marco Aurélio apontou que independentemente da alteração na redação do artigo 195 da CF/88 promovida pela EC nº 20/1998, a questão deveria ser examinada à luz do § 4 do artigo 201 da CF/88 (atual § 11), que revelou a extensão do conceito folha de salários ao estabelecer que os "ganhos habituais do empregado, a qualquer título, serão incorporados ao salário para efeito de contribuição previdenciária e consequente repercussão em benefícios, nos casos e na forma da lei."

E assim o fez consignando que único requisito para a definição da abrangência do conceito de folha de salários seria a habitualidade.

Dessa forma, para o Ministro Marco Aurélio não haveria qualquer diferenciação entre o período anterior ou posterior à EC nº 20/1998, tendo em vista o disposto no artigo 201, também do texto constitucional.

À vista disso, o Ministro Marco Aurélio negou provimento ao recurso extraordinário, e propôs a seguinte tese: "A contribuição social a cargo do empregador incide sobre ganhos habituais do empregado, quer anteriores, quer posteriores à Emenda Constitucional nº 20/1998."

1.2.2 Votos Subsequentes

O Ministro Alexandre de Moraes votou logo após o Relator, acompanhando-o. Ao fundamentar suas conclusões, ressaltou que embora o julgamento do RE nº 166.772/RS tenha influenciado diretamente as alterações promovidas no artigo 195, inciso I, da CF/1988 pela EC nº 20/98, sobretudo tendo em vista que naquele julgado foi reduzido o alcance das contribuições previdenciárias em relações de trabalho sem vínculo empregatício, a ampliação promovida pela EC nº 20/98 em nada teria impactado nas relações com vínculo empregatício, que sempre estiveram orientadas pelo disposto no artigo 201, da CF/88, conforme decido no RE 395.537/PB.

Seguindo esse raciocínio o Min. Alexandre de Moraes consignou que:

> Seria incongruente que a contribuição previdenciária patronal incidisse sobre base econômica mais restrita que aquela sobre a qual incide a contribuição devida pelos empregados, especialmente se considerado sua destinação ao custeio da Seguridade Social, e frustraria o imperativo constitucional de equidade na forma de participação no custeio da Seguridade (art. 194, V, CF).

Ao final, o Ministro Alexandre de Moraes propôs a seguinte tese: "É constitucional a incidência da contribuição previdenciária patronal sobre todo o montante de natureza retributiva pago ao trabalho realizado pelos empregados com vínculo celetista, mesmo antes da edição da EC 20/98.

O Ministro Edson Fachin, que votou em seguida, lembrou rapidamente sobre a diferença entre o tema em exame no RE 565.160/SR, da matéria que estaria pendente de julgamento no RE nº 593.068/SC (Tema 163), acerca da contribuição previdenciária de servidores públicos.

Após destacar que conceitos de salário e remuneração não são equiparáveis para efeitos jurídicos, o Min. Fachin concluiu, na mesma linha do voto do Relator, que não haveria incompatibilidade do artigo 22, inciso I, da Lei nº 8.212/1991 com o texto constitucional, em especial partindo-se da interpretação conjunta e sistemática dos artigos 195, inciso I, e 201, § 11, da CF/88, bem como dos conceitos expostos nos artigos 457 e 458 da CLT.

Fazendo referência ao teor do Enunciado da Súmula 688 do STF, o Ministro Fachin lembrou também que em face do disposto no artigo

194, inciso VI, da CF/88, a interpretação do alcance das expressões do artigo 195, inciso I, deveriam ser interpretadas a partir da solidariedade geral e do objetivo de diversidade no financiamento da seguridade social, para concluir também que a EC nº 20/1998 apenas ampliou o a base de incidência da contribuição previdenciária para atingir também trabalhadores sem vínculo empregatício. Confira-se:

> Em síntese, desde a promulgação da vigente ordem constitucional, não há dúvidas acerca da possibilidade de tributação de verbas de trabalhador empregado, tais como as descritas no art. 22, I, da Lei 8.212/91, de modo que não se observam fundamentos jurídicos para a atribuição da pecha de inconstitucionalidade quanto ao ponto.

Enfrentando a distinção proposta pela Recorrente no tocante às parcelas com natureza remuneratória e indenizatória, o Min. Fachin apontou que a jurisprudência do STF tem entendido que a controvérsia é de natureza infraconstitucional, porquanto "um conceito constitucionalizado de renda ou indenização". Nesse sentido, apontou a rejeição da repercussão geral do ARE 745.901/PR[5], Tema 759, envolvendo a incidência de contribuição previdenciária sobre a verba recebida por empregado a título de aviso prévio indenizado, e do AI 705941/SP[6], Tema 236, envolvendo a definição da natureza jurídica das verbas rescisórias para fins de incidência de Imposto de Renda.

O voto seguinte, da lavra do Ministro Roberto Barroso, contemplou abordagem do tema de forma bastante semelhante à do voto do Min. Fachin, tendo (i) apontado as diferenças do caso em exame em relação RE nº 593.068/SC (Tema 163); (ii) discorrido sobre a alteração promovida tanto no artigo 195 da CF/88, como também no artigo 22, inciso I, da Lei nº 8.212/1991, para concluir que independentemente de tais alterações o dispositivo deveria ser interpretado à luz do artigo 201, § 11 e do artigo 194, inciso V, da CF/88.

Após fixar tais premissas, o Min. Barroso assim delimitou o objeto da discussão:

[5] BRASIL. Supremo Tribunal Federal. ARE 745901. Relator Min. Teori Zavascki. Plenário Virtual, Brasília, DF, em 04.09.2014, DJe de 18.09.2014.

[6] BRASIL. Supremo Tribunal Federal. AI 705941. Relator Cezar Peluso. Plenário Virtual, Brasília, DF, em 19.11.2009, DJe de 23.04.2010.

> Dessa forma, não se busca aqui definir, individualmente, a natureza das verbas ou, mais importante se foram pagas com habitualidade ou eventualidade, e quais delas estão habilitadas ou não para compor a base de cálculo da contribuição. Isso, na esteira da jurisprudência desta Corte, é matéria de índole infraconstitucional. De toda sorte, penso que não há aqui nenhuma incompatibilidade desse entendimento expressado pelo Tribunal em diversos julgados, e ao qual me filio, com o que estamos decidindo agora no presente caso. Embora guardem relação, penso que são situações distintas e, de todo modo, fato é que tal análise sobre a natureza jurídica de cada verba não é objetivo do acórdão que reconheceu a repercussão geral do tema.

Por fim, o Min. Barroso apresentou a seguinte sugestão de tese: "o art. 22, I da Lei 8212/91 é constitucional, devendo a contribuição previdenciária do empregador incidir sobre verbas decorrentes diretamente da relação de trabalho, pagas habitualmente e em virtude da atividade laboral desenvolvida pelo trabalhador, excluídas as de claro caráter indenizatório e as pagas eventualmente por mera liberalidade."

Destaca-se, ainda o voto da Min. Cármen Lúcia, que também acompanhou o relator, trazendo análise bastante aprofundada do tema. Segundo ela, embora os artigos 457 e 458 da CLT não apresentem os conceitos de salário e remuneração, reduzindo as verbas tidas como salariais, a intepretação mais restritiva seria incompatível com o artigo 201, § 11, da CF/88, bem como om o princípio da solidariedade, contido no artigo 195, caput da CF/88.

Tanto é assim que a orientação exposta na Súmula 207[7] e no julgamento do RE 389.901/BA foi no sentido da incidência de contribuição previdenciária sobre o décimo terceiro salário, por se tratarem de ganhos habituais consoante o disposto no artigo 201, § 4º, (atual § 11º), mesmo antes da alteração promovida pela EC nº 20/98. Esse entendimento foi reiterado em diversos outros precedentes, resultando na edição da Súmula 688/STF.[8]

[7] Súmula 207/STF: "As gratificações habituais, inclusive a de Natal, consideram-se tacitamente convencionadas, integrando o salário."

[8] Súmula 688/STF: "É legítima a incidência da contribuição previdenciária sobre o 13º salário".

E seguindo esse raciocínio, a Ministra Cármen também ressaltou que esse entendimento não contraria o resultado do julgamento dos RREE 166.772/RS e 177.296/RS, sob o mesmo fundamento de que em tais precedentes a análise foi realizada considerando-se verbas pagas fora da relação empregatícia.

Sobre as verbas tidas como indenizatórias ofereceu interpretação um pouco distinta das demais, ao apontar que:

> 13. Consideradas as expressões postas na Constituição da República ao tratar da contribuição social, não se pode admitir que sua incidência se dê sobre verbas de natureza indenizatória, pois essas não estão abrangidas pelas expressões "folha de salários e demais rendimentos do trabalho pagos ou creditados, a qualquer título, à pessoa física que lhe preste serviço (...)" ou "ganhos habituais do empregado, a qualquer título". Se a finalidade das verbas indenizatórias é a simples recomposição do patrimônio do empregado, não há como enquadrá-las como salário, rendimentos ou ganhos.

Dessa forma, para a Ministra Cármen Lúcia, apenas não poderiam ser atingidas pela incidência de contribuição as verbas entendidas como indenizatórias, assentando tais parceladas não integram a definição de salário do artigo 201, § 4º (atual § 11), nos termos do voto condutor do acórdão proferido pelo Plenário do STF na medida cautelar na ADI nº 1659, que por unanimidade e interpretando a redação originária do artigo 201, § 4º da CF/88 entendeu que as verbas de caráter indenizatório não integrariam a definição de salário.

Apesar disso, apontou que a jurisprudência do STF também está pacificada no sentido de que é inviável o exame sobre a natureza jurídica das verbas (se remuneratória ou indenizatória) apontando o quanto já decidido nos seguintes precedentes: RE 814204 RG, tema 773, Relator Min. Teori Zavascki, Dje de 03.11.2014; RE 611.505 RG, Tema 482, Relator Ministro Ayres Britto, Relator para acórdão Ministro Ricardo Lewandowski, DJe 28.10.2014; ARE 745.901 RG, Tema 759, Relator Ministro Teori Zavascki, DJe 18.9.2014; RE 892.238 RG, Tema 908, Relator Ministro Luiz Fux, DJe 13.9.2016).

1.3 Análise Crítica

O julgamento do referido *leading case* foi ansiosamente aguardado. Havia a expectativa de que a definição da tese abarcada pelo Tema 20 da repercussão geral do STF ofereceria balizas objetivas para solucionar as inúmeras questões envolvendo o alcance da base de cálculo das contribuições previdenciárias à luz do artigo 195, inciso I, alínea "a", da CF/88, considerando-se sua redação original e alterações promovidas pela EC nº 20/98, que ampliou as fontes de custeio da seguridade social.

A exata delimitação da extensão do conceito de "folha de salários" permitiria a adequada orientação de juízes e jurisdicionados para a resolução imediata de tantos outros casos ainda pendentes de julgamento envolvendo a exclusão de verbas da referida base, dentre os quais alguns com repercussão geral reconhecida, conforme se extrai do quadro abaixo:

Verba	Leading Case e Tema
Salário-maternidade	**RE 576.967/PR – Tema 0072** – "Inclusão do salário-maternidade na base de cálculo da Contribuição Previdenciária incidente sobre a remuneração."
Auxílio-acidente – primeiros 15 dias	**RE 611505 /SC (Tema 482):** "Incidência de contribuição previdenciária sobre os valores pagos pelo empregador ao empregado nos primeiros quinze dias de auxílio-doença."
1/3 de férias constitucional	**RE 1.072.485/PR (Tema 985):** natureza jurídica do terço constitucional de férias, indenizadas ou gozadas, para fins de incidência da contribuição previdenciária patronal, à luz dos artigos 97, 103-A, 150, § 6º, 194, 195, inc. I, e 201, caput e § 11, da CF/88.
Férias indenizadas	**RE 1.072.485/PR (Tema 985):** natureza jurídica do terço constitucional de férias, indenizadas ou gozadas, para fins de incidência da contribuição previdenciária patronal, à luz dos artigos 97, 103-A, 150, § 6º, 194, 195, inc. I, e 201, caput e § 11, da CF/88.

Tal expectativa foi gerada especialmente tendo em vista que em outras tantas circunstâncias o STF concluiu pela ausência de repercussão geral de temas correlatos, como por exemplo:

Verba	Leading Case e Tema	Fundamentos da Ausência de repercussão geral
Aviso prévio indenizado	**ARE 745901/PR (Tema 759):** "Incidência de contribuição previdenciária sobre a verba recebida por empregado a título de aviso prévio indenizado."	Concluiu-se pela ausência de repercussão geral sob o argumento de que o Tribunal de origem decidiu a controvérsia tão somente a partir da análise da legislação infraconstitucional (Lei 8.212/91 e Decreto 6.727/09).
Gratificação Especial de Localidade "GEL", transformada em Vantagem Pessoal Nominalmente Identificada "VPNI"	**RE 814204/AM (Tema 773):** "Incidência de contribuição previdenciária sobre a Gratificação Especial de Localidade – GEL, transformada em Vantagem Pessoal Nominalmente Identificada – VPNI."	A Repercussão geral foi rejeitada sob o argumento de que o tema é de natureza infraconstitucional. Foi consignado também que o e STF tem rejeitado a repercussão geral de temas análogos, envolvendo a incidência de tributo sobre determinada verba supõe prévia definição de sua natureza, se remuneratória ou indenizatória, citando como exemplo casos acerca da incidência de imposto de renda sobre tais verbas.
Contribuição Previdenciária a cargo do empregado – Adicional de férias, aviso prévio indenizado, décimo terceiro proporcional, auxílio doença e horas extras	**RE 892238/RS (Tema 908):** "Incidência de contribuição previdenciária a cargo do empregado. Definição da natureza jurídica de parcelas pagas ao empregado, para fins de enquadramento ou não na base de cálculo de contribuição previdenciária, conforme o art. 28 da Lei 8.212/1991."	Reputou-se ausente a repercussão geral sob fundamento de que o Tribunal de origem decidiu a controvérsia acerca da incidência de contribuição previdenciária sobre as verbas pagas a título de adicional de férias, aviso prévio indenizado, décimo terceiro proporcional, auxílio-doença e horas extras, a partir de interpretação e aplicação das normas infraconstitucionais pertinentes (Lei 8.212/1991, Lei 8.213/1991 e Decreto 3.038/1999).

Inclusive, apesar de tratar de tema materialmente distinto, não se poderia deixar de considerar que a lógica adotada nos votos proferidos no julgamento do RE nº 593.068/SC (tema 163), poderia ter alguma influência no julgamento do RE nº 565.160/RS.

Em 29.03.2017, quando iniciado o julgamento do RE nº 565.160/RS (tema 20), o julgamento do RE nº 593.068/SC (tema 163) estava praticamente concluído. Isso porque, em 16.11.2016, apesar da maioria já formada pelo Plenário, para dar provimento ao recurso do contribuinte, nos termos do voto do Relator, Min. Roberto Barroso (acompanhado pelos Ministros Rosa Weber, Luiz Fux, Cármen Lúcia, Edson Fachin e

Ricardo Lewandowski), o julgamento foi suspenso por pedido de vista do Min. Gilmar Mendes.[9]

No RE nº 593.068/SC, foi examinada a base de cálculo das contribuições previdenciárias dos servidores públicos, à luz dos artigos 40, §§ 2º e 12; 150, IV; 195, § 5º; e 201, § 11, da CF/88. No descritivo do tema publicado no sítio do STF constou, a seguinte delimitação da controvérsia:

> Contribuição previdenciária sobre o terço constitucional de férias, a gratificação natalina, os serviços extraordinários, o adicional noturno e o adicional de insalubridade.

Além disso, do voto condutor do acórdão proferido pelo Min. Roberto Barroso[10] podem ser extraídas diversas passagens em que as contribuições do regime próprio são comparadas com as do regime geral. Confira-se:

> 20. Veja-se, então, que tanto para o regime geral quanto para o regime próprio, a base de cálculo da contribuição previdenciária é o salário ou a remuneração do empregado ou do servidor, aos quais devem ser incorporados os chamados "ganhos habituais". Tal incorporação se dá tanto para fins de incidência do tributo como para cálculo dos benefícios. A consequência inexorável, portanto, é que o que não constitua ganho incorporável aos proventos da aposentadoria não sofre a incidência da contribuição previdenciária. O tratamento constitucional da questão, portanto, é expresso, sequer demandando integração interpretativa mais complexa.

E seguindo nesse raciocínio, ao discorrer sobre o caráter contributivo do sistema e sobre o princípio da solidariedade, o Ministro Relator também equiparou o regime próprio ao regime geral, nos seguintes termos:

> (...) Assim, o caráter solidário do sistema afasta a existência de uma simetria perfeita entre contribuição e benefício (como em um sinalagma), enquanto a natureza contributiva impede a cobrança de contribuição previdenciária sem que se confira ao segurado qualquer contraprestação, efetiva ou potencial.

[9] O julgamento do RE nº 593.068/SC foi concluído na assentada de 11.10.2018.

[10] O voto foi disponibilizado pelo Relator, apensar do acórdão ainda não ter sido publicado.

> 28. A matéria foi captada com maestria pelo Min. Celso de Mello, na interpretação equilibrada entre o art. 195, § 5º (que exige que o benefício tenha fonte de custeio) e o art. 201, § 11 (que prevê a relação entre base de cálculo da contribuição e benefício). Com efeito, ao julgara a ADC n. 8, averbou S. Exa:
> (...)
> 29. Note-se que essa lógica se aplica tanto ao regime geral de previdência social, quanto ao regime próprio. Todavia, os §§ 2º e 3º, do art. 40, da CF/88 enfatizam a pertinência desta assertiva no âmbito do regime próprio. De fato, ao estabelecerem que os proventos de aposentadoria serão calculados com base na remuneração do servidor, e que não poderão excedê-los, os dispositivos reforçam a mínima referibilidade que deve existir entre remuneração de contribuição e proventos de aposentadoria.

Como se vê, o Relator reconhece que os §§ 2º e 3º, do art. 40, da CF/88 "enfatizam" o caráter retributivo da contribuição dos servidores públicos, mas não exclui expressamente a aplicação de tais conclusões ao regime geral.

O artigo 40, § 3º, da CF/88, por sua vez, ao definir os critérios e condições para o cálculo dos proventos dos servidores públicos, remete ao artigo 201, § 11º, da CF/88, que trata do regime geral da previdência social, fixando o seguinte:

> § 3º Para o cálculo dos proventos de aposentadoria, por ocasião da sua concessão, serão consideradas as remunerações utilizadas como base para as contribuições do servidor aos regimes de previdência de que tratam este artigo e o art. 201, na forma da lei. (Redação dada pela Emenda Constitucional nº 41, 19.12.2003)

Assim, a base de incidência das contribuições previdenciárias dos servidores públicos também é a que está descrita no artigo 201, § 11, da CF/88, e que norteia o regime geral.

Constatada essa realidade e considerando precedentes do próprio STF (v.g. RE 434.754, Rel. Min. Cezar Peluso, Segunda Turma, DJ de 13.11.2008; AI 712.880/MG, Rel. Min. Ricardo Lewandowski, Primeira Turma, DJ de 26.05.2009; AI 727.958/MG, Rel. Min Eros Grau, Segunda Turma, DJ de 26.05.2009 e de 27.02.2009; AI 710.361/MG, Rel. Min. Cármen Lúcia, Primeira Turma, DJ 08.05.2009) o Ministro Barroso concluiu que não devem compor a base de incidência da contribuição dos servidores públicos as parcelas não incorporáveis aos proventos de aposentadoria, tais como terço de férias, serviços extraordinários, 'adicional noturno e adicional de insalubridade.

A partir de tais constatações se passou a cogitar que a premissa da impossibilidade de fonte de custeio sem contrapartida de benefício direto ao contribuinte também pudesse ser um critério a ser ponderado no julgamento no RE nº 565.160/RS.

Dentre as diversas linhas argumentativas desenvolvidas acerca do tema, no julgamento do RE nº 565.160/RS, como se viu, o Plenário do STF, se limitou a definir que a base de cálculo do prevista no artigo 195, inciso I, alínea "a", da CF/88 corresponde às verbas descritas no artigo 201, § 11, da CF/88, desde que sejam pagas com habitualidade, definindo a seguinte tese: "A contribuição social a cargo do empregador incide sobre ganhos habituais do empregado, quer anteriores ou posteriores à Emenda Constitucional nº 20/1998."

Sobre tais conclusões, primeiramente, é de se destacar não representam uma inovação em relação aos demais julgados da Corte sobre o tema. De fato, a aludida premissa foi prestigiada em diversos outros precedentes, tais como os que resultaram na edição do enunciado da Súmula 688 do STF, segundo o qual: "É legítima a incidência da contribuição previdenciária sobre o 13º salário)."

Em tais julgados (v.g. RE 219689, Rel. Min. Carlos Velloso, Segunda Turma, DJ 20.04.2001; RE 215923, Rel. Min. Carlos Velloso, Segunda Turma, DJ 20.04.2001; RE 395537, Rel. Min. Ellen Gracie, Segunda Turma, DJ 02.04.2004) é assentada a natureza salarial do 13º salário por força do disposto no artigo 201, § 4º da CF/88 vigente à época (atual § 11), no sentido de que os ganhos habituais do empregado serão incorporados ao salário para efeito de contribuição previdenciária.

E mais, ao definir no RE nº 565.160/RS que a contribuição a cargo do empregador está atrelada ao disposto no artigo 201, § 11, da CF/88, tal conclusão também se aproxima da orientação firmada no RE nº 593.068/SC, conforme exposto acima.

A tese firmada no RE nº 565.160/RS também não representa alteração jurisprudencial em relação ao quanto decidido no RE nº 166.772/RS, conforme salientado nos votos proferidos pelos Ministros Luiz Fux, Alexandre de Moraes e Cármen Lúcia.

No RE nº 166.772/RS, o voto condutor do acórdão também da lavra Min. Marco Aurélio discorreu longamente sobre os conceitos de "folha de salários", "empregado" e "empregador" fixados no artigo 195, da CF/88 e a necessidade de que a interpretação do dispositivo não extrapolasse a delimitação envolvendo a relação de emprego. Apesar disso, a conclusão pela adoção de um conceito mais restrito do da expressão "folha de salários" não é incompatível com a conclusão de que poderão ser considerados para tal fim as verbas pagas com habitualidade, na forma do artigo 201, § 11, da CF/1988. Em verdade, ao discorrer sobre tais conceitos o Min. Relator buscou diferenciar os pagamentos realizados em relações de trabalho com e sem vínculo empregatício. A análise comparativa das conclusões do RE nº 565.160/RS e de outros precedentes já examinados pelo E. STF até o momento demonstra que a Corte adotou posições coerentes com julgados anteriores.

Apesar disso, no entanto, a tese firmada no julgamento do RE nº 565.160/RS não é suficiente para solucionar as questões acerca do tema, ao contrário do que se esperava. Embora a habitualidade tenha sido o critério preponderante para a definição das verbas que irão compor a base de cálculo da contribuição previdenciária patronal, não foi delimitado qual seriam os contornos para classificação de determinadas verbas como habituais ou não habituais. Não está definido se valores pagos a título de horas extras, por exemplo, poderiam ser considerados habituais.

Além disso, a despeito da coerência da posição adotada com julgados anteriores sobre o tema, a mesma coerência parece não estar norteando a definição sobre a existência ou não da repercussão geral em temas correlatos, especialmente quando o fundamento (ou critério) para a avaliação é natureza indenizatória ou remuneratória da verba.

Os quadros acima demonstram, por exemplo, que o Plenário Virtual do STF reconheceu a repercussão geral da discussão envolvendo a natureza jurídica do terço constitucional de férias (RE 1.072.485/PR – Tema 985), mas concluiu pela ausência de repercussão para a realização da mesma análise sobre os valores pagos a título de aviso prévio (ARE 745901/PR – Tema 759).

No caso do RE 611505 /SC (tema 482 "Incidência de contribuição previdenciária sobre os valores pagos pelo empregador ao empregado nos primeiros quinze dias de auxílio-doença.") a questão ficou ainda mais intrigante, tendo em vista que após a proclamação do resultado do julgamento no sentido da ausência de repercussão geral do tema, a Fazenda Nacional opôs embargos de declaração apontando erro na apuração do *quorum* qualificado, exigido pelo artigo 102, §3°, da CF/88.

O atual Relator do RE 611505 /SC, Min. Edson Fachin, levou os embargos de declaração para julgamento pelo Plenário do STF em 29.06.2017, oportunidade em que deu provimento ao recurso da Fazenda Nacional, para reconhecer a repercussão geral do tema. O julgamento foi suspenso por pedido de vista da Min. Cármen Lúcia e assim permanece desde então.

O tema, aliás, já foi examinado no âmbito do Superior Tribunal de Justiça, por ocasião do julgamento do Recurso Especial 1.230.957/RS (Tema 478), no sentido de que a verba não poderia integrar a base de cálculo das contribuições previdenciárias em virtude de sua natureza indenizatória.

Outros casos envolvendo a mesma discussão acerca de diversas outras verbas foram julgados pelo STJ adotando critério da natureza indenizatória da verba. O quadro abaixo indica alguns desses casos e a posição atual do STF sobre o mesmo tema, confira-se:

Verbas	STF Integra a base de cálculo	STF Descritivo	STJ Integra a base de cálculo	STJ Descritivo
Salário-maternidade	**Rep. Geral pendente de julgamento.**	**RE 576.967/PR - Tema 0072** - "Inclusão do salário-maternidade na base de cálculo da Contribuição Previdenciária incidente sobre a remuneração." O *leading case* não trata de salário paternidade.	**Sim**	**REsp 1.230.957/RS (Tema 478)** Tese firmada: O salário-maternidade possui natureza salarial e integra, consequentemente, a base de cálculo da contribuição previdenciária.
Adicionais noturno e de periculosidade	**Não para regime próprio dos servidores públicos** **Inexiste precedente específico para o regime geral.**	Possível análise em face do disposto no **RE nº 565.160/SC (Tema 20)** e do **RE nº 593.068/ /SC (Tema 163).**	**Sim**	**REsp 1.358.281/SP (tema 688)** Tese firmada: O adicional noturno constitui verba de natureza remuneratória, razão pela qual se sujeita à incidência de contribuição previdenciária. **(tema 688)** Tese firmada: O adicional de periculosidade constitui verba de natureza remuneratória, razão pela qual se sujeita à incidência de contribuição previdenciária
13º salário	**Sim**	**Súmula 688: É legítima a incidência da contribuição previdenciária sobre o 13º salário.** (RE 219689, Rel. Min. Carlos Velloso, Segunda Turma, DJ 20.04.2001; RE 215923, Rel. Min. Carlos Velloso, Segunda Turma, DJ 20.04.2001; RE 395537, Rel. Min. Ellen Gracie, Segunda Turma, DJ 02.04.2004	**Sim**	**REsp 1.066.682/SP (tema 216)** Tese firmada: A Lei n. 8.620/93, em seu art. 7º, § 2º autorizou expressamente a incidência da contribuição previdenciária sobre o valor bruto do 13º salário, cuja base de cálculo deve ser calculada em separado do salário-de-remuneração do respectivo mês de dezembro.

Horas Extras	**Não para regime próprio dos servidores públicos** **Inexiste precedente específico para o regime geral**	Possível análise em face do disposto no **RE nº 565.160/SC (Tema 20)** e do **RE nº 593.068/ /SC (Tema 163).**	**Sim**	**REsp 1.358.281/SP (tema 687)** Tese firmada: As horas extras e seu respectivo adicional constituem verbas de natureza remuneratória, razão pela qual se sujeitam à incidência de contribuição previdenciária.
Auxílio-acidente – primeiros 15 dias	**Aguardando julgamento sobre a existência de repercussão geral.**	**RE 611505 /SC (Tema 482):** "Incidência de contribuição previdenciária sobre os valores pagos pelo empregador ao empregado nos primeiros quinze dias de auxílio-doença."	**Não**	**REsp 1.230.957/RS (Tema 478)** Tese firmada: Sobre a importância paga pelo empregador ao empregado durante os primeiros quinze dias de afastamento por motivo de doença não incide a contribuição previdenciária, por não se enquadrar na hipótese de incidência da exação, que exige verba de natureza remuneratória.
Aviso prévio indenizado	**Ausência de repercussão geral.**	**ARE 745901/PR (Tema 759):** "Incidência de contribuição previdenciária sobre a verba recebida por empregado a título de aviso prévio indenizado."	**Não**	**REsp 1.230.957/RS (Tema 478)** Tese firmada: Não incide contribuição previdenciária sobre os valores pagos a título de aviso prévio indenizado, por não se tratar de verba salarial.
1/3 de férias constitucional	**Rep. Geral pendente de julgamento.**	**RE 1.072.485/PR (Tema 985):** natureza jurídica do terço constitucional de férias, indenizadas ou gozadas, para fins de incidência da contribuição previdenciária patronal, à luz dos artigos 97, 103-A, 150, § 6º, 194, 195, inc. I, e 201, caput e § 11, da CF/88.	**Não**	**REsp 1.230.957/RS (Tema 479)** Tese firmada: A importância paga a título de terço constitucional de férias possui natureza indenizatória/ compensatória, e não constitui ganho habitual do empregado, razão pela qual sobre ela não é possível a incidência de contribuição previdenciária (a cargo da empresa).

Uma análise comparativa entre os diferentes critérios adotados pelo STF e pelo STJ (verba habitual X natureza indenizatória) e a ausência de repercussão geral de algumas verbas poderá significar que não haverá incidência de contribuição previdenciária sobre verbas já consideradas indenizatórias pelo STJ como de natureza indenizatória, como é o caso do aviso prévio indenizado, ainda que possivelmente tal verba pudesse ser considerada habitual.

É evidente que em algumas circunstâncias essa análise precisa ser realizada caso a caso, mas ao interpretar o artigo 201, § 11, da CF/88 o STF poderia ter fixado contornos mais precisos do que é considerado habitual, inclusive para uma melhor avaliação sobre o reconhecimento da repercussão geral de temas correlatos, bem como para permitir o fim da discussão envolvendo os valores que deverão integrar a base de cálculo da contribuição previdenciária prevista no artigo 195, inciso I, da CF/88.

Capítulo XXX
Recurso Extraordinário nº 718.874

Leidson Rangel Oliveira Silva

1. Recurso Extraordinário nº 718.874 – Rio Grande do Sul

Relator: Ministro Edson Fachin
Voto vencedor: Ministro Alexandre de Moraes
Data de julgamento: 30 de março de 2017.

1.1 Ementa

TRIBUTÁRIO. EC 20/98. NOVA REDAÇÃO AO ARTIGO 195, I DA CF. POSSIBILIDADE DE EDIÇÃO DE LEI ORDINÁRIA PARA INSTITUIÇÃO DE CONTRIBUIÇÃO DE EMPREGADORES RURAIS PESSOAS FÍSICAS INCIDENTE SOBRE A COMERCIALIZAÇÃO DA PRODUÇÃO RURAL. CONSTITUCIONALIDADE DA LEI 10.256/2001.
1. A declaração incidental de inconstitucionalidade no julgamento do RE 596.177 aplica-se, por força do regime de repercussão geral, a todos os casos idênticos para aquela determinada situação, não retirando do ordenamento jurídico, entretanto, o texto legal do artigo 25, que, manteve vigência e eficácia para as demais hipóteses.
2. A Lei 10.256, de 9 de julho de 2001 alterou o artigo 25 da Lei 8.212/91, reintroduziu o empregador rural como sujeito passivo da contribuição, com a alíquota de 2% da receita bruta proveniente da comercialização

da sua produção; espécie da base de cálculo receita, autorizada pelo novo texto da EC 20/98.
3. Recurso extraordinário provido, com afirmação de tese segundo a qual *É constitucional formal e materialmente a contribuição social do empregador rural pessoa física, instituída pela Lei 10.256/01, incidente sobre a receita bruta obtida com a comercialização de sua produção.*

1.1.1 Especificação do Caso e Razões da Submissão à Repercussão Geral

Trata o caso de Recurso Extraordinário originário do Estado do Rio Grande do Sul, interposto pela União em face de acórdão proferido pela 1ª Turma do Tribunal Regional Federal da 4ª Região, o qual deu provimento parcial à apelação de José Carlos Staniszewski.

Em sua decisão, o Tribunal entendeu ser inconstitucional a exigência da contribuição do produtor rural pessoa física incidente sobre a receita bruta proveniente da comercialização de sua produção, impropriamente chamada de FUNRURAL, prevista no art. 25, I e II, da Lei 8.212/1991, na redação conferida pela Lei 10.256/2001.

Na origem, trata-se de ação declaratória cumulada com repetição de indébito, com pedido de tutela antecipatória, ajuizada em 08/06/2010 na Vara da Justiça Federal da Subseção Judiciária de Maringá, Estado do Paraná, na qual o contribuinte, ora recorrido, no mérito, pleiteava: a) a declaração da inconstitucionalidade da contribuição social instituída pelo art. 1º, da lei 8.540/92, que deu nova redação aos artigos 12, incisos V e VII, art. 25, e incisos I e I, e art. 30, inciso IV, todos da lei 8.212/91, com redação atualizada até a lei 10.256/2001; b) o direito de não sofrer a retenção e desconto do referido tributo; e c) a repetição do indébito. Na primeira instância, a ação foi julgada improcedente em 26/11/2010.

Inconformado, o contribuinte interpôs recurso de apelação em 17/01/2011, que foi julgado parcialmente procedente pela 1ª Turma do Tribunal Regional Federal da 4ª Região em 28/08/2012, que decidiu pela inconstitucionalidade da contribuição previdenciária, sob o argumento de que o STF já havia firmado entendimento neste sentido, inclusive em sede de repercussão geral, para tanto citou os recursos extraordinários 363.852 e 596.177. A relatora afirmou ainda que a declaração de inconstitucionalidade recaía inclusive sobre as alterações promovidas pela lei 10.256/2001.

Irresignada com a decisão proferira pelo TRF da 4ª Região, a União interpôs o presente recurso extraordinário defendendo a constitucionalidade da contribuição instituída pela lei 10.256/2001, sustentando que: a) o recurso tem fundamento no art. 102, inciso III, alínea "b" da Constituição Federal; b) o RE 363.852 declarou apenas a inconstitucionalidade das leis 8.540/92 e 9.528/97, abrangendo apenas o produtor rural pessoa física com empregados; c) quanto ao segurado especial, o texto constitucional, em seu art. 195, §8º, sempre permitiu a tributação sobre o resultado da produção; d) na vigência da emenda constitucional nº 20/98, foi publicada a lei 10.256/2001 e, a partir dela, a contribuição devida pelo produtor rural empregador passou a ter amparo constitucional, conforme voto condutor proferido no RE 363.852; e) o caput do art. 25 da lei 8.212/91, desde a redação da lei 8.540/92, previa a cobrança do tributo com relação ao produtor rural com empregados e ao produtor rural sem empregados, este último denominado segurado especial; f) o precedente a que se refere o contribuinte restringiu-se ao produtor rural empregador, de modo que apenas esta espécie de contribuinte foi excluída do rol do caput do art. 25 da lei 8.212/91; g) os incisos I e II do art. 25 da lei 8.212/91 nunca foram eliminados do ordenamento jurídico, tanto o é que, mesmo diante das alterações legislativas, a contribuição devida pelo segurado especial sempre permaneceu hígida; h) a lei 10.256/2001 apenas reinseriu o produtor rural com empregados, novo sujeito passivo, no caput do art. 25 citado, de modo que não havia necessidade de reescrever toda a regulamentação uma vez que o dispositivo já regia o segurado especial; i) a nova redação do caput do art. 25 teve o condão de reincluir o produtor rural empregador nas bases de cálculo estatuídas nos incisos, que nunca foram revogados; j) a lei complementar 95/98 prescreve que os artigos desdobram-se em parágrafos e incisos, na medida em que estes expressam os aspectos complementares à norma e/ou suas exceções; k) inexiste bitributação, uma vez que o produtor rural pessoa física não é contribuinte da Cofins e que a contribuição sobre a folha de salários do empregador pessoa física foi substituída pela contribuição sobre o resultado da comercialização; e l) inexiste ofensa ao princípio da isonomia, vez que os produtores rurais, com ou sem empregados, são tributados sobre a mesma base de cálculo e alíquota.

Em suas contrarrazões ao Recurso Extraordinário, o recorrido preliminarmente solicitou o sobrestamento do recurso alegando que estava tramitando no STF um outro Recurso Extraordinário, para o qual fora concedido efeito vinculativo e cuja tramitação se dava sob o rito da repercussão geral, e cuja matéria seria a mesma discutida no Recurso Extraordinário apresentado pela União. O recorrido se referia ao RE 596.177/RS.

No mérito, afirmou que no denominado "Caso Mataboi" o STF havia se manifestado também observando a lei 10.256, de 2001, de modo que a declaração de inconstitucionalidade proferida pela egrégia corte também teria alcançado a aludida lei.

Ademais, sustentou que, ainda que o STF não tivesse analisado o caso sob a ótica da lei 10.256, de 2001, ter-se-ia chegado ao mesmo desfecho, já que no seu entender, a lei arrimada na Emenda Constitucional nº 20, de 1998, e que teve o condão de instituir todo o arquétipo tributário da exação teria sido a lei 8.540, de 1992, sobre a qual recaiu a declaração de inconstitucionalidade por parte do STF.

Reiterou que as legislações posteriores não disciplinaram todos os aspectos da regra-matriz de incidência tributária da contribuição do produtor rural pessoa física incidente sobre o resultado de sua produção, de modo que, no seu entender, não há técnica legislativa capaz de permitir a constitucionalidade da cobrança a partir da lei 10.256, de 2001, visto que deu nova redação apenas ao caput do art. 25 da lei nº 8.212, de 1991.

Quanto aos argumentos levantados pela recorrente, de que inexistiria violação ao princípio da isonomia e de que não haveria bitributação na cobrança da contribuição denominada Funrural, também afirmou que não mereciam ser acolhidos e que ao julgar o RE 363852, o STF já havia afirmado que a contribuição encontrava-se eivada de inconstitucionalidade, visto que conferia tratamento tributário não isonômico, uma vez que o produtor rural pessoa física estaria recolhendo alíquotas superiores às do segurado especial e às dos contribuintes não rurais, e também por que estaria obrigado a recolher tanto a alíquota prevista no art. 21, da Lei 8.212/91 – contribuição do contribuinte individual e do facultativo – quanto a contribuição sobre a receita da comercialização da produção rural ora questionada.

Finaliza pedindo o não acolhimento do Recurso Extraordinário e a sua negativa de provimento, mantendo-se o acórdão que reconheceu a inconstitucionalidade do art. 1º da Lei nº 8.540, de 1992, que deu nova redação aos incisos V e VII do art. 12, aos incisos I e II do art. 25 e aos incisos II e IV do art. 30, todos da lei nº 8.212, de 1991, destacando que a inconstitucionalidade persistia mesmo com a redação dada pela lei nº 10.256, de 2001.

O Ministério Público Federal, por sua vez, se manifestou pela inconstitucionalidade da contribuição instituída, sob os fundamentos de que: a) haveria necessidade de lei complementar, uma vez que se estava diante de uma nova base econômica; b) já havia juízo positivo de inconstitucionalidade sobre os incisos do art. 25 da Lei 8.212/1991; e c) a Emenda Constitucional nº 20/1998 não teria recepcionado os incisos do art. 25, ante a inaplicabilidade da teoria da constitucionalidade superveniente.

1.1.2 Critério de Conhecimento da Repercussão Geral

Em 02 de agosto de 2013, o então relator da matéria, Ministro Ricardo Lewandowski, submeteu a questão ao rito da repercussão geral, manifestando-se pela sua existência, apontando como fundamento o fato de que a própria declaração de inconstitucionalidade do art. 1º da Lei 10.526/2001 pela Corte Especial do Tribunal Regional Federal da 4ª Região já era suficiente para demonstrar a existência de questão que extrapola o mero interesse subjetivo das partes envolvidas no processo.

Por unanimidade, em 22 de agosto de 2013 o Supremo Tribunal Federal reconheceu a existência de repercussão geral da questão constitucional suscitada.

Com o reconhecimento da repercussão geral, o tema "validade da contribuição a ser recolhida pelo empregador rural pessoa física sobre a receita bruta proveniente da comercialização de sua produção, nos termos do art. 1º da Lei 10.256/2001", recebeu o número 669 na lista de temas em repercussão geral.

1.2 Mérito da Decisão

O julgamento do presente Recurso Extraordinário foi iniciado em 29 de março de 2017 e concluído pelo plenário do Supremo Tribunal Federal em 30 de março de 2017.

Na ocasião, o Tribunal, por seis votos a cinco, conheceu e deu provimento ao recurso extraordinário, fixando a tese de que "é constitucional formal e materialmente a contribuição social do empregador rural pessoa física, instituída pela Lei 10.256/2001, incidente sobre a receita bruta obtida com a comercialização de sua produção".

Negavam provimento ao recurso e ficaram vencidos os Ministros Edson Fachin (relator), Rosa Weber, Ricardo Lewandowski, Marco Aurélio e Celso de Mello.

Por outro lado, os Ministros Alexandre de Moraes (redator para o acórdão), Luís Roberto Barroso, Luiz Fux, Cármen Lúcia, Dias Toffoli e Gilmar Mendes votaram no sentido de dar provimento ao o recurso extraordinário.

1.2.1 Voto Vencido

Em breve relatório, o Ministro Edson Fachin, relator do presente Recurso Extraordinário, apontou tratar-se de recurso interposto contra acórdão do Tribunal Regional Federal da 4ª Região, que entendeu indevido o recolhimento de contribuição para o Fundo de Assistência ao Trabalhador Rural (FUNRURAL) sobre receita bruta proveniente da comercialização da produção rural de empregadores, pessoas naturais.

Destacou as razões pelas quais a União, recorrente, alegava a compatibilidade material da contribuição do empregador rural pessoa física prevista no art. 25 da Lei 8.212/91, com redação dada pela Lei 10.256/2001 e sinalizou ainda que a Procuradoria-Geral da República deu parecer pelo desprovimento do recurso extraordinário.

O Ministro iniciou o seu voto efetuando a delimitação do tema, bem afirmando que o recurso em análise exercerá a função de precedente para os demais tribunais. Neste sentido, destacou que a controvérsia residia na constitucionalidade da contribuição social, a ser recolhida pelo empregador rural pessoa física, conforme previsão do artigo 25 da Lei 8.212/91, com a redação dada pela Lei ordinária 10.256/2001, posterior à Emenda Constitucional 20/1998.

Em seguida, trouxe jurisprudência da corte, anterior à Emenda Constitucional 20/98, para reforçar que a particularidade do RE 718.874 residia no fato de que os dispositivos sobre os quais questionam-se a constitucionalidade foram instituídos após a alteração constitucional de 1998.

Afirma que o STF não poderia se abster de enfrentar grandes e complexas questões constitucionais ou evitar debates sobre a regressividade da carga tributária quando há a oportunidade, e que no presente caso o esforço hermenêutico consistiria em analisar se os vícios anteriormente apontados no art. 25 da Lei 8.212/91 foram saneados pela legislação ulterior, notadamente pelo art. 1º da Lei 10.256/01, já sob a égide do novo parâmetro constitucional. Passou então a enfrentar quatro ordens de argumento que entendia necessárias para o deslinde do caso.

A primeira sobre a exclusividade da base de cálculo prevista no art. 195, §8º, da Constituição Federal, dado que a norma constitucional somente prevê o segurado especial como sujeito passivo dessa contribuição social.

Quanto a este aspecto, o Ministro Edson Fachin entendeu que o aludido parágrafo não respaldava a exigência da contribuição social, visto que, segundo o magistrado, o rol de contribuintes ali contido é taxativo e deste modo não haveria espaço para subsumir o empregador rural pessoa física ao dispositivo constitucional, já que a contribuição somente incidiria sobre o resultado da produção do produtor rural pessoa física que exercesse a atividade laboral em regime de economia familiar sem empregados permanentes.

A segunda, se o tributo previsto no artigo 25 da Lei 8.212/91, com a redação dada pelo art. 1º da Lei 10.256/2001, desbordava do rol de fontes constitucionais para o financiamento da seguridade social, demandando, então, a forma de lei complementar para sua instituição, nos termos do art. 195, §4º, da Carta Constitucional.

Para o relator, a instituição da contribuição prevista no novel art. 25 da Lei 8.212/91 demandaria lei complementar, visto que, no seu entendimento, a fonte "receita" prevista no art. 195, I, b não serve de fundamento constitucional para a exigência de contribuição social, de modo que entendia estar-se diante de vício de inconstitucionalidade formal. Ademais, entendia também haver inconstitucionalidade material, pois o legislador, ao recolocar o empregador rural na condição de contribuinte, nos termos do novo art. 25 da Lei 8.212/91, o fez sem dispor expressamente sobre os demais elementos da regra matriz de incidência tributária, especificamente a base de cálculo, fato gerador e alíquota, aproveitando-se da redação já existente para o segurado especial.

A terceira ordem de argumento enfrentada pelo relator, disse respeito à ofensa ao princípio da isonomia, pois, no entender do recorrido, as disposições impugnadas estariam promovendo uma injusta diferenciação entre empregador pessoa física nas espacialidades rural e urbana.

Aqui também entendeu o relator estar-se diante de uma inconstitucionalidade material. No seu entendimento, havia violação ao princípio da isonomia, uma vez que para ele existiria tratamento diferenciado entre o empregador pessoa física urbano e rural, de maneira que ao seu ver não haveria nexo de causalidade entre o dever de pagar mais impostos e o local do exercício da atividade econômica.

E por fim, a quarta, se haveria violação ao *ne bis in idem* entre contribuições sociais relativamente ao mesmo contribuinte, haja vista que sobre a mesma base de cálculo incidiria a contribuição social para o "FUNRURAL" e a contribuição substitutiva.

Neste último aspecto, o relator entendeu ocorrer dupla tributação inconstitucional, pois para ele o empregador rural pessoa física estaria sendo duplamente tributado, uma vez que haveria incidência simultânea de contribuições sociais.

Ante os argumentos acima, o Ministro Edson Fachin votou no sentido de conhecer do recurso extraordinário negando-o provimento, concluindo pela inconstitucionalidade formal e material do art. 1º da Lei 10.256/2001, no que tange à alteração feita ao caput do art. 25 da Lei 8.212/91. Entendeu ainda necessário declarar parcialmente inconstitucional o inciso IV do art. 30 da Lei 8.212/91, no que diz respeito à expressão "da pessoa física de que trata a alínea 'a' do inciso V do art. 12", conforme argumentos aduzidos acima.

Por derradeiro, sugeriu que caso o seu voto fosse acolhido pela maioria do Tribunal, fosse dado o seguinte sumário à tese do tema 669: é inconstitucional a contribuição a ser recolhida pelo empregador rural pessoa natural incidente sobre a receita bruta proveniente da comercialização de sua produção destinada ao FUNRURAL, à luz do previsto no art. 25 da Lei 8.212/1991, com redação dada pelo art. 1º da Lei 10.256/2001.

Também votaram no mesmo sentido do relator a Ministra Rosa Weber e os Ministros Ricardo Lewandowski, Marco Aurélio e Celso de Mello.

A Ministra Rosa Weber foi a quarta a votar. Proferiu o seu voto após os votos do relator e dos Ministros Alexandre de Moraes e Luís Roberto Barroso. Em rápida manifestação elogiou os advogados e pareceristas e acompanhou o voto do Ministro Edson Fachin.

O Ministro Ricardo Lewandowski acompanhou o voto do relator, e o fez argumentando que uma nova base de cálculo sobre a qual incida um tributo ou uma contribuição, e todos os seus elementos, exige que seja implantada por lei complementar, segundo o art. 195, §4º da Constituição Federal.

Para o Ministro não seria possível pegar de empréstimo os elementos de um tributo ou de uma contribuição e, por analogia, aplicar a outro tributo. Asseverou que os dois incisos do art. 25, na redação original da lei 8.212/91, já haviam sido declarados inconstitucionais pelo STF, e que a lei 10.256/2001 alterou apenas o caput, sem acrescentar os incisos, de modo que o caput ficou, no seu entendimento, inteiramente inaplicável e inaproveitável.

Por fim, consignou que a Emenda Constitucional nº 20/98, ao acrescentar ao art. 195, inciso I, a receita como base imponível para as contribuições sociais, não recepcionou o aludido art. 25, inclusive porque o STF repudia a teoria da constitucionalidade superveniente no campo tributário.

Também o Ministro Marco Aurélio acompanhou o relator, desprovendo o recurso. Para o Magistrado, o legislador não atentou para o fato de que o STF havia proclamado a inconstitucionalidade do art. 25 e incisos I e II da lei 8.212/1997, de modo que a lei 10.256/2001, ao alterar o caput do art.25 e não prever redações para os incisos, acabou não instituindo a base de incidência do tributo.

O último a votar, e também a acompanhar o relator conhecendo e negando provimento ao recurso, foi o Ministro Celso de Mello. O magistrado não teceu maiores comentários nem apresentou argumentos adicionais, apenas votou com o relator.

1.2.2 Voto Condutor

O Ministro Alexandre de Moraes iniciou o seu voto elaborando um breve relatório lembrando que na origem trata-se de ação na qual o autor, empregador rural pessoa física, busca a declaração de inexistência de relação jurídica que o obrigue a recolher a contribuição de que trata o art. 25 da Lei 8.212/1991, bem como a condenação da União à devolução dos valores pagos a esse título nos dez anos anteriores à propositura da ação.

Recordou ainda que a sentença julgou o pedido improcedente, reputando legítima a contribuição antes e depois da Emenda Constitucional nº 20, de 1998 e que o Tribunal Regional Federal da 4ª Região, de modo contrário, entendeu inconstitucional a referida contribuição, tendo aplicado precedentes do Supremo Tribunal Federal (RE 363.582 e RE 596.177) e afirmando que a Emenda Constitucional não teria sanado os vícios apontados preteritamente pela Suprema Corte.

Concluiu o seu relatório afirmando que a União, por meio deste Recurso Extraordinário, defende que a norma introdutora da contribuição no ordenamento jurídico está amparada na Emenda Constitucional 20/1998, e que desta maneira a ela não se aplicam os vícios identificados pelo Supremo Tribunal ao apreciar o tributo antes da referida alteração constitucional, e que, diferentemente do que afirmou o TRF da 4ª Região, os incisos do art. 25 da Lei 8.212/1991 nunca foram suprimidos, visto que o aludido artigo não se aplica apenas ao empregador rural pessoa física, mas também ao segurado especial, cuja contribuição jamais foi questionada. O Ministro destacou ainda que a União sustentava que não mereciam prosperar os argumentos de *bis in idem* e da ofensa ao princípio da isonomia, visto que, a base de cálculo da contribuição se amoldava à noção de receita agregada ao art. 195, I da Constituição Federal.

Após o relatório, o magistrado iniciou o seu voto alertando que era preciso efetuar a análise considerando quatro momentos sucessivos, sob o aspecto da redação do texto constitucional, da respectiva legislação aplicada à época e da interpretação e, do posicionamento do STF no tocante aos contornos jurídicos da contribuição do empregador rural pessoa física para a seguridade social.

Denominou primeiro momento aquele no qual vigeu a redação dada pelo constituinte originário ao art. 195 da Carta Magna, o qual, segundo o Ministro, previa duas hipóteses de incidência. Uma para o produtor rural que não tivesse empregados permanentes e outra para o produtor rural com empregados permanentes, também conhecido como empregador rural.

O texto constitucional prescrevia no parágrafo 8º do referido artigo que o produtor rural sem empregados deveria contribuir mediante a aplicação de uma alíquota sobre o resultado da comercialização da produção, fazendo jus aos benefícios nos termos da lei, neste caso lei ordinária.

De acordo com o magistrado, o art. 25 da lei 8.212/91 foi editado para regulamentar o referido parágrafo 8º, de modo que ficou criada a contribuição dos segurados especiais, dentre os quais os produtores rurais sem empregados. O dispositivo legal fixou a alíquota de 3% da receita bruta proveniente da comercialização da produção.

Neste ponto o Ministro destaca que o art. 25, neste primeiro momento, estabeleceu os segurados especiais como sujeito passivo da obrigação tributária e que, não obstante as posteriores alterações na legislação, estes segurados permanecem como sujeitos passivos por força do mesmo art. 25.

Já para os empregadores rurais, a Constituição não deu regramento específico, de modo que deveria contribuir de acordo com a regra geral definida no inciso I do art. 195, ou seja, sobre a folha de salários, sobre o faturamento ou sobre o lucro, também conforme lei ordinária.

O segundo momento é compreendido pelo Ministro como aquele imediatamente após a alteração do art. 25 da lei 8.212/91 pela lei 8.540/92. Para ele, com esta alteração legislativa o produtor rural com empregados foi equiparado ao segurado especial, passando a ser tributado pelo mesmo dispositivo legal do produtor rural sem empregados, sobre a mesma base de cálculo, a receita bruta proveniente da comercialização da produção, sem que a lei atentasse passa as diferentes previsões do texto constitucional.

Na opinião do magistrado esta alteração atentou contra a Constituição, já que o inciso I do art. 195 não permitia a equiparação do faturamento com receita bruta proveniente da comercialização da sua produção.

Neste sentido, citou que o STF havia se debruçado pela primeira vez sobre a questão em 2010, no RE 363.852, no qual o tribunal, por unanimidade, conheceu e deu provimento ao recurso, declarando a inconstitucionalidade do art. 1º da lei 8.540/92, que deu nova redação aos artigos 12, inciso V e VII, 25, incisos I e II, e 30, inciso IV, da lei 8.212/91. Acrescentou ainda que, em 2011, o plenário da Corte apreciou a matéria sob o rito da repercussão geral, no RE 596.177, quando decidiu no mesmo sentido do julgamento anterior.

O Ministro Alexandre de Moraes destacou que duas premissas foram fixadas nestes julgamentos: a inconstitucionalidade formal do empregador rural pessoa física como sujeito passivo da contribuição por impossibilidade da cobrança sobre o resultado da comercialização da produção, com base na legislação anterior à Emenda Constitucional nº 20/98; e a necessidade de se analisar as alterações realizadas pela aludida emenda e pela lei 10.256/2001, no que diz respeito à constitucionalidade da nova legislação.

O magistrado denominou terceiro momento a situação imediatamente após a promulgação da Emenda Constitucional nº 20/98 e a sua regulamentação pela lei 10.256/2001, que alterou o art. 25 da lei 8.212/91.

Para ele, no que tange ao tema em comento, a Emenda Constitucional buscou resolver a controvérsia acerca da possibilidade de prever o empregador rural como sujeito passivo da contribuição previdenciária, modificando a redação do inciso I do art. 195, que passou a permitir a incidência da contribuição daqueles empregadores sobre a sua receita, nos termos da lei ordinária.

Já a lei 10.256/2001, ordinária, ao regulamentar a emenda constitucional nº 20/98, alterou o art. 25 da lei 8.212/91 reintroduzindo o empregador rural como sujeito passivo da contribuição, nos mesmos moldes que os segurados especiais, com a alíquota de 2% da receita bruta proveniente da comercialização da sua produção, que conforme o Ministro é espécie da base de cálculo receita, permitido pela alteração constitucional.

No entendimento do Ministro, estas alterações afastaram o argumento da inconstitucionalidade formal por necessidade de lei complementar, que levou o STF a tomar as decisões anteriores, uma vez que a nova redação do inciso I do art. 195 da Constituição passou a permitir a edição de lei ordinária para a instituição e cobrança da contribuição com base de cálculo receita.

Por derradeiro, teria-se como momento final, este no qual se julgava a constitucionalidade das alterações promovidas pela lei 10.256/2001.

No entendimento do magistrado, os vícios de inconstitucionalidade que fundamentaram o decidido nos Recursos Extraordinários 363.852 e 596.177 excluíram o empregador rural pessoa física como sujeito passivo da contribuição previdenciária prevista no art. 25, que, porém, continuou a existir, com plena vigência e eficácia em relação aos segurados especiais.

Afirmou ainda que a Emenda Constitucional nº 20/98 não repristinou a exigência da contribuição em relação aos empregadores rurais pessoas físicas, fixadas com base na receita, mas sim, permitiu que houvesse nova criação de contribuição previdenciária com base de cálculo na receita, por lei ordinária, e não mais por lei complementar, o que foi feito com a inclusão destes contribuintes como sujeito passivo na contribuição do art. 25 da lei 8.212/91.

Assim, com fundamento nestes argumentos, o Ministro Alexandre de Moraes conheceu do recurso e abriu a divergência votando pelo seu provimento e pela eficácia do art. 1º da lei 10.256/2001.

A divergência também foi acompanhada pelos Ministros Luís Roberto Barroso, Luiz Fux, Carmem Lúcia, Dias Toffoli e Gilmar Mendes.

O Ministro Luís Roberto Barroso foi o primeiro a acompanhar a divergência aberta pelo Ministro Alexandre de Moraes. Assim como fariam outros ministros, o magistrado iniciou o seu voto fazendo um relato acerca do histórico legislativo e jurisprudencial da matéria, para então enfrentar os argumentos da inconstitucionalidade por violação aos princípios da legalidade e da isonomia.

Quanto ao primeiro argumento, o Ministro Luís Roberto Barroso afirmou que não conseguia entender por qual razão uma lei formal, votada pelo Congresso, violaria o princípio da legalidade ao incluir um novo sujeito passivo no dispositivo de uma lei que já existia e já definia claramente os elementos do fato gerador, inclusive a base de cálculo e a alíquota.

No seu entendimento, o que estaria ocorrendo era uma confusão da distinção entre texto e norma, e que o STF havia declarado a inconstitucionalidade da norma de incidência da contribuição previdenciária do empregador rural pessoa física extraída do texto do art. 25 da lei 8.212/91, na redação anterior à lei 10.256/2001, mas não o texto, que permaneceu vigente para regular outras hipóteses que não foram objeto de apreciação pela Corte. Afirmou ainda que com a alteração do caput do art. 25, promovida em momento posterior à Emenda 20/98, surgiu outra norma construída a partir da conjugação desse com os incisos vigentes, o que não encontra óbice em nenhuma decisão do Supremo Tribunal Federal.

No que tange à suposta violação do princípio da isonomia, o magistrado defendeu não ter visto quebra por tratar diversamente o produtor rural, o empregador rural pessoa física e o empregador urbano pessoa física. Sustentou que existem circunstâncias de diferenciam os empregadores e que justificariam o tratamento diferenciado, inclusive promovendo a igualdade no sentido material.

Votando no sentido de dar provimento ao recurso extraordinário, sugeriu que fosse fixada, em sede de repercussão geral, a tese de que "após a edição da EC 20/1998, é constitucional a cobrança da contribuição previdenciária do empregador rural pessoa física com base na receita bruta proveniente da comercialização da produção".

Outro magistrado que seguiu a divergência aberta foi o Ministro Luiz Fux, e assim como fizeram outros ministros iniciou o seu voto trazendo o histórico normativo e jurisprudencial da contribuição para a seguridade social incidente sobre a receita bruta da comercialização do produtor rural pessoa física.

No campo normativo, apontou que a redação original do art. 25 da lei 8.212/91 e do inciso IV do art. 30 versavam sobre a contribuição do segurado especial, e que a controvérsia acerca do tema objeto deste Recurso Extraordinário surgiu com as alterações destes dispositivos, efetuadas entre 1991 e 2001, pelas leis 8.540/92, 9.528/97 e 10.256/2001, expandindo a incidência da contribuição para alcançar o produtor rural pessoa física.

Passando ao enfrentamento das alegadas violações aos princípios da legalidade e da isonomia tributária, supostamente cometidas com a alteração do caput do art. 25 da lei 8.212/91 pela lei 10.256/2001, incialmente o ministro alertou para o fato de que a inconstitucionalidade declarada pelo Supremo nas alterações feitas preteritamente se deu em momento anterior à Emenda Constitucional nº 20/98, quando se exigia lei complementar para a criação de nova base de incidência, de modo que após a alteração constitucional passou-se a ser plenamente possível a contribuição cuja base de incidência seja a receita bruta, instituída por meio de lei ordinária.

Assim, no entendimento do ministro, como não se admite a figura da constitucionalização superveniente no direito brasileiro, a edição da Emenda Constitucional nº 20/98 demandou a edição de nova lei para instituir a contribuição previdenciária, o que se deu com a edição da lei 10.256/2001, que alterou o caput do art. 25 da lei 8.212/91. Frisou ainda que, a declaração de inconstitucionalidade proferida pelo STF nos recursos extraordinários 363.842 e 596.177 não retirou os incisos I e II do art. 25 do ordenamento jurídico, mas apenas declarou a invalidade quando aplicado ao empregador rural pessoa física.

Ou seja, para ele, a lei 10.256/2001 recriou a contribuição previdenciária utilizando dispositivos válidos e aplicáveis aos segurados especiais, de maneira que é possível identificar todos os elementos da hipótese de incidência, o que o levou à conclusão de que não há violação ao princípio da legalidade em matéria tributária.

Quanto ao princípio da isonomia, afirmou também não visualizar inconstitucionalidade, uma vez que no seu entender as dificuldades e especificidades das atividades rurais permitiriam a tributação diferenciada.

Deste modo, também o ministro Luiz Fux votou no sentido de acompanhar a divergência, dando provimento ao recurso extraordinário da União, para reconhecer a constitucionalidade da contribuição previdenciária do empregador rural pessoa física com a redação dada pela lei 10.256/2001.

Já a Ministra Carmem Lúcia, sétima a votar, também deu provimento ao recurso, entendendo que a Lei 10.256/2001 apenas introduziu alteração legislativa exatamente no dispositivo sobre o qual havia a declaração de inconstitucionalidade, mantendo os demais elementos da norma, o que no seu entendimento, seria suficiente para garantir a legalidade tributária estrita.

O Ministro Dias Toffoli, após breve relato sobre o histórico do caso, proferiu o seu voto também no sentido de dar provimento ao recurso extraordinário.

Partindo da análise do cenário legal e jurisprudencial anterior à lei 10.526/2001 afirmou que o STF, no julgamento dos Recursos Extraordinários 363.852 e 596.177, declarou a inconstitucionalidade do caput e incisos I e II do art. 25 apenas na parte que tocava à contribuição devida pelo produtor rural pessoa física empregadora incidente sobre a receita bruta proveniente da comercialização da sua produção, de modo que parte do caput e dos incisos I e II não foi atingida pela declaração de inconstitucionalidade da Corte. Ou seja, foi mantida a presunção de constitucionalidade da fração relativa à contribuição devida pelo segurado especial incidente sobre a receita bruta proveniente da comercialização de sua produção.

Desta forma, para o Ministro, a lei 10.256/2001 ao alterar a redação do caput do art. 25, aproveitou-se da base de cálculo e da alíquota aplicáveis ao segurado especial, até então constitucionais. E na sua compreensão o legislador o fez respeitando a técnica legislativa prevista na lei complementar nº 95/98, que veda o aproveitamento do número de dispositivo declarado inconstitucional pelo STF em sede de controle concentrado ou de execução suspensa pelo Senado Federal nos termos da Constituição, hipóteses que não se aplicavam aos incisos I e II e art. 25, da lei 8.212/91.

Por fim, o Ministro Dias Toffoli entendeu que a expressão "receita", constante do art. 195, I, b da Constituição, cuja redação foi dada pela Emenda Constitucional nº 20/1998, dava respaldo à "base de cálculo receita bruta proveniente da comercialização da produção rural", uma vez que a primeira dignaria o gênero, relembrando o voto do Ministro Cezar Peluzo nos Recursos Extraordinários 358.273 e 357.950.

O penúltimo a votar foi o Ministro Gilmar Mendes, e assim como fizeram outros magistrados, iniciou o seu voto trazendo um histórico das alterações legislativas e da jurisprudência da corte sobre o art. 25 da lei 8.212/91.

Após o relato, passou ao voto afirmando que para a aferição da validade constitucional da norma deveriam ser consideradas 5 (cinco) indagações: a) mesmo após a inclusão da receita bruta entre as fontes de custeio da seguridade social, previstas no art. 195 da Constituição, persiste a necessidade de lei complementar? b) a alteração do caput do art. 25, sem mudança nos incisos do dispositivo, instituiu validamente a contribuição?; c) a base de cálculo prevista no art. 195, §8º, no contexto da atual redação do art. 195 da Constituição, é exclusiva para os produtores rurais que atuam em regime de economia familiar?; d) a utilização de bases de cálculo diferentes para a contribuição do empregador rural pessoa física e do empregador pessoa física urbano viola o princípio da isonomia, previsto no art. 150, inciso II da Constituição?; e e) há dupla tributação inconstitucional – *bis in idem* – sobre a mesma materialidade?

Quanto à primeira indagação, o ministro entendeu que com a inclusão da fonte "receita", feita pela Emenda Constitucional nº 20/98, restou afatastada a necessidade de lei complementar, uma vez que o conceito de receita é mais amplo que o de receita bruta proveniente da comercialização da produção.

Em relação à segunda questão, o Ministro também entendeu válida a alteração do texto legal e o aproveitamento dos incisos do art. 25, uma vez que o tribunal, em julgamentos anteriores, não declarou a nulidade dos incisos, visto que compõem a norma que rege a tributação do segurado especial.

No que tange à reserva de base cálculo, entendeu que a emenda constitucional 20/98 permitiu ao legislador tributar a integralidade das receitas do empregador rural, porém, com a lei 10.256/2001, optou por fazer o menos. Entendeu assim não haver reserva da base de cálculo "resultado da comercialização da produção" para o segurado especial.

O Ministro enfrentou também a indagação quanto à ofensa ao princípio constitucional da isonomia tributária. Nesta seara, entendeu que o tratamento diverso, em razão da atividade econômica, justificava-se por motivos econômicos e práticos, de modo que não se sustentava a alegação de inconstitucionalidade.

Por fim, afastou a alegação quanto à existência de dupla tributação demonstrando que o produtor rural pessoa física não é sujeito passivo da Contribuição para Financiamento da Seguridade Social (Cofins), de modo que não haveria *bis in idem* na exigência da contribuição previdenciária.

Em conclusão, acompanhou a divergência no sentido de conhecer do recurso extraordinário e dar-lhe provimento, reconhecendo a constitucionalidade do art. 25 da lei 8.212/91, com a redação dada pela lei 10.256/2001.

Deste modo, por 6 votos a 5, o Supremo Tribunal Federal apreciou o tema 669 da repercussão geral, fixando a tese de que "é constitucional formal e material a contribuição social do empregador rural pessoa física, instituída pela lei 10.256/2001, incidente sobre a receita bruta obtida com a comercialização de sua produção".

Após a publicação do acórdão foram apresentados oito embargos de declaração, que vieram a ser julgados e rejeitados em 23/05/2018.

1.3 Análise Crítica

O julgamento do presente Recurso Extraordinário, que trata da contribuição previdenciária do empregador rural pessoa física, foi aguardando com muita expectativa nos meios jurídico e acadêmico, uma vez que sobre a matéria recaíram importantes mudanças normativas, seja sob o aspecto jurisprudencial, constitucional ou legal.

Estas alterações dotaram o tema de uma aparente complexidade, e isto se deve ao fato de que, como visto, matéria correlata à discutida neste Recurso Extraordinário já tinha sido apreciada pelo Supremo Tribunal Federal em dois julgamentos anteriores, também na forma de Recursos Extraordinários, que questionavam dispositivos legais semelhantes ao ora impugnado mas sobre um paradigma constitucional e legal diverso.

Foi justamente a mudança deste paradigma normativo que tornou o Recurso Extraordinário aqui analisado singular em relação aos anteriores, apesar da tentativa do contribuinte em assemelhá-los. É que, diferentemente daqueles, este teve por objeto contribuição instituída por nova lei, fundamentada em Emenda Constitucional promulgada durante a tramitação daqueles REs, mas que não davam amparo aos dispositivos legais lá questionados. E foi exatamente este o argumento deu vitória aos contribuintes naqueles julgados, a ausência de amparo constitucional para instituição da contribuição por meio das leis lá impugnadas.

Todo este emaranhado normativo restou por dotar a questão em apreciação no Recurso Extraordinário de uma aparente complexidade, visto que a sua solução dependia não apenas da análise da lei ora impugnada, mas também da compreensão do alcance dos julgamentos anteriores e de como a promulgação da nova Emenda Constitucional interferia neste contexto.

A análise minuciosa do presente caso permitiu-nos concluir que o seu deslinde dependia essencialmente da compreensão deste emaranhado normativo. Neste aspecto, entendemos que os Ministros Alexandre de Moraes, Luís Roberto Barroso, Luiz Fux, Dias Toffoli e Gilmar Mendes foram felizes nas abordagens realizadas.

É que eles iniciaram os seus votos colocando luzes sobre o histórico de alterações legais e constitucionais, bem como sobre as decisões judiciais proferidas sobre o tema de fundo, o que acabou por permitir uma travessia mais suave do labirinto normativo.

Com todas as questões devidamente postas, observou-se que os questionamentos quanto à constitucionalidade da Lei 10.256/2001 se concentravam em dois grupos de argumentos. O primeiro apontava para inconstitucionalidades decorrentes da ausência de fundamento constitucional, violação ao princípio da isonomia e existência de bitributação para o sujeito passivo ali previsto. O segundo relativo à mácula constitucional decorrente dos efeitos propagados pelos julgamentos anteriores e os seus reflexos sobre a lei 10.256/2001, além da eventual inconstitucionalidade decorrente de omissão observada na própria redação legal.

O primeiro grupo de argumentos foi rapidamente afastado pelos ministros que proferiram os votos vencedores, os quais apontaram para a base na Emenda Constitucional nº 20, de 1998, e rechaçaram a violação ao princípio da isonomia e à suposta bitributação com os devidos fundamentos jurídicos. Restou então o segundo grupo de argumentos, dentro do qual havia três questões cujas respostas foram centrais para se chegar a uma solução para o caso.

A primeira, se os Recursos Extraordinários anteriores teriam alcançado a Lei 10.256/2001. Caso a resposta fosse positiva, estaria fulminada a contribuição instituída por esta nova legislação.

A segunda, saber se a declaração de inconstitucionalidade proferida nos julgamentos anteriores, em especial o RE 596.117, com repercussão geral, teria alcançado o texto do caput e dos incisos do art. 25 da Lei 8.212/1991 na redação vigente antes da nova redação. Caso a resposta fosse positiva, de fato a Lei 10.256/2001, ao alterar apenas o caput, não teria instituído alíquota e base de cálculo para a contribuição.

Em caso negativo, subsistiria a terceira questão, se a aludida lei haveria instituído o tributo com a determinação dos elementos necessários da regra matriz de incidência tributária da contribuição.

Quanto à primeira questão, restou evidenciado nos votos de diversos ministros que os Recursos Extraordinários 363.852 e 596.177, apesar de terem sido julgados em momento posterior à entrada em vigor da Lei 10.256/2001 não a alcançaram, uma vez que no entendimento da maioria, esta lei possuía como fundamento a Emenda Constitucional nº 20, de 1998, e portanto não tinha sido abrangida pelos REs, vez que estes questionavam a contribuição previdenciária nos moldes instituídos antes da alteração constitucional.

Superada a primeira questão central, também se verificou que a resposta foi negativa para a segunda, ou seja, as declarações de inconstitucionalidade proferidas naqueles julgamentos não teriam declarado inconstitucionais o caput e os incisos do art. 25 da Lei 8.212/1991.

Conforme apontado pelo Ministro Luís Roberto Barroso, havia sim, quanto a este aspecto, uma confusão quanto à distinção entre o texto e a norma. De fato, o STF havia declarado a inconstitucionalidade da norma extraída do dispositivo legal e que recaia sobre o empregador rural pessoa física sem, contudo, ter declarado a inconstitucionalidade do texto, que permaneceu hígido e regulando as hipóteses que não teriam sido objeto de apreciação pela Corte.

Como visto, o Ministro Fux bem sintetizou a questão: o decidido nos REs 363.842 e 596.177 não retirou os incisos I e II do art. 25 do ordenamento jurídico, apenas declarou a invalidade quando aplicado ao empregador rural pessoa física.

Deste modo, como também afirmaram os Ministros Alexandre de Moraes, Dias Toffoli e Gilmar Mendes, o art. 25 continuou a existir, com plena vigência e eficácia em relação aos segurados especiais, restando mantida a presunção de constitucionalidade da fração relativa à contribuição devida por estes segurados incidentes sobre a receita bruta proveniente da comercialização de sua produção, regendo assim a regra de tributação sobre eles aplicável.

No que tange à terceira questão, importa destacar que, como bem afirmou o Ministro Luiz Roberto Barroso, com a alteração do caput do art. 25, promovida em momento posterior à Emenda 20/98, surgiu outra norma construída a partir da conjugação do novo caput com os incisos vigentes, o que não encontrava óbice em nenhuma decisão do Supremo Tribunal Federal. Assim, da conjugação do novo texto do caput do art. 25 com os incisos já existentes e aplicáveis ao segurado especial, surgia nova norma, composta pelos elementos necessários da regra matriz de incidência tributária, que passava a ser aplicável ao empregador rural pessoa física.

E no que se refere ao aspecto de construção da norma a partir da junção dos dispositivos legais, destaca-se o fundamento trazido pelo Ministro Dias Toffoli, para quem a alteração promovida pelo legislador através da Lei 10.256/2001 foi feita respeitando a técnica legislativa prevista na lei complementar nº 95/98, que veda o aproveitamento do número de dispositivo declarado inconstitucional pelo STF em sede de controle concentrado ou de execução suspensa pelo Senado Federal nos termos da Constituição, hipóteses que não se aplicavam aos incisos I e II e art. 25, da lei 8.212/91.

A técnica legislativa determina que na redação de atos normativos, os dispositivos que não sofrerão alteração nos seus textos devem ser substituídos por uma linha pontilhada. Foi o que se observou na redação instituída pela lei 10.256, de 2001, cujo art. 1º determinava que "a lei 8.212, de 1991, passava a vigorar com as seguintes alterações", dentre elas a do art. 25, cujo texto transcreve-se a seguir.

> Art. 25. A contribuição do empregador rural pessoa física, em substituição à contribuição de que tratam os incisos I e II do art. 22, e a do segurado especial, referidos, respectivamente, na alínea a do inciso V e no inciso VII do art. 12 desta Lei, destinada à Seguridade Social, é de:
>
> ....
>
> § 9º (VETADO)

Ou seja, como não havia declaração de inconstitucionalidade para os textos dos incisos, nada impedia que as suas redações fossem aproveitadas, o que foi feito por meio da inclusão da linha pontilhada imediatamente após a redação do caput.

Ora, e qual o significado desta linha pontilhada neste contexto. A linha nada mais significa que são mantidas as redações dos dispositivos existentes entre o caput e o §9º, dentre os quais se incluem os incisos I e II, cujas redações vigentes são aqueles incluídas pela lei 9.528, de 1997, que, como visto, instituiu no inciso I a alíquota de 2% para os sujeitos passivos previstos no caput, segurado especial e empregador rural pessoa física, sendo que apenas este último foi considerado inconstitucional pelo STF quando da apreciação do RE 596.177.

É que no processo de elaboração legislativa não faz sentido repetir no texto legal todos aqueles dispositivos que não estão sendo alterados. Se assim fosse, chegaríamos ao extremo de termos que repetir todo o texto da Constituição a cada alteração de algum dispositivo constitucional, o que não faz o menor sentido. Aqui poderíamos citar diversos exemplos de alterações constitucionais e infraconstitucionais promovidas adotando a mesma técnica legislativa, mas fiquemos em apenas um, o concretizado pela Emenda Constitucional nº 61, de 2009, que modificou o caput do art. 103-B do Conselho Nacional de Justiça, incluiu um novo inciso, incluiu uma linha pontilhada após o novo inciso, modificou as redações dos §1º e §2º, incluiu outra linha pontilhada e depois a expressão "nova redação".

A primeira linha pontilhada incluída logo após o novo inciso I indica que a redação anterior permanece vigente, e deste modo, as demais autoridades ali previstas continuam sendo membros do Conselho Nacional de Justiça, eliminando-se inclusive a restrição de idade prevista na anterior redação do *caput*. Ora, perceba que o constituinte derivado não precisou repetir os incisos para dizer que aquelas autoridades permaneciam membros do CNJ.

No presente caso, como a Emenda Constitucional nº 20 deu amparo à incidência da contribuição do empregador rural pessoa física sobre a base tributária "receita", de fato, e levando em conta a boa técnica legislativa, a única alteração que se fazia necessária era a inclusão do novo sujeito passivo no caput do art. 25, como de fato foi feito pela lei 10.256, de 2001.

Tanto a Procuradoria Geral da República quanto os ministros que ficaram vencidos proferindo voto em sentido contrário, desconsideraram o fato de que o dispositivo questionado também regula a contribuição do segurado especial, e que os Recursos Extraordinários julgados pelo STF em nenhum momento declararam a inconstitucionalidade para este contribuinte.

Se a corte não o fez, é evidente que o dispositivo permanece hígido no que tange à regulação da contribuição do segurado especial, dispondo sobre a base de cálculo e alíquota em um dos seus incisos. Estando hígido, lei posterior que desejasse incluir outro sujeito passivo não necessitaria repetir o dispositivo que cuida do aspecto quantitativo, bastando, como recomenda a técnica legislativa, promover alteração no caput. Foi exatamente isto que fez a lei 10.256/2001 ao alterar o caput do art. 25 da lei 8.212/91 prevendo o empregador rural pessoa física como sujeito passivo no caput e incluindo a linha pontilhada imediatamente após. Constitucional, portanto, a contribuição instituída pela Lei 10.256/2001.

Como visto, somente com a clara visão das mudanças constitucionais, infraconstitucionais e jurisprudenciais que cercavam a matéria é que foi possível se fazer a correta delimitação da lide, o que permitiu caminhar no sentido de se encontrar a correta solução para o caso, que apontou, dentre outros elementos, para a necessidade do conhecimento quanto à técnica legislativa, tema muitas vezes relegado a segundo plano no ambiente jurídico, e que foi crucial para a compreensão do imbróglio e para o deslinde do presente caso.

Assim, diante de tudo o que aqui foi exposto, e considerando todos os argumentos, favoráveis e contrários, tanto das partes quanto dos ministros que participaram do julgamento deste Recurso Extraordinário, não há dúvida de que a decisão tomada pelo Supremo Tribunal Federal está dotada de lógica jurídica e em consonância com o texto constitucional.

Indubitavelmente, o resultado proferido, bem sintetizado na tese aprovada pela Corte, será capaz de dirimir os inúmeros conflitos judiciais que se encontravam em tramitação, além de dotar o tema de maior segurança jurídica, nos permitindo assim afirmar que foi tomada de maneira acertada e sem merecer reparos.

Capítulo XXXI
Recurso Extraordinário nº 626.837

Rodrigo Senne Capone

1. Recurso Extraodrinário nº. 626.837/Goiás[1]

Relator: Ministro Dias Toffoli
Voto Vencedor: Ministro Dias Toffoli
Data de julgamento: 25 de maio de 2017

1.1 Ementa

EMENTA Recurso extraordinário. Repercussão geral. Tributário. Contribuição previdenciária. Imunidade recíproca. Inexistência. Artigo 195, I, a, e II, da CF, na versão da EC nº 20/98. Lei nº 10.887/04. Exercentes de mandato eletivo. Agentes políticos. Condição de segurado do RGPS. Incidência das contribuições previdenciárias do segurado e do patrão. Possibilidade. 1. A imunidade recíproca do art. 150, VI, a, da Constituição alcança tão somente a espécie tributária imposto. Na ADI nº 2.024/DF, Rel. Min. Sepúlveda Pertence, quando decidiu sobre a incidência da contribuição previdenciária sobre a remuneração paga pelos entes da Federação aos

[1] BRASIL. Supremo Tribunal Federal. **Recurso Extraordinário nº 626.837/GO,** Relator(a): Min. Dias Toffoli, Tribunal Pleno, julgado em 25/05/2017.B Disponível em: http://portal.stf.jus.br/processos/detalhe.asp?incidente=3916429. Acesso em: 28 abr 2018.

exercentes de cargo em comissão, a Corte assentou, mais uma vez, que a imunidade encerrada no art. 150, VI, a, da Constituição não pode ser invocada na hipótese de contribuição previdenciária. 2. No julgamento do RE nº 351.717/PR, a Corte entendeu que a Lei nº 9.506/97 teria criado uma nova figura de segurado obrigatório da previdência, uma vez que, na dicção do art. 195, II, da Constituição, em sua redação original, "trabalhador" seria todo aquele que prestasse serviço a entidade de direito privado ou mesmo de direito público, desde que abrangido pelo regime celetista. 3. A partir da nova redação dada ao art. 195, I, a, e II, da Constituição pela Emenda Constitucional nº 20/1998, há previsão de incidência da contribuição previdenciária sobre a folha de salários e demais rendimentos do trabalho pagos ou creditados, a qualquer título, a pessoa física que preste serviço à União, aos estados ou aos municípios, mesmo sem vínculo empregatício. Não se verifica, ademais, a restrição de se considerar como segurado obrigatório da Previdência Social somente o "trabalhador", já que o texto constitucional se refere também a "demais segurados da Previdência Social". 4. A EC nº 20/98 passou a determinar a incidência da contribuição sobre qualquer segurado obrigatório da Previdência Social e, especificamente no § 13 – introduzido no art. 40 da Constituição –, submeteu todos os ocupantes de cargos temporários ao regime geral da Previdência, o que alcança os exercentes de mandato eletivo. 5. A Lei nº 10.887/04, editada após a EC nº 20/98, ao incluir expressamente o exercente de mandato eletivo no rol dos segurados obrigatórios, desde que não vinculado a regime próprio de previdência, tornou possível a incidência da contribuição previdenciária sobre a remuneração paga ou creditada pelos entes da federação, a qualquer título, aos exercentes de mandato eletivo, os quais prestam serviço ao Estado. Nega-se provimento ao recurso extraordinário. Tese proposta para o tema 691: ""Incide contribuição previdenciária sobre os rendimentos pagos aos exercentes de mandato eletivo decorrentes da prestação de serviços à União, a estados e ao Distrito Federal ou a municípios após o advento da Lei nº 10.887/2004, desde que não vinculados a regime próprio de previdência."

1.1.1 Especificação do Caso e Razões da Submissão à Repercussão Geral

A Lei nº 10.887 de 2004, com respaldo na redação do art. 195, inciso I, alínea "a" e II, da Constituição Federal de 1988 (alterada pela Emenda Constitucional nº 20 de 1988), incluiu a alínea "j" no art. 12, inciso I, da

Lei nº 8.212 de 1991, e passou a considerar como segurados obrigatórios da Previdência Social os exercentes de mandatos eletivos federais, estaduais, distritais e municipais, quando não vinculados a regime próprio de previdência social.[2]

Como consequência da ampliação do rol de segurados, passou a ser devida a respectiva contribuição previdenciária patronal, incidente sobre a remuneração paga pelos entes federados aos detentores de mandatos eletivos. Ou seja, passaram os entes federativos a figurar como contribuintes quanto à contribuição previdenciária patronal e a proceder com o desconto em folha da parcela devida pelos segurados (exercentes de mandatos eletivos), como responsáveis tributários.

O debate jurídico surge a partir da insurgência do Estado de Goiás contra a cobrança da referida contribuição previdenciária patronal inciente sobres os vencimentos pagos a agentes políticos, secretários de Estado, governador, vice-governador e deputados estaduais, tendo questionado a constitucionalidade da cobrança, já que fora considerado sujeito passivo da contribuição, que é cobrada do empregador, da empresa ou da entidade a ela equiparada, na forma da lei que, no caso, seria o ente federado.

Ajuizada ação com o objetivo de declarar a inexistência de relação jurídico-tributária entre a União (sujeito ativo da contribuição) e o ente federado (sujeito passivo), o Juízo da 4ª Vara Federal da Seção Judiciária do Estado do Goiás decidiu pela procedência parcial do pedido inicial, tendo afastado a cobrança da contribuição patronal, nos termos do art. 12, inciso I, alínea "h", da Lei nº 8.212, de 1991[3], na redação dada pela Lei nº 9.506 de 1997, até a data de assunção de eficácia da Lei nº 10.887 de 2004, pois inexistia base material para a instituição e cobrança do tributo no art. 195 da Constituição Federal de 1988 (que posteriormente viria a ter a sua redação modificada por meio da Emenda Constitucio-

[2] Art. 12. São segurados obrigatórios da Previdência Social as seguintes pessoas físicas:
I – como empregado: (...)
j) o exercente de mandato eletivo federal, estadual ou municipal, desde que não vinculado a regime próprio de previdência social; (Incluído pela Lei nº 10.887, de 2004).

[3] Art. 12. São segurados obrigatórios da Previdência Social as seguintes pessoas físicas:
I – como empregado: (...)
h) o exercente de mandato eletivo federal, estadual ou municipal, desde que não vinculado a regime próprio de previdência social (Execução suspensa pela Resolução do Senado Federal nº 26, de 2005).

nal nº 20 de 1998), determinando à Autarquia Previdenciária Federal (INSS), como consequência, a restituição dos valores recolhidos com acréscimo da taxa SELIC, bem como o reembolso das custas judiciais e o pagamento de honorários advocatícios à razão de 1% (um por cento), incidindo sobre o valor da causa atualizado. Foram opostos Embargos de Declaração pelo INSS, que tiveram o seu provimento negado.

No âmbito do e. Tribunal Regional Federal da 1ª Região – TRF1, o Estado de Goiás, irresignado com a decisão que lhe aproveitou parcialmente (as cobranças após a alteração da Constituição pela Emenda Constitucional nº 20 de 1998, procedida da edição da Lei nº 10.887 de 2004, foram consideradas válidas, já que existente autorização constitucional e norma infraconstitucional tratando do tema), insistiu na ilegitimidade da cobrança fiscal após a edição da Lei nº 10.887 de 2004, defendendo a tese de que os agentes políticos não poderiam ser considerados prestadores de serviços de empresa e nem ser o Estado de Goiás equiparado à empresa. Entretanto, a decisão foi desfavorável ao ente federativo, na qual restou decidido que a cobrança de 20% (vinte por cento) incidente sobre os rendimentos pagos pelo Estado de Goiás aos agentes políticos exercentes de mandato eletivo é constitucional após (i) a alteração do texto constitucional pela Emenda Constitucional nº 20 de 1988 e (ii) da edição da Lei nº 10.887 de 2004, que instituiu validamente a contribuição previdenciária questionada.

Ainda, enfrentando a possível incidência da imunidade tributária prevista no art. 150, inciso VI, alínea "a", da Constituição de 1988 – denominada de "imunidade recíproca" –, entendeu o e. TRF1 não se tratar de caso que se enquadre no desenho constitucional da imunidade, vez ser clara a restrição do seu alcance apenas aos impostos, não alcançando outras espécies tributárias, como as contribuições.

Frente à decisão proferida pelo e. Tribunal Regional Federal da 1ª Região, o Estado de Goiás interpôs Recurso Especial e Recurso Extraordinário, sendo que o primeiro não foi admitido.

O Estado de Goiás sustentou, no Recurso Extraordinário, admitido, a inconstitucionalidade do art. 22, inciso I, da Lei nº 8.212, de 1991, que autoriza a incidência da contribuição previdenciária sobre a totalidade da remuneração paga aos exercentes de mandatos eletivos, bem como aos secretários de Estado. O Estado de Goiás não concordava em ser equiparado às empresas e nem ser possível considerar os seus agentes políticos segurados obrigatórios da Previdência Social, pois não prestam serviço ao Estado, mas nele exercem função política, o que afastaria a condição de segurados obrigatórios e, como consequência, impediria a incidência do art. 12, inciso I, alínea "j", da Lei nº 10.887, de 2004.

Para a recorrente, os detentores de mandatos eletivos não prestam serviço ao Estado, exercendo apenas função política, o que seria insuficiente para submeter os seus rendimentos à incidência de contribuição previdenciária.

O Ministério Público Federal se manifestou pelo desprovimento do Recurso Extraordinário, reconhecendo que a Constituição Federal deferiu ao legislador o poder de tributar os rendimentos de qualquer trabalho para o custeio do sistema previdenciário. Ainda, reconheceu que, ao analisar a situação sob a perspectiva constitucional do custeio da previdência, a atividade exercida pelos agentes políticos é trabalho remunerado, o que indica existência de capacidade contributiva para o sustento de benefícios próprios e alheios, dentro da lógica solidária do sistema protetivo brasileiro. Concluiu ser devida, após a Emenda Constitucional nº 20 de 1988, a contribuição patronal pelo Estado, incidente sobre os subsídios de seus agentes políticos.

1.1.2 Critério de Conhecimento da Repercussão Geral

O Recurso Extraordinário ora analisado foi submetido à repercussão geral pelo Ministro Relator Dias Toffoli que, na ocasião, recordou que no passado, no julgamento do Recurso Extraordinário nº 351.717/PR, o Supremo Tribunal Federal já havia declarado a inconstitucionalidade de norma que tornava exercente de mandato eletivo segurado obrigatório do regime geral de previdência social, desde que não vinculado a regime próprio de previdência social. Entretanto, o referido julgamento ocorreu antes das alterações trazidas pela Emenda Constitucional nº 20 de 1998.

Justificando a necessidade de submeter a temática apresentada no Recurso Extraordinário pelo Estado de Goiás à repercussão geral, argumentou o Ministro Dias Toffoli que, diante das alterações legislativas trazidas pela Emenda Constitucional nº 20 de 1988 e pela Lei nº 10.887 de 2001, no que concerne à contribuição previdenciária incidente sobre a remuneração dos agentes políticos e à respectiva contribuição dos entes federados, o Supremo Tribunal Federal não havia ainda se manifestado, sendo imperiosa a análise do tema.

Com isso, fixou-se o tema da Repercussão Geral nº 691, descrito da seguinte forma: "Submissão dos entes federativos ao pagamento de contribuição previdenciária patronal incidente sobre a remuneração dos agentes políticos não vinculados a regime próprio da previdência social, após o advento da Lei 10.887/2004".

1.2 Mérito da Decisão

O Recurso Extraordinário nº 632.837/GO foi julgado em 25 de maio de 2018, em Sessão Plenária presidida pela Ministra Cármen Lúcia, onde estavam presentes os Ministros Celso de Mello, Marco Aurélio, Gilmar Mendes, Ricardo Lewandowski, Dias Toffoli, Luiz Fux, Rosa Weber, Roberto Barroso, Edson Fachin e Alexandre de Moraes. Apreciando o tema de Repercussão Geral nº 691, o Tribunal negou provimento ao recurso por unanimidade e nos termos do voto do Relator, o Ministro Dias Toffoli.

A tese fixada foi a seguinte: "Incide contribuição previdenciária sobre os rendimentos pagos aos exercentes de mandato eletivo, decorrentes da prestação de serviços à União, a estados e ao Distrito Federal ou a municípios, após o advento da Lei nº 10.887/2004, desde que não vinculados a regime próprio de previdência".

1.2.1 Voto Condutor

O voto condutor foi proferido pelo Ministro Dias Toffoli, também relator do Recurso Extraordinário. Em seu voto, o Ministro aponta, em primeiro lugar, que a imunidade disposta no art. 150, inciso VI, alínea "a", da Constituição Federal, não pode ser invocada na hipótese de outra espécie tributária que não os impostos, entendimento já pacificado pela Suprema Corte. Portanto, afastou a possibilidade de ser aplicada a "imunidade recíproca" no caso concreto.

Relembra o Relator no seu voto que, na Ação Direta de Inconstitucionalidade nº 2.024/DF, de relatoria do Ministro Sepúlveda Pertence, entendeu-se que o art. 40, § 13, da Constituição da República[4], "submete os ocupantes de cargos exclusivamente em comissão, assim como os

[4] Art. 40. Aos servidores titulares de cargos efetivos da União, dos Estados, do Distrito Federal e dos Municípios, incluídas suas autarquias e fundações, é assegurado regime de previdência de caráter contributivo e solidário, mediante contribuição do respectivo ente público, dos servidores ativos e inativos e dos pensionistas, observados critérios que preservem

ocupantes de outros cargos temporários ou de empregos públicos, ao regime geral da previdência social".

Ademais, destacou que, no julgamento do Recurso Extraordinário nº 351.717/PR, de relatoria do Ministro Carlos Velloso, a Corte declarou a inconstitucionalidade de dispositivo legal[5] que tornou o exercente de mandato eletivo segurado obrigatório do regime geral de previdência social, desde que não vinculado a regime próprio de previdência social. Entretanto, é imperioso ressaltar que o referido entendimento leva em consideração a redação do art. 195, inciso II, da Constituição da República, antes das alterações operadas pela Emenda Constitucional nº 20 de 1998.[6]

Porém, aduziu o Relator que, com o advento da Emenda Constitucional nº 20 de 1998, o cenário se alterou, já que a redação do art. 195, inciso I, alínea "a" e inciso II, da Constituição da República, sofreu alteração, resultando na ampliação da materialidade das contribuições previdenciárias.

Dessa forma, tornou-se possível a instituição de contribuição previdenciária, por meio de lei ordinária, sobre a folha de salário e demais

o equilíbrio financeiro e atuarial e o disposto neste artigo. (Redação dada pela Emenda Constitucional nº 41, 19.12.2003)(...)

§ 13 – Ao servidor ocupante, exclusivamente, de cargo em comissão declarado em lei de livre nomeação e exoneração bem como de outro cargo temporário ou de emprego público, aplica-se o regime geral de previdência social. (Incluído pela Emenda Constitucional nº 20, de 15/12/98)

[5] Art. 13, § 1º, da Lei nº 9.506, de 1997. O argumento da Corte no julgamento do referido Recurso Extraordinário foi no sentido de que a Lei Ordinária nº 9.506/97 teria criado uma nova figura de contribuição, já que não havia respaldo constitucional para a sua cobrança, o que só poderia ter sido feito via Lei Complementar, pois se trataria de nova fonte de custeio da seguridade social, o que, por fim, exigiria a observância do disposto nos arts. 154, inciso I e 195, § 4º, ambos da Carta Magna.

[6] Antes da Emenda Constitucional nº 20 de 1998, a redação do art. 195, inciso II, da Constituição de 1988, era mais restrita quanto ao alcance das contribuições previdenciárias:

Art. 195. A seguridade social será financiada por toda a sociedade, de forma direta e indireta, nos termos da lei, mediante recursos provenientes dos orçamentos da União, dos Estados, do Distrito Federal e dos Municípios, e das seguintes contribuições sociais: (Vide Emenda Constitucional nº 20, de 1998)

(...)

II – do trabalhador e dos demais segurados da previdência social, não incidindo contribuição sobre aposentadoria e pensão concedidas pelo regime geral de previdência social de que trata o art. 201.

rendimentos do trabalho pagos ou creditados, a qualquer título, a pessoa física que preste serviço à União, aos estados ou aos municípios, mesmo sem vínculo empregatício, na qualidade de entidade equiparada a empresa, nos moldes da Lei nº 8.212 de 1991.

Portanto, o texto constitucional passou a alcançar não só a figura do "trabalhador", como passou a abarcar "demais segurados da Previdência Social", incluindo-se nesse rol os exercentes de mandatos eletivos.

Ponto de destaque no voto do Ministro Relator foi a conclusão de que os agentes políticos, de acordo com a doutrina e jurisprudência do Supremo Tribunal Federal, estão compreendidos no conceito, em sentido amplo, de servidores públicos, trazendo a baila lição de Celso Antônio Bandeira de Mello, que afirma ser agente público gênero, conceituando-o como "quem quer que desempenha funções estatais", gênero que comporta a espécie agente político. De modo a corroborar com tais pontos, o Relator colaciona trechos de votos e ementas de julgados do Supremo Tribunal Federal para corroborar com o que sustentou. Por fim, entendeu ser possível afirmar que os agentes políticos estariam inseridos nas hipóteses dispostas no supracitado art. 40, § 13, da Constituição Federal, ou seja, são servidores públicos, ainda que ocupem cargo em comissão ou temporário, devendo ser submetidos ao Regime Geral da Previdência Social (RGPS), quando não vinculados a regime próprio de previdência.

Forte nos argumentos expostos, o Ministro Relator negou provimento ao Recurso Extraordinário e propôs tese para o tema 691.[7] Ainda que a decisão tenha sido tomada por unanimidade, faz-se importante destacar alguns pontos exarados nos votos dos demais membros da Corte Suprema.

O Ministro Luiz Fux suscitou a isonomia como algo a ser buscado no julgamento, vez que já havia a Suprema Corte reconhecido aos agentes políticos o direito a algumas parcelas trabalhistas conferidas aos trabalhadores privados, como o 13º salário e férias. Portanto, da sua manifestação, depreende-se que ao se estender os bônus aos detentores de

[7] "Incide contribuição previdenciária sobre os rendimentos pagos aos exercentes de mandato eletivo, decorrentes da prestação de serviços à União, a estados e ao Distrito Federal ou a municípios, após o advento da Lei no 10.887/2004, desde que não vinculados a regime próprio de previdência.".

mandatos políticos, seguem também os ônus, sempre com respaldo legal, é claro, como *in casu*.

Reconheceu o Ministro Alexandre de Moraes que, com as alterações decorrentes da edição da Emenda Constitucional nº 20 de 1998, novas hipóteses abstratas de incidência fiscal previdenciária passaram a ser autorizadas. O Ministro suscitou algumas bases principiológicas da seguridade social previstas na Constituição de 1988, em especial as previstas no parágrafo único do art. 194: a equidade na forma de participação no custeio (inciso V) e a diversidade de base de financiamento (inciso VI), manifestando-se pela negativa ao provimento do Recurso Extraordinário.

Por sua vez, o Ministro Edson Fachin reconstruiu o cenário previdenciário dos parlamentares antes da edição da Emenda Constitucional nº 20 de 1998, reconhecendo que após a sua edição, a alteração no texto constitucional passou a prever fonte de custeio previdenciária do congressista sem vínculo efetivo. Reconheceu, assim, a constitucionalidade da inclusão da alínea "j" no inciso I, do art. 12, da na Lei nº 8.212 de 1991 (inclusão operada pela Lei nº 10.877 de 2004), mas apenas após a edição da Emenda Constitucional nº 20 de 1998, ou seja, antes disso não era cabível a cobrança da contribuição. Apontou o caráter contraprestacional do subsídio pago aos parlamentares pelo trabalho que prestam à Administração, ainda que esse labor se refira ao exercício de função política, tratando-se de verbas de natureza remuneratória. Alegou que reconhecer a não incidência da contribuição previdenciária seria um contrassenso, vez que o julgamento do Recurso Extraordinário nº 65.898 pelo Tribunal Pleno, de relatoria do Ministro Marco Aurélio, reconheceu o direito ao percebimento do 13º salário e do terço de férias aos parlamentares.

1.2.2 Votos Vencidos

Conforme anteriormente exposto, vez ter se tratado de decisão unânime, não houve voto divergente no julgamento ora em análise.

1.3 Análise Crítica

O julgado aqui analisado teve como objeto uma questão de grande relevância jurídica, econômica e social. Hoje, mais do que nunca, tem-se questionado incessantemente o papel do Estado no que se refere às prestações sociais e, em especial, a previdência social, a sua administração, o seu custeio e os benefícios por ela ofertados.

Divergências à parte, enquanto o sistema jurídico mantiver o desenho atual, não podem os Poderes ignorar os mandamentos legais e as eventuais problemáticas que venham a ser suscitadas quanto ao tema. As mutações constitucionais, em especial as formais, legitimadas via processo legislativo próprio, naturalmente levantam questionamentos acerca da sua interpretação e aplicação prática, principalmente quando estão dando os seus primeiros passos no mundo jurídico.

Com o advento da Emenda Constitucional nº 20 de 1998, a alteração realizada no art. 195, inciso I, alínea "a" e inciso II, da Constituição Federal de 1988, estendeu o rol de sujeitos passivos das contribuições para o custeio da seguridade social, criando novas fontes para o seu custeio.

O legislador ordinário, detentor de um poder que o possibilita dar concretude ao texto constitucional, pouco tempo depois editou a Lei nº 10.877 de 2004, alterando a Lei nº 8.212 de 1991, incluindo os exercentes de mandato eletivo como segurados obrigatórios da Previdência Social, passando a serem incluídos na regra-matriz de incidência tributária da contribuição previdenciária correspondente. Com essa modificação, também foram incluídos na regra de incidência previdenciária os entes federativos, equiparados a empregadores dos detentores de mandatos eletivos, como contribuintes e responsáveis.

Em um primeiro momento, é comum que dúvidas interpretativas sejam levadas ao Judiciário, de modo a esclarecer o alcance do enunciado normativo positivado. Acertadamente, o Judiciário, fiel ao texto constitucional e, mais importante, à sua finalidade, reconheceu o alcance das contribuições previdenciárias, como bem pontuado pelo Ministro Fux, evitando um tratamento anti-isonômico. Não se pode estender aos agentes políticos os bônus assegurados aos demais servidores e empregados, como o 13º e terço de férias, sem estender também os ônus legalmente autorizados.

A interpretação dada ao caso pelo Supremo Tribunal Federal se mostrou coerente com as decisões anteriormente tomadas pela Corte, demonstrando uma preocupação com a segurança jurídica, visando preserva-la e afastar o perigo de viola-la, este sempre presente nas decisões proferidas pelo Poder Judiciário.

Antes da edição da Emenda Constitucional nº 20 de 1998 já existiam manifestações da Corte Suprema que entendiam não haver autorização constitucional para a inclusão dos exercentes de mantados eletivos como segurados obrigatórios, o que tinha, como consequência, o condão de afastar a incidência das respectivas contribuições a serem cobradas também dos entes federados que os empregavam.

Ter reconhecido, *in casu*, a Repercussão Geral da temática, foi de grande importância, dado o seu conteúdo constitucionalmente balizado, bem como o alcance *erga omnes* da discussão, pois a possibilidade de cobrança de contribuição previdenciária sobre rendimentos de agentes políticos é tema de amplo interesse, já que são mais de cinco mil os entes federados. Ao reconhecer a Repercussão Geral, evitou o Judiciário a eternização de discussões, fixando o seu entendimento e dando efetividade à aplicação do texto constitucional.

Além da importância jurídica do julgado, destaque-se a importância social do tema, expressada pelas recentes e intensas discussões sobre uma eventual reforma da previdência social, tendo como uma das suas vertentes o redesenho das suas fontes de custeio. É inegável que uma parcela dos agentes políticos e sociais adotam um discurso de redução da carga tributária, incluindo-se no debate as exações para o custeio da previdência. Na contramão dos debates que defendem o enxugamento do Estado e a consequente redução da carga tributária, posicionou-se o Legislativo de modo a ampliar e assegurar a inclusão dos detentores de mandatos eletivos no rol de segurados e, em conjunto com os seus empregadores, no rol de sujeitos passivos. O Judiciário, como guardião do ordenamento jurídico, fez valer a vontade do legislador. Assim, o Supremo Tribunal Federal, ao decidir pela possibilidade da cobrança, faz com que a vontade da Constituição, ao eleger a quem compete contribuir para a higidez do sistema, seja concretizada.

Capítulo XXXII
Recurso Extraordinário nº 598.085

Renata Andréa Joner Parry

1. Recurso Extraordinário nº 598.085[1]

Relator: Ministro Luiz Fux
Voto Vencedor: Ministro Luiz Fux
Data de julgamento: 06.11.2014

1.1 Ementa

RECURSO EXTRAORDINÁRIO. REPERCUSSÃO GERAL. TRIBUTÁRIO. ATO COOPERATIVO. COOPERATIVA DE TRABALHO. SOCIEDADE COOPERATIVA PRESTADORA DE SERVIÇOS MÉDICOS. POSTO REALIZAR COM TERCEIROS NÃO ASSOCIADOS (NÃO COOPERADOS) VENDA DE MERCADORIAS E DE SERVIÇOS SUJEITA-SE À INCIDÊNCIA DA COFINS, PORQUANTO AUFERIR RECEITA BRUTA OU FATURAMENTO ATRAVÉS DESTES ATOS OU NEGÓCIOS JURÍDICOS. CONSTRUÇÃO DO CONCEITO DE "ATO NÃO COOPERATIVO" POR EXCLUSÃO, NO SENTIDO DE QUE SÃO

[1] BRASIL. **Supremo Tribunal Federal. Recurso Extraordinário nº 598.085,** Relator Min. Luiz Fux., Tribunal Pleno, Brasília, DF, em 06.11.2014. Disponível em: http://portal.stf.jus.br/processos/detalhe.asp?incidente=2667174. Acesso em: 09 de jun de 2019.

TODOS OS ATOS OU NEGÓCIOS PRATICADOS COM TERCEIROS NÃO ASSOCIADOS (COOPERADOS), EX VI, PESSOAS FÍSICAS OU JURÍDICAS TOMADORAS DE SERVIÇO. POSSIBILIDADE DE REVOGAÇÃO DO BENEFÍCIO FISCAL (ISENÇÃO DA COFINS) PREVISTO NO INCISO I, DO ART. 6º, DA LC Nº 70/91, PELA MP Nº 1.858-6 E REEDIÇÕES SEGUINTES, CONSOLIDADA NA ATUAL MP Nº 2.158-35. A LEI COMPLEMENTAR A QUE SE REFERE O ART. 146, III, "C", DA CF/88, DETERMINANTE DO "ADEQUADO TRATAMENTO TRIBUTÁRIO AO ATO COOPERATIVO", AINDA NÃO FOI EDITADA. EX POSITIS, DOU PROVIMENTO AO RECURSO EXTRAORDINÁRIO.

1. As contribuições ao PIS e à COFINS sujeitam-se ao mesmo regime jurídico, porquanto aplicável a mesma ratio quanto à definição dos aspectos da hipótese de incidência, em especial o pessoal (sujeito passivo) e o quantitativo (base de cálculo e alíquota), a recomendar solução uniforme pelo colegiado.

2. O princípio da solidariedade social, o qual inspira todo o arcabouço de financiamento da seguridade social, à luz do art. 195 da CF/88, matriz constitucional da COFINS, é mandamental com relação a todo o sistema jurídico, a incidir também sobre as cooperativas.

3. O cooperativismo no texto constitucional logrou obter proteção e estímulo à formação de cooperativas, não como norma programática, mas como mandato constitucional, em especial nos arts. 146, III, c; 174, § 2º; 187, I e VI, e 47, § 7º, ADCT. O art. 146, c, CF/88, trata das limitações constitucionais ao poder de tributar, verdadeira regra de bloqueio, como corolário daquele, não se revelando norma imunitória, consoante já assentado pela Suprema Corte nos autos do RE 141.800, Relator Ministro Moreira Alves, 1ª Turma, DJ 03/10/1997.

4. O legislador ordinário de cada pessoa política poderá garantir a neutralidade tributária com a concessão de benefícios fiscais às cooperativas, tais como isenções, até que sobrevenha a lei complementar a que se refere o art. 146, III, c, CF/88. O benefício fiscal, previsto no inciso I do art. 6º da Lei Complementar nº 70/91, foi revogado pela Medida Provisória nº 1.858 e reedições seguintes, consolidada na atual Medida Provisória nº 2.158, tornando-se tributáveis pela COFINS as receitas auferidas pelas cooperativas (ADI 1/DF, Min. Relator Moreira Alves, DJ 16/06/1995).

5. A Lei nº 5.764/71, que define o regime jurídico das sociedades cooperativas e do ato cooperativo (artigos 79, 85, 86, 87, 88 e 111), e as leis ordiná-

rias instituidoras de cada tributo, onde não conflitem com a ratio ora construída sobre o alcance, extensão e efetividade do art. 146, III, c, CF/88, possuem regular aplicação.
6. Acaso adotado o entendimento de que as cooperativas não possuem lucro ou faturamento quanto ao ato cooperativo praticado com terceiros não associados (não cooperados), inexistindo imunidade tributária, haveria violação a determinação constitucional de que a seguridade social será financiada por toda a sociedade, ex vi, art. 195, I, b, da CF/88, seria violada.
7. Consectariamente, atos cooperativos próprios ou internos são aqueles realizados pela cooperativa com os seus associados (cooperados) na busca dos seus objetivos institucionais.
8. A Suprema Corte, por ocasião do julgamento dos recursos extraordinários 357.950/RS, 358.273/RS, 390.840/MG, Relator Min. MARCO AURÉLIO, Tribunal Pleno, DJ 15-08-2006, e 346.084/PR, Relator Min. ILMAR GALVÃO, Relator p/ Acórdão Min. MARCO AURÉLIO, Tribunal Pleno, DJ 01-09-2006, assentou a inconstitucionalidade da ampliação da base de cálculo das contribuições destinadas ao PIS e à COFINS, promovida pelo § 1º do artigo 3º da Lei nº 9.718/98, o que implicou na concepção da receita bruta ou faturamento como o que decorra quer da venda de mercadorias, quer da venda de mercadorias e serviços, quer da venda de serviços.
9. Recurso extraordinário interposto pela UNIÃO (FAZENDA NACIONAL), com fulcro no art. 102, III, "a", da Constituição Federal de 1988, em face de acórdão prolatado pelo Tribunal Regional Federal da 2ª Região, verbis: TRIBUTÁRIO. MANDADO DE SEGURANÇA. COOPERATIVA. LEI Nº 5.764/71. COFINS. MP Nº 1.858/99. LEI 9.718/98, ART. 3º, § 1º (INCONSTITUCIONALIDADE). NÃO-INCIDÊNCIA DA COFINS SOBRE OS ATOS COOPERATIVOS. 1. A Emenda Constitucional nº 20, de 15 de dezembro de 1998 (DOU de 16/12/1998) não tem força para legitimar o texto do art. 3º, § 1º, da Lei nº 9.718/98, haja vista que a lei entrou em vigor na data de sua publicação, em 28 de novembro de 1998. 2. É inconstitucional o § 1º do artigo 3º da Lei nº 9.718/98, no que ampliou o conceito de receita bruta para envolver a totalidade das receitas auferidas por pessoas jurídicas, independentemente da atividade por elas desenvolvida e da classificação contábil adotada. (RREE. 357.950/RS, 346.084//PR, 358.273/RS e 390.840/MG) 3. Prevalece, no confronto com a Lei nº 9718/98, para fins de determinação da base de cálculo da Cofins o disposto no art. 2º da Lei nº 70/91, que considera faturamento somente a

> receita bruta das vendas de mercadorias, de mercadorias e serviços e de serviços de qualquer natureza. 4. Os atos cooperativos (Lei nº 5.764/71 art. 79) não geram receita nem faturamento para as sociedades cooperativas. Não compõem, portanto, o fato imponível para incidência da Cofins. 5. Em se tratando de mandado de segurança, não são devidos honorários de advogado. Aplicação das Súmulas 512 do STF e 105 do STJ. 6. Apelação provida. (fls. 120/121).
>
> 10. A natureza jurídica dos valores recebidos pelas cooperativas e provenientes não de seus cooperados, mas de terceiros tomadores dos serviços ou adquirentes das mercadorias vendidas e a incidência da COFINS, do PIS e da CSLL sobre o produto de ato cooperativo, por violação dos conceitos constitucionais de "ato cooperado", "receita da atividade cooperativa" e "cooperado", são temas que se encontram sujeitos à repercussão geral nos recursos: RE 597.315-RG, Relator Min. ROBERTO BARROSO, julgamento em 02/02/2012, Dje 22/02/2012, RE 672.215-RG, Relator Min. ROBERTO BARROSO, julgamento em 29/03/2012, Dje 27/04/2012, e RE 599.362-RG, Relator Min. DIAS TOFFOLI, Dje-13-12-2010, notadamente acerca da controvérsia atinente à possibilidade da incidência da contribuição para o PIS sobre os atos cooperativos, tendo em vista o disposto na Medida Provisória nº 2.158-33, originariamente editada sob o nº 1.858-6, e nas Leis nºs 9.715 e 9.718, ambas de 1998.
>
> 11. Ex positis, dou provimento ao recurso extraordinário para declarar a incidência da COFINS sobre os atos (negócios jurídicos) praticados pela recorrida com terceiros tomadores de serviço, resguardadas as exclusões e deduções legalmente previstas. Ressalvo, ainda, a manutenção do acórdão recorrido naquilo que declarou inconstitucional o § 1º do art. 3º da Lei nº 9.718/98, no que ampliou o conceito de receita bruta.

1.1.1 Especificação do Caso e Razões da Submissão à Repercussão Geral

Discutiu-se no Recurso Extraordinário nº 598.085/RJ a revogação, por meio da Medida Provisória nº 1.858/99, da isenção da contribuição para o PIS e a Cofins pela Lei Complementar nº 70/91 às sociedades cooperativas, bem como se os atos cooperados geram receitas ou faturamento para as sociedades cooperativas, em face do disposto no parágrafo único do art. 79, da Lei nº 5.764/71.

O processo é originário de Mandado de Segurança preventivo impetrado pela Sociedade Cooperativa de Serviços Médicos e Hospitalares

– Unimed, com o objetivo de ver reconhecida inexigibilidade da Contribuição para o Financiamento da Seguridade Social – Cofins sobre as receitas provenientes da atividade típica cooperativa.

Segundo a Unimed, ao prever a incidência da Cofins sobre a totalidade das receitas auferidas pela pessoa jurídica, independentemente do tipo de atividade exercida e da classificação contábil o art. 3º, § 1º, da Lei nº 9.718/98 extrapolou o disposto no art. 195, inciso I, da CF/88, segundo o qual as contribuições apenas poderiam incidir sobre o faturamento e lucro, atingindo também a receita da atividade cooperativa, em que não há "operação de mercado" nos termos, art. 79, da Lei nº 5.764/71. Nesse período o faturamento era entendido como a receita bruta das vendas de mercadorias e prestação de serviços de qualquer natureza, na linha do que decidido pelo E. STF nos RREE 375.950/RS, 346.084/PR, 358.273 e 390.840/MG.

Ademais, a Lei nº 9.718/98 foi editada antes da Emenda Constitucional nº 20/2003, que inseriu a expressão "receita" no texto constitucional, motivo pelo qual a referida norma não é apta para legitimar a cobrança prevista no art. 3º, § 1º, da Lei nº 9.718/98, em virtude da impossibilidade de se aceitar em nosso ordenamento a figura da constitucionalidade superveniente.

Daí porque, considerando-se a referida limitação ao conceito de receita, bem como o conceito de ato cooperado previsto no art. 79, da Lei nº 5.764/71, os valores que ingressam na contabilidade da cooperativa decorrentes de atos cooperados próprios não estão abarcados pela base de cálculo da Cofins.

A segurança foi concedida em sede de Apelação, em acórdão unanime, proferido pela 3º Turma Especializada do Tribunal Regional Federal da 2º Região, sob o fundamento de que que os atos cooperativos, nos termos da regulamentação estampada no art. 79, da Lei nº 5.764/71, não resultam na obtenção de receita ou faturamento próprio da cooperativa, de modo que não estão abarcados pelo aspecto material da hipótese de incidência da Cofins, na linha do que decidido pelo Supremo Tribunal Federal nos RREE 375.950/RS, 346.084/PR, 358.273 e 390.840/MG.

O voto condutor do acórdão apontou, inclusive, que a questão estaria pacificada no âmbito do Superior Tribunal de Justiça, por ocasião do julgamento dos Recursos Especial nº 616219/MS e 591298/MG julgados pela 1ª Seção, e cuja conclusão foi no sentido de que o ato cooperado não resultaria em receita ou faturamento para a sociedade, porquanto eventual resultado positivo seria dos próprios cooperados.

Ao final, consignou ainda que mesmo após as alterações promovidas pela Lei nº 10.0833 os valores gerados em decorrência da prática de atos cooperados não poderiam ser enquadrados no conceito de faturamento, por força do disposto no inciso VI do art. 10 do mesmo diploma, e que os demais atos não enquadrados no conceito de ato cooperado previsto no art. 79, da Lei nº 5.764/71 deverão ser tributados nos termos do art. 87 da Lei nº 5.764/71.

Em face do referido acórdão a União (Fazenda Nacional) opôs embargos de declaração, os quais foram rejeitados e ensejaram a interposição de Recurso Extraordinário.

A União sustentou contrariedade ao disposto no art. 195, caput e § 4º, da CF/88, sob o fundamento de que seria legitima a revogação do disposto no artigo 6º da Lei Complementar 70/91 pela Medida Provisória nº 1.858/99 em face da ausência de hierarquia entre as espécies normativas.

Segundo a União, exige-se Lei Complementar apenas para a instituição de contribuições sobre outras fontes não previstas no art. 195, inciso I, da CF/88, de modo que apesar da edição da Lei Complementar 70/91 para a instituição da Cofins, a matéria poderia ter sido regulada por Lei Ordinária. Daí porque, por não se tratar de matéria reservada a Lei Complementar não há qualquer vicio em sua alteração pela Medida Provisória nº 1.858/99.

Ademais, para a União, o art. 146, inciso III, alínea "c", da CF/88 é uma norma de eficácia limitada, de modo que a exigência nele prevista apenas será aplicável após a edição de norma com o objetivo específico de estabelecer "o adequado tratamento tributário ao ato cooperativo, praticado pelas sociedades cooperativos" e que a norma prevista na CF/88 ainda não foi editada.

Por fim, sustentou que a isenção concedida aos atos cooperados importou em violação ao Princípio da Isonomia.

Após o processamento do recurso foi reconhecida repercussão geral da matéria, Tema 177, com a seguinte delimitação: "Recurso extraordinário em que se discute, à luz do art. 195, caput, § 4º, da Constituição Federal, a constitucionalidade, ou não, das alterações introduzidas pela Medida Provisória nº 1.858/99, que revogou a isenção da contribuição para o PIS e a COFINS concedida pela Lei Complementar nº 70/91 às sociedades cooperativas".[2]

O Ministério Público Federal – MPF apresentou parecer em 15.09.2019 opinando pelo não conhecimento do recurso sob o fundamento de que a violação seria meramente reflexa.

Posteriormente, em nova manifestação datada de 25 de junho de 2012 o MPF apontou a ausência de correlação entre as alegações expostas pela União em seu Recurso Extraordinário e os fundamentos do acórdão recorrido. Isso porque, segundo MPF acórdão recorrido examinou a controvérsia sobre o enfoque da análise do ato cooperativo descrito no art. 79, da Lei nº 5.764/71, e se tais valores poderiam ser enquadrados no conceito de faturamento para fins de incidência da contribuição, enquanto a União apenas suscitou a constitucionalidade formal da revogação do art. 6º da Lei Complementar 70/91 pela Medida Provisória nº 1.858/99, o que deveria ensejar o não conhecimento do recurso.

Por outro lado, caso conhecido, o MPF opinou no sentido do desprovimento do Recurso Extraordinário da União, por entender que apesar da inexigibilidade de Lei Complementar para instituição ou alteração das contribuições previstas no art. 195, e incisos, tal entendimento não poderia ser aplicado ao ato cooperativo por força do disposto no art. 146, inciso III, alínea "c" da CF/88, que reveste a regra contida na Lei Complementar 70/91 de caráter formal e materialmente complementar. Além disso, para o MPF, a redação do art. 79 da Lei nº 5.764/71 não deixa dúvidas de que o ato cooperativo próprio não está enquadrado na hipótese de incidência da COFINS.

1.1.2 O Critério de Conhecimento da Repercussão Geral

O Recurso Extraordinário nº 598.085/RJ foi submetido ao Plenário Virtual em 12.06.2009 pelo Ministro Eros Grau, então Relator.

A votação foi encerrada em 01.08.2009 com votos proferidos pelos Ministros Cezar Peluso, Ellen Gracie, Gilmar Mendes, Marco Aurélio, Ricardo Lewandowski, Celso de Mello, Joaquim Barbosa, Ayres Brito e Menezes direito, no sentido da existência de repercussão geral da questão. Não se manifestou a Ministra Cármen Lúcia.

[2] http://www.stf.jus.br/portal/jurisprudenciaRepercussao/verAndamentoProcesso.asp?incidente=2667174&numeroProcesso=598085&classeProcesso=RE&numeroTema=177#

Em um voto conciso, o Relator manifestou-se pela existência de repercussão geral da questão envolvendo a alegação da União de que o acórdão recorrido teria incidido em violação ao disposto no artigo 195, § 4º, da CF/88, ao entender que as alterações pela Medida Provisória 1.858/99 não poderiam revogar a isenção concedida pela Lei Complementar nº 70/91.

1.2 Mérito da Decisão

Ao examinar o Recurso Extraordinário nº 598.085/RJ interposto pela União, na assentada de 06.11.2014, os Ministros do Supremo Tribunal Federal, por unanimidade, deram-lhe provimento.

O julgamento foi realizado em conjunto com o RE 599.362/RJ, de relatoria do Min. Dias Toffoli (Tema 323: 'Incidência de PIS sobre atos cooperativos próprios."), caso em que o Plenário do E. STF também deu provimento ao recurso extraordinário da União, com a diferença que no RE 599.362/RJ não foi suscitada a questão envolvendo a possibilidade de lei ordinária revogar lei complementar. Dessa forma, o STF buscou-se o exame conjunto dos casos envolvendo a incidência do PIS e da Cofins sobre receitas das sociedades cooperativas.

Participaram do julgamento os Ministros Ricardo Lewandowski, presidente à época, Celso de Mello, Gilmar Mendes, Cármen Lúcia, Dias Toffoli, Luiz Fux, Rosa Weber, Teori Zavascki e Roberto Barroso. Ausente justificadamente o Min. Marco Aurélio.

Embora o resultado tenha sido proclamado em novembro de 2014, a delimitação da "Tese" para os 02 (dois) casos apenas foi concluída na sessão de 09.12.2015, nos seguintes termos:

> RE 598.085/RJ – Tese: "São legítimas as alterações introduzidas pela Medida Provisória 1.858/1999, no que revogou a isenção da COFINS e da contribuição para o PIS concedidas às sociedades cooperativas."
> RE 599.362/RJ – Tese: "A receita auferida pelas cooperativas de trabalho decorrentes dos atos (negócios jurídicos) firmados com terceiros se insere na materialidade da contribuição ao PIS/PASEP."

1.2.1 Voto do Relator

O Ministro Fux iniciou seu voto expondo que a solução da contenda envolvendo a incidência de Cofins sobre as receitas das atividades das cooperativas envolveria a delimitação da "exegese da amplitude do adequado tratamento tributário ao ato cooperativo e da extensão do conceito de ato cooperativo", relacionando-se com o RE 599.362/RJ (julgado na mesma data) e com as matérias pendentes de julgamento nos RREE 672.215/CE e 597.315/RJ, nos quais restou reconhecida a repercussão geral de questão idêntica, em acórdãos assim ementados:

> EMENTA: TRIBUTÁRIO. INCIDÊNCIA DA COFINS, DA CONTRIBUIÇÃO AO PROGRAMA DE INTEGRAÇÃO SOCIAL E DA CONTRIBUIÇÃO SOBRE O LUCRO LÍQUIDO SOBRE O PRODUTO DE ATO COOPERADO OU COOPERATIVO. DISTINÇÃO ENTRE "ATO COOPERADO TÍPICO" E "ATO COOPERADO ATÍPICO". CONCEITOS CONSTITUCIONAIS DE "ATO COOPERATIVO", "RECEITA DE ATIVIDADE COOPERATIVA" E "COOPERADO". COOPERATIVA DE SERVIÇOS MÉDICOS. VALORES PAGOS POR TERCEIROS À COOPERATIVA POR SERVIÇOS PRESTADOS PELOS COOPERADOS. LEIS 5.764/1971, 7.689/1988, 9.718/1998 E 10.833/2003. ARTS. 146, III, c, 194, par. ún., V, 195, caput, e I, a, b e c e § 7º e 239 DA CONSTITUIÇÃO. Tem repercussão geral a discussão sobre a incidência da Cofins, do PIS e da CSLL sobre o produto de ato cooperativo, por violação dos conceitos constitucionais de "ato cooperado", "receita da atividade cooperativa" e "cooperado". Discussão que se dá sem prejuízo do exame da constitucionalidade da revogação, por lei ordinária ou medida provisória, de isenção, concedida por lei complementar (RE 598.085-RG), bem como da "possibilidade da incidência da contribuição para o PIS sobre os atos cooperativos, tendo em vista o disposto na Medida Provisória nº 2.158-33, originariamente editada sob o nº 1.858-6, e nas Leis nºs 9.715 e 9.718, ambas de 1998" (RE 599.362-RG, rel. min. Dias Toffoli). (RE 672215 RG, Relator(a): Min. JOAQUIM BARBOSA, julgado em 29/03/2012, ACÓRDÃO ELETRÔNICO DJe-083 DIVULG 27-04-2012 PUBLIC 30-04-2012)
>
> Ementa: TRIBUTÁRIO. COOPERATIVAS. SUJEIÇÃO PASSIVA À CONTRIBUIÇÃO DESTINADA AO CUSTEIO DA SEGURIDADE SOCIAL. PROPOSTA PELO RECONHECIMENTO DA REPERCUSSÃO GERAL DA MATÉRIA. ARTS. 146, III, C E 172, § 2º DA CONSTITUIÇÃO. LC 84, ART. 1º, II. Tem repercussão geral o debate sobre a compatibilidade da inclusão, na base de cálculo de contribuição destinada ao custeio da seguridade social, dos valores recebidos pelas cooperativas e provenientes não de seus cooperados, mas de terceiros tomadores dos serviços ou adquirentes das mercadorias vendidas. (RE 597315 RG, Relator(a): Min.

Joaquim Barbosa, julgado em 02/02/2012, ACÓRDÃO ELETRÔNICO DJe-037 DIVULG 22-02-2012 PUBLIC 23-02-2012)

Em seguida, após tecer considerações sobre os conceitos de cooperativa e cooperativismo a partir da doutrina de Pontes de Miranda, Valdirio Bulgarelli e outros, concluiu que o princípio da solidariedade social é igualmente aplicável às cooperativas, à luz do art. 195, da CF/88.

Apontou que diversos dispositivos do texto constitucional, tal como os artigos 146, inciso III, c, 174, § 2º, 187, incisos I e VI, e 47, § 7º, ADCT, buscam conferir proteção e estímulo às cooperativas, de modo que o exame do tratamento tributário do ato cooperativo "deve estar em coerência com os valores e demais princípios que informam a sua existência na ordem jurídica."

Relembrou, ainda, o quanto decidido no RE 141.800 e na AC 2.209 AgR/MG, no sentido de que a regra do art. 146, inciso III, alínea "c", da CF/88, não é regra imunitória, de modo que enquanto não editada a lei complementar as cooperativas ficam sujeitas ao tratamento tributário conferido pelas demais normas em vigor, inclusive cabendo ao legislador ordinário eventual concessão de benefícios fiscais até que sobrevenha a lei complementar.

Seguindo esse raciocínio concluiu que a regra prevista no artigo 6º da Lei Complementar 70/91, que concedeu isenção para "as sociedades cooperativas que observarem ao disposto na legislação específica, quanto aos atos cooperativos próprios de suas finalidades" seria norma materialmente ordinária, assim como as normas que tratam de isenção, motivo pelo qual passível de alteração por medida provisória, a exemplo do que decidido na ADI nº 01/DF.

Apontou que apesar da ausência de edição da Lei Complementar prevista no art. 146, inciso III, alínea "c", da CF/88, tanto os artigos 78, 79 e 111, da Lei nº 5.764/71, são aplicáveis às cooperativas, como as normas instituidoras de tributos que não conflitem com "a *ratio* ora construída sobre o alcance, extensão e efetividade do art. 146, III, *c*, CF/88."

Sobre o argumento das cooperativas de que os atos cooperativos não geram refeita ou faturamento, o Min. Fux se limitou a expor suas conclusões acerca do ato cooperativo praticado com terceiros não associados (não cooperados), afirmando que a não incidência de Cofins nessa circunstância resultaria em violação ao princípio da solidariedade social, previsto no art. 195, I, *b*, da CF/88.

E apesar de definir que os "atos cooperativos próprios ou internos somente seriam aqueles realizados pela cooperativa com os seus associados (cooperados)," não expos qual seria a sua posição em relação especificamente a tais atos, consignando na parte final do dispositivo a necessidade de manutenção do acórdão na parte em que afastou a ampliação do conceito de faturamento promovida pelo

Ao final deu provimento integral ao recurso extraordinário da União nos seguintes termos:

> *Ex positis*, dou provimento ao recurso extraordinário para declarar a incidência da COFINS sobre os atos (negócios jurídicos) praticados pela recorrida com terceiros tomadores de serviço, resguardadas as exclusões e deduções legalmente previstas. Ressalvo, ainda, a manutenção do acórdão recorrido naquilo que declarou inconstitucional o § 1º do art. 3º da Lei nº 9.718/98, no que ampliou o conceito de receita bruta.

Ao assim decidir, o Min. Luiz Fux trouxe diferenciação não exposta no acórdão recorrido acerca do tratamento para os atos cooperados internos e os atos cooperados decorrentes de relações com terceiros e definindo apenas a necessidade de sujeição à tributação dos atos praticados com terceiros.

Voto do Min. Barroso

O Ministro Roberto Barroso votou em seguida e foi o único, dentre os demais Ministros, a apresentar voto escrito. Em seu voto concordou expressamente com as conclusões do voto do Min. Fux no tocante à possibilidade de revogação da isenção prevista no artigo 6º da Lei Complementar 70/91 pela Medida Provisória nº 1.858/99, tendo assentado também que a regra do 79, da Lei nº 5.764/71 não seria suficiente para afastar a tributação das receitas auferidas pelas cooperativas quando prestarem serviços a terceiros.

Por outro lado, o Min. Barroso apontou expressamente que o art. 79, parágrafo único, da Lei nº 5.764/71, ao definir que os atos cooperativos internos (realizados entre cooperativas e seus associados) não são operações de mercado, criou uma regra específica de não incidência. Tais operações não estariam, portanto, sujeitas à tributação, uma vez que:

> A compreensão mais adequada a ser lançada sobre o art. 79, parágrafo único, deve estar conectada com o primado constitucional de conferir à

> cooperativa um tratamento condizente com sua realidade. A norma trata o produtor e a sociedade como uma unidade, submetendo ambos a uma incidência única. É uma medida de neutralidade para conferir um tratamento 'adequado'. Quando a cooperativa pratica dois atos, um deles é considerado típico (cooparativa-cooperado) e o outro atípico (cooperativa-mercado). Somente o segundo ato é objeto de tributação. Este é o conteúdo do dispositivo em análise. Cumpre observar que as cooperativas de trabalho ou de intermediação nem sequer são alcançadas por tal disposição. Essas modalidades não praticam atos internos, na medida em que os cooperados já estão em contato direto com o mercado (ex: taxistas e médicos).

Tais conclusões convergem, em parte, com as que foram adotadas pela 3ª Turma Especializada do Tribunal Regional Federal da 2ª Região, no sentido de se afastar a incidência da Cofins sobre as receitas decorrentes das atividades descritas no art. 79, parágrafo único, da Lei nº 5.764/71.

As mesmas razões também foram expostas pelo Min. Barroso no julgamento do RE 599.362/RJ, julgado na mesma data. Naquele caso, contudo, o voto explicou também que no tocante às cooperativas em que não são praticados atos internos ou externos, tais como as cooperativas de prestação de serviços, tais como médicos e taxistas, tais atividades deverão sofrer regulamentação específica, a exemplo da IN 635/16, que regulamenta a base de cálculo do PIS e da Cofins para cooperativas médicas.

Essas constatações, na visão do Min. Barroso, demonstram que o cerne do problema é a omissão legislativa:

> "9. Diante das considerações expostas, ao contrário do que querem fazer crer as sociedades cooperativas, a legislação tributária busca concretizar o tratamento tributário adequado ao ato cooperativo. A questão objeto de maior tensão sobre a tributação e o cooperativismo repousa na distinção existente entre estas sociedades e as diversas medidas de neutralidade utilizadas pelo Fisco. Não há uma uniformidade entre as medidas, o que sugere que algumas atividades podem estar sendo submetidas a tratamento mais gravoso do que outras. Basta verificar que cooperativas de intermediação não possuem previsão específica para excluir da base valores repassados a associados. Haveria então um tratamento ao menos pretensamente

adequado ao ato cooperativo, mas ele não seria equânime entre cooperativas. E o que se tem é a busca de locupletamento por parte destas modalidades menos favorecidas por intermédio da interpretação equivocada da legislação tributária. Em suma, busca-se construir no Judiciário a solução para a insuficiência do Legislativo."

Ao final, o Min. Barroso consignou no dispositivo de seu voto o conhecimento e provimento do recurso da União tanto no RE nº 598.085/RJ (Cofins), quanto no RE 599.362/RJ (PIS).

1.2.2 Os Debates

Após o voto do Ministro Barroso surgiram diversos questionamentos sobre os contornos da lide e se efetivamente as razões por ele expostas coincidiriam com a do Min. Relator.

Nesse momento, constata-se que o voto do Min. Barroso definiu também o tratamento tributário a ser conferido em relação aos atos cooperativos típicos, e não apenas em relação às relações das cooperativas em relação a terceiros, e que a solução do impasse deveria abarcar as 02 situações.

Discordaram da proposta os Ministros Ricardo Lewandowski e Dias Toffoli, sob o argumento de que a orientação pretendida pelo Min. Barroso poderia atingir situações não previstas nos casos em julgamento e extrapolar os limites da demanda. Confira-se:

> **O SENHOR MINISTRO RICARDO LEWANDOWSKI (PRESIDENTE)** – Nem sei se nós deveríamos entrar nessa exegese tão profunda assim. O que eu estou entendendo, como Presidente da Sessão, é que o que o Relator afirmou, tout court, como diz o francês, é o seguinte: incide o PIS/PASEP sobre atos, negócios jurídicos, praticados pela impetrante com terceiros tomadores de serviço, objeto da impetração,
> resguardadas as exclusões e deduções legalmente previstas; ponto. Essa é a tese.
>
> **O SENHOR MINISTRO DIAS TOFFOLI:**
> É isso, exatamente, Senhor Presidente. Há toda uma regulamentação por instrução normativa da Receita Federal do Brasil acerca das exclusões da base de cálculo do PIS, de acordo com a MP 2.158/2001. A minha preocupação é nós avançarmos além daquilo que é o objeto específico do recurso e darmos ensejo a interpretações **a contrario sensu**, interpretações

para cá ou para lá, sendo que isso tudo está muito delineado na legislação. Por isso, eu peço vênia àqueles que pensam o contrário para ficar especificamente no caso, que é PIS, de acordo com as diretrizes já traçadas no meu voto.

Mais adiante os Ministros demonstram concordar com a sugestão do Min. Barroso acerca da necessidade de definição da questão envolvendo a tributação do ato cooperativo típico, ainda que o tema não constasse expressamente no enunciado da tese. Aparentemente haveria um consenso nesse sentido, confira-se:

> **O SENHOR MINISTRO LUÍS ROBERTO BARROSO** – E que, na verdade, é uma tese lateral, porque não é a questão em discussão, mas apenas fiquei com a preocupação de a tese afirmada – a de que a revogação da isenção foi legítima – atingir as situações de não incidência, o que eu acho que não deve acontecer.
> **O SENHOR MINISTRO LUIZ FUX** – Não deve acontecer.
> **O SENHOR MINISTRO LUÍS ROBERTO BARROSO** – Portanto, se nós todos estamos de acordo quanto a esse ponto, não precisa constar da suma do julgamento. Apenas fica registrado que nós só decidimos o que decidimos, e não decidimos sobre outras situações de atos cooperativos, porque aí, sim, eu acho que nós produziríamos a debacle do cooperativismo.
> **O SENHOR MINISTRO RICARDO LEWANDOWSKI (PRESIDENTE)** – Sim. Então, nesse enunciado que o Ministro Fux sugeriu, qual é a restrição que Vossa Excelência faria?
> **O SENHOR MINISTRO LUÍS ROBERTO BARROSO** – Nenhuma.
> **O SENHOR MINISTRO RICARDO LEWANDOWSKI (PRESIDENTE)** – Nenhuma?
> **O SENHOR MINISTRO LUÍS ROBERTO BARROSO** – Nenhuma. Apenas como **obiter dictum,** ficou registrado que não se estende à situação das cooperativas de produção.
> **O SENHOR MINISTRO LUIZ FUX** – É porque eu próprio, mesmo sinteticamente, aduzi atos internos e atos externos. No meu voto, eu aduzi a isto: ato cooperativo próprio não sofre a incidência, é caso de não incidência.
> **O SENHOR MINISTRO LUÍS ROBERTO BARROSO** -
> Exatamente.

O SENHOR MINISTRO LUIZ FUX – Está no voto, está no voto.

O SENHOR MINISTRO LUÍS ROBERTO BARROSO – Então, estamos de acordo.

O SENHOR MINISTRO RICARDO LEWANDOWSKI (PRESIDENTE) – Acho que esta é a preocupação do Plenário, inclusive, a partir dessas muito substanciosas sustentações orais, e nós temos que proteger as cooperativas, até porque essa é uma determinação constitucional. Então, à medida que avançamos um pouco nos enunciados, podemos atingir os atos propriamente cooperativos e que não é, absolutamente, o desejo desta Corte. Não ficou demonstrado.

Tais conclusões corroboram o que foi decidido pelo TRF 2º Região. Mesmo assim, manteve-se no dispositivo do julgado o provimento do recurso extraordinário da Fazenda Nacional.

Interessante notar também ficou consignado no item 10 da ementa do acórdão a circunstância de que a natureza jurídica dos valores recebidos de terceiros pelas cooperativas e seus reflexos tributários serão examinados por ocasião do julgamento dos RREE 597.315/RJ e 672.215/CE.

1.2.3 Os Acórdãos Proferidos após o Julgamento dos Embargos de Declaração

Em seguida, os acórdãos proferidos nos 02 casos foram objeto de embargos de declaração.

Os embargos de declaração opostos pela Unimed no RE 598.085/RJ foram desprovidos por meio do acórdão publicado no dia 03.10.2017, julgados em Sessão Virtual por meio da qual os Ministros entenderam não estar configuradas nenhuma das hipóteses que que autorizam a oposição de embargos de declaração, em acórdão assim ementado:

> Ementa: EMBARGOS DE DECLARAÇÃO NO RECURSO EXTRAORDINÁRIO. TRIBUTÁRIO. COFINS. SOCIEDADES COOPERATIVAS DE TRABALHO. PRESTAÇÃO DE SERVIÇOS. LEGITIMIDADE DA REVOGAÇÃO DA ISENÇÃO PREVISTA NO INCISO I DO ARTIGO 6º DA LEI COMPLEMENTAR 70/1991 PELA MEDIDA PROVISÓRIA 1.858-6/1999 E REEDIÇÕES, CONSOLIDADA NA ATUAL MEDIDA PROVISÓRIA 2.158-35/2001. POSSIBILIDADE DE TRIBUTAÇÃO DA RECEITA AUFERIDA PELAS COOPERATIVAS COM NEGÓCIOS JURÍDICOS REALIZADOS COM TERCEIROS NÃO ASSOCIADOS,

> TOMADORES DE SERVIÇO, RESGUARDADAS AS EXCLUSÕES E DEDUÇÕES LEGALMENTE PREVISTAS. OMISSÃO, CONTRADIÇÃO OU OBSCURIDADE. INEXISTÊNCIA. ERRO MATERIAL. INOCORRÊNCIA. EFEITOS INFRINGENTES. IMPOSSIBILIDADE. EMBARGOS DE DECLARAÇÃO DESPROVIDOS. 1. Não se verifica nenhuma das hipóteses ensejadoras dos embargos de declaração, eis que o acórdão ora embargado, não tendo partido de premissas equivocadas, apreciou as questões suscitadas de maneira clara e coerente. 2. In casu, os embargos de declaração demonstram mera tentativa de rediscussão do que foi decidido pelo acórdão embargado, inobservando a parte embargante que os restritos limites desse recurso não permitem o rejulgamento da causa. 3. O efeito modificativo ora pretendido somente é possível em hipóteses excepcionais e uma vez comprovada a existência de obscuridade, de contradição, de omissão ou de erro material no julgado, o que não ocorre no caso sub examine. 4. Embargos de declaração da Unimed de Barra Mansa Sociedade Cooperativa de Serviços Médicos e Hospitalares DESPROVIDOS. (RE 598085 ED, Relator(a): Min. LUIZ FUX, Tribunal Pleno, julgado em 25/08/2017, ACÓRDÃO ELETRÔNICO DJe-225 DIVULG 02-10-2017 PUBLIC 03-10-2017)

Do voto condutor do acórdão proferido pelo Min. Fux, é de se destacar o seguinte esclarecimento:

> Portanto, verifica-se que restou decido no acórdão a legitimidade da revogação da isenção prevista no inciso I do artigo 6º da Lei Complementar 70/1991 pela Medida Provisória 1.858-6/1999 e reedições (consolidada na atual Medida Provisória 2.158-35/2001) e a possibilidade de tributação da receita auferida pelas sociedades cooperativas de trabalho, na modalidade de serviço, com negócios jurídicos realizados com terceiros não associados, tomadores de serviço, resguardadas as exclusões e deduções legalmente previstas.

Vale consignar que o acórdão proferido no julgamento do RE 599.362/RJ também foi questionado em sede de embargos de declaração.

1.3 Análise Crítica

1.3.1 A Questão da Revogação do Artigo 6º da Lei Complementar 70/91

Embora algumas questões tenham ficado sem resposta após o julgamento do RE nº 598.085/RJ, no tocante a celeuma envolvendo a revogação do artigo 6º da Lei Complementar 70/91, que concedeu isenção para "as sociedades cooperativas que observarem ao disposto na legislação específica, quanto aos atos cooperativos próprios de suas finalidades" pela Medida Provisória nº 1.858/99, é cristalina a posição da Corte sobre o tema.

Nesse ponto, aliás, o STF prestigiou a orientação que consolidada após o julgamento da ADI nº 01/DF, no sentido de que não existe hierarquia entre leis ordinárias e leis complementares, mesmo com o *quórum* mais rígido dessa última.

Para a aprovação da lei complementar é necessário alcançar a maioria absoluta nos termos do art. 69, da CF/88, enquanto para a aprovação de uma lei ordinária basta que seja atingida a maioria simples ou relativa, nos temos do art. 47, da CF/88. A aludida diferença levou alguns doutrinadores e julgadores a entender que haveria uma superioridade das leis complementares em relação as demais normas.

No entanto, segundo a jurisprudência consolidada no E. STF, a exigência de lei complementar está limitada às matérias em relação as quais a próprio Texto Constitucional fixa expressamente a sua regulamentação por essa espécie normativa, conforme se extrai do voto proferido pelo Min. Moreira Alves no julgamento da ADC 01[3], ao tratar da constitucionalidade da instituição da Cofins pela Lei Complementar nº 70/91, conforme o seguinte:

> Sucede, porém, que a contribuição social em causa, incidente sobre o faturamento dos empregadores, é admitida expressamente pelo inciso I do artigo 195 da Carta Magna, não se podendo pretender, portanto, que a Lei Complementar nº 70/91 tenha criado outra fonte de renda destinada a garantir a manutenção ou a expansão da seguridade social. Por isso mesmo, essa contribuição poderia ser instituída por Lei ordinária. A circunstância de ter sido formalmente complementar – a Lei Complementar nº 70/91 – não lhe dá, evidentemente, a natureza de

[3] BRASIL. Supremo Tribunal Federal. ADC 01. Relator Min. Moreira Alves. Tribunal Pleno, Brasília, DF, em 01.12.1993, DJe de 16.06.1995.

contribuição social nova, a que se aplicaria o disposto no § 4º do artigo 195 da Constituição, porquanto essa lei, com relação aos dispositivos concernentes à contribuição social por ela instituída – que são o objeto desta ação –, é materialmente ordinária, por não tratar, nesse particular, de matéria reservada, por texto expresso da Constituição, à lei complementar. A jurisprudência desta Corte, sob o império da Emenda Constitucional nº 1/69 – e a Constituição atual não alterou esse sistema –, se firmou no sentido de que só se exige lei complementar para as matérias para cuja disciplina a Constituição expressamente faz tal exigência, e, se porventura a matéria, disciplinada por lei cujo processo legislativo observado tenha sido o da lei complementar, não seja daquelas para que a Carta Magna exige essa modalidade legislativa, os dispositivos que tratam dela se têm como dispositivos de lei ordinária. Não estando, portanto, a COFINS sujeita às proibições do inciso I do artigo 154 pela remissão que a ele faz o § 4º do artigo 195, ambos da Constituição Federal, não há que se pretender que seja ela inconstitucional por ter base de cálculo própria de impostos discriminados na Carta Magna ou igual à do PIS/PASEP (que, por força da destinação previdenciária que lhe deu o artigo 239 da Constituição, lhe atribuiu a natureza de contribuição social), nem por não atender ela eventualmente à técnica da não-cumulatividade.

Na mesma linha, vale citar também o julgamento do RE 377.457/PR[4], de 17.08.2008, da relatoria do ministro Gilmar Mendes, por meio do qual o Plenário do STF concluiu pela constitucionalidade da revogação da isenção da Cofins concedida às sociedades civis prestadoras de serviços pelo inciso II do art. 6º da Lei Complementar 70/1991, pela alteração promovida pelo art. 56 da Lei 9.430/1996.

Portanto, s a Lei Complementar nº 70/91 é norma materialmente ordinária, assim como as normas que tratam de isenção, motivo pelo qual passível de alteração por medida provisória, de modo que ao assim decidir o E. STF prestigiou a jurisprudência já consolidada sobre o tema.

[4] BRASIL. Supremo Tribunal Federal. RE 377457. Relator Min. Gilmar Mendes. Tribunal Pleno, Brasília, DF, em 17.09.2008, DJe de 19.12.2008.

1.3.2 Os Contornos da Questão Examinada, mas não Resolvida: Incidência de Cofins sobre Atos Cooperativos.

Superada a questão da inexigibilidade de Lei Complementar para instituição ou alteração das contribuições previstas no art. 195, e incisos, resta saber se à luz dos artigos 146, inciso III, alínea "c", da CF/88 e artigos 78, 79 e 111, da Lei nº 5.764/71, seria constitucional a incidência de Cofins sobre os valores que ingressam na contabilidade da cooperativa decorrentes de atos cooperados. Embora encerrado o julgamento dos RREE nº 598.085/RJ (Cofins) e 599.362/RJ (PIS), a questão acima ainda está pendente de definição.

Após debates, os Ministros do E. STF entenderam que a celeuma deverá ser definida por ocasião julgamento dos RREE 672.215/CE, que trata da incidência de PIS, Cofins e CSLL sobre o produto do ato cooperativo, em que serão examinados os conceitos de ato cooperativo típico, ato cooperativo atípico e receita de atividade cooperativa, e do RE 597.315/RJ, envolvendo a possibilidade de inclusão, na base de cálculo da Cofins, das receitas das cooperativas provenientes de terceiros tomadores de serviços ou adquirentes das mercadorias vendidas.

Mas então, o que foi julgado pelo STF? Da leitura dos votos e dos debates extraídos do julgamento do RE nº 598.085/RJ é possível extrair as seguintes conclusões:

1) A possibilidade de revogação da isenção de Cofins contida no art. 6º da Lei Complementar 70/91 pela Medida Provisória nº 1.858/99, por tratar-se de matéria passível de regulamentação por Lei Ordinária.
2) No ato cooperativo praticado com terceiros as cooperativas auferem receitas, motivo pelo qual deverão ser submetidas ao pagamento de Cofins. A exceção a essa regra são os atos cooperativos típicos, aqueles em que o registro de receitas decorre da relação entre cooperativas e cooperados, tais como as cooperativas de produção, à luz do art. 79 da Lei nº 5.764/71.
3) Outras situações não abarcadas pelas situações acima descritas dependem de norma específica e deverão ser examinadas nos RREE 672.215/CE e 597.315/RJ.

Como visto, constata-se da leitura do acórdão a efetiva análise do conceito de ato cooperativo, subdividindo-o em atos internos e externos, com a expressa indicação de incidência do PIS e da Cofins sobre os atos tidos como externos (assim entendidos, nesse julgamento, como negócios jurídicos praticados com terceiros). Por outro lado, na mesma toada, o Plenário do STF opta por avançar sobre o tema no que diz respeito às outras modalidades de cooperativas, porquanto pendentes de RREE 672.215/CE e 597.315/RJ, conforme consignado na ementa do acórdão que, esse mesmo tema será resolvido, confira-se:

> 10. A natureza jurídica dos valores recebidos pelas cooperativas e provenientes não de seus cooperados, mas de terceiros tomadores dos serviços ou adquirentes das mercadorias vendidas e a incidência da COFINS, do PIS e da CSLL sobre o produto de ato cooperativo, por violação dos conceitos constitucionais de "ato cooperado", "receita da atividade cooperativa" e "cooperado", são temas que se encontram sujeitos à repercussão geral nos recursos: RE 597.315-RG, Relator Min. ROBERTO BARROSO, julgamento em 02/02/2012, Dje 22/02/2012, RE 672.215-RG, Relator Min. ROBERTO BARROSO, julgamento em 29/03/2012, Dje 27/04/2012, e RE 599.362-RG, Relator Min. DIAS TOFFOLI, Dje-13-12-2010, notadamente acerca da controvérsia atinente à possibilidade da incidência da contribuição para o PIS sobre os atos cooperativos, tendo em vista o disposto na Medida Provisória nº 2.158-33, originariamente editada sob o nº 1.858-6, e nas Leis nºs 9.715 e 9.718, ambas de 1998.

Além de aparente contradição entre a fundamentação e conclusões dos votos proferidos no julgamento do RE nº 598.085/RJ, a situação revela, sobretudo, a falta de eficiência na solução de demandas com repercussão geral no âmbito do STF.

Com efeito, em novembro de 2014 quando os REEE nº 598.085/RJ e 599.362/RJ foram levados a julgamento pelo Plenário do E. STF, os RREE 672.215/CE e 597.315/RJ já haviam sido afetados à sistemática da repercussão geral, torando praticamente inócuo o julgamento que não contemplou a discussão em sua inteireza.

Da forma como definida a *quaestio* do RE nº 598.085/RJ, fica a impressão de que, apesar do provimento do Recurso da Fazenda Nacional, a fundamentação exposta no acórdão recorrido não foi integralmente afastada pelas razões expostas nos votos proferidos, de modo que havia espaço para que o STF aprofundasse o exame do adequado tratamento tributário previsto no art. 146, inciso III, alínea "c", da CF/88, tanto nas relações entre cooperativas e cooperados, quanto nas relações delas com terceiros.

Além disso, pela abrangência dos temas abarcados nos RREE 672.215/ /CE e 597.315/RJ não se descarta da hipótese de que as premissas envolvendo as relações mercantis das cooperativas com terceiros definidas até aqui venham a ser revistas nos julgamentos dos citados *leading cases.*

1.3.3 O Ato Cooperado e a Hipótese de Incidência da Cofins.

A despeito da ausência de enfrentamento do tema em sua inteireza, até o momento a conclusão do STF é no sentido de que os atos praticados entre cooperativas e terceiros não se caracterizariam como atos cooperativos, motivo pelo qual, nessa circunstância é devido o pagamento das contribuições ao Pis/Pasep e à Cofins.

Tais conclusões foram expostas de forma bastante didática pelo Ministro Roberto Barroso, no voto que proferiu por ocasião do julgamento do RE 599.362/RJ (sobre o PIS/Pasep e julgado em conjunto com o RE nº 598.085/RJ), no qual definiu com precisão cirúrgica a questão, conforme o seguinte:

> A questão prejudicial a todo o demais é a efetiva percepção de receita pelas cooperativas. Fora da envergadura da hipótese de incidência não há necessidade sequer de investigar as espécies de atos cooperativos. Por óbvio, mediante a inocorrência do fato gerador, o resultado seria invariavelmente a não incidência.

Após fixar essas premissas construiu raciocínio no sentido de que não se pode afirmar que as cooperativas não auferem receitas, à luz dos artigos 86, 87, e 111 da Lei nº 5.764/71. Para o Min. Barroso, entendimento em sentido contrário significaria atribuir imunidade aos atos cooperativos, o que já foi afastado pelo E. STF no julgamento do RE 141.800.

Segundo essa lógica, assentou que o tratamento tributário adequado "Significa que o sujeito passivo receberá do direito tributário um tratamento diferente, consentâneo com suas diferenças. Essencialmente, o que se busca impedir é que o direito tributário venha a punir o associativismo."

Esse tratamento, segundo o Min. Barroso, deve ser propiciado pela neutralidade, que significaria impedir que a exigência tributária recaísse em uma mesma operação, tanto sobre a cooperativa quanto sobre o cooperado. Daí porque, na linha do disposto no art. 79, parágrafo único, da Lei nº 5.764/71, deve ser afastada a tributação atos cooperativos típicos entre cooperativa e cooperados, mantendo-se apenas a incidência tributária nas relações com terceiros, regra essa que atinge especificamente as cooperativas de produção,

A neutralidade também seria propiciada pelo art. 15 da MP 2.158-35/ /01, que prevê a exclusão do montante repassado aos cooperados da base de cálculo das contribuições ao PIS/Pasep e à COFINS.

Além disso, explicou que no tocante às cooperativas em que não são praticados atos internos ou externos, tais como as cooperativas de prestação de serviços, tais como médicos e taxistas, tais atividades deverão sofrer regulamentação específica, tal como a IN 635/16, que regulamenta a base de cálculo do PIS e da COFINS para cooperativas médicas.

Para o Min. Barroso tais constatações demonstram que o cerne do problema é a omissão legislativa:

> Diante das considerações expostas, ao contrário do que querem fazer crer as sociedades cooperativas, a legislação tributária busca concretizar o tratamento tributário adequado ao ato cooperativo. A questão objeto de maior tensão sobre a tributação e o cooperativismo repousa na distinção existente entre estas sociedades e as diversas medidas de neutralidade utilizadas pelo Fisco.
>
> Não há uma uniformidade entre as medidas, o que sugere que algumas atividades podem estar sendo submetidas a tratamento mais gravoso do que outras. Basta verificar que cooperativas de intermediação não possuem previsão específica para excluir da base valores repassados a associados. Haveria então um tratamento ao menos pretensamente adequado ao ato cooperativo, mas ele não seria equânime entre cooperativas. E o que se tem é a busca de locupletamento por parte destas modalidades menos favorecidas por intermédio da interpretação equivocada da legislação tributária. Em suma, busca-se construir no Judiciário a solução para a insuficiência do Legislativo.

Nota-se que a dificuldade em resolver o tema decorre, em essência da ausência de Lei Complementar regulamentando a matéria. É evidente que se não houvesse a mora do Poder Legislativo na regulamentação do art. 146, inciso III, alínea "c", da CF/88 certamente não estaríamos discutindo esse tema, pelo menos não com esse enfoque.

De qualquer forma, se a ausência da lei complementar impede que o STF interprete as normas constitucionais e infraconstitucionais em vigor para a concessão de um regime possivelmente mais benéfico para as cooperativas em todas as suas modalidades, não parece adequado realizar a interpretação das mesmas das normas constitucionais e infraconstitucionais para impor a distinção entre os atos cooperativos internos e externos (com terceiros), para tratar essas operações não fossem atos cooperativos.

Isso porque, o próprio acórdão reconhece que as cooperativas de prestação de serviços ou de intermediação, tais como as cooperativas de taxis, por exemplo, não praticam atos internos e externos, já que suas atividades estão voltadas diretamente para o mercado. Ora, se os atos externos não podem ser considerados atos cooperados nos termos previstos no art. 79, da Lei 5.764/71, admitiremos a existência de cooperativas que não praticam atos cooperativos.

Conforme ressaltou a Cooperativa de Profissionais Liberais – Uniway, nos Embargos de Declaração opostos no RE 599.362/RJ, mesmo nas relações jurídicas com terceiros "a cooperativa se relaciona com seus cooperados, repassando-lhes o produto do seu atendimento, sendo esse o seu ato cooperativo." Nesse sentido a Uniway prossegue asseverando que:

> é absolutamente irrelevante a natureza jurídica da avença entre a cooperativa e os seus tomadores de serviços dos profissionais liberais cooperados (usuários), e desde que seu objetivo esteja sendo cumprido (captação de serviços para o corpo social, quando se compreende a amplitude de seu ato cooperativo.

Seguindo essa linha, a distinção entre atos cooperativos típicos e atípicos (ou internos e externos), para fins de incidência do PIS/Pasep e da Cofins não deveria existir, cabendo um olhar sobre a incidência das contribuições para todos os atos tidos como atos cooperativos, para então examinar se os valores que ingressam nos cofres das cooperativas a partir de tais atos são receitas próprias das cooperativas ou de seus cooperados.

Dessa forma, não parece coerente com as atividades realizadas pelas cooperativas a distinção proposta até o momento pelo STF para fins de definição sobre a incidência das contribuições ao PIS/Pasep e da Cofins sobre as receitas auferidas em decorrência de atividades realizadas por cooperativas.